Albrecht Becker

Rationalität strategischer Entscheidungsprozesse

Albrecht Becker

Rationalität strategischer Entscheidungsprozesse

Ein strukturationstheoretisches Konzept

DUV DeutscherUniversitätsVerlag
GABLER · VIEWEG · WESTDEUTSCHER VERLAG

Die Deutsche Bibliothek — CIP-Einheitsaufnahme

Becker, Albrecht:
Rationalität strategischer Entscheidungsprozesse : ein strukturationstheoretisches Konzept / Albrecht Becker. — Wiesbaden : DUV, Dt. Univ.-Verl., 1996
(DUV: Wirtschaftswissenschaft)
ISBN 3-8244-0318-8

Der Deutsche Universitäts-Verlag ist ein Unternehmen der Bertelsmann Fachinformation.

Lektorat: Monika Mülhausen

Druck und Buchbinder: Rosch-Buch, Scheßlitz
Gedruckt auf chlorarm gebleichtem und säurefreiem Papier
Printed in Germany

ISBN 3-8244-0318-8

Geleitwort

Rationalität ist eines der wenigen Zauberworte der Wirtschaftswissenschaften; die Disziplin bezeichnet sich mitunter, gleichsam selbst verzaubert, als die Wissenschaft von der Rationalität oder als rationale Wissenschaft. Indes, beim Zauber weiß man häufig nicht so recht, worin er letztlich besteht und wie er wirkt, und so scheint es auch hier zu sein: *homo oeconomicus* und begrenzte Rationalität sind in aller Ökonomen Munde, aber was heißt das eigentlich, was kann man damit anfangen?

Albrecht Becker begibt sich mit dieser Arbeit auf den langen und steinigen Weg, ein sowohl theoretisch fundiertes wie auch empirisch brauchbares Rationalitätskonzept zu entwickeln, eines, das „den menschlichen Möglichkeiten angemessen ist", und damit auch den Möglichkeiten derjenigen, die wegen der Schwere ihrer Aufgabe und der Verantwortung, die sie zu tragen haben, besonders auf Rationalität angewiesen sind: derjenigen, die strategische Planung und Strategierealisation in Unternehmen betreiben.

Die vorliegende Schrift ist angesiedelt an der Verbindungslinie von Sozialwissenschaften und Philosophie. Konkretisiert wird diese Verbindungslinie durch die überaus glückliche Theoriewahl: Giddens' Strukturationstheorie als sozialwissenschaftliches und gleichzeitig organisationstheoretisches Fundament, der radikale Konstruktivismus Glasersfeldscher Prägung als erkenntnistheoretische Leitlinie. Die Zusammenführung von beidem und die Abbildung auf den Strategieprozeß im Unternehmen - Albrecht Beckers ganz genuine Leistung - führt dann zu einem neuen Rationalitätsverständnis: Rationalität als eine soziale Konstruktion, als die „Balancierung von Zwecken und Mitteln", die auf der Viabilität von Wissen, nicht auf seiner letztlich illusorischen objektiven Richtigkeit basiert. Rationalität wird damit zu einem Attribut für die Kunst des Möglichen.

Albrecht Beckers Arbeit hat mehrere akademische Begleiter gehabt. Zunächst einmal waren das Burkhard Strümpel und Wolfgang Staehle, die beiden viel zu früh verstorbenen Protagonisten einer sozialwissenschaftlich orientierten Betriebswirtschaftslehre. Das letzte Stück des Weges war ich der Begleiter. Niemand aber hat die Arbeit wohl so sehr beeinflußt wie Günther Ortmann. Wir alle vier haben und hatten - bei sicherlich vielen Unterschiedlichkeiten - gemeinsam, daß unser Denken letztlich um das kreist, was auch Albrecht Becker zum Hintergrund seiner Überlegungen macht: die *conditio humana* und die darauf bezogenen Möglichkeiten des Handelns im Betrieb (und anderswo).

Albrecht Beckers Arbeit zu lesen, ist ein großer, gleichzeitig aber hohe Ansprüche stellender Genuß. Vielleicht sollte man damit wie mit einem edlen Cognac umgehen: so manche Partie ganz langsam lesen und sich nachspürend auf der Zunge zergehen lassen. So sehr geschliffenes, pointiertes und gleichzeitig nachdenkliches findet man nicht häufig in der pragmatisch-kühlen „rationalen" Wissenschaft Betriebswirtschaftslehre. Leichte Kost (oder moderner: *fast food*) ist dasWerk an keiner Stelle - aber dem Gewicht des Gegenstandes ist dies allemal angemessen.

Berlin, im September 1996 Michael Stitzel

Vorwort

Der Beliebigkeitscharakter der modernen Rationalität ... fordert damit die höchste Elastizität des Menschen heraus. Angesichts der Tatsache, daß er durch das Losmachen von der Tradition Beweglichkeit ins Spiel gebracht hat, muß er nunmehr Beweglichkeit ins Spiel bringen, um die losgemachte Beweglichkeit abzufangen.

D. Claessens (1965: 475)

Formale Rationalität gilt, zumal in der Betriebswirtschaftslehre, als Garant der erfolgreichen Zielverwirklichung. Schon Max Weber spricht von der Überlegenheit der bürokratischen Organisation als Instrument der Herrschaft. Zwar hat der Terminus Bürokratie in der Betriebswirtschaftslehre heute eher negative Konnotationen; eine Analyse der Literatur zur Unternehmensstrategie zeigt aber, daß diese sehr wohl einem bürokratisch anmutenden Modell strategischer Planung folgt. Anders als bei Weber, der seinen Idealtypus der Zweckrationalität weder als empirisch existierendes Phänomen, noch als normatives Modell gemeint hat, wird dieses für die strategische Planung als wünsch- und erreichbar angesehen. Dem steht eine organisationstheoretische Literatur gegenüber, die die Wirklichkeit von Organisationen und organisationalen Entscheidungsprozessen mit Begriffen wie begrenzter Rationalität, *decision irrationality* und Scheinheiligkeit, *muddling through, hiding hand* und *ignorance of ignorance, garbage can* sowie organisierte Anarchie und *technology of foolishness* beschreibt. Machtbedingte Rationalitätsdefizite, Rationalisierungen und Rationalität als bloße Fassade werden diagnostiziert. Die empirischen Relativierungen des Rationalmodells, die schwerlich auf dem Wege seiner normativen Wendung zum Verschwinden gebracht werden können, werde ich in einem positiven Sinne aufzunehmen versuchen. Die grundlegende These ist, daß das Rationalmodell *prinzipiell* unangemessen ist und daß Menschen nicht in der Lage sind (und sein werden), nach seiner Maxime zu handeln. Anliegen der Arbeit ist es, das Rationalitätskonzept so zu reformulieren, daß es menschlichen Möglichkeiten angemessen ist. Daß die formale Rationalität nur die eine Seite ist, die materiale (Wert-) Rationalität die andere, ist ebenfalls von Max Weber in aller Klarheit herausgestellt worden. Wohl nur sie kann im Endeffekt die "losgemachte Beweglichkeit" abfangen, von der Claessens spricht. Formale Rationalität ist aber allemal die Voraussetzung der materialen.

Das vorliegende Buch ist aus einer grundlegenden Überarbeitung und Erweiterung meiner 1994 an der Freien Universität Berlin vorgelegten Dissertationsschrift entstanden.[1] Während meiner Arbeit habe ich von vielen Seiten Unterstützung erhalten. Michael Stitzel hat in einer schwierigen Situation die Betreuung der Dissertation übernommen und ihre Fertigstellung in dankeswerter Weise und mit viel Engagement gefördert. Die Mitarbeit in einem von Günther Ortmann geleiteten Forschungsprojekt hat die vorliegende Arbeit ursprünglich motiviert; mit ihm und Arnold Windeler hatte ich viele anregende und kritische Diskussionen nicht nur über Rationalität. Nicht zuletzt sie haben mich angeregt, viele Verbesserungen vorzunehmen und Konzepte grundlegend zu überdenken. Von Elisabeth Brauner habe ich in langen Diskussionen viel über menschliche Informationsverarbeitung gelernt; ihre langjährigen Versuche, mir die Ideen des radikalen Konstruktivismus nahezubringen, waren schließlich erfolgreich. Ihr ist das vorliegende Buch gewidmet.

Berlin, im September 1996 A. B.

---

1 *Strategie und Rationalität. Eine strukturationstheoretisches Konzept der Rationalität strategischer Planung*, Freie Universität Berlin, 1994

Inhaltsverzeichnis

0 EINLEITUNG

Seit vor gut dreißig Jahren die ersten Auflagen von Ansoffs *Corporate Strategy* (1965) und des klassischen Harvard Lehrbuches *Business Policy* (Learned et al. 1965) erschienen, gehört es zu den betriebswirtschaftlichen Selbstverständlichkeiten, daß die Unternehmensstrategie eine zentrale Determinante für den Unternehmenserfolg darstellt. Chandlers klassische Definition von Unternehmensstrategie als „the determination of the long-term goals and objectives of an enterprise, and the adoption of courses of action and the allocation of resources necessary for carrying out these goals" (1962: 13) reflektiert dies: Strategie bildet den Kern der Unternehmensidentität und unternehmerischen Handelns. Strategischen Entscheidungen, verstanden als „echte Führungsentscheidungen" im Sinne Gutenbergs (1983: 134), kommt damit unter den unternehmerischen Entscheidungsprozessen eine besondere Bedeutung zu. Ihre Rationalität kann erst systematisch den Unternehmenserfolg garantieren.

Nun sieht sich allerdings das Konzept der Unternehmensstrategie in der Praxis einigen Schwierigkeiten gegenüber. Einerseits ist es bislang keineswegs gelungen, einen empirischen Nachweis zu erbringen, daß strategische Planung und Unternehmenserfolg überhaupt korrelieren, geschweige denn in einem kausalen Zusammenhang stehen (vgl. z. B. Bresser & Bishop 1983; Mintzberg 1994; Starbuck 1985). Andererseits wird allenthalben das sogenannte Implementationsproblem strategischer Planung konstatiert: Geplante Strategien werden überhaupt nicht oder allenfalls teilweise wie geplant implementiert (vgl. z. B. Greipel 1988: 1, 33; Schreyögg 1984: 139). Aber auch hier fehlt ein empirischer Nachweis, daß das Implementationsproblem für unternehmerischen Mißerfolg verantwortlich wäre. Die Lehrbuchliteratur zur Unternehmensstrategie führt das Implementationsproblem auf ein vermeintliches Defizit an Rationalität der strategischen Planer zurück. Die Aufgabe der Strategietheorie bestünde gerade darin, durch mehr und geschicktere Planung bzw. die Weiterentwicklung der Planungsinstrumente dieses Rationalitätsdefizit zu kompensieren (z. B. Ansoff & McDonnell 1990; Hrebiniak & Joyce 1984). Die Lehrbuchliteratur hält damit an der klassischen Konzeption von Zweckrationalität fest.

Die hier implizierte Verbindung von klassischer Zweckrationalität und Unternehmen, oder etwas weiter gefaßt: Organisationen, ist natürlich weder überraschend noch originell (vgl. auch Luhmann 1988: 165). Schon Weber, gelesen als Klassiker der Organisationstheorie, stellt die besondere Verbindung von Zweckrationalität und (bürokratischer) Organisation heraus (1980: 122ff.). Auch Gutenberg hebt bereits 1929 die Verbindung von Unternehmen und Rationalprinzip hervor, wobei er letzteres für grundlegender hält als das Wirtschaftlichkeitsprinzip (1967: 33), das eine spezifisch ökonomische Ausformung des Rationalprinzips sei. Dem entspricht die von Kirchgässner (1991) getroffene Unterscheidung von Ökonomik und Ökonomie bzw. Betriebswirtschaftslehre. Gegen eine solche kategorische Trennung von Rationalität im allgemeinen Sinne und wirtschaftlichem Handeln hat sich allerdings Claessens (1965) mit Rekurs auf Simmel (1922) gewandt. Er bringt gerade die Entwicklung der modernen Konzeption der Zweckrationalität mit der Entwicklung des Geldes als Zahlungsmittel im modernen Sinne in einen Zusammenhang. Geld, das "nichts als die reine Form der Tauschbarkeit" ist (Claessens 1965: 471), stellt das Paradigma des zweckrationalen Denkens dar. Das sei nämlich eine Art der Weltbetrachtung, der, genau wie dem Geld, "die Wertinhalte eigentlich gleichgültig, d.h. in ihrem Wertanspruch *gleich gültig* geworden sind" (ebd.: 474; Hervorh. im Orig.). Zweckrationalität konzentriert sich auf die Beziehung zwischen Mitteln und Zwecken; die Setzung der Zwecke liegt außerhalb, im Bereich der Wertrationalität (Weber 1980: 13). Vor diesem Hintergrund sollte die Zweckrationalität des *homo oeconomicus* die angemessene Basis abgeben für die Anleitung strategischer Unternehmensplanung. Das Festhalten der präskriptiven Strategietheorie an diesem Rationalitätsmodell führt allerdings, so läßt sich beispielsweise für die Konzeptionen von Porter (1980; 1985) und Ansoff (1965; Ansoff & McDonnell 1990) zeigen, in interne Widersprüche.

Eine andere Strategie des Umgangs mit den angesprochenen Schwierigkeiten findet sich bei der sogenannten deskriptiven Strategietheorie. Seit der Publikation der ersten Auflage von Simons Klassiker *Administrative Behavior* (1981) im Jahre 1945 ist klar, daß die strategischen Akteure überhaupt nicht in der Lage sind, den Anforderungen des *homo oecono-*

micus gerecht zu werden. Im Anschluß an Simon wurde die Rationalität von organisationalen Entscheidern und von Organisationen immer radikaler in Frage gestellt (Becker, Küpper & Ortmann 1988). Am radikalsten sind die Konsequenzen wohl von Cohen, March und Olsen (1972) mit ihrem *garbage can model* gezogen worden: Organisationale Rationalität stellt sich in einer Situation, in der Probleme, Problemlösungen, Entscheider und Entscheidungsgelegenheiten mehr oder weniger beliebig miteinander Verbindungen eingehen, allenfalls noch zufällig ein. Letztlich scheint die Rationalität in organisationalen (und damit auch strategischen) Entscheidungsprozessen zu verschwinden. Gleichwohl existieren Unternehmen trotz allem fort, und häufig sind sie sogar sehr erfolgreich. Das wiederum ist nicht befriedigend im Rahmen dieser Ansätze zu erklären. Damit führt auch diese Theorielinie letztendlich in ein Dilemma: Einerseits scheint sich die Rationalität von strategischen Entscheidungsprozessen aufzulösen, andererseits existieren Unternehmen und andere Organisationen fort. Hier an bloßen Zufall zu glauben, scheint mir allerdings kein für die Betriebswirtschaftslehre gangbarer Weg zu sein, will sie nicht ihre doppelte Aufgabe, die Erklärung und Gestaltung des betrieblichen Geschehens (Heinen 1982), aufgeben. Damit würde sie sinnlos.

Der Ausweg, den ich in der vorliegenden Arbeit vorschlagen möchte, besteht darin, mit dem synoptischen Rationalitätskonzept die basale „Planungsrationalität" in Frage zu stellen (vgl. Schreyögg 1984: 243), die sowohl der präskriptiven als auch der deskriptiven Strategietheorie zu Grunde liegt. Während diese Orientierung am *homo oeconomicus* bei ersterer deutlich zu Tage liegt, mag mein Urteil für letztere überraschen. Auch Simon und seine Nachfolger orientieren sich bei genauem Hinsehen am klassischen Rationalmodell - allerdings in negativer Weise. Es gibt nach wie vor die Folie für ihre Theorien ab, vor deren Hintergrund die realen betrieblichen Entscheider stets defizitär bleiben: Wieso sonst sollte man von *begrenzter* Rationalität sprechen? Die Fragestellung lautet für mich daher: Läßt sich ein alternativer Rationalitätsbegriff sinnvoll formulieren, der die Einsichten der *behavioral theory* in positiver Weise, also als empirisch gegebene Bedingungen menschlichen Handelns und Entscheidens, aufnimmt und auf dessen Basis zumindest ein Teil der empirisch zu beobachtenden strategischen Entscheidungsprozesse als rational gekennzeichnet werden kann? Denn ein Konzept von Rationalität, das Anforderungen stellt, denen Menschen *prinzipiell nicht gerecht werden können*, scheint mir für eine Theorie strategischer Entscheidungsprozesse relativ sinnlos zu sein.

Anders als Schreyögg (1984; 1991) sehe ich allerdings nicht die Systemtheorie Luhmannscher Provenienz (Luhmann 1984; 1988) als geeigneten Bezugspunkt für mein Unterfangen. Vielmehr beziehe ich mich einerseits auf die strukturationistische Organisationstheorie (z. B. Becker & Ortmann 1994; Ortmann 1995; Ortmann et al. 1990; Sydow & Windeler 1993), die auf der *theory of structuration* von Anthony Giddens (1984) beruht. Andererseits verbinde ich diese mit Elementen aus der Erkenntnistheorie des radikalen Konstruktivismus, wie er insbesondere von Heinz von Foerster (1986; 1992) und Ernst von Glasersfeld (1987i) entwickelt wurde. Dabei läßt sich durchaus an die skizzierte rationalitätskritische Tradition der Organisationstheorie anknüpfen. Theoretischer Fixpunkt der hier entwickelten Konzeption ist die Idee der sozialen Konstruktion der Wirklichkeit, der rekursiven Produktion und Reproduktion von Strategie im organisationalen Handeln, Entscheiden und Wissen. Sie hält dabei an der Idee der Zweckorientierung grundsätzlich fest; insofern liegt ihr auch ein Begriff von Zweckrationalität zu Grunde. Sie kalkuliert aber damit, daß es rational ist, nicht nur Zwecke zur Disposition zu stellen oder während des Entscheidungsprozesses umzudefinieren, sondern auch damit, daß Zwecke nicht unbedingt *ex ante* formuliert sein müssen. Außerdem muß eine Konzeption von Rationalität, die auf dem radikalen Konstruktivismus aufbaut, das Beobachterproblem beachten. Wenn alles, was wir von der Welt wissen, kognitive Konstruktionen und nicht ikonische Abbilder von ihr sind, gilt das natürlich auch für ein Rationalitätsurteil. Rationalität ist damit gleichfalls eine Konstruktion und kein objektives Faktum. Sie ist auch in dem Sinne sozial konstruiert, daß sinnvolle Rationalitätsurteile letztlich auf intersubjektiver Validierung beruhen.

Im folgenden expliziere ich zunächst den problematischen Zusammenhang zwischen synoptischer Planungsrationalität und Strategietheorie. Nach einer einleitenden begrifflichen Klärung (1.1) untersuche ich das Rationalitätskonzept der präskriptiven Strategietheorie und illustriere die darin auftretenden Widersprüche an Hand der Konzeptionen von Ansoff und Porter (1.2). Anschließend untersuche ich, ob die deskriptive Strategietheorie das Problem der Rationalität strategischer Entscheidungsprozesse besser klären kann. Ich konstatiere als Ergebnis ein Verschwinden der Rationalität in der Organisationstheorie (1.3). In einem ersten Zwischenergebnis formuliere ich dann Anforderungen an einen Begriff der Rationalität strategischer Entscheidungsprozesse (1.4).

Im zweiten Kapitel wird die Theorie der Strukturation als eine geeignete Basis für meine weiteren Überlegungen vorgestellt. In 2.1 zeige ich, daß sie in allgemeiner Weise die im ersten Kapitel formulierten Anforderungen erfüllen kann. Dann skizziere ich die Grundzüge einer Strukturationstheorie der Organisation (2.2). Zu diesem Zweck werden die Begriffe Organisation, Unternehmen, Strategie und strategischer Entscheidungsprozeß in strukturationstheoretischer Terminologie formuliert. Schließlich wird eine Logik strategischer Entscheidungsprozesse herausgearbeitet. In einem zweiten Zwischenergebnis resümiere ich die bisherigen Ergebnisse, indem ich zeige, daß Unternehmensstrategie das Ergebnis eines Prozesses sozialer Konstruktion von Wirklichkeit ist (2.3).

Das dritte Kapitel ist dann der Formulierung eines Rationalitätskonzeptes für strategische Entscheidungsprozesse gewidmet. Zunächst erweist es sich als notwendig, die Theorie der Strukturation um eine Theorie des Wissens bzw. Erkennens zu erweitern. Im Kapitel 3.1 stelle ich die Grundzüge der Erkenntnistheorie des radikalen Konstruktivismus vor und zeige, daß sich diese und die Theorie der Strukturation wechselseitig ergänzen können: Die Theorie der Strukturation wird durch den radikalen Konstruktivismus in Hinblick auf eine Theorie des Wissens untermauert, während der radikale Konstruktivismus wiederum durch die Theorie der Strukturation um die Dimension des Sozialen erweitert wird. Im folgenden Kapitel 3.2 wird das strukturationstheoretisch-konstruktivistische Rationalitätskonzept expliziert. Es wird anschließend auf den Bereich strategischer Entscheidungsprozesse angewandt; schließlich werden tentativ einige Implikationen für die Praxis strategischer Planung diskutiert (3.3). In den Kapiteln 2 und 3 illustriere ich die theoretischen Ausführungen am Beispiel einer ausführlichen Fallstudie eines strategischen Entscheidungsprozesses aus der Metallindustrie.

1 Strategische Unternehmensplanung und Rationalität: Eine Bestandsaufnahme

1.1 Strategiebegriff und Strategietheorie: Kleiner Wegweiser durch den „Strategietheorie-Dschungel"

„What is strategy - and does it matter?" lautet der Titel von Whittingtons (1993) Bestandsaufnahme der Literatur zur Unternehmensstrategie. Solche Überblickswerke sind angesichts der Fülle der Strategieliteratur bitter notwendig. Neben Whittingtons Arbeit sind hier beispielsweise (ohne jeglichen Anspruch auf Vollständigkeit) Schendel und Hofer (1979), Chaffee (1985), Mintzberg (1990b) und die weiteren Beiträge in Frederickson (1990) sowie für den deutschsprachigen Bereich insbesondere Schreyögg (1984) zu nennen. Zumeist wird in diesen Überblicksarbeiten versucht, die unterschiedlichen Arbeiten zur Unternehmensstrategie in „Schulen", „Modelle" oder „Ansätze" einzuteilen. Dabei wird die rasante Entwicklung der Konzepte des strategischen Managements deutlich. Gibt es in den sechziger Jahren zunächst nur die beiden im übrigen noch recht ähnlichen Ansätze der Harvard Business School (Learned, Christensen, Andrews & Guth 1965) und Ansoffs ursprüngliches Konzept der *corporate strategy* (1965), so zählt Mintzberg (1990b) bereits „ten schools of thought" im Bereich der Strategieformulierung. Klaus (1987) spricht daher in Anlehnung an einen Aufsatz von Koontz (1961)[1] vom „Strategie-Theorien-Dschungel".

Die Frage im Titel von Whittingtons Buch - *and does it matter?* - reflektiert darauf, daß die unterschiedlichen Strategiekonzepte zu durchaus unter-

---

[1] Auch der Dschungel der (nicht-strategischen) Managementtheorien scheint dichter geworden zu sein. Zählt Koontz 1961 noch sechs Schulen der Managementtheorien, so unterscheidet er 1980 in „The Management Theory Jungle Revisited" elf.

schiedlichen Handlungsanweisungen führen können. Insofern macht das jeweils zu Grunde gelegte Strategiekonzept tatsächlich einen Unterschied (Whittington 1993: 1). Ich werde für meine Zwecke eine recht allgemeine Klassifikation der Literatur zu Grunde legen, die sich bereits bei Schreyögg (1984) bewährt hat: die Unterscheidung von präskriptiven und deskriptiven Ansätzen. Präskriptive und deskriptive Ansätze unterscheiden sich hinsichtlich ihres grundlegenden Rationalitätsverständnisses, und ich werde im Kapitel 1.2 zeigen, daß die präskriptiven Ansätze eben auf Grund ihres Rationalitätsmodells in unauflösbare Widersprüche führen.[2]

Die Unterscheidung von normativen und deskriptiven Arbeiten ist allerdings nicht immer absolut. So finden sich sowohl in präskriptiven Arbeiten Hinweise auf die Rezeption empirischer Studien als auch in deskriptiven Arbeiten Gestaltungsempfehlungen. Die Unterscheidung bezieht sich auf den primären Fokus der jeweiligen Ansätze. Präskriptive Ansätze gehen von einem normativen Modell richtiger Entscheidungspraxis aus, deskriptive von Befunden über empirisch vorfindbares strategisches Entscheidungshandeln. Charakteristisch ist dabei, daß sich die präskriptiven Ansätze am Modell der synoptischen Planungsrationalität orientieren (Schreyögg 1984: 133f.), während die unterschiedlichen deskriptiven Ansätze unterschiedliche begrenzte Rationalitäten konstatieren. Die präskriptiven Ansätze tendieren zudem zur Ausblendung von Entscheidungs*prozeß* und Implementation; für die deskriptiven Ansätze sind dies gerade die Ansatzpunkte.

Während präskriptive Ansätze zur strategischen Unternehmensführung fast ausschließlich aus den Bereichen Betriebswirtschaftslehre bzw. Managementlehre stammen, ist die Herkunft der als deskriptiv bezeichneten Arbeiten breiter gestreut. Sie finden sich häufig in dem weiten als Organisationstheorie bezeichneten Gebiet, zu dem nicht nur Betriebswirtschafts- und Managementlehre, sondern auch (Organisations- und Industrie-) Soziologie, Politikwissenschaft sowie (Organisations-, Sozial- und Kognitions-) Psychologie beitragen. Häufig sind diese Ansätze auch ursprünglich nicht speziell für den Bereich strategischer Entscheidungen

2 Auch Schreyögg (1984; vgl. auch 1991) argumentiert, daß das eigentliche Problem der präskriptiven Strategietheorie die Orientierung an der „synoptischen Planungsrationalität" sei.

entwickelt worden bzw. auf ihn bezogen, sondern sie wurden später auf ihn übertragen.

Unternehmensstrategie wird in der präskriptiven Literatur als zukunftsgerichtetes und langfristiges Konzept gesehen, das die Existenzsicherung des Unternehmens gewährleisten kann. Erst eine strategische Ausrichtung des Unternehmens ermöglicht in dieser Perspektive eine aktive und antizipierende Auseinandersetzung mit der Umwelt.

> "Strategisches Denken und Handeln ist im Kontext der Unternehmensführung mithin gerichtet auf
> - die systematische Antizipation zukünftiger Marktchancen und -risiken sowie eigener Stärken und Schwächen und darauf aufbauend
> - die Schaffung zukünftiger Handlungsspielräume durch die Identifikation und Evaluation alternativer Strategien sowie
> - die Schaffung langfristiger Erfolgs*voraussetzungen* durch die zielgerichtete Zuordnung von Ressourcen." (Greipel 1988: 20; Hervorh. im Orig.)

Die systematische Durchdringung dieser Handlungsspielräume und der mit ihnen verbundenen Handlungsfolgen in einer komplexen Umwelt erfordert strategisches Denken. Strategie als "der vom 'erfolgreichen Ende' abgeleitete 'Gesamtplan'" (Gälweiler 1987: 67) sollte damit *logisch* im Zentrum und am Anfang jeglicher Aktivität des Unternehmens stehen.

Der Begriff *Strategie* stammt ursprünglich aus dem militärischen Bereich; im Altgriechischen bedeutete er Heerführung oder Feldherrnkunst (vgl. z. B. Bracker 1980; Evered 1983; Staehle 1991a: 561).[3] Die klassische Definition von Unternehmensstrategie stammt von Chandler:

> "*Strategy* can be defined as the determination of the long-term goals and objectives of an enterprise, and the adoption of courses of action and the allocation of resources necessary for carrying out these goals." (1962: 13; Hervorh. im Orig.)

Unternehmensstrategie befaßt sich mit der Wahl des Produkt/Markt-Konzeptes, der Wettbewerbsschwerpunkte und allen Maßnahmen zur

3 Wie lebendig das militärische Erbe auch heute noch ist, zeigt u. a. Hinterhuber (1989a, 7), der bei seiner Definition des Strategiebegriffes auf das Wort Moltkes von der (Militär-) Strategie als der "Fortbildung des ursprünglich leitenden Gedankens entsprechend den stets sich ändernden Verhältnissen" zurückgreift.

ihrer Verwirklichung (vgl. z. B. Gälweiler 1987: 96; Hofer & Schendel 1978: 25; Schreyögg 1984: 5; Staehle 1991a: 563).

Es besteht in der Literatur allerdings Uneinigkeit darüber, wie weit der Begriff der Strategie zu fassen sei. Die Diskussion konzentriert sich auf die Frage, ob die Formulierung der langfristigen Unternehmensziele Bestandteil des strategischen Prozesses sei oder nicht (Staehle 1991a: 566). So vertreten z. B. der Arbeitskreis Langfristige Unternehmensplanung (1981), Hahn (1990), Hofer & Schendel (1978), Kreikebaum (1987) und Wild (1981) die Auffassung, daß der Prozeß der Zielbildung nicht als Teil des strategischen Planungsprozesses anzusehen sei, weil die Strategie ein Instrument der Zielerreichung sei. Der Prozeß der Zielformulierung selbst sei der Strategiebildung vorgelagert. Andere Autoren, wie z. B. Andrews (1987). Christensen et al. (1973), Hinterhuber (1989a), Steiner (1969), Schreyögg (1984) und eben Chandler (1962) beziehen den Zielbildungsprozeß in den Prozeß der strategischen Planung ein.[4]

Die Herausnahme der Zielbildung aus dem strategischen Planungsprozeß erscheint mir allerdings problematisch. Sie steht im Widerspruch zu dem in der Literatur propagierten Vorgehen der strategischen Planung. So findet sich in sämtlichen Arbeiten zum Thema das mehr oder weniger nachdrückliche Plädoyer für die Anwendung des Gegenstromverfahrens oder zumindest für die Beachtung von *bottom up*-Aspekten im Planungsprozeß.[5] Das impliziert natürlich, daß nicht nur die Strategien oder operativen Pläne an vorgegebenen Zielen ausgerichtet sind, sondern daß sie sehr wohl auch umgekehrt einen Einfluß auf die Formulierung dieser Ziele durch nächsthöhere Hierarchieebenen ausüben. Es wird also implizit von einer Interdependenz von Strategien und strategischen Zielen ausgegangen. Als Beispiel ließe sich hier die "Planungsspirale" anführen, wie sie von Wild (1981: 47) dargestellt wird. Auch die obersten Ziele einer Organisation oder Unternehmung geben Kontrollgrößen für die stra-

---

4 Vgl. auch die Übersicht über unterschiedliche Ansätze bei Hofer & Schendel (1978: 18f).

5 Unter dem Begriff Gegenstromverfahren versteht man in der Planungstheorie ein Planungsverfahren, in dem sowohl hierarchische (*top down*), als auch gegenläufige (*bottom up*) Planungswege enthalten sind. Es geht dabei um die gegenseitige Abstimmung unterschiedlicher Hierarchie- und Planungsebenen (vgl. Koch 1982: 162f.).

tegische Planung vor und werden ihrerseits vom Zielerreichungsgrad beeinflußt.[6]

Auch aus einem ganz pragmatischen Grund erscheint es mir sinnvoll, die Formulierung von strategischen Zielen als Teil des strategischen Planungsprozesses zu behandeln: Da die Formulierung von Zielen von so fundamentaler Bedeutung für strategische Planung ist - sowohl als Kontrollparameter als auch für die Steuerung des Handelns - ist es angemessen und notwendig, die Frage der Zielbildung nicht als objektiv vorgegebenen und unhintergehbaren *constraint* zu behandeln. Pragmatisch argumentiert beispielsweise auch der Arbeitskreis Langfristige Unternehmensplanung, daß die Zusammenfassung oder getrennte Behandlung von genereller Zielplanung und strategischer Planung "eine Frage der Zweckmäßigkeit und der sprachlichen Übereinkunft" sei (1981: 24).

Strategische Entscheidungen unterscheiden sich von nicht-strategischen grundsätzlich einzig durch ihre höhere Komplexität (Johnson & Scholes 1988: 5ff.). Diese resultiert erstens aus dem hohen Grad an Ungewißheit, der mit ihnen auf Grund ihrer extremen Zukunftsgerichtetheit verbunden ist, und zweitens aus der Notwendigkeit eines integrierten Vorgehens, da die Entscheidungen nicht nur einen funktionalen Bereich oder ein Geschäftsfeld betreffen, sondern stets mehrere Bereiche, im Extremfall sogar das gesamte Unternehmen. Drittens schließlich zielen strategische Entscheidungen in der Regel auf grundlegenden organisationalen Wandel, einen äußerst sensiblen und komplexen Objektbereich (Johnson & Scholes 1988: 8; vgl. auch Johnson 1987: 4ff.).[7] Es bleibt also zunächst

---

6 Diese Interdependenz bzw. Rekursivität wird ein Hauptansatzpunkt für meine Kritik der präskriptiven Strategietheorie und des klassischen Rationalmodells sein.

7 Damit ergibt sich natürlich eine gewisse Nähe zu Gutenbergs „echten Führungsentscheidungen“ (1983: 134): Diese sind existentielle Entscheidungen mit einem hohen „Maß an Bedeutung... für den Bestand eines Unternehmens“, die nur „aus dem Ganzen des Unternehmens heraus getroffen werden können“ und die „im Interesse der Unternehmen nicht an andere Personen (als die Unternehmensleitung, A. B.) delegiert werden“ können.

festzuhalten, daß sich strategische Entscheidungen *nicht prinzipiell* von anderen (nicht-strategischen) Entscheidungen unterscheiden.[8]

> "Decisions regarding the choice of strategy, then, are similar to other managerial decisions, except that the stakes may be a bit higher." (Hrebiniak & Joyce 1984: 34)

Aus dieser Aussage von Hrebiniak und Joyce läßt sich auch die Notwendigkeit ableiten, an strategische Entscheidungsprozesse besonders strenge Rationalitätsmaßstäbe anzulegen. Gerade weil "the stakes may be a bit higher" will die präskriptive Strategietheorie schon *ex ante* bzw. im Verfahren selbst einen möglichst hohen Grad an Rationalität strategischer Entscheidungen gewährleisten:

> "Die entwickelten Lehrsätze (der präskriptiven Strategietheorie, A. B.) sind im Kern ... praktische Handlungs*vorschriften* und -prinzipien für die Unternehmensführung, die eine rationale Handhabung des komplexen Strategieproblems ermöglichen soll." (Schreyögg 1984: 77; Hervorh. im Orig.)

Dieser Anspruch wird mehr oder weniger explizit formuliert. So sehen beispielsweise Hrebiniak und Joyce ein Kernproblem strategischer Unternehmensführung darin, langfristige Ziele durch Übersetzung in operative Teilziele für die nur zu begrenzt rationalem Handeln fähigen betrieblichen Entscheider rational handhabbar zu machen (1984: 7). Koch (1982: 6) unterscheidet zunächst Intuitiv- und Rationalentscheidungen, um sich dann nur noch mit letzteren zu befassen, da hier "in der Praxis die meisten und schwierigsten Probleme" aufträten.[9]

Die starken normativen Konnotationen und die Betonung des Planungsaspektes unterscheiden den Strategiebegriff der präskriptiven Ansätze auch von dem der deskriptiven. Diese verstehen Strategie weniger als Plan, sondern eher als tatsächlich beobachtbare Muster von Aktivitäten. Exemplarisch sei hier auf Mintzberg (1987b) verwiesen. Er definiert Stra-

---

8 Damit läßt sich (u. a.) die Relevanz deskriptiver Ansätze, die ursprünglich nicht auf strategische Entscheidungen bezogen sind, für den Bereich der Unternehmensstrategie begründen.

9 Dabei kann man mit besserem Recht genau andersherum argumentieren: Da Intuitv- oder zumindest nicht-rationale Entscheidungen in der Praxis so häufig sind, müsse man sich gerade mit solchen Entscheidungen intensiv befassen.

tegie als "pattern in a stream of actions" (ebd.: 12).[10] Dabei unterscheidet er zunächst zwischen "intended strategy" und "realized strategy", wobei der Begriff der intendierten Strategie (Strategie als Plan) dem normalerweise in der präskriptiven Strategietheorie zu Grunde gelegten Strategiebegriff entspricht. Unter den tatsächlich realisierten Strategien unterscheidet Mintzberg wiederum zwischen einem kleineren Teil, den er "deliberate strategies" (im Sinne der Intentionen realisierte Strategien) nennt, und einem größeren, den "emergent strategies" (ebd.: 13f.). Ein Unternehmen verfolgt zwangsläufig - auch ungewollt - eine Strategie, weil stets ein organisationales Handlungsmuster in bezug auf seine Umwelt existiert.

Obwohl sich der Begriff der Strategie bis in das sechste Jahrhundert v. Chr. zurückverfolgen läßt (Evered 1983; vgl. auch Bracker 1980), wird das Konzept der Unternehmensstrategie erst in den sechziger Jahren dieses Jahrhunderts so formuliert, daß es von der Unternehmenspraxis rezipiert und aufgenommen wird.[11] Allerdings ist die Formulierung des Konzeptes selbst wiederum eine Reaktion auf Entwicklungen in der Unternehmenspraxis.[12] Für die Entstehung strategischen Denkens und Handelns in Unternehmen haben sich in der Strategieliteratur zwei Er-

---

10 Mintzberg knüpft hier explizit an zwei andere eigene Aufsätze als Quelle dieses Strategiebegriffes an (Mintzberg 1978; Mintzberg & Waters 1982). Dort wird allerdings in beiden Fällen Strategie als "pattern in a stream of *decisions*" definiert (Mintzberg 1978: 935; Mintzberg & Waters 1982: 466; vgl. auch 1990:1f.). Der Unterschied zwischen den Formulierungen ist indes kleiner als es zunächst den Anschein haben mag. Ich werde im Abschnitt 2.2.2 begründen, daß organisationale Entscheidungsprozesse im Grunde Handlungsprozesse sind.

11 Mintzberg (1990a: 172; vgl. 1990b: 111) verweist allerdings darauf, daß das Harvard-Konzept (Learned et al. 1965) konzeptionelle Vorläufer in Reilley (1955) und Selznick (1957) sowie natürlich Chandler (1962) habe.

12 Whittington (1993: 12ff.) macht in diesem Zusammenhang auf einige interessante personelle Verflechtungen aufmerksam: Alfred Sloan entwickelt als Präsident von General Motors in den dreißiger Jahren das Konzept der *business policy*. Alfred D. Chandler wählte General Motors als eine seiner vier Fallstudien für *Strategy and Structure* (1962); seine Forschungen wurden durch den *Sloan Research Fund* finanziert; Chandler selbst war verwandt mit der Familie Du Pont - damals nicht nur Eignerin von 25% der GM-Aktien, sondern auch Besitzerin der Du Pont Company, einer weiteren Fallstudie in Chandlers Buch.

klärungsmuster - die einander im übrigen nicht ausschließen - durchgesetzt.

Chandler (1962; 1977; 1980) führt die Entstehung des strategischen Denkens in Unternehmen auf die wachsenden Betriebsgrößen und die sich in diesem Zusammenhang zunächst entwickelnde vertikale Integration von Großunternehmen zurück.[13] Dies bringt erheblich steigende administrative Koordinationsprobleme mit sich. Chandler argumentiert damit im Grunde transaktionskostentheoretisch. Schreyögg resümiert diese Position in der

> „These..., daß *strategisches Denken* in dem Maße an Bedeutung gewann, in dem vormals marktliche Funktionen von der *Managementhierarchie* (aufgrund von Transaktionskostenvorteilen) übernommen wurden und daß strategische Entscheidungen in dem Moment *systematisches Gewicht* erlangten, in dem Kapitalmarktfunktionen als Folge breit gestreuter Unternehmensaktivitäten in die Unternehmen hineinverlagert und durch interne Organisation ersetzt wurden." (Schreyögg 1984: 69; Hervorh. im Orig.)[14]

Ansoff (Ansoff, Declerck & Hayes 1976; Ansoff & McDonnell 1990) sieht die Ursache der Entstehung strategischen Denkens stärker in der Veränderung der Unternehmensumwelt her. Er diagnostiziert eine zunehmende Turbulenz der Umweltveränderung von einer weitgehenden Stabilität oder zumindest Extrapolierbarkeit der Entwicklungen in der ersten Hälfte des 20. Jahrhunderts hin zu einer Zunahme sowohl der Geschwindigkeit, in der Veränderungen auftreten, als auch ihrer Unvorhersehbarkeit und ihres Neuigkeitsgrades. Konnten Unternehmen zunächst noch mit *management by control* und *management by extrapolation* den erstgenannten Turbulenzniveaus der Umwelt begegnen, so entsteht das Konzept des *management by anticipation* in Form von periodischer und später permanenter strategischer Planung und strategischem Management als Reaktion auf ein Turbulenzniveau der Umwelt, auf dem Chancen und Risiken zwar nicht mehr aus vergangenen Entwicklungen umstandslos extrapoliert werden können, aber noch prognostizierbar sind. Außerdem läßt die Geschwindigkeit der Umweltveränderungen

---

[13] Vgl. zu Chandlers These „structure follows strategy" meine Ausführungen in Kapitel 1.2.1.

[14] Vgl. dazu auch Williamson (1980).

noch ausreichend Zeit zum Planen. Gegenwärtig beschleunige sich der Wandel derart, daß klassische strategische Managementkonzeptionen bereits zu langsam geworden sind; es entstehen *real-time systems* im Rahmens des *management by flexible/rapid response* (Ansoff & McDonnell 1980: 12ff.).[15]

Im Rahmen einer Debatte über den Strategiebegriff in der Soziologie, die 1989 und 1990 in der Zeitschrift *Sociology* geführt wurde (Crow 1989; Morgan 1989; Shaw 1990; Knights & Morgan 1990; Watson 1990) haben Knights & Morgan (1990; vgl. auch 1991) noch eine weitere Perspektive auf die Entstehung und Durchsetzung des Strategiekonzeptes hinzugefügt, die man als Ergänzung oder kritische Wendung der Chandler/Williamsonschen Erklärung ansehen kann. Nach Knights und Morgan (1990) wird in Unternehmen der „strategische Diskurs" durch zwei eng miteinander in Beziehung stehende Entwicklungen ausgelöst. Erstens kommt es im Zusammenhang mit den wachsenden Betriebsgrößen zur Trennung von Eigentum an und Verfügungsmacht über die Produktionsmittel (Managerialismus). Das Strategiekonzept dient in diesem Zusammenhang Managern als Legitimation gegenüber den Eigentümern und als Machtinstrument, mit dessen Hilfe unter Hinweis auf die größere Fachkompetenz (als „Strategen") Kontrollversuche seitens der Eigentümer abgewehrt werden können. Zweitens werden an den einflußreichen *business schools* zunehmend Experten in *business policy* und später *strategic management* ausgebildet, die dann Führungspositionen in Unternehmen übernehmen. Diese reproduzieren dann das Konzept der Un-

---

15 Die Ansoffsche These von der zunehmenden Umweltturbulenz als Determinante der Entstehung strategischer Managementkonzepte ist allerdings nicht unumstritten. Einerseits wird bezweifelt, daß es eine deutliche Zunahme der Umweltturbulenz gibt und andererseits ist ihre Bedeutung für strategisches Management nicht eindeutig (vgl. Mintzberg 1994: 207ff.; Schreyögg 1984, 72ff.). Steigende Umweltturbulenz kann sich ja z. B. negativ auf die Möglichkeit langfristiger Planungen auswirken. Zumindest muß aber bezweifelt werden, daß es eine eigenständig zunehmende Umweltturbulenz gibt, da es stets der organisationsinternen Bereitschaft bedarf, die Umwelt auf diese Weise zu interpretieren. Vgl. dazu Weicks Konzept des *enacted environment*, das besagt, "daß sinnvolle Umwelten Outputs des Organisierens sind, nicht Inputs in es." (1985, 192). Auf Weick komme ich in 2.3 zu sprechen, Ansoffs Konzeption nehme ich in 1.2.3 wieder auf.

ternehmensstrategie als Legitimationsinstrument. Darüber trete dann, so Knights und Morgan sogar die Frage zurück, ob strategisches Management erfolgreich ist, denn

> „the discourse and practice (of strategic management, A. B.) becomes self-legitimating and self-reproducing regardless of its effects (which nevertheless are not insubstantial)" (1990: 479).

Unternehmensstrategie erscheint in dieser Perspektive nicht einfach als ein neutrales Managementkonzept zur Erhöhung des Unternehmenserfolges, sondern ebenso als ein in organisationalen Konflikten strategisch einzusetzendes.

Ich halte es für plausibel, daß alle drei vorgestellten Erklärungen für die Entstehung von Unternehmensstrategie im Prinzip miteinander kompatibel sind und unterschiedliche Facetten dieses Prozesses aufzeigen. Sicherlich gibt es einen Zusammenhang zwischen Unternehmensstrategie und Unternehmensgröße; sicherlich kann man von einem Zusammenhang zwischen bestimmten Umweltbedingungen und der Notwendigkeit und Gelegenheit zu strategischem Planen ausgehen; und sicherlich ist Unternehmensstrategie ein Konzept, das sich trefflich mikropolitisch instrumentalisieren läßt (Becker & Ortmann 1994). So wie Knights und Morgan (1990) aber betonen, daß der erfolgreiche Einsatz strategischer Rhetorik als Legitimationsinstrument gleichzeitig die Durchsetzung des Strategiekonzeptes wahrscheinlicher macht, muß man wohl auch bei den beiden anderen Erklärungsansätzen eher von einer wechselseitigen als einer einseitigen linearen Kausalität ausgehen. Nicht nur bringt die steigende Unternehmensgröße strategisches Denken und Handeln hervor, sondern dieses ermöglicht gleichzeitig die Entstehung größerer Unternehmen, indem sie diese als steuerbar erscheinen läßt. Zwar mögen bestimmte Niveaus der Umweltdynamik strategisches Management erfordern; gleichzeitig kann aber die Existenz eines strategischen Managementsystems dazu führen, daß die Unternehmensumwelt genau in dieser Komplexität wahrgenommen bzw. interpretiert - sozial konstruiert - wird. Strategie und ihre Entstehungsbedingungen stehen in einem rekursiven Konstitutionsverhältnis. Diese Rekursivität des Konzeptes des strategischen Managements wird mich allerdings erst in Abschnitt 2.2.3 ausführlich beschäftigen. Zunächst wende ich mich den präskriptiven und deskriptiven Strategietheorien zu.

1.2 Präskriptive Modelle der Unternehmensstrategie

Der überwiegende Teil der Literatur zur strategischen Unternehmensplanung bzw. zum strategischen Management ist präskriptiv orientiert, d. h. ihre Intention ist normativ. Im vorangegangenen Kapitel hatte ich als ein konstitutives Charakteristikum präskriptiver Ansätze ihre Orientierung am klassischen Ideal der Zweckrationalität genannt. Das gilt es nun zunächst einmal zu belegen, indem ich die Grundstruktur präskriptiver Strategietheorie herausarbeite (1.2.1). Im Anschluß daran diskutiere ich die Ansätze zweier prominenter und einflußreicher Vertreter der präskriptiven Strategietheorie und zeige daran, daß, sobald man sich auf die reale Komplexität von Unternehmen und ihren Umwelten einläßt, die Orientierung an der präskriptiven Logik bzw. am klassischen Rationalmodell zwangsläufig in Widersprüche führt, die im Rahmen dieser Logik nicht mehr auflösbar sind. Zunächst skizziere ich in diesem Zusammenhang die Kontroverse zwischen dem sogenannten *market-based view* Michael Porters und dem *resource-based view* um die Rolle von Ressourcen im Prozeß der Strategieformulierung (1.2.2), anschließend wende ich mich dem Werk Igor Ansoffs zu (1.2.3). In einem abschliessenden Unterkapitel ziehe ich ein Zwischenfazit zu den Aporien der sogenannten synoptischen Planungsrationalität (1.2.4).

1.2.1 Die Grundstruktur präskriptiver Modelle

Das strategische Management bzw. die strategische Planung ist ein Entscheidungsprozeß. Zumindest wenn man von einem prozeßhaften Entscheidungsbegriff ausgeht (Staehle 1991a: 485), kann man den gesamten Prozeß der strategischen Planung als Entscheidungsprozeß charakterisieren. Das besondere an strategischen Entscheidungen betrifft ihren Gegenstandsbereich und damit auch ihre Reichweite.

> „The purpose of strategic decision making ... is the formulation and selection of strategies that best meet the objectives of the corporation." (Hofer & Schendel 1978: 182)

Ansoff definiert Strategie sogar als „a set of decision-making rules for guidance of organizational behavior" (1984: 31). Diese Regeln betreffen die Unternehmensziele, die Beziehung des Unternehmens zur externen Umwelt, das interne Organisationskonzept sowie die Grundsätze des operativen Managements. Auch Hinterhuber betont als Charakteristikum strategischer Entscheidungen, daß sie nicht auf die Verwirklichung bestimmter konkreter (operativer) Ziele gerichtet sind, sondern auf die Erreichung der strategischen Zielposition (Hinterhuber 1989a: 11), d. h. der angestrebten Stellung des Unternehmens oder der strategischen Geschäftseinheit in der Umwelt (ebd.: 8). Strategische Entscheidungen sollen damit zukünftige operative Entscheidungen auf die Zielposition ausrichten, ohne im Detail determinierend zu wirken (ebd.: 12). Strategische Planung ist in diesem Sinne als ein *„Sozialisationsprozeß* von Entscheidungen" zu verstehen (Hinterhuber 1989a: 105; Hervorh. im Orig.). Der strategische Planungsprozeß wird in der präskriptiven Strategietheorie als ein Entscheidungsprozeß konzipiert, der die fortschreitende Konkretisierung grundsätzlicher Entscheidungen zum Gegenstand hat.

> *„Strategic decision making may be viewed as a series of means-ends decisions beginning with the determination of long-term, global objectives (ends) and the developments of shorter-term, more local actions to obtain these means."* (Hrebiniak & Joyce 1984: 28; Hervorh. im Orig.)

Diese schrittweise Konkretisierung bis hin zur operativen Ebene spiegelt sich in dem von Schreyögg (1984: 85; 1991: 259) skizzierten idealtypischen Ablaufmodell strategischer Planung in der präskriptiven Strategietheorie wider (vgl. Abbildung 1.1). Der Prozeß der strategischen Planung zerfällt in drei Teilprozesse: Definition der Prämissen des Planungsprozesses, Strategieformulierung und Strategieimplementation (Schreyögg 1984: 86ff.). Mit Prämissen sind die grundlegenden Ziele des Unternehmens sowie das unternehmensinterne und gesellschaftliche Wertsystem gemeint. Der Prozeß der Strategieformulierung umfaßt die Elemente Umwelt- und Ressourcenanalyse, die Feststellung der strategischen Optionen und die Strategiewahl. Die Strategieimplementation umfaßt die mittelfristige Programmplanung, die kurzfristige operative Planung und Budgetierung, die strategiegerechte Ausrichtung von Organisation und Führungssystem sowie die strategische Kontrolle. Die Übereinstimmung mit dem klassischen *homo oeconomicus*-Modell rationaler Entscheidungen fällt sofort ins Auge.

Abbildung 1.1: *Idealtypisches Phasenmodell strategischer Planung (in Anlehnung an Schreyögg 1984: 85; 1991: 259)*

Ablaufmodelle strategischer Planung sind in der Regel nicht einfache linear strukturierte Modelle, sondern sie enthalten vielfältige Rückkopplungsschleifen.[16] Dies gilt als der Realität angemessener, insbesondere weil damit Lernen im Verlaufe des Planungsprozesses berücksichtigt werden kann (vgl. Bechmann 1981: 63).

> „Grundsätzlich zu jedem Zeitpunkt kann der Planungsprozeß unterbrochen und kann auf eine der vorangegangenen Phasen zurückgegriffen werden." (Zahn 1979: 189)

---

16 Bechmann (1981, 63) nennt solche Modelle zyklisch und Hinterhuber (1989a, 20) spricht vom strategischen Entscheidungsprozeß als einem Kreisprozeß.

Mit dem dargestellten idealtypischen Ablaufmodell strategischer Planung ist allerdings eine hierarchische Vorstellung von Planungsverantwortlichkeit bzw. -zuständigkeit und damit auch der unterliegenden Planungslogik verbunden. Generell gilt für die sogenannte hierarchische Unternehmensplanung (Koch 1982: 32f.): Je früher eine Aktivität in der Planungskette, desto hierarchisch höher ist sie angesiedelt und desto eher genießt sie Priorität gegenüber nachgelagerten Aktivitäten. Damit bleibt im Grunde eine lineare Logik der Planungsabfolge erhalten.[17]

Ich werde im folgenden einen extrem gerafften Überblick über den idealtypischen Prozeß sowie die einzelnen Phasen und Instrumente des strategischen Planungsprozesses, wie sie in der präskriptiven Strategietheorie konzipiert werden, geben.[18] Ein idealtypischer Ablauf strategischer Planungsprozesse umfaßt die Schritte Bestimmung der strategischen und übergeordneten Ziele (Prämissen), Strategieformulierung (strategische Analyse, strategische Wahl) und Strategieimplementation (funktionale und operative Pläne und Budgets, Gestaltung von Organisations- und Führungssystem sowie Kontrolle) (vgl. Abbildung 1.1).

Strategische Ziele. Bei aller Unterschiedlichkeit zwischen den verschiedenen Autoren im Detail lassen sich in Anlehnung an die Schrittfolge der strategischen Planung vier Ebenen der Zielformulierung unterscheiden:[19] die Prämissen und die *mission* (Steiner) des Unternehmens, stra-

---

17 Das gilt auch - entgegen aller anderslautenden Rhetorik - für die systemische Problemlösungsmethodik der St. Galler Schule. Die von Ulrich und Probst (1990: 114ff.) vorgestellten sechs Schritte der Problemlösung sind in Form einer „logischen Gliederung" zu verstehen, wobei die entscheidende Neuerung gegenüber dem klassischen Rationalmodell darin gesehen wird, daß „in aller Regel ein mehrfaches Durchlaufen dieser Schritte" vorzusehen ist (ebd.: 115). Die lineare Logik von Problem- und Zielformulierung bis hin zu Umsetzung und Kontrolle bleibt aber erhalten.

18 Ausführliche Überblicke über die Inhalte von Unternehmensstrategien und den Ablauf strategischer Planung geben z. B. Andrews (1987), Ansoff (1979b, 1984) Ansoff & McDonnell (1990), Christensen et al. (1973), Hahn und Taylor (1990), Hammer (1991), Hinterhuber (1989a, b), Jauch & Glueck (1988), Newman & Logan (1981), Porter (1992a), Schreyögg (1984); Staehle (1991a), Steiner (1969) u.v.a.

19 Unterschiede werden insbesondere in der Begriffswahl deutlich: So bezeichnet beispielsweise Steiner mit dem Begriff *objectives* allgemein formulierte, qualita- (Forts.)

tegische Ziele auf der Gesamtunternehmensebene, strategische Ziele auf der Ebene strategischer Geschäftseinheiten sowie operative Ziele. Generell läßt sich sagen, daß die Formulierung der Ziele desto globaler und offener ist, je höher sie in der Zielhierarchie rangieren.

Auf der *obersten Ebene der Zielhierarchie* bilden das aus der Wirtschaftsordnung abgeleitete erwerbswirtschaftliche Prinzip und das organisationale Wertsystem die Rahmenbedingungen des strategischen Handelns. Als Formalziele gelten in aller Regel die Erwirtschaftung eines Gewinns und die Sicherung des Unternehmensbestandes, wobei Gewinn als Voraussetzung des Überlebens des Unternehmens gilt (vgl. z. B. Hahn 1990: 6; Steiner 1969: 142). Das organisationale Wertsystem spielt in zweierlei Hinsicht eine Rolle. Erstens wird auf die Rolle des Wertsystems des Top Managements hingewiesen, dessen persönliche Präferenzen das organisationale Zielsystem beeinflussen. Zweitens wird die gesellschaftliche Verantwortung des Unternehmens betont.[20] Staehle (1991a: 575) unterscheidet in diesem Zusammenhang vier Verantwortungsbereiche: Verantwortung gegenüber Verbrauchern, Arbeitnehmern, der Region und der Gesellschaft. Besondere Beachtung hat in letzter Zeit die ökologische Verantwortung der Unternehmen gefunden (vgl.

---

tive Ziele (1969: 150ff.) und mit dem Begriff *goals* klar definierte und quantifizierte operationale Ziele (ebd.: 153). Richards (1988: 12ff.) verwendet beide Begriffe in genau umgekehrtem Sinne. Kreikebaum (1987: 46ff.) reserviert den Terminus *Ziel* für genau abgegrenzte operative Teilziele und spricht sonst von Maßnahmen, Strategien, speziellen und generellen Absichten. Ich werde im folgenden immer von Zielen sprechen und dort, wo es notwendig ist, dies durch Angabe von Reichweite, zeitlichem Bezug, Detailliertheitsgrad etc. präzisieren.

20 Einen guten Überblick über die Diskussion im deutschsprachigen Raum vermittelt Wächter (1987). Er verweist u. a. darauf, daß soziale Verantwortung einerseits als Zweck des Unternehmens verstanden werden kann; dann wird sie Gegenstand der Diskussion um die Unternehmensverfassung (vgl. Steinmann & Gerum 1978). Wird sie aber andererseits als Mittel verstanden, um zur ökonomischen Zielerreichung beizutragen, wird sie als Gegenstand des strategischen Managements thematisiert. "Versteht man die soziale Verantwortung der Unternehmen also als ein den Zielen des Unternehmens (Gewinn, Fremdbedarfsdeckung) nachgeordnetes Mittel, so wird das Konzept Teil einer strategischen Überlegung, die längerfristig wirksame und das Handlungsfeld strukturierende Einflüsse in das unternehmerische Kalkül mit aufnimmt." (Wächter 1987: 159) Daran mag die Problematik der klaren Abgrenzung von Zweck und Mittel deutlich werden: Sie ist u. a. eine Frage der Perspektive.

z. B. Kreikebaum 1987; Stitzel 1991). Die unternehmerische *mission* oder Vision schließlich wird als Ausdruck der Grundidee des Unternehmens verstanden. Grundlegende ökonomische Ziele, Wertvorstellungen des Top Managements und daraus abgeleitete Handlungsvorschriften sowie die *mission* des Unternehmens werden häufig in Unternehmensgrundsätzen festgehalten. Sie enthalten in der Regel auch Aussagen über Führungsgrundsätze. Sie sind Ausdruck der Unternehmensphilosophie oder -politik (Bleicher 1991: 75ff.; Hinterhuber 1989a).

Auf der *zweiten Ebene der Zielhierarchie* geht es um die Bestimmung strategischer Ziele auf der Gesamtunternehmensebene, die „master strategy" (Richards 1988) oder „long-range objectives" (Steiner 1969). Hier geht es um die Festlegung der Produkt/Markt-Kombinationen, die das Unternehmen anstrebt. Hinterhuber spricht von der Festlegung des Zielportfolios des Unternehmens (1989a: 185ff.). Aus der Unternehmenspolitik werden Zielvorstellungen für das Gesamtunternehmen abgeleitet. Das betrifft beispielsweise Wachstums- oder Diversifikationsziele. Sie sind häufig nicht oder nur sehr grob quantifiziert.

Auf der *dritten Ebene* der idealtypischen Zielhierarchie geht es um die Bestimmung der Ziele für die einzelnen strategischen Geschäftsbereiche. In Hinterhubers Terminologie geht es um die Festlegung der strategischen Zielposition einer Geschäftseinheit (1989a: 154ff.). Inhaltlich bedeutet dies die Festlegung von Marktanteilszielen, angestrebten Gewinn- und Umsatzkennziffern etc. Auf der *vierten* (und logisch letzten) *Ebene* werden dann konkrete operationale Ziele für die Funktionsbereiche sowie Ausführungsprogramme fixiert. Hier spielen insbesondere Budgets als Zielvorgaben eine große Rolle. Ebenso wie sich die jeweils kurzfristigeren und weniger umfassenden Pläne aus den jeweils übergeordneten quasi automatisch ergeben sollen, existiert eine Zielhierarchie, innerhalb derer die jeweils untergeordneten Ziele aus den übergeordneten offensichtlich problemlos und eindeutig deduziert werden. So vermerkt Kreikebaum lakonisch:

> „Da sich (operative, A. B.) Ziele nach unserer Konzeption im Zusammenhang mit der Formulierung von Absichten, Strategien und Maßnahmen quasi zwangsläufig ergeben, erübrigt sich die Behandlung des (operativen, A. B.) Zielbildungsprozesses" (Kreikebaum 1987: 58).

Diese Vorstellung scheint mir allerdings angesichts der Offenheit des Prozesses doch recht mechanistisch zu sein.

Strategische Analyse. Die strategische Analyse steht im Zentrum des strategischen Planungsprozesses. Sie ist die Basis des für die präskriptive Strategietheorie paradigmatischen Modells der Harvard Business School (Andrews 1987; Christensen et al. 1973, zuerst als Learned et al. 1965), das Mintzberg (1990a,b; 1994) *design school* oder *SWOT model* nennt. Grundlage der Strategieformulierung ist danach die Analyse von Stärken und Schwächen des Unternehmens sowie von Chancen und Risiken der Unternehmensumwelt (**s***trengths*, **w***eaknesses*, **o***pportunities*, **t***hreats*; vgl. Abbildung 1.2).

> „The strategic alternative which results from a matching of opportunity and corporate capability at an acceptable level of risk is what we may call *economic strategy.*" (Christensen et al. 1973: 110; Hervorh. im Orig.)

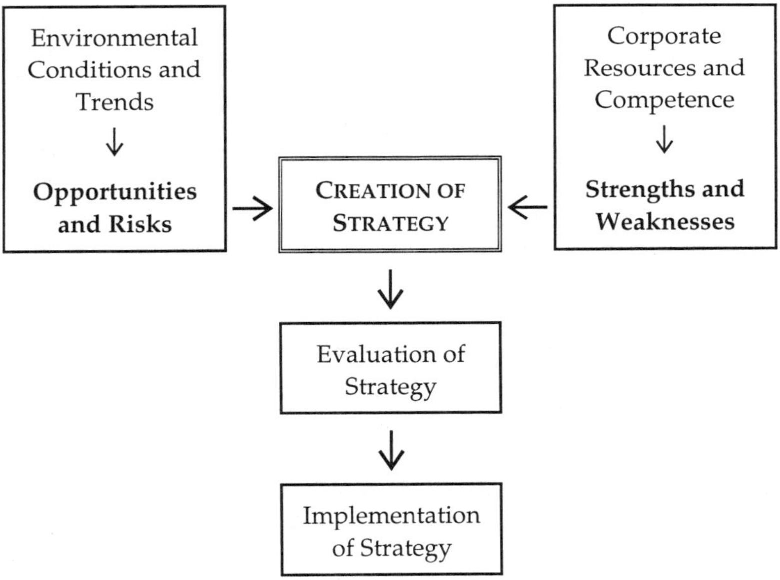

Abbildung 1.2: *Basales Harvard-Modell der Strategieformulierung (nach Andrews 1987: 50, Figure 2; Mintzberg 1994: 37, Figure 2-1)*

Die strategische Analyse ist in ihrem Zweck zukunftsgerichtet, da sich strategische Planung mit dem Aufbau und der langfristigen Sicherung von Wettbewerbsvorteilen befaßt.

> „Aufgabe der strategischen Analyse ist die systematische Suche und Diagnose von aktuellen und möglichen strategischen Problemen im Unternehmen selbst sowie in seiner vorhandenen und potentiellen Umwelt." (Kreilkamp 1987: 62)

Neben der Analyse der Organisationsumwelt und der Analyse der charakteristischen Ressourcen, Stärken und Schwächen des Unternehmens läßt sich noch ein drittes Element der strategischen Analyse identifizieren, die Analyse des organisationalen Zielsystems und der gegenwärtig verfolgten Strategie. Dieser Schritt der Strategieidentifikation wird meist in Form einer Gesamtunternehmensbetrachtung mit Hilfe der Portfolio-Methode konzipiert. Die Abgrenzung der einzelnen Teilschritte der strategischen Analyse ist allerdings nicht trennscharf durchzuführen, da sich in der Praxis viele Interdependenzen zwischen den Schritten finden. [21]

Bei der *Umweltanalyse* wird meist differenziert zwischen der generellen oder globalen Umwelt und der speziellen Umwelt des Unternehmens (Branche), wobei die erste Ebene die Rahmenbedingungen für die zweite bildet. Die *Analyse der globalen Umwelt* umfaßt die allgemeinen Rahmenbedingungen, innerhalb derer sich die Organisation bewegt. Nach Staehle (1991a: 582ff.) können diese in wirtschaftliche und wirtschaftspolitische, politische und rechtliche, technologische, kulturelle sowie sozialpsychologische Faktoren differenziert werden. Zunächst werden die Entwicklungstrends in den als relevant definierten Umweltsektoren erhoben (Schreyögg 1984: 102ff.), in einem zweiten Schritt dann die Zusammenhänge zwischen den Entwicklungen in den verschiedenen Sektoren, zumeist mit Hilfe der Cross-Impact-Analyse, abgeleitet (Staehle 1991a: 596) und schließlich wird der Möglichkeitsraum zukünftiger Entwicklungen in Form von Szenarien systematisiert (Kreilkamp 1987: 285ff.).

Die *Analyse der speziellen Unternehmensumwelt* findet sich meist unter dem Namen Branchen- und/oder Marktanalyse in der einschlägigen Li-

---

[21] In den einzelnen Konzepten der strategischen Analyse finden sich unterschiedliche Schwerpunktsetzungen: So mißt Porter (1992a, b) der Analyse der Chancen und Risiken, insbesondere der Branchenanalyse, offensichtlich wesentlich stärkere Bedeutung als der internen Analyse zu, während der sogenannte ressourcenorientierte Ansatz (Barney 1991; Collis 1991; Grant 1991; Prahald & Hamel 1990; Wernerfeldt 1984) ein stärkeres Gewicht auf die interne Ressourcenanalyse legt (vgl. 1.2.2).

teratur. Eine der bekanntesten Systematisierungen der Analyse der Wettbewerbsumwelt stammt von Porter (1992a: 25ff.). Er unterscheidet fünf Determinanten des Wettbewerbs: die Rivalität zwischen den vorhandenen Unternehmen einer Branche, die Bedrohung durch neue Konkurrenten, die Bedrohung durch Ersatzprodukte, die Verhandlungsmacht der Lieferanten und die Verhandlungsmacht der Abnehmer. Andere Autoren gehen von drei Analysefeldern aus, der Marktanalyse, der Wettbewerbsanalyse und der Analyse der Lieferantenbeziehungen (Kreilkamp 1987: 86f.; Schreyögg 1984: 107). Die *Marktanalyse* dient einerseits der Abgrenzung des relevanten Marktes oder Marktsegments (Abell 1980: 187) und andererseits der Prognose der zukünftigen Absatzentwicklung der eigenen Produkte (Schreyögg 1984: 107). Wichtige Hilfsmittel stellen die Konzepte des Produkt- und Marktlebenszyklus dar (Kreilkamp 1987: 133ff.). Im Rahmen der *Wettbewerbsanalyse* geht es darum, „die Wettbewerbsverhältnisse in der Branche bzw. dem Markt in einer strategisch bedeutsamen Weise zu beschreiben." (Schreyögg 1984: 110) Am Ende soll eine Auflistung der für das betrachtete Marktsegment kritischen Erfolgsfaktoren stehen (Hinterhuber 1989a: 80). Die Analyse der Lieferantenbeziehungen beschäftigt sich primär mit der Macht der Zulieferer. Die Analyse der Umwelt wird abgeschlossen durch die Beurteilung der Ergebnisse in Hinblick darauf, ob sich bestimmte Chancen oder Risiken für das Unternehmen ergeben. Damit wird der „Möglichkeitsraum strategischen Handelns" (Schreyögg 1984: 111) abgesteckt.

Probleme der Umweltanalyse werden insbesondere bei der Abgrenzung von Unternehmen und Umwelt und bei der Bestimmung der relevanten Umweltsegmente gesehen (Mauthe 1984: 79f.). Außerdem stellt die Prognose zukünftiger Entwicklungen eine besondere Schwierigkeit dar, zumal meist eine Zunahme der Umweltturbulenz konstatiert wird. Unterstützung sollen strategische Frühwarnsysteme liefern (Hahn & Klausmann 1986). Mit ihrer Hilfe sollen bereits „schwache Signale" (Ansoff 1981) vom Unternehmen wahrgenommen werden. Ziel ist die Erhöhung der Aufmerksamkeit und Reaktionsbereitschaft des Unternehmens gegenüber „strategischen Überraschungen".

Während im Rahmen der Umweltanalyse der strategische Möglichkeitsraum abgesteckt wird, wird im Rahmen der *Unternehmens- oder Ressourcenanalyse* festgestellt, „was die Unternehmung in Anbetracht ihrer gegenwärtigen und potentiellen Ressourcensituation (Stärken/Schwächen) strategisch *tun kann.*" (Schreyögg 1984: 111; Hervorh. im Orig.) Die Analyse der Ressourcen orientiert sich an den im Rahmen der Wettbewerbsanalyse identifizierten kritischen Ressourcen und Erfolgsfaktoren (Hinterhuber 1989a: 84). Die Durchführung der Analyse vollzieht sich in drei Schritten (vgl. Hinterhuber 1989a: 84; Schreyögg 1984: 112ff.): Erstellung eines Ressourcenprofils (Hofer & Schendel 1978: 149), Beurteilung der Ressourcen als Stärken oder Schwächen und Vergleich mit den Ressourcenprofilen der stärksten Konkurrenten (Hinterhuber 1989a: 94). Ein wichtiges Hilfsmittel zur Strukturierung der Unternehmensanalyse im Vergleich zu den Konkurrenten bildet die Wertkette (Porter 1992b: 59ff.). Es werden alle zur Entwicklung, Erzeugung und Vermarktung eines Produktes erforderlichen Aktivitäten mit ihren Beiträgen zur Wertschöpfung des Unternehmens systematisiert; so wird insbesondere ein Vergleich von Kostenstrukturen möglich (Kreilkamp 1987: 191ff.).

Die Ergebnisse von Umwelt- und Ressourcenanalyse werden zur *Definition der strategischen Ausgangsposition* zusammengeführt.[22] Sie bildet die Grundlage, auf der Strategien gewählt bzw. entwickelt werden können. Zur Analyse der Ausgangsposition muß das gesamte Unternehmen betrachtet werden; eine Entscheidung über die Strategien der einzelnen Geschäftseinheiten kann nur vor dem Hintergrund einer *Gesamtunternehmensbetrachtung* erfolgen, da die einzelnen strategischen Geschäftseinheiten um die knappen Ressourcen des gesamten Unternehmens konkurrieren.

Das wohl immer noch wichtigste Instrument der Gesamtunternehmensbetrachtung stellt die Portfolio-Methode dar (vgl. für einen Überblick Kreilkamp 1987; vgl. auch Ansoff & McDonnell 1990: 49-166). Grundgedanke ist die Erfassung aller strategischen Geschäftseinheiten eines Unternehmens in einem Portfolio, das auf der einen Achse umweltbezogenene Chancen und auf der anderen unternehmensbezogene Erfolgspo-

---

22 Während das ursprüngliche *SWOT*-Konzept der Harvard Business School (Learned et al. 1965) eine Gleichgewichtung von Umwelt- und Ressourcenanalyse proklamiert, geht das seit den frühen achtziger Jahren sehr einflußreiche Portersche Modell von einem Primat der Branchenstruktur aus (*market-based view*, Porter 1989a, b). Dieses wiederum wird vom sogenannten *resource-based view* kritisiert, der einen Primat der Ressourcenanalyse fordert (z. B. Wernerfeldt 1984; Barney 1991). Ich gehe im folgenden Abschnitt auf diese Kontroverse ein.

tentiale abbildet (vgl. z. B. Dunst 1979; Kreilkamp 1987; Mauthe 1984: 292ff.). Damit wird es möglich, alle Geschäftseinheiten in einer Gesamtdarstellung zu erfassen und zu beurteilen. Das Erfolgspotential der einzelnen strategischen Geschäftseinheiten ist der Maßstab, der die Verteilung der knappen Unternehmensressourcen bestimmt. Allen unterschiedlichen Portfolio-Techniken ist gemeinsam, daß die Positionierung der strategischen Geschäftseinheiten in der Matrix mit sogenannten Normstrategien (*generic strategies*) verbunden ist, die eine strategische Grobausrichtung empfehlen (Hinterhuber 1989a: 128ff., 133ff.; Schreyögg 1984: 94f.). Generell wird in der Literatur vor zu hohen Erwartungen gegenüber der Portfolio-Methode gewarnt. Ihr wird eine heuristische Funktion zugeschrieben, da sie die globale Denkweise des strategischen Planers untertützen, einem von den Qualifikationen her heterogenen Management einen gemeinsamen Bezugsrahmen bieten, den allgemeinen Informationsstand fördern und die unterschiedlichen Geschäftseinheiten auf einen strategischen Nenner bringen können (vgl. Kreilkamp 1987: 559).[23] Gewarnt wird insbesondere vor einer unreflektierten Übernahme der Normstrategien (Kreilkamp 1987: 560). Die aus der Portfolio-Analyse abgeleiteten Normstrategien bilden zusammen mit den Ergebnissen der Umwelt- und Unternehmensanalyse die Basis für die Entwicklung strategischer Optionen und ihrer Auswahl.

Strategische Wahl. Im Prozeß der strategischen Wahl werden drei Ebenen von Strategien unterschieden (vgl. z. B. Staehle 1991a: 610): Gesamtunternehmens-, Geschäftsfeld- und Funktionsbereichsstrategien. Die letzteren werden häufig zum Bereich der Strategieimplementation gezählt. Die Entwicklung der Strategien auf den unterschiedlichen Ebenen wird in der Regel als iterativer Prozeß konzipiert, d. h., daß eine schrittweise Angleichung der Strategieebenen vorgenommen wird, bei der allerdings die jeweils höhere Ebene Priorität genießt. Das bekannteste Instrument zur Koordination der Geschäftsfeldstrategien auf Gesamtunternehmensebene stellt ebenfalls die Portfolio-Analyse dar (vgl. Hinterhuber 1989a: 166). Neben den Portfolio-Normstrategien finden sich in

---

23 Porter (1987b: 51) warnt allerdings gerade deswegen vor dem Portfolio-Management, weil es sich an rein finanziellen Parametern orientiert: „managers cannot necessarily run anything in the absence of industry-specific knowledge and experience."

der Literatur allerdings noch weitere Systematisierungen. So unterscheidet beispielsweise Ansoff (1965: 132) in seiner Produkt/Markt-Matrix die vier Normstrategien Marktdurchdringung, Marktentwicklung, Produktentwicklung und Diversifikation; Porter (1989: 31ff.) differenziert zwischen drei Typen von Wettbewerbsstrategien: Kostenführerschaft, Differenzierung und Konzentrations- oder Fokusstrategie; Hofer und Schendel (1978: 162ff.) wiederum unterscheiden sechs „generic types of business strategies" : Marktanteilserhöhende, Wachstums-, Gewinn-, Marktspezialisierungs-, Sanierungs- und Liquidationsstrategien. Welche konkreten strategischen Pläne im Einzelfall aus den Normstrategien abzuleiten sind, muß jeweils individuell entschieden werden. Häufig wird betont, daß die Strategieentwicklung im engeren Sinne ein kreativer Prozeß sei, bei dem die formale Planung nur unterstützende Funktion habe (z. B. Hinterhuber 1989a: 22; Kreilkamp 1987: 571)

Im Zentrum der strategischen Wahl stehen die Bewertung und Auswahl der zu realisierenden strategischen Alternative. Die Bewertung stellt eine Betrachtung der strategischen Alternativen im Lichte der Unternehmensziele bzw. der strategischen Ziele dar (Wild 1981: 111). Wild formuliert folgende generellen „Anforderungen an die Grundlagen rationaler Werturteile": Offenlegung und einheitliche Anwendung sämtlicher Bewertungskriterien sowie Vollständigkeit sowohl der Abbildung aller relevanten Zielgrößen in den Kriterien als auch aller relevanten Merkmale und Wirkungen der strategischen Alternativen (1981: 110). Die vorgeschlagenen Vorgehensweisen unterscheiden sich hinsichtlich ihres Formalisierungsgrades. Einerseits finden sich wenig formalisierte - und auch inhaltlich weitgehend übereinstimmende - Fragenkataloge, die im Sinne einer Checkliste verwendet werden sollen (vgl. z. B. Andrews 1987: 27ff.; Christensen et al. 1973: 114ff.; Hinterhuber 1989a: 177ff.). Sie dienen zunächst einmal der groben Abschätzung des Wertes einer Strategie; allerdings werden sie auch eingesetzt, um strategische Alternativen miteinander zu vergleichen.

Stärker formalisierte Verfahren folgen im Prinzip der Schrittfolge, die sich bei Wild (1981: 111f.) findet:

1. Bestimmung der Ziele;
2. Bestimmung der Bewertungsobjekte;
3. Bestimmung der Bewertungskriterien;
4. Bestimmung der Gewichtung der Kriterien;
5. Bestimmung der Maßstäbe und Skalenniveaus;

6. Prognose der Kriterienwerte;
7. Zusammenführen der Einzelwerte in einer Gesamtbewertung;
8. Konsistenzprüfung.

Probleme entstehen insbesondere beim Zusammenführen der Einzelwerte durch auf unterschiedlichen Niveaus skalierte Einzelkriterien (Wild 1981: 114f.) und möglicherweise konfliktäre Zielgrößen (Zahn 1979: 267). Außerdem geht bei der Bildung eines Einzelkriteriums zuviel Information verloren (Zahn 1979: 267). Das gravierendste Problem, das bei der Bewertung von strategischen Alternativen auftritt, besteht allerdings darin, daß es sich um eine ex-ante vorgenommene Bewertung handelt. Sie basiert auf „Wirkungsprognosen über die zielrelevanten Eigenschaften oder Wirkungen der Alternativpläne" (Wild 1981: 106). Der Rückgriff auf bewährte erfahrungswissenschaftliche Theorien ist im übrigen problematisch, da in einem strengen Sinne dann auch das Vorhandensein der Antezedenzbedingungen der Theorien als Voraussetzung ihrer Gültigkeit prognostiziert werden muß. Da dafür wiederum bewährte erfahrungswissenschaftliche Theorien notwendig sind, entsteht ein „unendlicher Prognoseregreß" (Zahn 1979: 258f.).

Es wird auch vorgeschlagen, Wirkungen von Strategien mit Simulationsmodellen zu prüfen (Hahn, Hölter & Steinmetz 1990; Hinterhuber 1989a: 205f.; Zahn 1979: 271). Gegenüber der in solchen Modellen zum Ausdruck kommenden einseitigen Orientierung auf ökonomische Kenngrößen wie *cash flow, return on investment* usw. wendet Staehle ein, daß sie nicht nur die Gefahr mit sich bringe, „letztlich *auch* erfolgsrelevante gesellschaftliche, soziale und ökologische Nebenbedingungen zu mißachten, sondern auch die Erfolgspotentiale selbst zu schädigen." (Staehle 1991a: 608; Hervorh. im Orig.) Deshalb sollten auch die relevanten *stakeholder*, im Rahmen eines *stakeholder audit*, in die Evaluation von Strategiealternativen einbezogen werden.

Mit der Auswahl der Strategie bzw. Strategien ist der Prozeß der Strategieformulierung abgeschlossen. Im Rahmen der Strategieimplementation geht es nun darum, „die Voraussetzungen für die Erfolgswirksamkeit der gewählten Strategie zu schaffen." (Schreyögg 1984: 84). Dies umfaßt die Programm- und Aktionsplanung sowie die Budgetierung, die Gestaltung von Organisations- und Führungssystem sowie die Kontrolle des Strategieerfolges.

Programm- und Aktionsplanung. Die strategischen Pläne müssen im Zuge ihrer Umsetzung sowohl in zeitlicher Hinsicht als auch in Hinsicht auf ihren Konkretionsgrad bis auf eine operative Ebene heruntergebrochen werden. In zeitlicher Hinsicht wird in der Regel zwischen lang-, mittel- und kurzfristigen Plänen unterschieden (Koch 1982: 38; Schreyögg 1984: 125; Wild 1981: 169). Man kann von einer groben Übereinstimmung der zeitlichen Differenzierung mit der Differenzierung nach dem Grad der Detailliertheit der Pläne ausgehen, obwohl die Planungshorizonte grundsätzlich variabel sind (Hinterhuber 1989b: 134).

Im Rahmen der *Programmplanung für die Funktionsbereiche* geht es darum,

> „die Strategie(n) für die betrieblichen Funktionen durch die Zeit auf die Gegenwart hin *stufenweise zu konkretisieren* und zu *detaillieren.* Der Strategieplan wird gewissermaßen in funktionale Programmpläne mit kürzerem Planungshorizont *zerlegt.*" (Schreyögg 1984: 125; Hervorh. im Orig.)

Hinterhuber (1989b: 7) spricht hier von der Ableitung funktionaler Politiken aus der Strategie und weist ihnen drei Funktionen zu: Sie stellen Richtlinien für Entscheidungen und Aktionen innerhab der Funktionsbereiche dar, sie gewährleisten eine gemeinsame Interpretation der Strategie sowie die Koordination der Akteure und sie dienen dazu, die Konsequenzen strategischer Entscheidungen für die Funktionsbereiche zu ermitteln.

Die kurzfristige *operative Planung* befaßt sich mit der Umsetzung der Programmpläne auf der unmittelbar operativen Ebene (z. B. Maschinenbelegung oder Wochenpläne). Als Steuerungsinstrument werden Budgets verwandt; sie sind ein „verdichteter formal-nominaler Niederschlag der Pläne" (Schreyögg 1984: 127). Budgets haben nach Steiner eine dreifache Funktion: Sie haben Planungsfunktion, dienen der Koordination der unterschiedlichen Einheiten der Organisation und stellen die Basiswerte für die Erfolgskontrolle zur Verfügung (1969: 297ff.). Abstimmungsprobleme entstehen beim Herunterbrechen der strategischen Pläne bis auf die operative Ebene in zweierlei Hinsicht: vertikal, d. h. in bezug auf die jeweils höhere Planungsebene, und horizontal, d. h. auf ein und derselben Ebene untereinander in bezug auf die Strategie. Diese Abstimmung soll durch konsequente Anwendung der hierarchischen Unternehmensplanung gewährleistet werden. Die Unternehmensleitung trifft die globalen, wenig detaillierten Entscheidungen und legt damit den Rahmen für die nachfolgenden detaillierteren Entscheidungen auf niedrigeren Hierarchieebenen fest. Durch diese hierarchische Integration soll die lückenlose Abstimmung der Planungen untereinander und mit der Strategie gewährleistet werden (Koch 1982: 32f.; vgl. auch Wild 1981: 166ff.).

> „Werden sie (die Direktiven für die Funktionsbereiche, A. B.) mit der nötigen Objektivität, Klarheit und Gründlichkeit erarbeitet, so ergeben sich viele der zu verwirklichenden Zwischenziele und Aktionsprogramme *quasi von selbst*. Die Politiken und Aktionsprogramme für die funktionalen Bereiche bilden die Brücke zur Verwirklichung des strategischen Planes.“ (Hinterhuber 1989b: 12; Hervorh. A. B.)

Hier wiederholt sich das Denkmuster, das sich schon in Zusammenhang mit der hierarchischen Integration der unterschiedlichen Zielebenen fand: Rationalität kann durch klare Zweck/Mittel-Beziehungen zwischen den Teilplänen hergestellt werden.

Organisation. Eine entscheidende Voraussetzung für den Erfolg von Strategien ist die strategiegerechte Gestaltung der Organisationsstrukturen. Die Formalstruktur der Organisation muß den Erfordernissen der gewählten Strategie angemessen sein (vgl. z. B. Hinterhuber 1989b: 109; Jauch & Glueck 1988; 314; Steinmann & Schreyögg 1991: 195). Auch heute noch von zentraler Bedeutung ist die Arbeit von Chandler (1962), in der er die historische Entwicklung der US-amerikanischen Großunternehmen nachzeichnet (vgl. auch Bühner 1989: 223; Galbraith & Nathanson 1978; 12ff. Hrebiniak & Joyce 1984: 69; Steinmann & Schreyögg 1991: 196). Chandler gründet seine zentrale These *„structure follows strategy“* auf die historische Abfolge von vier Entwicklungsstufen von Strategie und Organisationsstruktur: Die vertikale Integration der Unternehmen (1) führt zur Einführung der Funktionalorganisation (2); die anschliessende Diversifizierung der Unternehmen (3) führt zur Einführung der Divisionalorganisation (4). Die von Chandler beschriebenen Korrelationen von bestimmten Wachstumsstrategien und ihnen offenbar angemessenen Organisationsstrukturen gelten heute als recht gut belegt (Galbraith & Nathanson 1978: 138; Hrebiniak & Joyce 1984: 69f.; Jauch & Glueck 1988: 320ff.). Bühner (1989) hat dem Chandlerschen Modell noch eine fünfte und sechste Entwicklungsstufe hinzugefügt: Die partielle Rücknahme der Diversifikation und „Konzentration auf unternehmerische Kernfähigkeiten“ (5) führt zur Entwicklung einer „dezentralen Geschäftsbereichsorganisation“ oder Managementholding als angemessener Organisationsstruktur (6).

Die These *structure follows strategy* ist mittlerweile allerdings durch Identifikation intervenierender Variabler und durch den Nachweis einer auch umgekehrten Wirkungsrichtung relativiert worden (Amburgey & Dacin 1994; Bühner 1989: 227f.; Burgelman 1983; Fouraker & Stopford 1969; Galbraith & Nathanson 1978: 139ff.; Jauch & Glueck 1988: 322; Schreyögg 1991: 264f.). Als Reaktion darauf findet sich in der präskriptiven Literatur zwar häufig der Hinweis auf die Interdependenz von Strategie und Struktur. Allerdings bleibt explizit oder implizit die Priorität der Strategie gegenüber der Struktur erhalten.[24] So kann das, was Hrebiniak und Joyce abschließend schreiben, als Zusammenfassung des Standes der Diskussion in diesem Bereich gelten: Es sei klar,

> „that *strategy both affects and is affected by structure*, but that there is a dominant direction of influence in strategy-structure relationships from logically previous components of the implementation model to subsequent components." (Hrebiniak & Joyce 1984: 91; Hervorh. im Orig.)

Trotz der konstatierten Interdependenz von Strategie und Organisation wird also weiterhin eine dominante Einflußrichtung im Sinne von *structure follows strategy* postuliert. Insofern ist Steinmann & Schreyögg (1991: 200) zuzustimmen, wenn sie feststellen, daß die Organisationsgestaltung - wie im übrigen auch die strategische Personalführung - in der Literatur zur strategischen Unternehmensplanung „als ein durch den strategischen Plan mehr oder weniger determiniertes Handlungsprogramm", also als lediglich abgeleitetes Planungsproblem behandelt wird.

Personal. Die Auswahl der Führungskräfte, die Führungsstile, die Anreiz- und Kontrollsysteme sollen sich nach den im Unternehmen verfolgten Strategien richten. Dies ist eine wichtige Voraussetzung für den Erfolg der Strategieimplementation (Hinterhuber 1989b: 138; Jauch & Glueck 1988: 353). Erstens wird für die Auswahl der Führungskräfte davon ausgegangen, daß ein *fit* zwischen der Strategie auf der einen und dem Persönlichkeits- und Qualifikationsprofil von „Schlüsselpersonen in der strategischen Geschäftseinheit" auf der anderen Seite vorliegen muß

---

24 Das liegt natürlich auch in der Logik der Arbeiten als *prä*skriptive begründet: Sie wollen Gestaltungsanweisungen geben und gehen daher von einer normativen Version des Chandlerschen Diktums aus: "structure *should* follow strategy" (Andrews 1987: 97; Hervorh. A. B.).

(Steinmann & Schreyögg 1991: 199).[25] Zweitens ist das Anreizsystem von zentraler Bedeutung für strategiegerechtes Handeln der Führungkräfte (vgl. Becker 1985). „Thus, properly directed, incentives may have more positive effects than control." (Andrews 1987: 102). Drittens schließlich wird auch der Auswahl eines strategiegerechten Führungsstiles in der Literatur eine wichtige Rolle zugewiesen (Hinterhuber 1989b: 151ff.; Jauch & Glueck 1988: 356ff.). So fordert etwa Hinterhuber (1989b: 156), daß bei Offensivstrategien eher ein delegierender, bei Desinvestitionsstrategien eher ein autoritärer Führungsstil angebracht sei, während bei Defensiv- und Investitionsstrategien ein partizipativer oder integrierender Stil richtig sei.[26]

Wie bei der Strategie/Struktur-Problematik wird die einseitige Determination der Personalpolitik durch die strategischen Erfordernisse in den letzten Jahren zunehmend in Frage gestellt. Ebenso wie die Organisationsstruktur Einfluß auf die Möglichkeiten der Strategieformulierung nimmt, beeinflußt die (in der Vergangenheit verfolgte) Personalpolitik die strategischen Möglichkeiten des Unternehmens (Schreyögg 1987). Im Rahmen der präskriptiven Literatur bleibt es aber in beiden Fällen bei der bloßen Erwähnung der Interdependenz; die Beziehung „personnel policy follows strategy" wird nicht in Frage gestellt. Ansoffs Konzept der *strategic capability* (1979b: 72ff.; 1984: 204ff.; 403ff.) ist ein instruktives Beispiel: Obwohl er die wechselseitige Konstitution von Strategie und Managementkompetenz durchaus sieht, gelingt es Ansoff nicht, dieses rekursive Verhältnis in seine Konzeption zu integrieren, weil er letztlich an der Chandlerschen rationalistischen Logik festhält (vgl. 1.2.3).

Kontrolle. Den letzten Schritt im Prozeß der Strategieimplementation stellt die Kontrolle dar. Planung und Kontrolle werden in der Literatur als untrennbar miteinander verknüpft betrachtet, da Planung einerseits die Voraussetzung bildet, um überhaupt kontrollieren zu können, und andererseits Planung ihrer Steuerungsfunktion nur gerecht werden kann, wenn ihre Ergebnisse kontrolliert werden: „*Planung ohne Kontrolle ist daher sinnlos, Kontrolle ohne Planung unmöglich.*" (Wild 1981: 44; Her-

---

25 Einen Überblick über die für die verschiedenen Portfolio-Normstrategien erforderlichen Qualifikationsprofile gibt Hinterhuber (1989b: 141f.); vgl. auch die Ausführungen in Ansoff (1984: 241ff.).

26 Anders z. B. Steinmann & Schreyögg (1991: 199).

vorh. im Orig.) Zweck der Kontrolle ist festzustellen, ob und wie gut der Plan funktioniert, mit dem Ziel, den Erfolg des Unternehmens zu gewährleisten (vgl. Andrews 1987: 101).

Das Grundmodell der Kontrolle von Strategien ist die feedback-Kontrolle (Staehle 1991a: 510). Am Beginn des Prozesses steht die Definition von Kontrollstandards; sie sind meist schon durch die Strategien, Pläne und Budgets vorgegeben. In einem zweiten Schritt werden die erzielten Ergebnisse mit den Leistungsstandards verglichen und eine Analyse der Gründe für eventuelle Planabweichungen angestellt. Schließlich werden Steuerungsmaßnahmen ergriffen, um die Abweichungen zu korrigieren (vgl. Hammer 1991: 172; Hinterhuber 1989b: 204f.). Diese Steuerungsmaßnahmen können in einer Veränderung der Leistungsstandards, einer Veränderung des Implementationsprozesses, einer Revision der Pläne oder Strategien bis hin zur Anpassung der generellen Unternehmensziele bestehen (Jauch & Glueck 1988: 379f.). Dies entspricht dem Konzept des *management by exception* (Staehle 1991a: 621).

Wild (1981: 44) unterscheidet drei Typen von Kontrolle: Ergebniskontrolle, Planfortschrittskontrolle und Prämissenkontrolle, die sich auf die Gültigkeit der Planungsprämissen zum Implementierungszeitpunkt richtet (vgl. auch die „ex-ante-Kontrolle" bei Hammer 1991: 171). Strategische Kontrolle geht über eine einfache ex-post Kontrolle hinaus, indem sie nicht nur die Ergebnisse, sondern auch die Überwachung der Realisierbarkeit der Strategie und potentieller Störgrößen mit einbezieht (Schreyögg 1984: 132). Ihre Ergebnisse gehen als Input wieder in den (nächsten) Planungszyklus ein, es entsteht eine Planungsspirale, ein Zyklus von Prämissen der strategischen Planung, Strategieformulierung, Strategieimplementation, strategischer Kontrolle zu Prämissen und/oder Strategieformulierung usw. (vgl. die Abbildung 5 in Wild 1981: 47). So können zwar die Ablaufschemata der strategischen Planung als zyklische bezeichnet werden (vgl. Bechmann 1981: 62 ff.). Innerhalb der einzelnen Planungszyklen bleibt allerdings die Linearität der Modelle mehr oder weniger ungebrochen erhalten.[27]

---

27 Über das Konzept der strategischen Kontrolle hinaus gehen Steinmann und Schreyögg (Schreyögg & Steinmann 1985; Steinmann & Schreyögg 1991), wenn sie von strategischer Überwachung sprechen. Diese orientiert sich nicht an vordefinierten Kontrollgrößen, sondern am Ersatzmaßstab Bestandsbedrohung des (Forts.)

Das so skizzierte Ablaufschema liegt allen präskriptiven Modellen der strategischen Planung zu Grunde. So nennt Mintzberg (1990b: 113f., vgl. auch 118, 124) als wichtigste Prämissen, auf denen die von ihm als präskriptiv bezeichneten *design school* (Andrews 1987; Christensen et al. 1973), *planning school* (Ansoff 1965; 1979b; 1984; Steiner 1969) und *positioning school* (Porter 1991; 1992a, b) basieren:

- *„Strategy formation should be a controlled, conscious process of thought ...*
- *Strategies emerge from this design process full-blown.*
- *These strategies should be made explicit and, if possible, articulated ...*
- *Finally, only after these unique, full-blown, explicit ... strategies are fully formulated can they then be implemented ...“* (Mintzberg 1990b: 113f.; Hervorh. im Orig.)

Damit gilt für den strategischen Entscheidungsprozeß wie für den klassischen Managementprozeß, wie er z. B. von Koontz, O'Donnell und Weihrich (1984; zuerst als Koontz & O'Donnell 1955) konzipiert wird, das Primat der Planung:

> „since *managerial operations in organizing, staffing, leading, and controlling are designed to support the accomplishment of enterprise objectives, planning logically precedes the execution of all other managerial functions.*“ (Koontz, O'Donnell & Weihrich 1984: 103; Hervorh. im Orig.)

Es ist unschwer zu erkennen, daß hinter einer solchen Konzeption des Entscheidungsprozesses, die sowohl für strategische wie für nicht-strategische Entscheidungen Gültigkeit beansprucht, das klassische Modell rationaler Wahl und der *homo oeconomicus* stehen. Das in Abbildung 1.1 dargestellte idealtypische Ablaufschema des strategischen Planungsprozesses ist im Prinzip identisch mit gängigen Phasenschemata von (klassisch rationalen) Entscheidungsprozessen (s. Abbildung. 1.3; vgl. auch Irle 1971: 48; Pfohl & Braun 1981: 105). Strategischer und nicht-strategischer Managementprozeß sind „ausgeformt auf der Grundlage der Theorie der rationalen Wahl; der Schwerpunkt liegt auf der (optimierenden) Handlungsvorbereitung, die Handlungssphäre wird nicht als eigenständiger Problembereich, sondern nur als abgeleitetes Vollzugsproblem bestimmt.“ (Schreyögg 1991: 263) Der idealtypische

Unternehmens und richtet sich auf unternehmensexterne und -interne Veränderungen.

strategische Planungsprozeß funktioniert nach dem „Modell der *plandeterminierten Steuerung*" (ebd.; Hervorh. im Orig.).

Problemerkenntnis

↓

Zielsetzung

↓

Alternativensuche

↓

Alternativenbewertung

↓

Wahl der besten Alternative

↓

Implementation der Entscheidung

Abbildung 1.3: *Grundmodell der rationalen Entscheidung (nach Staehle 1991a: 486)*

Das Grundmodell rationaler Entscheidung geht davon aus, daß der Entscheider erstens klar definierte Ziele hat, daß er zweitens über vollständige Information über alle zur Verfügung stehenden Handlungsalternativen und ihre jeweiligen Konsequenzen verfügt und daß er dann drittens diejenige Handlungsalternative auswählt, die seine Ziele am vollständigsten erfüllt. Es ist das klassische Modell des *optimizing* im Sinne Simons (March & Simon 1958: 137f.; Simon 1981: 116). Genau diese Vorstellung steht beispielsweise hinter der Forderung Wilds (1981: 111) nach Vollständigkeit der Abbildung aller relevanten Zielgrößen und aller relevanten Merkmale und Wirkungen der strategischen Alternativen im Bewertungsprozeß oder der von Andrews geforderten „consideration of *all* combinations" von internen Ressourcen und externen Chancen und Risiken (1987: 50, Figure 2, Hervorh. A. B.; vgl. Abbildung 1.2).

Schreyögg bezeichnet die der präskriptiven Strategietheorie zu Grunde liegende Planungsrationalität als synoptisch. In Anlehnung an Lindblom (1959; 1965; vgl. auch Braybrooke & Lindblom 1963), Mannheim (1958) und Popper (1958; 1969) stellt er acht Merkmale der *synoptischen Planungsrationalität* heraus; sie finden sich auch in der präskriptiven Strategietheorie (Schreyögg 1984: 134f.). Das ist erstens eine *holistische Perspektive*; das Konzept Unternehmensstrategie zielt auf die vollständige Erfassung des Unternehmens und des Prozesses der strategischen Planung. Daß es zweitens um die *schöpferische Projektierung zukünftiger Gesamtzustände des Systems* und drittens um eine *zukunftsgerichtete Überwachung der Umwelt* geht, ist bei der präskriptiven Strategietheorie offensichtlich. Viertens wird die Koordination der einzelnen Pläne und Entscheidungen durch einen *umfassenden Gesamtplan* geleistet. Das wird im Konzept der hierarchischen Unternehmensplanung besonders deutlich (vgl. Koch 1982). Das fünfte Merkmal, die dominierende Orientierung am *Zweck/Mittel-Schema*, findet sich schon in der Grundidee, daß die Strategie ein Mittel zur Erreichung der obersten Ziele des Unternehmens darstellt, sowie in der Planhierarchie, in der der jeweils rangniedrigere Plan Mittelcharakter gegenüber dem jeweils umfassenderen hat. Sechstens erfolgt die Auswahl der Strategie *zielorientiert*, wobei, siebtens, möglichst *alle relevanten Handlungsalternativen analysiert* werden sollen. Achtens schließlich wird der strategische Entscheidungsprozeß mit *wissenschaftlichen Methoden*, z. B. der strategischen Analyse, unterstützt.

Das Modell des klassisch rationalen Entscheidungsprozesses mit seiner klaren Zweck/Mittel-Logik und der Vorstellung umfassender Information, das den Kern der synoptischen Planungsrationalität bildet, läßt sich zurückführen auf die Vorstellung von Zweckrationalität, wie sie idealtypisch von Max Weber in den „Soziologischen Grundbegriffen" definiert worden ist:[28]

> „§2. Wie jedes Handeln kann auch das soziale Handeln bestimmt sein 1. *zweckrational*: durch Erwartungen des Verhaltens von Gegenständen der Außenwelt und von anderen Menschen und unter Benutzung dieser Erwartungen als 'Bedingung' oder als 'Mittel' für rational, als Erfolg, erstrebte und abgewogene eigne *Zwecke* ... (...)

---

[28] Ich verwende hier zunächst einmal die Begriffe Handeln und Entscheiden synonym. Das widerspricht der in der Betriebswirtschaftslehre üblichen Definition von Entscheidung als punktuellem Auswahlakt zwischen Handlungsalternativen (Kahle 1990: 9; Witte 1992: 553f.); in dieser Perspektive ist eine Entscheidung praktisch ein rein kognitiver Akt. Ich werde in 2.2.2 einen strukturationstheoretisch orientierten Entscheidungsbegriff vorstellen, der (1) Entscheidung stets als Prozeß und (2) einen Entscheidungsprozeß als besonderen Typus von Handlungssequenzen konzipiert.

> Zweckrational handelt, wer sein Handeln nach Zweck, Mitteln und Nebenfolgen orientiert und dabei sowohl die Mittel gegen die Zwecke, wie die Zwecke gegen die Nebenfolgen, wie endlich auch die verschiedenen möglichen Zwecke gegeneinander rational *abwägt*: also jedenfalls *weder* affektuell (und insbesondere nicht emotional), *noch* traditional handelt." (Weber 1980: 12f.; Hervorh. im Orig.)

Eine zweite Form von Rationalität ist bei Weber die *Wertrationalität*. Sie ist gekennzeichnet „durch bewußten Glauben an den ... unbedingten *Eigen*wert eines bestimmten Sichverhaltens rein als solchen und unabhängig vom Erfolg." (ebd.: 12; Hervorh. im Orig.) Elemente der Wertrationalität lassen sich auch in der Literatur zur strategischen Unternehmensführung finden; man denke etwa an die Ausführungen zur gesellschaftlichen Verantwortung der Unternehmen, oder die individuellen Wertsysteme der Manager.[29] Wertrationale Elemente werden in der präskriptiven Literatur als *constraint* behandelt, so etwa die von den individuellen Werten der Führungskräfte beeinflußte Unternehmensphilosophie, die die Zwecke setzt, die dann zweckrational verwirklicht werden sollen. Das ist im übrigen ganz im Sinne Webers, der bemerkt, daß an der Spitze der Bürokratie, also der reinen Form zweckrationaler Organisation bzw. Herrschaft „unvermeidlich ein mindestens nicht *rein* bureaukratisches Element" als zwecksetzende Instanz stehen müsse (Weber 1980: 127; Hervorh. im Orig.). Die Zweckrationalität bleibt also auch dann der Logik des strategischen Planungsprozesses unterlegt, wenn wertrationale Elemente in die Betrachtung mit einbezogen werden. Es versteht sich daher schon fast von selbst, daß die weiteren von Weber identifizierten Handlungsorientierungen, das *affektuelle* („durch aktuelle Affekte und Gefühlslagen" bestimmt) und das *traditionale Handeln* („durch eingelebte Gewohnheit" bestimmt; ebd.: 12), als zu vermeidende Formen der Entscheidungsfindung gelten, obwohl traditionales Handeln sicherlich in Unternehmen eine recht häufig anzutreffende Erscheinung sein dürfte.[30]

---

29 Wobei noch einmal auf die kritischen Anmerkungen Wächters (1987: 159) zur Instrumentalität der gesellschaftlichen Verantwortung hinzuweisen ist (vgl. oben, Fn. 20). In diesem Falle müßten die auf den ersten Blick wertrationalen Elemente natürlich als zweckrationale Aspekte behandelt werden.

30 Ortmann (1995a: 397f.) diskutiert in Anlehnung an Waldenfels (1985: 109) „Tradition als Widerlager" von Innovation: Innovation und Tradition stehen in einem rekursiven Konstitutionsverhältnis: Erst in bezug auf und aus dem Tra-

(Forts.)

Ein Hinweis auf Webers Methode führt zu einem m. E. zentralen Problem der hier diskutierten Orientierung am Modell der Zweckrationalität. Webers Definition der Zweckrationalität ist nämlich nicht als die Beschreibung eines real existierenden Phänomens zu verstehen, sondern als *Idealtypus*. Ein Idealtypus ist ein idealisiertes Konstrukt, das aus heuristischen Gründen „reine" Formen beschreibt. Er dient gewissermaßen als Matrix, auf der das Ausmaß an Zweckrationalität einer beobachteten Handlung ermessen werden kann.

> „Dies Verfahren darf aber natürlich nicht als ein rationalistisches Vorurteil der Soziologie (oder anderer Disziplinen, A. B.), sondern nur als methodisches Mittel verstanden und also etwa nicht zu dem Glauben an die tatsächliche Vorherrschaft des Rationalen über das Leben umgedeutet werden." (Weber 1980: 3)

Und:

> „*Absolute* Zweckrationalität des Handelns ist aber auch nur ein im wesentlichen konstruktiver Grenzfall." (ebd.: 13)

Daß die betrieblichen Entscheider nicht rein zweckrational handeln, ist allerdings auch in der präskriptiven Strategietheorie nicht umstritten.[31] Allerdings wird daraus eine völlig andere Konsequenz gezogen als Weber im Sinn hatte. Das Rationalitätskonzept wird ins Normative gewendet und dient als Muster erwünschten Handelns. So findet sich beispielsweise bei Hrebiniak und Joyce (1984: 5) zunächst der Hinweis auf die begrenzte Rationalität der strategischen Entscheider. Für den Prozeß der strategischen Planung wird daraus allerdings die Folgerung abgeleitet, daß ein komplexes Problem wie eine strategische Entscheidung in kleinere, besser in rationaler Weise handhabbare Teilprobleme zerlegt werden müsse. Dazu sei ein logisches Modell des strategischen Entscheidungsprozesses notwendig, das es erlaubt, die Teilprobleme aus dem übergeordneten Zusammenhang zu deduzieren. Das ist genau das

---

ditionellen heraus ist Innovation, erstens, möglich und, zweitens, überhaupt als solche erkennbar. Insofern ist eine bloße Ablehnung traditionalen Handelns sicherlich unreflektiert.

31 Insofern hat sich *etwas* von Simons Arbeiten zur begrenzten Rationalität (1981) durchaus durchgesetzt. Die Konsequenzen, die *er* daraus zieht, sehen allerdings etwas anders aus als die der präskriptiven Strategietheorie - und anders als die meinen (vgl. 1.4).

Modell der hierarchischen Unternehmensplanung. Obwohl also im Einzelfall anerkannt wird, daß zweckrationales Handeln, wie es der präskriptiven Strategietheorie als Handlungsmodell zu Grunde liegt, nur ein „konstruktiver Grenzfall" ist, hält sie an ihm als normativem Modell fest. Die *Denkfigur des zweckrationalen Handelns* des *homo oeconomicus* bleibt bestimmend. Genau darauf zielt auch Schreyöggs Begriff der *Planungsrationalität*.

> „Diskutiert man die Planungsrationalität, so hat man eine *Grundhaltung*, ein *basales Konzept* des Herangehens an Planungsaufgaben vor Augen ... Der synoptischen Planungslogik liegt u. auch als *Denkfigur* das Paradigma der rationalen Wahl zugrunde." (Schreyögg 1984: 138; Hervorh. im Orig.)

Zusammenfassend kann man festhalten, daß sich die präskriptive Literatur zur strategischen Unternehmensplanung im Grunde am klassischen Modell rationaler Entscheidung und am *homo oeconomicus* als Bezugspunkten orientiert. Angesichts empirischer Relativierungen, etwa im Sinne der Möglichkeit zu nur begrenzter Rationalität, wird das zweckrationale Modell ins Normative gewendet.[32] In den beiden folgenden Abschnitten diskutiere ich am Beispiel der Arbeiten von Michael Porter und Igor Ansoff, in welche Probleme diese Denkfigur bzw. die Planungsrationalität führt.

---

32 Gültigkeit kann man dem synoptischen Entscheidungsmodell allenfalls für Entscheidungssituationen mit geschlossenen Ausgangs- und Zielzuständen zugestehen; sie haben leider die unangenehme Eigenschaft, fast nur in den Laboratorien der Psychologen vorzukommen. Vgl. zu einer Übersicht über die Klassifikation von Problemsituationen in der Psychologie Kluwe (1989: 122ff.) - Ungleich reflektierter als die meisten präskriptiv orientierten Strategietheoretiker argumentiert im übrigen noch Gutenberg in seiner Habilitationsschrift von 1927 (Gutenberg 1967): Er betrachtet das Postulat rationalen Handelns in der Betriebswirtschaftslehre als „Als-ob-Konstruktion" im Sinne Vaihingers (1927), als „Fiktion", als „Erfindung zu handlungspraktischen Zwecken" (Ceynowa 1993: 10f.). Das Gutenbergsche Konzept des rational funktionierenden Unternehmens ist das Produkt der bewußten und reflektierten Herausdefinition des Menschen als „psycho-physischem Subjekt" (Gutenberg 1967: 41f.). Die dadurch entstehenden Grenzen des Verständnisses von betrieblichen Prozessen sind Gutenberg wohl auch stets bewußt geblieben (Gutenberg 1989: 48).

1.2.2 *Brüche im Rationalitätskonzept (1): Porter und der* Resource-Based View

Porters *Competitive Strategy* (1980) wird allgemein als einer der wichtigsten Beiträge zur Theorie der Unternehmensstrategie betrachtet. Einerseits steht das Buch für den Einzug volkswirtschaftlicher Ansätze in die Theorie der Strategie (Rumelt, Schendel & Teece 1991: 8): „a wind from economics blew through the strategic management field, blowing away, or at least into a corner, much of its traditional prescriptive literature" (Mintzberg 1991b: 124). Andererseits wird es als Porters Verdienst gewertet, daß die Strategietheorie sich stärker den Inhalten von Strategien zuwendet (ebd.; vgl. auch Sachs 1995). Der Portersche Ansatz hat sich schnell im strategietheoretischen *mainstream* etabliert und kann wohl als einer der derzeit einflußreichsten Ansätze gelten. In den letzten Jahren wird der Portersche Ansatz allerdings als zu einseitig an Märkten bzw. Branchen als bestimmenden Faktoren der Strategieformulierung orientiert kritisiert (daher *market-based view*) und ihm wird der sogenannte *resource-based view* gegenüber gestellt, der stärker die Rolle unternehmensinterner Ressourcen für die Strategieformulierung betont (vgl. z. B. Wernerfeldt 1984; Nelson 1991; Knyphausen 1993). An dieser Kontroverse lassen sich einige charakteristische Probleme der präskriptiven Ansätze zur Unternehmensstrategie deutlich machen.[33]

Porter schließt sich in formaler Hinsicht an den Strategiebegriff der Harvard-Schule um Andrews an (Porter 1992a: 16ff.). Strategie ist danach ein „Pattern of purposes and policies defining the company and its business" (Andrews 1987: 21). Die Formulierung einer Wettbewerbsstrategie ist für Porter ein Instrument, um das Unternehmen „in Bezug zu seinem Umfeld zu setzen" (Porter 1992a: 25). Im Gegensatz zu seinen Harvard-Kollegen bestimmt Porter aber das Strategiekonzept in inhaltlicher Hin-

33 Wobei darauf hinzuweisen ist, daß die Unterscheidung präskriptiv/deskriptiv beim *resource-based view* teilweise verschwimmt, weil die ihm zuzurechnenden Arbeiten in einem sehr hohen Maße empirisch orientiert sind. Wenn ich sie dennoch im Zusammenhang der präskriptiven Ansätze behandele, so deshalb, weil sie letztlich auch auf die Aufdeckung eines *one best way* der Strategieformulierung zielen.

sicht genauer als „Wahl offensiver oder defensiver Maßnahmen, um eine gefestigte Branchenposition zu schaffen“ (1992a: 62):[34]

> „Für ein Unternehmen innerhalb der Branche liegt der Zweck einer Wettbewerbsstrategie darin, eine Position zu finden, in der es sich am besten gegen (die brancheninternen, A. B.) Wettbewerbskräfte schützen oder sie zu seinen Gunsten beeinflussen kann.“ (Porter 1992a: 25f.)

Strategie kann damit in doppelter Weise verstanden werden. Erstens bezeichnet Strategie die Position selbst, die ein Unternehmen in einer Branche einnimmt bzw. einnehmen möchte; Porter spricht dann auch von „strategischen Positionen“ (1992a: 174). Zweitens meint Strategie die Mittel bzw. Handlungsweisen mit deren Hilfe das Unternehmen diese Position erreichen möchte. Beide werden wiederum instrumentell verstanden in Hinblick auf den Unternehmenserfolg: „firm success is manifested in attaining a competitive position or series of competitive positions that lead to superior and sustainable financial performance.“ (Porter 1991: 96).[35] Unternehmenserfolg kann nach Porter durch angemessene Anwendung von drei generischen Strategien erzielt werden: Kostenführerschaft, Differenzierung oder Konzentration auf Schwerpunkte. Ich komme auf Einzelheiten, soweit sie für meine Argumentation von Bedeutung sind, gleich zurück.

Die Idee von Strategie als Position leitet Porter aus seiner Rezeption des aus der Volkswirtschaftslehre stammenden sogenannten Mason/Bain-Paradigmas der *industrial organization* ab (Porter 1981). In seiner ursprünglichen auf Mason (1939) und Bain (1968) zurückgehenden Form postuliert es einen deterministischen Zusammenhang zwischen der Struktur einer Branche (*industry structure*), den aggregierten Geschäfts-

---

[34] Der Terminus Wettbewerbsstrategie bezieht sich bei Porter stets auf die Ebene von Geschäftsbereichsstrategien (*business strategies*). Die Analysen auf dieser Ebene bilden aber auch die Datenbasis für die Wahl der Gesamtunternehmensstrategie (*corporate strategy*, Porter 1991: 99). Hier unterscheidet Porter vier mögliche Strategietypen: *Portfolio management, Restructuring, Transferring skills* und *Sharing activities*; vgl. für einen Überblick Porter (1987: 53).

[35] Weil Porter stets den Aspekt der Positionierung in einer Branche zum Bezugspunkt von Strategie nimmt, spricht Mintzberg (1991a, b; 1993) von der *positioning school.*

politiken der Anbieter (*conduct*) und der Marktleistung (*performance*: allokative und technische Effizienz, Wohlfahrtsniveaus, Gewinnrate etc.; vgl. Porter 1981: 611; Schreyögg 1984: 50ff.). Die Übertragung (und Modifikation) dieses Modells in den Bereich der Unternehmensstrategie soll, so Porter (1981: 611), zunächst den Schritt der Umweltanalyse im Prozeß der Strategieformulierung, wie er im Harvard-Konzept vorgestellt wird, konzeptionell und empirisch untermauern. Damit soll es dem Unternehmen möglich werden, die potentielle Attraktivität einer Branche *ex ante* zu bestimmen (ebd.). Das Mason/Bain-Paradigma erhält dann die in Abbildung 1.4 dargestellte Form. Die genaue Kenntnis der Branche ermöglicht dem Unternehmen, sich strategisch innerhalb der Branche zu positionieren. Faktisch allerdings bildet das *structure/conduct/performance*-Paradigma für Porter weit mehr als ein Instrument zur Analyse der Unternehmensumwelt; es dient vielmehr als umfassendes Interpretationsmuster für den gesamten Bereich der Unternehmensstrategie. Das zeigt sich deutlich daran, daß die Ursachen für Wettbewerbsvorteile *in letzter Konsequenz* stets auf Branchenmerkmale zurückgeführt werden (so etwa in Porter 1991; dazu weiter unten mehr).

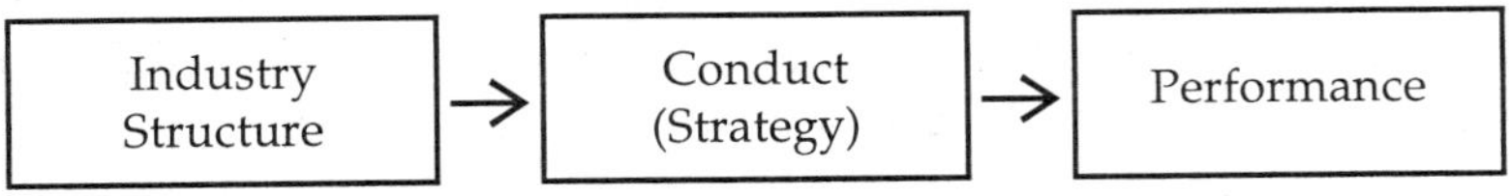

Abbildung 1.4: *Das Mason/Bain-Paradigma (Porter 1981: 611, Figure2)*

Nun sieht Porter natürlich, daß die Implikation des Mason/Bain-Paradigmas, daß strategisches Handeln von der Branchenstruktur determiniert werde, so nicht haltbar ist; dies werde auch von den neueren Vertretern des *industrial organizations*-Ansatzes so gesehen. Es gebe sehr wohl Rückkopplungen zwischen dem strategischen Handeln der Unternehmen und der Branchenstruktur, beispielsweise in bezug auf Eintrittsbarrieren. Außerdem kann der Unternehmenserfolg der Vergangenheit Einfluß auf das aktuelle Handeln des Unternehmens haben - allerdings wohl in schwächerem Maße, wie die unterbrochene Linie in Abbildung 1.5 andeutet.

Porter faßt den Beitrag der *industrial organization* zur Theorie der Unternehmensstrategie wie folgt zusammen:

„The view is developing that there are some fundamental structural parameters of an industry dictated by the basic product characteristics and technology, but that within those parameters industry evolution can take many paths, depending on such factors as the luck of the draw in terms of the identity of the industry rivals and uncertain events, as well as on the strategic choices firms actually make that follow from their unique objective functions." (Porter 1981: 616)

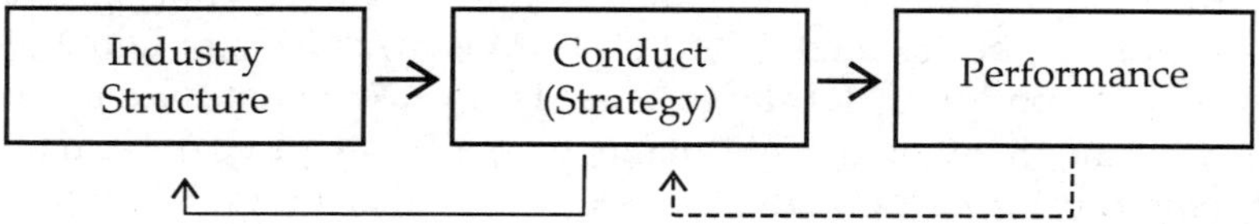

Abbildung 1.5: *Porters Modifikation des Mason/Bain-Paradigmas (Porter 1981: 616, Figure 3)*

In seinem vielbeachteten Buch *Competitive Strategy* (1980; dt. 1992a) erklärt Porter den Erfolg von Unternehmen aus der Branchenstruktur und der relativen Position des Unternehmens innerhalb der Branche. Überdurchschnittliche Profite werden als Folge von Marktmacht betrachtet, die aus der erfolgreichen Errichtung von Eintritts- und Mobilitätsbarrieren resultiert (vgl. Abbildung 1.6).[36]

Die Branchenstruktur (*industry structure*) bildet als erste grundlegende Determinante des Unternehmenserfolges die strukturellen Rahmenbedingungen unternehmerischen bzw. strategischen Handelns. Sie erklärt die Dauerhaftigkeit von überdurchschnittlichen Profiten (Rumelt, Schendel & Teece 1991: 13). Porter entwickelt zur Strukturanalyse von Branchen sein Schema von fünf grundlegenden Wettbewerbskräften (*five forces*), die die Wettbewerbsintensität der Branche determinieren (1992a: 26; vgl. auch 1992b: 23): die Bedrohung durch neue Konkurrenten, die Rivalität unter den bestehenden Wettbewerbern, die Bedrohung durch

36 In den Abbildungen 1.6 und 1.7 werden jeweils nur Ausschnitte der Originalabbildung Porters (1991: 100, Figure 2) dargestellt; die vollständige Abbildung findet sich unten in Abbildung 1.8. Mit Hilfe dieser „Zerlegung" der Abbildung lassen sich die Entwicklungsstufen von Porters Werk besonders deutlich darstellen.

Substitutionsprodukte sowie die jeweiligen Verhandlungsstärken von Abnehmern und Zulieferern.

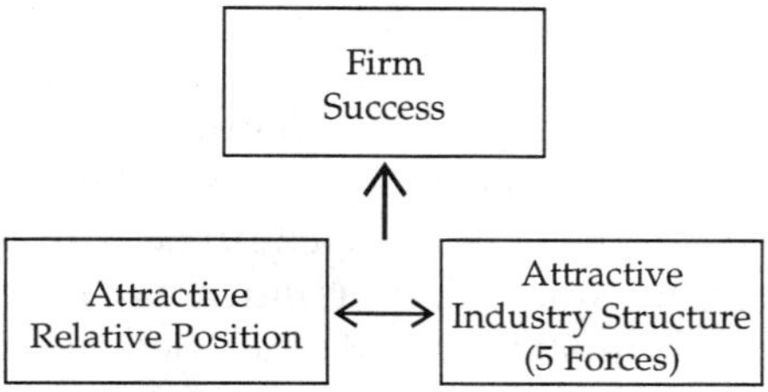

Abbildung 1.6: *Unternehmenserfolg als Resultat von Branchenstruktur und relativer Position (in Anlehnung an Porter 1991: 100, Figure 2)*

- Die Bedrohung durch den Markteintritt neuer Wettbewerber hängt einerseits von den bestehenden Markteintrittsbarrieren ab. Das können beispielsweise *economies of scale*, Zugänge zu Vertriebskanälen, die vorhandene Produktdifferenzierung oder staatliche Politik sein (Porter 1992a: 29ff.). Andererseits hängt die Wahrscheinlichkeit des Markteintritts neuer Konkurrenten von den zu erwartenden Vergeltungsmaßnahmen der etablierten Anbieter ab (ebd.: 37f.).
- Der Grad der Rivalität unter den bestehenden Wettbewerbern wird von Faktoren wie etwa langsamem Branchenwachstum, hohen Austrittsbarrieren, hohen strategischen Einsätzen oder einer hohen Zahl von annähernd gleich starken Konkurrenten erhöht (Porter 1992a: 42ff.).
- Die Bedrohung durch Ersatzprodukte hängt im wesentlichen von der relativen Preisleistung dieser Produkte und der Substitutionsneigung der Abnehmer ab (Porter 1992a: 49f.).
- Die Verhandlungsmacht der Abnehmer wird u. a. durch die Standardisierung der Produkte, den Anteil am Gesamtumsatz des Produzenten und den Informationsstand der Abnehmer determiniert (Porter 1992a: 50ff.).
- Die Verhandlungsmacht der Lieferanten hängt u. a. mit der Verfügbarkeit potentieller Ersatzprodukte, der Bedeutung des Kunden für den Lieferanten oder mit der glaubwürdigen Drohung des Lieferanten mit Vorwärtsintegration zusammen (Porter 1992a: 54f.).

Im Rahmen des strategischen Managements muß nun ein Weg gefunden werden, das Unternehmen innerhalb dieser durch die fünf Wettbewerbskräfte determinierten Branchenstruktur so zu positionieren, daß es profitabler ist als seine Konkurrenten. Zur Erlangung einer solchen attraktiven Wettbewerbsposition präsentiert Porter drei Standardstrategien (*generic strategies*): umfassende Kostenführerschaft, Differenzierung und Konzentration auf Schwerpunkte. Diese bilden Rahmenkonzepte, die der Anpassung an die jeweils spezifische Unternehmenssituation bedürfen (1992a: 62). In Anlehnung an einen späteren, stärker systematisierenden Aufsatz Porters (1991: 101) läßt sich die Wahl einer generischen Strategie in zwei strategische Entscheidungen dekomponieren. Einerseits muß über den Umfang des Betätigungsfeldes des Unternehmens bzw. Geschäftsbereiches (*competitive scope*) entschieden werden: Soll das Unternehmen branchenweit konkurrieren oder sich auf Marktnischen beschränken? Andererseits kann höhere Profitabilität gegenüber den Konkurrenten nur entweder durch Kosten- oder Differenzierungsvorteile erreicht werden. (vgl. auch Porter 1992a: 67, Abbildung 2-1).[37]

- Umfassende Kostenführerschaft zielt bei branchenweiter Orientierung darauf, umfassende Kostenvorteile gegenüber der Konkurrenz zu realisieren. Theoretisch wird diese Strategie unter Verweis auf den Erfahrungskurveneffekt (vgl. Henderson 1974) begründet. „Niedrigere Kosten im Verhältnis zu den Konkurrenten werden zum roten Faden der gesamten Strategie" (Porter 1992a: 63). Geringere Kosten ermöglichen z. B. auch bei starkem Wettbewerb mit sinkenden Umsätzen noch Gewinne und erhöhen die Eintrittsbarrieren in Form von Betriebsgrößenersparnissen (Porter 1992a: 63ff.).
- Differenzierung zielt bei branchenweiter Orientierung darauf, ein in der Branche einzigartiges Produkt anzubieten. Durch die Abschirmung vor dem Wettbewerb und die Schaffung von Kundenloyalität bzw. -abhängigkeit können dann beispielsweise höhere Preise als die der Konkurrenz realisiert werden (Porter 1992a: 65f.).
- Die Strategie der Konzentration auf Schwerpunkte zerfällt, wie erläutert, eigentlich wiederum in Kostenführerschafts- und Differenzie-

[37] Genau genommen ergeben sich also nicht drei, sondern vier generische Strategien: Kostenführerschaft oder Differenzierung bei jeweils branchenweiter oder Nischenorientierung.

rungsstrategie, diesmal jedoch auf ein einzelnes Marktsegment bzw. eine Marktnische bezogen (Porter 1992a: 67ff.).

Diese Normstrategien bilden zwar nur Rahmenkonzepte, die jeweils an die Unternehmensspezifika angepaßt werden müssen, beschreiben aber im Grunde vollständig den Raum sinnvollen strategischen Handelns. Jenseits der Normstrategien ist kein Erfolg denkbar. Ein Unternehmen, dem es nicht gelingt, eine der Normstrategien zu realisieren, sitzt „zwischen den Stühlen" und ihm „ist eine niedrige Rentabilität fast sicher." (Porter 1992a: 71)

In seinem zweiten grundlegenden Buch *Competitive Advantage* (1985, dt. 1992b) hat Porter diesen Ansatz weiter ausgebaut, indem er die Anwendungsbedingungen der generischen Strategien genauer untersucht. Dabei führt er die attraktive relative Wettbewerbsposition auf Wettbewerbsvorteile zurück, die aus einer spezifischen Kombination von Wertaktivitäten in Verbindung mit günstigen strukturellen Gegebenheiten, die er Kostenantriebskräfte (*drivers*) nennt, resultieren (vgl. Abbildung 1.7).

Ein Unternehmen ist in der Perspektive Porters eine Ansammlung diskreter ökonomischer Tätigkeiten, die er Wertaktivitäten (*activities*) nennt. Wertaktivitäten sind alle im Rahmen des Unternehmens ausgeführten Tätigkeiten, die zur Schaffung von Werten im Zuge der Erstellung von Produkten (und Dienstleistungen) beitragen (1992b: 63f.). Die Unternehmensstrategie „defines its configuration of activities and how they interrelate." (Porter 1991: 102) Für die detaillierte Analyse von Wettbewerbsvorteilen entwickelt Porter das Analyseinstrument der Wertkette (*value chain*), die das Unternehmen in „strategisch relevante Aktivitäten" gliedert, „um dadurch Kostenverhalten sowie vorhandene und potentielle Differenzierungsquellen zu verstehen." (Porter 1992: 59). Die Wertkette unterscheidet zwei Gruppen von Aktivitäten: die primären, die sich mit der direkten Produkterstellung, seinem Verkauf und dem Kundendienst befassen, und die unterstützenden, die die Aufrechterhaltung der primären Aktivitäten ermöglichen. Als primäre Wertaktivitäten listet die Wertkette die Eingangslogistik, die eigentlichen Operationen der Produkterstellung, Marketing und Vertrieb, die Ausgangslogistik sowie den Kundendienst auf. Unterstützende Aktivitäten sind die Unternehmensinfrastruktur, die Personalwirtschaft, die Technologieentwicklung und die Beschaffung (Porter 1992b: 62ff.). In einem späteren Aufsatz betont Porter (1991: 102) in Reaktion auf die Kritik durch den *re-*

source-based view, daß diese Aktivitäten auf der einen Seite Ressourcen zu ihrer Ausführung benötigen: Humanressourcen, Einsatzgüter und organisationale Routinen. Auf der anderen produzieren die Wertaktivitäten interne Ressourcen, etwa in Form von Qualifikationen, Wissen und wiederum organisationalen Routinen, sowie externe Ressourcen wie Markenimage, Verträge oder Beziehungen.

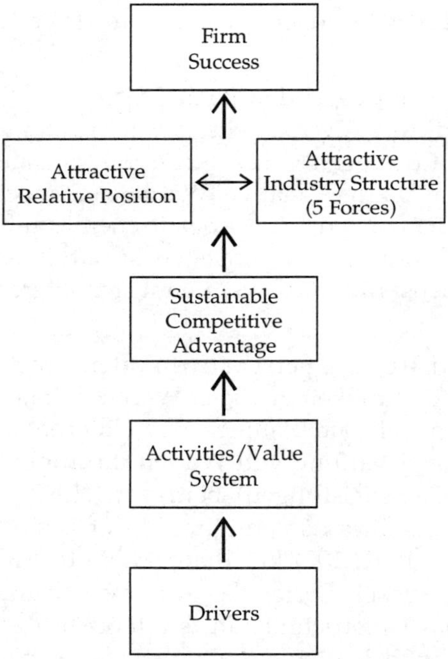

Abbildung 1.7: *Wertaktivitäten und Kostenantriebskräfte als Determinanten des Unternehmenserfolges (in Anlehnung an Porter 1991: 100, Figure 2)*

Wettbewerbsvorteile lassen sich anhand der Wertkette also beschreiben, systematisieren und analysieren. Ebenso läßt sich die strategiegerechte Gestaltung von Wertaktivitäten und ihre Kopplung auf der Basis dieses Instruments bestimmen, denn die Unternehmensstrategie beschreibt ja gerade die Ausformung und Kombination der Wertaktivitäten.

> „Competitive advantage results from a firm's ability to perform the required activities at a collectively lower cost than rivals, or perform

> some activities in unique ways that create buyer value and hence allow the firm to command a premium price." (Porter 1991: 102)

Nun bilden allerdings die aktuellen Wertaktivitäten eines Unternehmens nicht automatisch Wettbewerbsvorteile, sondern nur in Kombination mit günstigen Kostenantriebskräften (*drivers*). Während Porter in *Competitive Advantage* (1985; 1992b: 102ff., 174ff.) das Konzept der *drivers* ausschließlich auf Kosten bezieht, scheint er es in seinem Aufsatz von 1991 in einem weiteren Sinne zu gebrauchen, nämlich als „structural determinants of differences among competitors", die sowohl die relativen Kosten als auch die Differenzierungsstrategie determinieren (1991: 104). Diese Antriebskräfte sind beispielsweise Lernkurveneffekte, betriebsgrößenbedingte Kostendegression, Standort, Verknüpfungen der Aktivitäten, Verflechtungen mit anderen Geschäftseinheiten, Zeitpunkte von Entscheidungen. Erst die *drivers* konstituieren Wettbewerbsvorteile durch die Kombination von Wertaktivitäten. Sie schaffen erst die Möglichkeit für Kostenführerschafts- oder Differenzierungsstrategien.

Zusammenfassend läßt sich die Portersche Strategietheorie in den Worten von Rumelt, Schendel und Teece (1991: 13) charakterisieren:

> „Porter argued that advantage could be sustained from a product-market position and a configuration of internal activities that were mutually reinforcing (i. e. strong complementarities amongst activities and the conditions of demand)."

Der Portersche Ansatz wird nun von den Vertretern des sogenannten *resource-based view* kritisiert.[38] Exemplarisch argumentiert etwa Grant (1991: 117, mit Bezug auf Schmalensee 1988), daß dauerhafte überdurchschnittliche Profitabilität sich weniger auf die Branchenstruktur als auf die Unterschiede zwischen den Unternehmen innerhalb einer Branche

---

[38] Es wird innerhalb dieser Gruppe von Autoren noch einmal zwischen dem *resource-based view* und dem *dynamic capabilities approach*, zu dem etwa Nelson (1991) und Winter (1987) als Vertreter der *evolutionary economics* gezählt werden, unterschieden (Rumelt, Schendel & Teece 1991: 13). Ich subsumiere sie hier zunächst unter den ressourcenorientierten Ansatz; dies u. a. deshalb, weil sich viele der Arbeiten aus diesem Bereich auf das Konzept der *organizational routines* von Nelson und Winter (1982) stützen (vgl. unten). Allerdings zählt Nelson in bezug auf das von ihm zu Grunde gelegte Rationalitätskonzept im Gegensatz zu den meisten Autoren des *resource-based view* zu den expliziten Vertretern der *bounded rationality* und des *satisficing* (vgl. dazu 1.2.4 und 1.3).

zurückführen lasse. Diese wiederum sind Resultat unterschiedlicher historisch entstandener Ressourcenausstattung (vgl. auch Barney 1991; Collis 1991: 50; Conner 1991: 132ff.; Prahalad & Hamel 1990). Porter sehe zwar, daß Ressourcen Ursache von Wettbewerbsvorteilen sind, ignoriere faktisch aber die Fragen ihrer Genese, Substituierbarkeit und Imitierbarkeit (Osterloh & Grand 1994: 277). Er konzentriere sich damit „on only the last few hundred yards of what may be a skill building marathon." (Hamel 1991: 83).[39] Die Fronten zwischen dem *market-based* und dem *resource-based view* sind allerdings keineswegs so unversöhnlich, wie dies etwa Knyphausen (1993) suggeriert. Im Gegenteil werden von den Vertretern des ressourcenorientierten Ansatzes immer wieder Berührungspunkte zwischen ihrem Ansatz und dem Porters herausgestellt (vgl. z. B. Barney 1991; Amit & Shoemaker 1993). So schreibt etwa Barney:

> „In his recent work, Porter (1985) introduced the concept of the value chain ... The resource-based view of the firm developed here simply pushes this value chain logic further, by examining the attributes that resources isolated by value chain analyses must possess in order to be sources of sustained competitive advantage." (Barney 1991: 105)

In Anlehnung an das Harvard-Konzept (Andrews 1987; Christensen et al. 1987)[40] argumentiert Barney, daß Porter die Umweltanalyse, d. h. die Abschätzung von *opportunities* und *threats* zum Ausgangspunkt nimmt, während der ressourcenorientierte Ansatz die interne Unternehmensanalyse von *strengths* und *weaknesses* als Startpunkt ansieht (Barney 1991: 100). Die ungenügende Beachtung der internen Ressourcen wird zurückgeführt auf Porters Orientierung am Mason/Bain-Paradigma der *industrial organization*-Forschung (Teece 1984: 85). Der Branchenstruktur-

---

39 Das wird im übrigen von Porter neuerdings konzediert: „The frameworks for adressing the cross-sectional problem (Branchenstrukturanalyse und Wertkette, A. B.) are agnostic as to the process by which the superior positions were attained, *and largely unaffected by it.* (...) The cross-sectional frameworks address the choice of strategy given whatever array of capabilities the firm and its rivals possess at a point in time and can feasibly develop in the future." (Porter 1991: 105; Hervorh. A. B.) Diese Blindheit gegenüber der Genese von Ressourcen scheint dabei für ihn kein Problem zu sein. Genau darin unterscheiden sich *market-based* und *resource-based view*.

40 ... und durchaus in Einklang mit Porter (1981; vgl. oben) ...

Determinismus sei in seiner Konzeption im Grunde nicht überwunden. Porter verfalle in den gleichen Fehler wie andere neoklassisch orientierte Autoren,

> „taking a firm's choice sets as obvious to it and the best choice similarly clear and obvious. And because of that, the reasons for firm differences, in technology or organization, are ultimately driven back to differences in initial conditions, or to the luck of the draw, which may make choice sets different. Given the same conditions, all firms will do the same thing." (Nelson 1991: 65)

Während im Rahmen des Porterschen Ansatzes überdurchschnittliche Profite als Monopolgewinne verstanden werden, interpretiert der ressourcenorientierte Ansatz sie als Gratifikationen für einzigartige und nichtimitierbare Ressourcen (Grant 1991: 117).

> „However, a resource-based perspective is at odds with the Bain-type view that such earnings reflect exercise of monopoly power or collusion, coupled with entry deterrence and predation. A resource-based approach instead emphasizes above-normal earnings as rents to costly-to-copy productive assets." (Conner 1991: 143f.)

Neben diesen Einwänden gegen das Portersche Konzept argumentiert Grant (1991: 116) noch aus einer ganz pragmatischen Perspektive für einen ressourcenorientierten Ansatz. Den notwendigen Anfang der Strategieformulierung bilde die Klärung der Unternehmensidentität. Angesichts der allseits konstatierten Zunahme der Umweltdynamik müsse man davon ausgehen, daß sich die relevante Unternehmensumwelt und insbesondere die Märkte beständig verändern. Im Gegensatz zu Levitts (1960) Vorschlag, die Unternehmensidentität durch die bedienten Zielmärkte in einem weiten Sinne zu definieren, könne die Konzentration auf das, wofür das Unternehmen kompetent ist, der Gefahr des Verzettelns entgegenwirken. Die internen Kompetenzen, d. h. die Ressourcen, bildeten damit die stabilere Basis für die Definition der Unternehmsidentität.

Der Begriff von Ressourcen, der im *resource-based view* zu Grunde gelegt wird, ist relativ unscharf definiert. „By a resource is meant anything which could be thought of as a strength or weakness of a given firm." (Wernerfeldt 1984: 172) Barney definiert Ressourcen wie folgt:

> „*firm resources* include all assets, capabilities, organizational processes, firm attributes, information, knowledge, etc. controlled by a firm that enable the firm to conceive of and implement strategies

> that improve its efficiency and effectiveness" (Barney 1991: 101, mit Bezug auf Daft 1983).

Er unterscheidet weiter zwischen physischen, Humankapital- und organisationalen Ressourcen (Barney 1991: 101). Physische Ressourcen umfassen die angewandte Technologie, die Produktionsstätten, Ausrüstung, die geographische Lage sowie den Zugang des Unternehmens zu Rohstoffen. Humankapital- oder personengebundene Ressourcen sind beispielsweise Qualifikation, Erfahrung und Wissen von konkreten Personen im Unternehmen. Der Begriff der organisationalen Ressourcen bezieht sich auf formale und informale Informations-, Planungs- und Koordinationssysteme und -strukturen. Eine zweite geläufige Klassifikation von Ressourcen unterscheidet tangible und intangible Ressourcen (Collis 1991: 52; Hall 1992). Sie erscheint mir insofern unproblematischer, als beispielsweise Ressourcen wie Markenimages und Patente sich in der Klassifikation von Barney nur schwer einordnen lassen.

Damit die Ressourcen des Unternehmens tatsächlich Wettbewerbsvorteile darstellen bzw. generieren können müssen sie sich einerseits von denen der Konkurrenten unterscheiden (*resource heterogeneity*) und dürfen sie andererseits nicht übertragbar sein (*resource immobility*) Barney definiert vier Bedingungen, unter denen Ressourcen dauerhafte Wettbewerbsvorteile ermöglichen können (1991: 105ff.):

- Die Ressourcen müssen *wertvoll* sein, d. h. sie müssen dazu beitragen können, Möglichkeiten zu nutzen oder Bedrohungen zu neutralisieren.
- Die Ressourcen müssen *knapp* sein, weil sie sonst in beliebiger Menge von den Konkurrenten beschafft werden könnten.
- Die Ressourcen dürfen nur *unvollständig imitierbar* sein. Sie sind dies dann, wenn sie an spezifische raum-zeitliche Situationen gebunden sind, wenn die genaue Wirkungsweise ihres Beitrages zum Unternehmenserfolg[41] unklar ist, oder wenn ihre Nutzung spezifische komplexe soziale Arrangements erfordert.
- Die Ressourcen dürfen *nicht substituierbar* sein.

---

[41] Diese Unklarheit kann auch unternehmensintern gelten; dies wird sogar insofern als positiv betrachtet, als diese Ressourcen dann nicht einfach durch Abwerben von Mitarbeitern durch Konkurrenten kopiert werden können.

Für die Ressource „Wissen" hat Winter (1987) beispielsweise darauf hingewiesen, daß sie häufig aus zwei Gründen nicht problemlos bzw. überhaupt nicht durch Konkurrenten imitierbar ist. Einerseits ist ein wichtiger Teil des Wissens nicht nur personengebunden, sondern auch nicht ohne weiteres artikulierbares *tacit knowledge* (Polanyi 1985); solches implizites Wissen kann zwar im Handeln angewandt, aber nicht abstrakt expliziert werden (Winter 1987: 170ff.). Andererseits ist die Nutzung von Wissen als strategische Ressource abhängig von seiner Einbettung in organisationale Routinen (Winter 1987; vgl. auch Nelson & Winter 1982). Die organisationalen Routinen bilden *dynamic capabilities*, die die Evolution des Wissens im Unternehmen prägen (Nelson 1991: 68; 72).[42]

Das Konzept der *capabilities* ist nicht nur für die Mobilisierung der Ressource Wissen von Bedeutung, sondern generell für alle Ressourcen. Bilden die Ressourcen selbst zwar die Grundlage für strategischen Erfolg, so ermöglichen erst die *capabilities* die Umsetzung dieses Potentials (Amit & Shoemaker 1993: 35).

> „Creating capabilities is not simply a matter of assembling a team of resources: capabilities involve complex patterns of coordination between people and between people and other resources. (...) To understand the anatomy of a firm's capabilities, Nelson and Winter's concept of 'organizational routine' is illuminating. Organizational routines are regular and predictable patterns of activity which are made up of a sequence of coordinated actions by individuals. A capability is, in essence, a routine, or a number of interacting routines. The organization is itself a huge network of routines." (Grant 1991: 122)

Als Faktoren, die die Umsetzung von Ressourcen in Wettbewerbsvorteile erst ermöglichen, kommt den *capabilities* oder organisationalen Routinen im Rahmen des *resource-based view* systematisch eine vergleichbare Rolle zu, wie den Kostenantriebskräften im Modell Porters, die ja erst die Umsetzung von *activities* in Wettbewerbsvorteile ermöglichen sollen.[43]

---

42 Daher das Etikett *dynamic capabilities approach*.

43 Ganz in diesem Sinne und in Anlehnung an Nelson (1991) nennt Simon als Voraussetzungen des Unternehmenserfolges: „(1) skill in anticipating the *shape* of an uncertain future, (2) skill in *generating alternatives* for operating effectively in (Forts.)

Exemplarisch für die Umsetzung der Ideen des ressourcenorientierten Ansatzes in eine Konzeption für strategisches Management sei hier auf das Konzept der Kernkompetenzen von Prahalad und Hamel (1990) verwiesen.[44]

> „Core competencies are the collective learning in the organization, especially how to coordinate diverse production skills and integrate multiple streams of technology." (Prahalad & Hamel 1990: 82)

Kernkompetenzen nutzen sich nicht ab, sondern werden durch ständige Anwendung gestärkt. Sie zeichnen sich durch drei erfolgsrelevante Eigenschaften aus (Prahalad & Hamel 1990: 83f.):

- Kernkompetenzen ermöglichen Zugang zu vielen unterschiedlichen Märkten.
- Kernkompetenzen leisten einen wichtigen Beitrag zum Nutzen der Kunden am Endprodukt.
- Kernkompetenzen sind schwer imitierbar.

In langfristiger Perspektive sind die Kernkompetenzen die entscheidenden Vorteile, die ein Unternehmen gegenüber seinen Konkurrenten auszeichnen. Um diese Bedeutung besonders herauszustellen, wählen Prahalad und Hamel das Bild eines Baumes (1990: 81f.). Das System der Wurzeln „that provides nourishment, sustenance, and stability" bildet das Geflecht der *Kernkompetenzen*. Den Stamm und die stärkeren Äste bilden *Kernprodukte* (*core products*). Sie sind „the physical embodiments of one or more core competencies", diejenigen Komponenten der Endprodukte, die ihren eigentlichen Wert ausmachen (ebd.: 85). Die kleineren Äste des Baumes stellen die *strategischen Geschäftseinheiten* dar, die Blätter die *Endprodukte*. Den Kernprodukten als den Inkarnationen der Kernkompetenzen kommt besondere strategische Bedeutung zu. Die Kontrolle über den Markt für Kernprodukte ermöglicht eine entscheidende Einflußnahme auf die Entwicklung der Märkte für Endprodukte und damit auf die Wettbewerbsbedingungen. Außerdem können durch die weite Verbreitung von Kernprodukten nicht nur *economies of scale,*

changed environments, and (3) skill in *implementing new plans* rapidly and efficiently." (1993: 134; Hervorh. im Orig.)

[44] Eine durchaus vergleichbar geschlossene Konzeption hat etwa Grant (1991) vorgelegt; Prahalad und Hamel haben aber sicherlich am meisten Beachtung gefunden.

sondern auch *economies of scope* realisiert und längerfristig gesichert werden (ebd.: 86). Zur systematischen Entwicklung und Sicherung der Kernkompetenzen fordern Prahalad und Hamel die Entwicklung einer strategischen Architektur (*strategic architecture*, ebd.: 89).

> „A strategic architecture is a road map of the future that identifies which core competencies to build and their constituent technologies. (...) The strategic architecture should make resource allocation priorities transparent to the entire organization." (Prahalad & Hamel 1990: 89).

Diese strategische Architektur bildet also eine Art „Kompetenzen- und Ressourcenentwicklungsplan" des Unternehmens. Sie soll auch dazu benutzt werden, Ressortegoismen zu überwinden und relevante Ressourcen und Kompetenzen dem gesamten Unternehmen zur Verfügung zu stellen.

An diesem Konzept wird noch einmal die Differenz zu Porter ganz deutlich: Während Porter seinen Ausgangspunkt bei der Analyse der Unternehmensumwelt (*opportunities and threats*) nimmt und daraus die Anwendung von Standardstrategien ableitet, setzt der *resource-based view* an der Analyse des Unternehmens selbst (*strengths and weaknesses*) an. Erst auf dieser Basis wird die Branchenumwelt analysiert und werden strategische Handlungspläne formuliert (vgl. dazu das Schaubild von Grant 1991: 115).

Porter hat nun in seinem bereits zitierten Artikel von 1991 auf die Kritik von seiten des ressourcenorientierten Ansatzes reagiert. Unter Rückgriff auf seine Arbeiten zur Globalisierung des Wettbewerbes und zu nationalen Wettbewerbsvorteilen (1987; 1989; 1990) schreibt er die in den Abbildungen 1.6 und 1.7 dargestellte Kausalkette von strategischem Erfolg weiter fort. Damit verbindet er - in Hinblick auf die Kritik, daß sein Modell statisch sei - den Anspruch, seine Strategietheorie zu dynamisieren, indem er die historische Genese der Wettbewerbsvorteile einbezieht. Außerdem versucht er, die Unternehmenressourcen nicht nur stärker zu berücksichtigen, sondern den *resource-based view* in den *market-based view* zu integrieren, indem er reklamiert, daß letzterer eigentlich schon immer den Ressourcen ihren angemessenen Platz eingeräumt habe (Porter 1991: 108). Abbildung 1.8 zeigt nun die gesamte von Porter konstruierte Kausalkette des Unternehmenserfolges und der Genese strategischer Positionen.

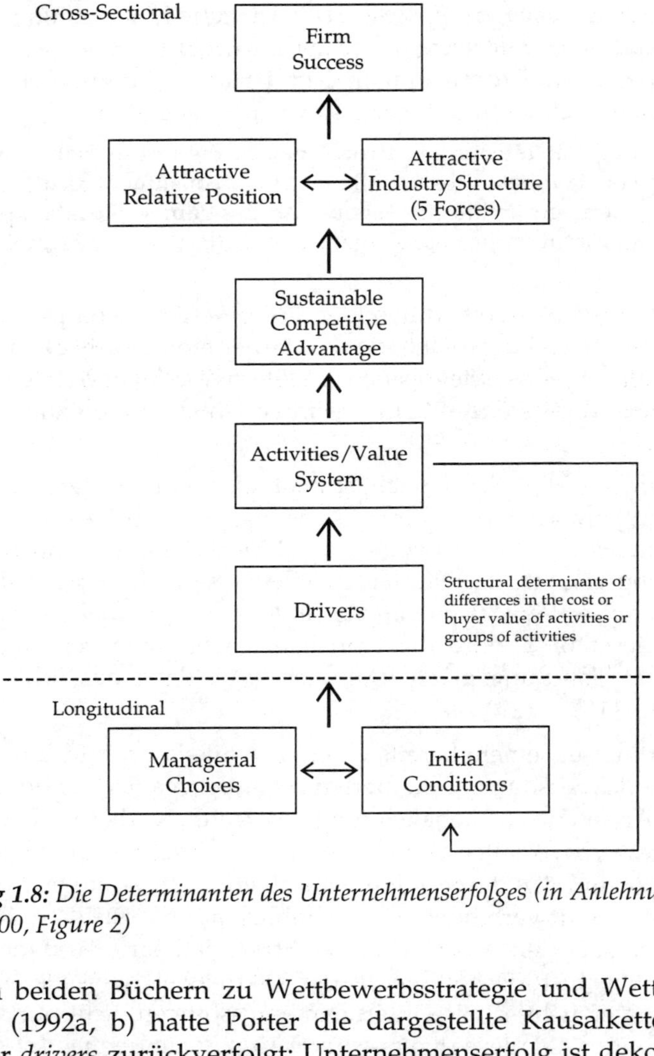

Abbildung 1.8: *Die Determinanten des Unternehmenserfolges (in Anlehnung an Porter 1991: 100, Figure 2)*

In seinen beiden Büchern zu Wettbewerbsstrategie und Wettbewerbsvorteilen (1992a, b) hatte Porter die dargestellte Kausalkette bis zur Ebene der *drivers* zurückverfolgt: Unternehmenserfolg ist dekomponierbar in den Beitrag der Branchenstruktur und der attraktiven relativen Wettbewerbsposition in der Branche. Ein nachhaltiger Wettbewerbsvorteil wiederum erwächst aus der Qualität der Wertaktivitäten und ihren spezifischen Kombinationen unter der Voraussetzung, daß günstige Kostenantriebskräfte vorhanden sind. Porter fragt nun weiter, was die Determinanten der erfolgreichen Ausnutzung von Aktivitäten und

Kostenantriebskräften sind. Er nennt dies das *longitudinal problem*. Porter identifiziert zwei Determinanten (oder Gruppen von Determinanten): die Ausgangsbedingungen (*initial conditions*) und echte unternehmerische Entscheidungen (*pure managerial choices*). Ausgangsbedingungen meint „pre-existing reputations, skills, and in-place activities as a result of their history." (Porter 1991: 105) Damit umfaßt die Beschreibung der Ausgangsbedingungen in etwa die Erfassung der Ressourcensituation des Unternehmens. Ausgangsbedingungen haben Einfluß darauf, welche Entscheidungen in einer bestimmten Situation möglich sind. Mit echten unternehmerischen Entscheidungen sind „choices independent of initial conditions" gemeint (ebd.). Dabei muß man sich klar machen, daß die Ausgangsbedingungen selbst wiederum Resultat von solchen unternehmerischen Entscheidungen sind. Unklar bleibt, was denn „unabhängig von den Ausgangsbedingungen" genau bedeutet. Ich halte es für eine vertretbare Interpretation, *pure managerial choices* in Analogie zu Gutenbergs „echten Führungsentscheidungen" (und damit auch zu strategischen Entscheidungen) zu setzen (Gutenberg 1983: 134; vgl. 1.1). Dann bleiben solche Entscheidungen sicherlich nicht vollständig unbeeinflußt von den Ausgangsbedingungen; es bleibt allerdings ungeklärt, wie weit dieser Einfluß tatsächlich geht.

In Hinblick auf die Kritik des *resource-based view* verweist Porter somit darauf, daß im Konzept der Ausgangsbedingungen sowohl die Ressourcenausstattung des Unternehmens als Ursache der Unterschiede zwischen verschiedenen Unternehmen der gleichen Branche als auch die Genese dieser Ressourcensituation berücksichtigt seien: Die Ressourcenausstattung ist Resultat vorangegangener unternehmerischer Entscheidungen

Porter fragt dann aber noch weiter nach den Ursachen von „good strategic choices and the ability to carry them out" (Porter 1991: 110) und bietet dafür zwei mögliche Erklärungen an. Die erste lautet, daß die Ursachen in der Kapazität zum Lernen und zur Anpassung der Organisation liege. Diese Erklärung hält er allerdings für unzureichend:

> „Instead of solely within the firm, *the true origin* of competitive advantage may be the proximate or local environment in which the firm is based. (...) *The environment shapes* how activities are configured, which resources can be assembled uniquely, and what commitments can be made successfully." (Porter 1991: 110; Hervorh. A. B.)

Diese lokale oder unmittelbare Unternehmensumgebung beschreibt Porter in Anlehnung an seine Arbeiten zur Globalisierung und zu nationalen Wettbewerbsvorteilen (1990) durch vier Merkmale, die einander wechselseitig beeinflussen (1991: 111ff.).

- Die lokalen Faktormärkte ermöglichen durch die Bildung lokaler *pools* von spezialisierten Faktoren deren Akquisition und den Aufbau entsprechenden Spezialwissens.
- Für die Existenz lokaler Zulieferer gilt ähnliches; zudem ist deren Beeinflußbarkeit größer als die internationaler Zulieferer.
- Die Nachfrage auf dem nationalen Markt beeinflußt in besonderer Weise die Entstehung des Unternehmens und seine Wahrnehmung von Kundenbedürfnissen.
- Die Bedingungen des nationalen Wettbewerbs - etwa der Rivalitätsgrad unter den Wettbewerbern - beeinflussen in besonderer Weise Unternehmensstrategie und -struktur.

Auf Grund seiner graphischen Darstellung (Porter 1991: 111, Figure 5; vgl. auch 1990: 73, Figure 3-1) nennt Porter das Netzwerk dieser vier Faktoren auch *diamond*.

> The environment, via the diamond, affects both a firm's initial conditions and its managerial choices. The diamond, through its influence on information and incentives, shapes the content of strategies. It influences the ability of firms to carry out particular types of strategies, hence limiting choice. Choices that may look accidental or internally driven are often partly or wholly derived from the local diamond. (...) (The) differences in the performance of firms based in the same region or nation ... are partly a function of managerial choices, differential rates of resource accumulation (d. h. der Ausgangsbedingungen, A. B.), or chance. The differences also appear, however, to be partly a function of the subenvironment of each particular firm" (Porter 1991: 114f.)

Da die Ausgangsbedingungen und die unternehmerischen Entscheidungen aber wiederum durch die Struktur der lokalen Wettbewerbsumwelt geprägt sind, ist es in Porters Perspektive *letztendlich* doch diese bzw. die Branchenstruktur, die die Unternehmensstrategie und den Unternehmenserfolg determiniert oder zumindest dominiert, da das Konzept des *diamond* doch erhebliche Parallelen zum Konzept der Branchenstrukturanalyse aufweist. So zeigt sich, daß sich Porter am Ende doch nicht von der Grundstruktur des *structure-conduct-performance*-Paradigmas der *in-*

dustrial organization lösen kann. Zwar werden an vielen Stellen Relativierungen eingefügt, aber hinter diesen scheint dann doch wieder die Branchenstruktur, und sei es die lokale des Herkunftslandes im Falle global operierender Unternehmen, als „the true origin of competitive advantage" auf. Insofern trifft die Diagnose von Teece aus dem Jahre 1984, der Porter als in der ungebrochenen Mason/Bain-Tradition stehend sieht, noch immer zu:

> „The causation runs from structure to conduct to performance, although most treatments recognize feedback effects ... The basic theme, though, is that market structure is the critical factor, and the paradigm focuses on exploring its many facets and tying those to conduct and performance. (...) (Porters Übertragung des Paradigmas in das strategische Management, A. B.) is simply a translation, redirection and refinement of the Mason/Bain structure-conduct-performance paradigm of industrial organization" (Teece 1984: 85).

Die Aufgabe des strategischen Managements kann dann nur sein, sorgfältig die Unternehmensumwelt zu beobachten und die darin vorgegebenen strategischen Handlungsalternativen zu erkennen und die optimale zu wählen (Nelson 1991: 65, s.). Insofern führt auch eine direkte Linie vom *structure-conduct-performance*-Paradigma zum klassischen Rationalmodell, das, wie in 1.2.1 gezeigt, den präskriptiven Strategiemodellen zu Grunde liegt. Das gilt allerdings in gleichem Maße für die Vertreter des *resource-based view*. Auch die Konzeptionen von Prahalad und Hamel (1990) und Grant (1991) sind im Grunde klassische präskriptive Strategiemodelle, die sich von Porters Vorgehen hauptsächlich darin unterscheiden, daß sie die internen Ressourcen zum Ausgangspunkt nehmen. Das wäre erst dann anders, wenn die Konzepte von Kernkompetenzen, *organizational routines* und *capabilities* systematisch auch *auf die strategischen Entscheidungsprozesse selbst* angewandt würden. Es würde sich dann zeigen, daß bereits die Analyse der Unternehmens- und Umweltsituation, d. h. die Wahrnehmung der Situation selbst, abhängig ist von der Situation, die ja erst wahrgenommen werden soll und die wiederum von den Folgen dieser Wahrnehmung, den Strategien, beeinflußt, geformt bzw. erst konstituiert wird. Unter dieser Voraussetzung könnten die Entscheidungsprozesse selbst zum Gegenstand der Reflexion gemacht werden. Das geschieht allerdings im Rahmen des *resource-based view* nicht. Auszunehmen von dieser Kritik sind aber Nelson und Winter (Nelson 1991; Winter 1987; Nelson & Winter 1982) mit ihrer *evolutionary economics* - und an dieser Stelle macht es dann doch Sinn, den ressourcenorientierten Ansatz vom *dynamic capabilities approach* deutlich zu unterscheiden.

Nun mag man meine Lesart der Porterschen Arbeiten dahingehend kritisieren, daß sie die Tatsache, daß bei Porter selbst viele Formulierungen zu finden sind, die dem konstatierten Determinismus durchaus widersprechen, unterbewertet.[45] So wird in dem Artikel von 1991 immer wieder erwähnt, daß das Verhältnis von Wertaktivitäten und Ressourcen so komplex sei, daß „causality becomes blurred“ (1991: 109, Fn. 24). Oder: Markteintrittsbarrieren werden durch das Handeln der Unternehmen selbst beeinflußt (1992a: 39). Entscheidend scheint mir allerdings zu sein, *daß diese rekursiven Beziehungen nicht systematisch in die Konzeption eingebaut werden können.* Die *chain of causality* ist linear strukturiert und wechselseitige Konstitutionsbeziehungen verstoßen gegen ihre Logik. Porters Konzeptualisierung von Ressourcen ist ein Beispiel dafür, daß er ein Phänomen, das eigentlich die lineare Logik des Rationalmodells sprengt, letztlich nur *im Rahmen* einer linearen Konzeption behandelt.

Ressourcen tauchen in dem systematisierenden Beitrag Porters (1991) in mindestens acht verschiedenen Relationen auf:

- Ressourcen werden in Wertaktivitäten angewandt: „Activities involve ... resources“ (Porter 1991:102); „resources ... (are) assets attached to particular activities“ (Porter 1991: 109).
- Ressourcen werden durch Wertaktivitäten produziert: „Performing an activity ... also creates assets in the form of skills, organizational routines, and knowledge ... (...) such as brand images, relationships, and networks“ (Porter 1991: 102). „Resources arise from performing activities over time“ (Porter 1991: 108).
- Ressourcen sind Wertaktivitäten: „Some firm attributes termed resources are activities - such as sales forces or R&D organizations.“ (Porter 1991: 109)

[45] Sachs (1995) interpretiert beispielsweise Porters Ausführungen (Porter 1989a, b; 1991) sehr viel wohlwollender in dem Sinne, daß dieser gerade die *managerial choices* als „*primär* erfolgsentscheidend“ ansehe (Sachs 1995: 252; Hervorh. im Orig.). Meine Diskussion der Rolle der unmittelbaren Unternehmensumgebung hatte aber gerade das Gegenteil ergeben.

- Ressourcen sind Resultat der Existenz von Kostenantriebskräften (*drivers*), z. B. „because of learning over time" oder „through well-timed factor purchases (timing)" (Porter 1991: 109)
- Ressourcen ermöglichen bzw. sind *drivers*: „Underlying the ability to link activities or share them across business units, for example, are organizational skills and routines that represent important assets." (Porter 1991: 109)
- Ressourcen sind nicht nur zugleich Resultat und Voraussetzung sowohl von Kostenantriebskräften als von auch Wertaktivitäten, sondern als *initial conditions* (Ressourcenausstattung des Unternehmens) auch *direktes* Resultat des lokalen Unternehmensumfeldes: „The environment, via the diamond, affects ... a firm's initial conditions" (Porter 1991: 114).
- Ressourcen als *initial conditions* sind das Resultat von vorhergehenden *managerial choices* (Porter 1991: 105) und damit gleichzeitig *indirektes* Resultat des lokalen Unternehmensumfeldes: „The environment, via the diamond, affects ... a firm's ... managerial choices." (Porter 1991: 114)
- Schließlich sind Ressourcen als *initial conditions* Voraussetzung von strategischen Entscheidungen: „Initial conditions clearly influence feasible choices as well as constrain them." (Porter 1991: 105)

Ressourcen sind damit Voraussetzung *und* Resultat von *activities*, Voraussetzung *und* Resultat von *drivers* sowie Voraussetzung *und* Resultat von strategischen Entscheidungen *zugleich*. Innerhalb des Unternehmens hat sich also das durch die *chain of causality* ursprünglich so geordnet erscheinende Bild zu einem kaum entwirrbaren Knoten von Wechselwirkungen entwickelt. Bei genauerem Hinsehen muß man sogar konstatieren, daß auch die Unternehmensumwelt, sei es als Branche oder als *local environment*, in diesen Knoten mit hineingezogen wird. Die Struktur der Branche bzw. des unmittelbaren oder nationalen Wettbewerbsumfeldes ist natürlich ihrerseits wiederum nicht nur Voraussetzung des unternehmerischen Handelns und Entscheidens, sondern *zugleich* ihr Resultat, weil die Branche und die Unternehmensumwelt ja nichts anderes sind, als die aggregierten Aktionen der Wettbewerber. Porter hat also allen Grund zu konstatieren, daß „causality becomes blurred" (1991: 109, Fn. 24).

Porter kann diese Wechselseitigkeiten oder Rekursivitäten in sein Modell aber nicht *systematisch* integrieren, weil er eine lineare Kausalkette aufbauen will, die er auf Grund des präskriptiven Charakters seiner Theorie benötigt. Schließlich will er eindeutige Handlungsanweisungen geben. Denn die Logik des präskriptiven Modells und der klassischen Zweck/Mittel-Rationalität basiert auf der Orientierung an einem *one best way*. Sind keine klaren Ursache/Wirkungs-Beziehungen mehr zu erkennen, kann nicht mehr zuverlässig prognostiziert werden; die Auswahl einer *besten* Strategie wäre unmöglich. Daher braucht Porter also eindeutige Ursache/Wirkungs-Ketten. Allerdings schleicht sich die Rekursivität immer wieder in sein Modell ein. Ich interpretiere das zunächst einmal positiv: als Zeichen für Porters Offenheit gegenüber der realen Komplexität der Welt. Sein Problem besteht dann darin, daß die Frage nach dem, was *primäre* Ursache des strategischen Erfolgs ist - Ressourcen, *managerial choices* oder die Branchenstruktur - falsch gestellt ist.

1.2.3 Brüche im Rationalitätskonzept (2): Das Werk Igor Ansoffs

> *I was arrogant enough to believe that all a company had to do was to maximize its strengths and minimize its weaknesses ...*
>
> *I. Ansoff (1976: 45)*

Als zweites Beispiel für die typische Struktur präskriptiver Strategietheorien, ihrer Argumentation und inhärenten Widersprüche dient mir das Werk Igor Ansoffs. Zusammen mit den Vertretern des Harvard-Ansatzes (Andrews 1987; Learned et al. 1965) gehört Ansoff zu den Strategietheoretikern der ersten Stunde. Ebenso wie die erste Auflage des Harvard-Lehrbuches über *Business Policy* erschien sein *Corporate Strategy* 1965.[46] Aber nicht nur deswegen verdient sein Werk in der Masse der

---

[46] Unter dem Titel *The New Corporate Strategy* hat Ansoff das Buch in einer zweiten Auflage 1988 herausgebracht. Die Originalversion ist darin fast unverändert als Teil 1 enthalten. Fahey urteilt darüber, daß „those who are familiar with the enormous progress in theoretical, empirical, and descriptive work in strategic management since the mid-1960s will find little of it in Ansoff's update of the original 11 chapters." (1989: 459) Der zweite Teil, der „reads like it was added (Forts.)

Strategieliteratur besondere Beachtung. Ansoff ist angesichts der offensichtlichen Implementationsprobleme von strategischen Planungssystemen nie einfach zur Tagesordnung übergegangen, sondern bemüht sich seit nunmehr dreißig Jahren immer wieder darum, seine Theorie und ihre Prämissen zu reflektieren und so zu modifizieren, daß sie den Herausforderungen der Praxis gerecht werden (vgl. dazu auch Becker & Ortmann 1994: 232ff.). Allerdings hat er stets an seinem präskriptiven Grundmodell, das von Mintzberg (1990b; 1994) der *planning school* zugerechnet wird, festgehalten. Dieses Festhalten an der Idee der umfassenden Planung (und Planbarkeit) von Strategie und der Trennung von Strategieformulierung und -implementation im Rahmen seines am klassischen Rationalmodell orientierten Konzeptes führen aber gerade im Zusammenhang mit seinen Modifikationen in konzeptionelle Widersprüche. Ansoffs Werk ist daher auch ein plastisches Beispiel für die Aporien präskriptiver Strategietheorie.

Hauptcharakteristikum der *planning school* im Sinne Mintzbergs ist der Aspekt der extensiven Formalisierung.

> „Planning is a formalized procedure to produce an articulated result, in the form of an integrated system of decisions." (Mintzberg 1994: 12)

Die wichtigste Prämisse der *planning school* lautet dann in Mintzbergs Worten entsprechend:

> „Strategy formation should be controlled and conscious as well as a formalized and elaborated process, decomposed into distinct steps, each delineated by checklists and supported by techniques." (ebd.: 42; vgl. auch 1990b: 119)

Ganz in diesem Sinne beschreibt Ansoff in *Implanting Strategic Management*, daß sich das Buch mit *„practical, systematic approaches* to strategic analysis und implementation" und *„step-by-step procedures* ... for applying each of the 'systems' to the firm's problems" befasse (1984: xvi; Hervorh. im Orig.). Die Variationen, die Ansoffs Ansatz im Laufe der Jahre erfahren hat, lassen sich interpretieren als Versuch, die Planbarkeit der Unternehmensstrategie angesichts der gleichzeitigen Diagnose der

---

on" (ebd.: 460), beinhaltet in Kurzform das, was Gegenstand von Ansoffs *Implanting Strategic Management* (1984) ist.

zunehmenden Unberechenbarkeit der Entwicklung der relevanten Unternehmensumwelten aufrecht zu erhalten.

Überblickshaft und systematisierend kann man die Logik von Ansoffs Argumentation wie folgt skizzieren: Dreh- und Angelpunkt ist die Diagnose einer seit Anfang des zwanzigsten Jahrhunderts kontinuierlich zunehmenden Turbulenz der Unternehmensumwelt und damit der zunehmenden Schwierigkeit (bis hin zur Unmöglichkeit), ihre Entwicklung zu prognostizieren. Aus dieser Diagnose leitet Ansoff erstens das Erfordernis interner Flexibilität ab, um schnell genug auf unerwartete Bedrohungen und Chancen zu reagieren; es muß daher das Augenmerk besonderes auf die Entwicklung der internen Kompetenz als Ergänzung der externen Strategie gerichtet werden. Dies beinhaltet auch ein System zum Management von Widerstand gegen Veränderungen. Zweitens wird ein neuartiges Instrumentarium der strategischen Analyse notwendig: Umweltveränderungen müssen bereits im Keim erkannt werden. Das hat zur Entwicklung von formalen Instrumenten und Systemen geführt, die unter den Stichworten *weak signals, real-time response* und *strategic issue management* bekannt geworden sind.

In Ansoffs Perspektive muß man von einer seit der industriellen Revolution ständig zunehmenden Veränderungsrate der Unternehmensumwelt ausgehen (1979a). Um diese genauer zu erfassen entwickelte Ansoff seine Skala der Umweltturbulenz (*scale of environmental turbulence,* 1979b ; 1981; 1984; Ansoff & McDonnell 1990). Diese nimmt in den verschiedenen Publikationen immer mal wieder etwas unterschiedliche Formen an,[47] kann in ihrer Essenz aber wie folgt skizziert werden (nach Ansoff 1979b: 58ff.; 1984: 10ff.; Ansoff & McDonnell 1990: 29ff.). Zunächst listet Ansoff vier Ursachen der zunehmenden Komplexität auf: *Erstens* wächst die Komplexität der Unternehmensumwelt, weil zunehmend nicht nur ökonomische, sondern auch technologische und politische Aspekte in

---

47 Nicht sehr hilfreich erscheint es in diesem Zusammenhang, daß Ansoff terminologisch nicht sehr exakt ist. So bezieht sich beispielsweise der Begriff *level of turbulence* in *Strategic Management* (1979b: 61) auf die fünfstufige Skala der Umweltturbulenz, während *turbulence level* Stufen des notwendigen Wissens für eine angemessene und rechtzeitige strategische Antwort auf Umweltveränderungen meint (ebd.). In Ansoff (1984: 12) bezeichnet hingegen *turbulence level* die Skala der Umweltturbulenz, während das Stufenmodell des strategischen Wissens als *state of knowledge* bezeichnet wird (ebd.: 353f.).

die Überlegungen der Unternehmensführung einbezogen werden müssen:

> „But in the 1970s the new priorities do not replace but, rather, add to the previous ones. Competition is not slackening but intensifying as a result of internationalization of business, scarcities of resources, acceleration of technological innovation. Production and distribution problems are growing bigger and more complex. Entrepreneurial concerns with multinational expansion, with technological breakthroughs and obsolescence, with structural changes in the economy acquire central importance. The firm's relations to government and society emerge as a life-and-death issue. Thus the new concerns come on top of, and not in exchange for, the historical preoccupation with competition and production." (Ansoff 1979b: 29)

Auf Grund der zunehmenden Komplexität der Umweltentwicklung mit ihrer gewachsenen Zahl von Einflußfaktoren steigt *zweitens* die Wahrscheinlichkeit des Auftretens neuartiger Veränderungen, für deren Handhabung noch keine interne Kompetenz entwickelt werden konnte. *Novelty* oder *familiarity of challenges* bezeichnet das Maß der „*inappliccability* of the ... capability to deal with the change." (Ansoff 1979b: 51; Hervorh. im Orig.). *Drittens* steigt die Geschwindigkeit der Veränderungen, d. h. die Häufigkeit des Auftretens neuartiger erfolgsrelevanter Phänomene in der Unternehmensumwelt. Zunehmende Komplexität, Neuartigkeit und Geschwindigkeit von Umweltveränderungen implizieren schließlich, *viertens*, daß die Möglichkeit der exakten Prognose der Veränderungen selbst und ihrer Konsequenzen drastisch sinkt. *Die zunehmende Umweltturbulenz resultiert daher (ceteris paribus) in einer sinkenden Handlungsfreiheit des Unternehmens.* Ansoff unterscheidet die in Abbildung 1.9 dargestellten fünf Stufen der zunehmenden Umweltturbulenz (vgl. auch 1979a: 36).

Ansoff historisiert damit die Probleme der präskriptiven Strategietheorie (Becker & Ortmann 1994: 232). Sie werden nicht als inhärente Probleme der unterlegten Planungslogik, sondern als historische Veränderungen des Planungsgegenstandes interpretiert. Diese Diagnose Ansoffs, die sich u. a. auf Druckers *Age of Discontinuity* (1969) bezieht, ist nicht unumstritten. So konzediert Schreyögg (1984 72ff.) zwar, daß in bestimmten Umweltsegmenten bzw. Branchen durchaus eine Zunahme der Turbulenz und eine Abnahme der Berechenbarkeit etwa durch verringerte Entwicklungszeiten und technologischen Fortschritt konstatiert werden müßten, daß eine solche Betrachtungsweise allerdings keineswegs pauschal für alle Branchen und Unternehmen Gültigkeit beanspruchen dürfe. Ähnlich argumentiert Mintzberg: „environments are always changing in some dimensions and always remaining stable in others; rarely do they change all at once, let alone continuously" (1994: 207).

TURBULENCE LEVEL	1	2	3	4	5
Environmental Turbulence	**Repetitive**	**Expanding**	**Changing**	**Discontinuous**	**Surprising**
Familiarity of Events	Familiar	Extrapolable		Discontinuous Familiar	Discontinuous Novel
Rapidity of Change	Slower than Response		Comparable to Response		Faster than Response
Visibility of Future	Recurring	Forecastable	Predictable	Partially Predictable	Unpredictable Surprises
Classes of Management Systems	**Management by Control**	**Management by Extrapolation**	**Management by Anticipation**	**Management by Flexible/ Rapid Response**	
Strategic or General Management Competence	**Stable**	**Reactive**	**Anticipating**	**Exploring**	**Creative**
Leadership Attributes	Custodial Persuasive	Disciplinary Persuasive	Growth-Directing Inspiring	Charismatic Entre-preneurial	Creative Charismatic
Management Information	Past Precedents	Past Performance	Future Based on Past Trends	Future Departures and Discontinuities	Possible New Futures New Juxta-positions

Abbildung 1.9: *Ansoffs Skala der Umweltturbulenz (nach Ansoff & McDonnell 1990: 13, Figure 1.2.1; 31, Figure 2.1.1; 1979b: 79, Figure 6.2, modifiziert)*

Mintzberg weist außerdem darauf hin, daß Turbulenz durchaus eine Frage der Perspektive sein kann.[48] So schreibt er in bezug auf die Krise der amerikanischen Industrie in den achtziger Jahren folgendes:

---

48 Eine Parallele findet sich auf der Ebene individueller Handhabung von Komplexität. Dörner (1993: 58ff.) argumentiert, daß die Komplexität von Entschei- (Forts.)

> „But what was the source of these discontinuities? Not some malevolent deity, but other organizations, *themselves in control* ... That turbulence in America was simply opportunity in Japan." (ebd.: 209; Hervorh. A. B.)

Zwei Dinge sollten aber trotz dieser Kritik festgehalten werden: Wenn auch die These der pauschal zunehmenden Umweltturbulenz und der globalen Diskontinuität der Entwicklungen mit Vorsicht betrachtet werden muß, so ist doch klar, daß, erstens, solche Turbulenzen und Diskontinuitäten auftreten und sie, zweitens, ein relevantes Problem zumal des strategischen Managements darstellen. Ein strategisches Managementsystem sollte in der Lage sein, für solche Fälle Handlungs- und Entscheidungshilfen zur Verfügung zu stellen. Da meine Argumentation außerdem auf eine immanente Kritik der Ansoffschen Theorie zielt, werde ich mich im folgenden weiterhin an der These der zunehmenden Umweltturbulenz orientieren.

Ansoff schreibt nun in Zusammenhang mit der Turbulenzthese und der Turbulenzskala eine Entwicklungsgeschichte der Managementsysteme des zwanzigsten Jahrhunderts (vgl. Abbildung 1.9).[49] In stabilen Umwelten (Turbulenzniveau 1 bis 2) finden Managementsysteme nach dem Muster von *management by control* Anwendung. Damit sind insbesondere Standardprozeduren und finanzielle *ex post*-Kontrolle gemeint. Ansoff datiert die Entstehung und Dominanz dieser Systeme auf den Zeitraum von 1900 bis ca. 1930. In den folgenden ungefähr dreißig Jahren setzte sich dann das *management by extrapolation* durch. Auf einem Turbulenzniveau von 2 bis 3 ist es noch möglich, Trends auf der Basis vergangener Entwicklungen zu extrapolieren. Es werden beispielsweise *capital budgeting* und Langfristplanung angewandt. Der Übergang zu strategischer Planung wird von Ansoff mit dem Übergang zum Turbulenzniveau 3

---

dungssituationen keine objektive, sondern eine subjektive Größe sei. Die Komplexität einer Situation ist nämlich u. a. davon abhängig, welche (kognitiven) Mittel dem Akteur zu ihrer Handhabung zur Verfügung stehen. Standardbeispiel ist das Erlernen des Autofahrens: Verkehrssituationen, die für einen Anfänger komplex und intransparent sind, sind dies für erfahrene Autofahrer häufig nicht. Letzteren stehen „Superzeichen" zur Verfügung, die es ihnen ermöglichen, aus wenigen Einzelheiten auf die gesamte Situation zu schließen.

[49] Das folgende nach Ansoff (1977; 1979a; 1984; 1985), Ansoff, Declerck und Hayes (1976) sowie Ansoff und McDonnell (1990).

begründet. Der wesentliche Unterschied zwischen den beiden Planungsformen besteht darin, daß im Rahmen einer periodischen strategischen Planung eine systematische Stärken/Schwächen- und Chancen/Risiken-Analyse vorgenommen werden muß, da eine einfache Extrapolation von Entwicklungstrends nicht mehr möglich ist. Hauptcharakteristikum des in den späten sechziger Jahren auftretenden *strategic posture management* ist dann die systematische parallele Entwicklung von Strategie und interner Kompetenz (*capability* planning) sowie das systematische Management von Widerstand (*systematic management of the resistance to change*, Ansoff 1984: 19f.).

In der folgenden Zeit (bis in die neunziger Jahre) entwickelt sich das *management of flexible/rapid response*. Im Rahmen des *strategic issue management* auf dem Turbulenzniveau 4 soll eine institutionalisierte Umweltüberwachung eingerichtet werden, die Entwicklungen in relevanten Umweltsegmenten systematisch überwachen und gegebenenfalls kurzfristige strategische Maßnahmen ermöglichen soll. Bei weiter zunehmender Turbulenz soll ein *weak signal issue management* eingeführt werden, in dessen Rahmen die Umwelt systematisch auf schwache Signale hin kontrolliert werden soll. Schwache Signale sind Daten über Umweltentwicklungen, deren Auswirkungen auf die ökonomische Leistungsfähigkeit des Unternehmens noch nicht abgeschätzt werden können. Auf dem höchsten Turbulenzniveau (5) schließlich wird die Einrichtung eines *strategic surprise management* vorgeschlagen. Es soll die formelle Einrichtung von „Notfallsystemen" für die Fälle vorsehen, in denen „some issues ... slip the environmental surveyors" (ebd.: 21) und sich zu strategischen Überraschungen entwickeln. Damit sind etwa Verteilungspläne für Verantwortung im strategischen Überraschungsfall, die Einrichtung von *task forces* und die Vorhaltung von flexibler Problemlösekapazität gemeint. Die skizzierte Entwicklungslogik der Planungssysteme ist nicht so zu verstehen, daß das *strategic posture management* durch Systeme der *real time response* einfach abgelöst wird, sondern daß ersteres den Normalfall der strategischen Planung beschreibt und letztere zusätzliche Systeme zur Handhabung von Ausnahmefällen bei hoher Umweltturbulenz darstellen sollen, da auch in diesem Falle nicht auf periodische strategische Planung verzichtet werden kann.[50]

Der Ansoffschen Arbeit unterlegt ist die von ihm so genannte *strategic success hypothesis* (Ansoff & McDonnell 1990: 30f.; 256). In ihrem Kern besagt diese Hypothese, daß das Erfolgspotential eines Unternehmens dann optimal genutzt wird, wenn die Flexibilität der Unternehmensentwicklung (*strategic aggressiveness*) und der internen Kompetenzen (*responsiveness*) dem jeweiligen Turbulenzniveau entsprechen und beide einander synergetisch verstärken.[51] Es geht Ansoff also um einen optimalen *fit* von Umweltturbulenz, internen Kompetenzen und Managementsystem. Er lehnt sich damit explizit an kontingenztheoretische Überlegungen etwa von Lawrence und Lorsch (1967) an (Ansoff 1979b).

---

[50] Unklar bleibt hier, inwieweit die Beschreibung dieser Managementsysteme den Anspruch erhebt, *empirisch abgesichert* - also eine Beschreibung existierender Systeme - zu sein, oder ob sie eine *präskriptive Ableitung aus vermeintlichen strategischen Notwendigkeiten* ist. Über das *strategic surprise management* zumindest schreibt Ansoff (1984: 25), daß es „only a *proposal* for handling surprises, and a *prediction* that firms ... will begin to adopt the surprise management system" sei (Hervorh. A. B.).

[51] Auch hier ist die empirische Basis eher unklar. Ansoff (1984: 187ff.) zitiert eine eigene Studie, die die Hypothese beweisen soll. Diese befaßt sich allerdings keineswegs mit der Untersuchung der Erfolgshypothese, sondern mit der Frage ob strategische Planung einen signifikant höheren Unternehmenserfolg produziere. In der zweiten Auflage von *Implanting Strategic Management* (Ansoff & McDonnell 1990: 37ff.) werden dann empirische Ergebnisse aus Dissertationen - von, wie ich vermute, Doktoranden Ansoffs - zitiert, die alle zu dem Ergebnis kommen, daß Unternehmenserfolg - gemessen an *return on investment*, Anteil erreichter Ziele und Auftragsakquisitionen - mit einer angemessenen Abstimmung von internen Kompetenzen und Niveau der Umweltturbulenz korreliert. Allerdings scheinen mit die Instrumente zur validen Messung von Umweltturbulenz, interner Kompetenz und des Maßes ihrer Übereinstimmung, vorsichtig ausgedrückt, nicht sehr exakt zu sein. Ähnlich wie im Zusammenhang mit der Frage, ob die Entwicklungsgeschichte der Managementsysteme tatsächlich empirisch in dieser Form vorzufinden ist, vermute ich hier, daß es Ansoff auch stärker um das präskriptive Postulat einer prinzipiellen Logik strategischen Handelns geht. Für eine kritische Übersicht über den bescheidenen Erfolg einschlägiger Studien zum Zusammenhang von strategischer Planung und Unternehmenserfolg vgl. Mintzberg (1994, ch. 3: 91-158) sowie meine Ausführungen in 1.2.4.

Unschwer zu erkennen ist auch, daß sich dahinter die klassische strategische Analyse mit ihrem Abgleich von Stärken/Schwächen und Chancen/Risiken (SWOT) verbirgt. Sie ist allerdings von Ansoff - so zumindest sein Anspruch - vor dem Hintergrund ihrer steigenden Komplexität systematisch zum Konzept der strategischen Kompetenz (*general management* oder *strategic capability*) weiterentwickelt worden.

Der Begriff der strategischen Kompetenz steht auch im Mittelpunkt von Ansoffs Überlegungen zum *strategic posture management*. Ansoff definiert strategische Kompetenz als

> „(general management's, A. B.) *propensity and ... ability to engage in behavior which will optimize attainment of the firm's (near and long term) objectives.*" (Ansoff 1984: 209; Hervorh. im Orig.)

Diese strategische Handlungsfähigkeit beinhaltet personale Aspekte der Manager (*manager's profiles*), die Handlungsorientierungen (*management climate*) und Problemlösekompetenzen des Managements (*management competence*) sowie die zur Verfügung stehende personelle Kapazität (*management capacity*).[52] Die ersten drei Aspekte werden wiederum auf die fünfstufige Skala der Umweltturbulenz projiziert, so daß jeweils adäquate Ausprägungen der Merkmale für jede Turbulenzstufe formuliert werden (vgl. Abbildung 1.9) können.

---

[52] So zumindest meine Interpretation. Allein in Ansoff (1979b) und (1984) finden sich mehrere, einander teilweise widersprechende Definitionen. In *Strategic Management* (1979b: 89) wird strategische Kompetenz als Maß der Effizienz der Unterstützung der strategischen Ausrichtung des Unternehmens bestimmt, die u. a. durch die funktionalen Kompetenzen (*functional capability*) determiniert wird. In Ansoff (1984: 405) hingegen wird die strategische Kompetenz enger gefaßt, indem sie nur auf die Kompetenz zur Herbeiführung organisationalen Wandels bezogen wird (anders aber in der zweiten Auflage bei der Bestimmung der zur Verfügung stehenden Kapazität, Ansoff & McDonnell 1990: 277); dabei werden funktionale und strategische Kompetenz explizit gegeneinander abgegrenzt, und zwar in einer Weise, aus der geschlossen werden kann, daß beide die Endpunkte eines Kontinuums von Kompetenzen darstellen (Ansoff 1984: 407). Weiterhin trägt zur Verwirrung bei, daß Ansoff einmal von *strategic capability* und dann wieder von *general management capability* spricht. Außerdem finden sich in Ansoff (1984: 20; 209, 210ff., 405f.) mindestens vier, in Ansoff und McDonnell (1990: 18; 263; 264ff.; 274ff. und 420f.) mindestens fünf unterschiedliche Systematisierungen strategischer Kompetenz!

- Als relevante personale Aspekte der Manager werden unter anderem genannt: Mentalität (*custodial* bei stabiler Umwelt auf Turbulenzniveau 1 vs. *creative* bei turbulenter Umwelt auf Turbulenzniveau 5), das Muster für Erfolgserzielung (Wiederholung vs. Kreativität), Risikovermeidung vs. Risikosuche, Führungsstil (politisch vs. kreativ), Wissen (intern generiertes vs. aus Umweltbeobachtung emergierendes) und Problemlösemethode (Versuch/Irrtum vs. Alternativenkonstruktion).
- Mit Handlungsorientierungen des Managements sind beispielsweise gemeint: interne vs. externe Orientierung, Vergangenheits- vs. Zukunftsorientierung, Einstellung gegenüber Wandel (Stabilität vs. „create the future"), Auslöser von Wandel (Krise vs. dauerndes Streben nach Veränderung).
- Unter der Rubrik Problemlösekompetenzen des Management listet Ansoff u. a. das verwandte Managementsystem, die Informationsquellen (Orientierung an informalen Präzedenzfällen vs. systematische Umweltüberwachung), die Organisationsstruktur (funktional vs. *multistructure matrix*), das Belohnungssystem (Seniorität vs. Innovation) und die Managementtechnologie (Arbeitsstudien vs. avancierte strategische Analysetechniken) auf.

Der Ansoffsche Begriff der strategischen Kompetenz weist damit erstens eine gewisse Nähe zum Begriff der intangiblen Ressourcen und der *core competencies* auf, wie er von der Vertretern des ressourcenorientierten Ansatzes verwandt wird (Hall 1992; Prahalad & Hamel 1990; vgl. 1.2.2). Anders als diese postuliert Ansoff jedoch kein Primat der Kompetenzen. Stattdessen ist die Grundidee des *strategic posture management* ist die parallele Entwicklung von Strategie und adäquater strategischer Kompetenz. Entscheidend ist zunächst eine nicht-reaktive, aktiv-antizipatorische Orientierung zur relevanten Umwelt.

Zweitens verweist Ansoffs Kompetenzbegriff auf den Begriff der Struktur, wie ihn Chandler in seinen Arbeiten (1962, 1977, 1980) verwendet. Die von ihm als *Chandlerian adaptation* bezeichnete Sequenz „Umweltänderung → Strategieanpassung → Strukturanpassung", das klassische *structure follows strategy*, ist, so Ansoff (1984: 198), nur für relativ stabile Umwelten geeignet. Unter den Bedingungen, unter denen das *strategic posture management* praktiziert wird, kommt es einerseits darauf an, den Wandel in Strategie und Struktur bzw. Kompetenz so rechtzeitig einzuleiten, daß beide zum Zeitpunkt des Eintretens der

Umweltveränderung bzw. dann, wenn ihre Auswirkungen für den Unternehmenserfolg relevant werden, abgeschlossen sind. Andererseits sollen Strategie und Kompetenz parallel entwickelt werden. Das Verhältnis von beiden soll ein „chicken and egg relationship" sein (ebd.: 19), wobei „the success of the external strategy will depend on the internal capabilities of the firm" (ebd.), ebenso wie die internen Kompetenzen von der Strategie bestimmt werden.[53]

Charakteristisch für das Ansoffsche Vorgehen ist nun, daß diese Einsicht zwar postuliert wird, daß sie dann aber keinen Niederschlag findet in seinen umfangreichen Handlungsanweisungen, Checklisten und Ablaufplänen des strategischen Managements. Die sind nichts anderes als klassisch rationalistische Konzepte, ganz im Sinne des Modells der „plandeterminierten Steuerung" (Schreyögg 1991: 263). So findet sich in der zweiten Auflage von *Implanting Strategic Manangement* als allgemeine Handlungsanweisung für das Vorgehen im Rahmen des *strategic posture management* ein vierstufiger Ablaufplan: (1) Im Rahmen der strategischen Diagnose wird die Notwendigkeit einer neuen strategischen Antwort auf Umweltveränderungen, insbesondere Änderungen des Turbulenzniveaus, geprüft. (2) Strategische Planung arbeitet die konkrete Form dieser strategischen Antwort aus. (3) Anschließend wird im Zuge der Planung der Organisationsgestaltung die zukünftig notwendige interne Kompetenz *geplant*. (4) Dann erst werden im Rahmen der Implementation der Strategie die externen strategischen Maßnahmen und die Veränderung der strategischen Kompetenz *parallel implementiert* (Ansoff & McDonnell 1990: 40ff.). Der am klassischen Rationalmodell orientierte Primat der Planung bleibt also bestehen; das Henne/Ei-Verhältnis gilt nur für die Phase der Implementation!

Zum gleichen Schluß kommt man, wenn man Ansoffs Problemlösezyklus des Managements betrachtet (1984: 241). Auch der stellt nichts an-

---

[53] Liest man die o. a. Definition strategischer Kompetenz (Ansoff 1984: 209) ganz genau, so sieht man, daß der Begriff an den tatsächlichen Erfolg der Strategien gebunden wird. Konstitutiv ist nämliche ein Managementhandeln, das die Zielerreichung *optimiert* („which *will* optimize"). Streng genommen stünden dann nicht nur strategisches Handeln und strategische Kompetenz in einem rekursiven Konstitutionsverhältnis, sondern strategische Kompetenz wäre auch nur *ex post* bestimmbar: wenn sich nämlich der strategische Erfolg eingestellt hat. Tut er dies nicht, ist auch die strategische Kompetenz nicht gegeben.

deres dar als das klassische rationalistische Entscheidungsmodell: Bestimmung der Ziele, der Zielabweichung sowie der Chancen und Risiken, Abschätzung der Folgen für das Unternehmen, Generierung strategischer Alternativen, ihre Bewertung und Auswahl, Programmierung und Budgetierung, Implementation, schließlich Erfolgskontrolle und erneute Überwachung von Umweltveränderungen. Dabei betont Ansoff, daß gerade in turbulenten Milieus das vollständige Durchlaufen des Zyklus notwendig sei (ebd.: 244). Gerade hier, angesichts von raschen und schwer oder überhaupt nicht vorhersehbaren Veränderungen, soll die Trennung von Planung und Implementation die angemessene Antwort sein, ganz im Sinne der von Mintzberg formulierten Prämisse der *planning school,* daß Strategien zunächst vollständig ausformuliert sein sollen und anschließend in einem systematisch geplanten Implementationsprozeß umgesetzt werden sollen (Mintzberg 1990: 119). Entgegen aller Rhetorik bleibt Ansoff weiterhin der klassisch rationalistischen Planungslogik verhaftet.

So sind also die internen Kompetenzen in Ansoffs Modell weiterhin der extern orientierten Strategie nachgeordnet. Der eine Widerspruch, der sich dabei auftut, liegt auf der Hand und ist schon mehrfach erwähnt worden: Ansoffs Argumentation zielt einerseits auf die Aufdeckung der Unmöglichkeit geordneter rationalistischer Planung, andererseits auf die Fortentwicklung des planerischen Instrumentariums, das die abhanden gekommene Planbarkeit wiederherstellen soll. Mintzberg (1994: 149) resümiert:

> „Ultimately, then, Ansoff's own response to the evidence on the failures of planning was to elaborate it, ever deepening the degree of formalization and ever widening the extent of comprehensiveness."

Ein zweiter Widerspruch in Ansoffs Argumentation liegt nicht ganz so offen auf der Hand. Die von Ansoff explizit benannten Aspekte der strategischen Kompetenz sind einerseits die Voraussetzung für angemessenes strategisches Denken und Handeln bei steigender Umweltturbulenz, mithin für die Strategieformulierung selbst. Die personalen Eigenschaften der Manager sowie die Handlungsorientierungen und Problemlösekompetenzen des gesamten Unternehmens sollen erst dahingehend entwickelt werden, daß das Management überhaupt in die Lage versetzt wird, die vorherrschende Umweltturbulenz sowie die Chancen und Risiken zukünftiger Entwicklungen zu erkennen und aus dieser Analyse Strategien abzuleiten. Insofern ist die Entwicklung strategischer Kompetenz der Strategieformulierung *logisch vorgelagert*. Andererseits bleibt Ansoff insoweit der rationalistischen Logik strategischer Planung verhaftet, als die Entwicklung der strategischen Kompetenz der Strategieformulierung *faktisch nachgelagert* sein soll.

Mir scheint, daß dieser zweite Widerspruch genau das beschreibt, was Ansoff mit dem Henne/Ei-Verhältnis von strategischer Kompetenz und Strategieformulierung ausdrücken möchte. Strategische Kompetenzen und Strategieformulierung[54] stehen in einem Verhältnis wechselseitiger Konstitution, in einem rekursiven Verhältnis. Das scheint Ansoff zwar zu sehen, wie sein gelegentlicher Rekurs darauf zeigt. Allerdings ist er so in der präskriptiven Planungslogik verfangen, daß es ihm nicht gelingt, diese Rekursivität in sein Modell einzubauen.[55] Nicht zufällig scheint mir hier die Parallele zu Porters Unfähigkeit zu sein, die Rekursivität der Konstitution von Ressourcen und Strategie in sein Modell einzubauen (vgl. 1.2.2). *Die synoptische Planungslogik ist nicht in der Lage, die Rekursivität von strategischen Kompetenzen oder Ressourcen und Strategien anders denn als Störfall zu thematisieren.* Rekursivität ist der Unfall, der Präskription prekär macht und Kontingenz einführt. Mehr Planung, immer ausgefeiltere Analyseinstrumentarien und feinere Dekomposition des Entscheidungsprozesses sind dann die Antworten.

> „Wenn die Erfahrung lehrt, daß die moderne Planungs-Technologie die Unternehmungen nicht gegen Überraschungen absichern kann, dann muß die Technologie in dieser Richtung erweitert werden." (Ansoff 1981: 234)

Genau in dieser Logik liegt die Entwicklung des *strategic issue management*, die „Analyse strategisch wichtiger Probleme", wie der Begriff in Ansoff (1981) übersetzt ist. Das *strategic issue management* ist wiederum

---

54 Und natürlich strategisches Handeln.

55 Diese Rekursivität läßt sich sogar *innerhalb* des Konzeptes der strategischen Kompetenz selbst zeigen. Auf der einen Seite wird das Managementsystem, hier also das *strategic posture management*, als Teil der strategischen Kompetenz bezeichnet (Ansoff 1984: 20, 210). Auf der anderen Seite ist die systematische Entwicklung der strategischen Kompetenz Gegenstand bzw. Folge des *strategic posture management*. Ich halte es nicht für ausgeschlossen, daß die zahlreichen Ungenauigkeiten in Ansoffs Büchern z. T. der Unfähigkeit geschuldet sind, die teilweise erkannte Rekursivität in seine Theorie zu integrieren.

ein Planungssystem, das das *strategic posture management* überlagert und ergänzt (das folgende nach Ansoff 1984: 337ff.). Es soll eine ständige Überwachung der Unternehmensumwelt institutionalisiert werden, die kurzfristig, d. h. außerhalb des normalen Planungszyklus, auftauchende Chancen und Risiken erfassen und gegebenenfalls kurzfristig notwendige strategische Maßnahmen einleiten soll. In einem ersten Schritt werden potentiell strategisch relevante Informationen aus drei Quellen gesammelt und analysiert: aus der Beobachtung externer und interner Entwicklungstrends sowie von Erfolgskennziffern. Die Bedeutung der Trends für den Unternehmenserfolg und insbesondere ihre zeitliche Entwicklung werden abgeschätzt. Drei unterschiedliche zeitliche Prioritäten sollen dabei zugeordnet werden: Dringende Probleme bedürfen einer sofortigen strategischen Reaktion; andere können solange verschoben werden, daß sie in den nächsten regulären Planungszyklus integriert werden können; die dritte Gruppe schließlich umfaßt solche Probleme, deren strategisch relevante Auswirkungen auf das Unternehmen nicht in absehbarer Zeit erwartet werden, sie werden weiterhin beobachtet. Generell gilt, daß das *strategic issue management* nur für bedeutende erfolgswirksame Probleme Geltung haben soll. Im Idealfall soll das *strategic issue management* auf drei hierarchischen Ebenen institutionalisiert werden. Eine Gruppe von Akteuren aus dem Planungsstab übernimmt die Analyse und Zuordnung der Prioritäten, die von einer Topmanagement-Gruppe bestätigt werden muß. Diese ist dann für die Formulierung von kurzfristigen strategischen Projekten zuständig, die parallel zu den turnusgemäß geplanten durchgeführt werden. Diese Durchführung obliegt wiederum entsprechenden Instanzen im Management und/oder auf ausführender Ebene.

Sollte das *strategic issue management* versagen bzw. sollte die Umweltturbulenz das Niveau 5 erreichen, können „strategische Überraschungen" entstehen, wenn Probleme unerwartet auftauchen, wenn sie neuartig sind und wenn sie bedeutende finanzielle Auswirkungen im positiven wie im negativen implizieren. „If the firm expects its environmental turbulence to be around level five, it needs to invest in yet another system, a *strategic surprise system.*" (Ansoff & McDonnell 1990: 22; Hervorh. im Orig.) Die Institutionalisierung eines solchen Systems erfordert die Einrichtung eines Notfall-Kommunikationssystems, das normale Kommunikationswege kreuzen oder außer Kraft setzen kann, wenn es erforderlich ist. Eine spezielle Instanz zur Bewertung und Verteilung von Informationen soll etabliert werden und es erfolgt eine Neuaufteilung von Verantwortlichkeiten im Management: Eine Gruppe ist für die Aufrechterhaltung der „Moral" zuständig, eine andere für die Aufrechterhaltung der alltäglichen Routineaktivitäten und eine dritte für die Handhabung der strategischen Überraschung. Schließlich soll ein strategisches *taskforce network* etabliert werden, das quer zur Organisationsstruktur funktionieren kann. Die Institutionalisierung dieses Systems erfordert sorgfältiges Training der beteiligten Akteure sowohl in Hinblick auf technische Kompetenzen, etwa der strategischen Analyse, als auch in Hinblick auf soziale Kompetenzen, etwa der Teamfähigkeit.

Es ist nun offensichtlich, daß im Rahmen von *strategic issue management* und *strategic surprise management* ein dem bereits angesprochenen Problem der Rekursivität von strategischen Kompetenzen und Strategie ähnliches Problem in bezug auf die verfügbaren Informationen auftaucht. In Ansoffs Worten:

> „Thus, there is an apparent paradox: if the firm waits until information is adequate for a decisive response it will be increasingly surprised by crises; if it accepts vague information, the content will not be specific enough for a thorough analysis and a well considered response to the issue." (Ansoff 1984: 352)

Ansoffs Antwort auf dieses Problem ist „yet another system": das Management auf der Basis schwacher Signale (*weak signal issue management*, Ansoff 1981; 1984: 352ff.). Ansoff liefert keine exakte Definition des Begriffes „schwache Signale"; damit sind aber ganz allgemein Informationen gemeint, die eigentlich noch nicht ausreichend sind, um eine vollständige Abschätzung einer Chance oder eines Risikos, der adäquaten strategischen Antwort und deren Konsequenzen vorzunehmen. Das Management auf der Basis schwacher Signale erfordert, so Ansoff, ein Umdenken. Nicht mehr kann auf der Basis von projektierten Entscheidungen der Informationsbedarf bestimmt werden, sondern es muß umgekehrt gefragt werden, „welche Reaktionen auf der Grundlage der vorhandenen Informationen *realisierbar* sind." (Ansoff 1981: 237; Hervorh. im Orig.) Die strategischen Reaktionen sind dann zu Beginn wenig spezifisch, je härter oder stärker die verfügbaren Informationen werden, desto spezifischer kann auch die strategische Reaktion werden.

Ansoff unterscheidet fünf Stufen des Wissens in bezug auf Diskontinuitäten (1981: 241; 1984: 353; vgl. auch Ansoff 1979b: 49).[56] Auf der ersten Stufe besteht die Überzeugung, daß überhaupt Diskontinuitäten in der Umweltentwicklung bevorstehen. Wissen auf der Stufe zwei umfaßt die Identifikation von Umweltbereichen oder Organisationen, die die Quelle dieser Diskontinuitäten sind. Auf der dritten Stufe sind die Merkmale der Bedrohung, die Art der Wirkung und ihre generelle Stärke sowie der Zeitpunkt des Eintretens bekannt. Zeitpunkt, Art, Handlungsprogramme und Budgets der angemessenen strategischen Reaktion sind auf der vierten Stufe bekannt. Auf der fünften schließlich können die Konsequenzen der neuen Strategie auf die Gewinnsituation des Unternehmens berechnet werden.

Entsprechend der allmählichen Zunahme des Wissens lassen sich insgesamt sechs unterschiedliche Reaktionsstrategien unterscheiden (vgl. die Übersichten in Ansoff 1981: 243ff.; 1984: 357ff.). Die frühestmöglichen strategischen Reaktionen auf den Stufen eins und zwei sind die interne Überwachung (strategische Reaktion 1) und die Umweltüberwachung (2). Für beide stehen viele Standardinstrumente der strategischen Analyse bereit (vgl. 1.2.1). Ebenfalls auf der ersten Stufe des Wissens über Diskontinuitäten kann die Erhöhung der internen Flexibilität (3) eingeleitet werden. Das umfaßt im Grunde die bereits beschriebene Entwicklung der strategischen Kompetenz, aber auch beispielsweise die Vorhaltung entsprechender liquider Mittel. Ab der zweiten Wissensstufe kann mit der Implementation bzw. Erhöhung der externen Flexibilität (4) begonnen werden. Darunter versteht Ansoff offensichtlich die Konsolidierung des strategischen Portfolios des Unternehmens mit dem Ziel der Risikostreuung, um einerseits eine angemessene Rentabilität, andererseits eine minimale Verwundbarkeit zu gewährleisten. Die Entwicklung der unternehmensinternen Bereitschaft als fünfte strategische Reaktion wird widersprüchlich dargestellt. In Ansoff (1984: 358) scheint damit - ebenso wie bei der Erhöhung der internen Flexibilität - nichts anderes gemeint zu sein als die Entwicklung der strategischen Kompetenz; in Ansoff (1981: 243f.) umfaßt sie auch die Anpassung an die

[56] Auf welcher Stufe genau aus schwachen Signalen starke werden, ist nicht ganz klar. Die Ausführungen in Ansoff (1981; 1984: 355) legen nahe, daß nur Informationen, die der Stufe 5 entsprechen, als starke Signale zu bezeichnen sind.

„Erfordernisse(n) der konkreten Bedrohung oder Chance". Explizit fordert Ansoff hier die Modifikation der *Chandlerian adaptation* „strategische Planung → unternehmensinterne Bereitschaft → Handlungsvollzug" zu „unternehmensinterne Bereitschaft → strategische Planung → Handlungsvollzug" (5). Die spätestmögliche strategische Reaktion ist das externe Handeln (6). Damit sind die strategische Planung und die Implementation der Strategie gemeint. Mit dieser „graduated response through amplification and response to weak signals" (Ansoff 1984: 352) soll das Unternehmen schrittweise auf Diskontinuitäten vorbereitet werden und so die Reaktionszeit verkürzt werden.

Ansoffs Überlegungen zum *weak signal issue management* scheinen mir insbesondere deshalb zu den wichtigsten Innovationen im Rahmen der präskriptiven Strategietheorie zu gehören, weil sie ein zentrales Problem aufnehmen: Die Logik der Informationsverarbeitung im Rationalmodell. Das angesprochene Paradox von erforderlicher Information und erforderlicher Reaktionszeit wird durch Ansoffs Vorschlag allerdings ebensowenig *aufgelöst* wie der Widerspruch zwischen strategischer Kompetenz als Voraussetzung und als Folge von Strategieformulierung. Beide können aber temporalisiert werden, also über die Zeit als wechselseitige Abstimmung und Konstitution erstreckt gedacht werden. Das ist allerdings bereits viel realitätsnäher als klassisch rationalistische Konzepte.

Diese Temporalisierung müßte allerdings die Aufmerksamkeit auf zwei Aspekte lenken, die Ansoff überhaupt nicht zu sehen scheint. *Erstens* stellt sich die Frage, woher denn die Kriterien stammen, nach denen Wissen der Stufe 1 als solches erkannt werden kann. Wie entsteht das Wissen um die Existenz einer Chance oder eines Risikos? Erst wenn etwas über die Wirkung einer Umweltentwicklung auf das Unternehmen bekannt ist, kann beurteilt werden, ob sie von strategischer Relevanz ist. Wissen auf der Stufe 1 konstituiert sich *als solches*, d. h. als strategisch relevantes Wissen, erst *ex post*, in der Perspektive von Wissen der Stufen 2 und 3. Das ist keineswegs ein bloß theoretisches Problem, sondern auch ein eminent praktisches: Es geht darum, wie man *ex ante* abschätzen kann, welche Entwicklungen zu beobachten lohnen, und welche nicht; schließlich verursacht auch das Kosten. *Zweitens* kann man keineswegs davon ausgehen, daß Umweltentwicklungen *per se* Chancen oder Risiken für das Unternehmen darstellen. Es besteht durchaus die Möglichkeit, daß sie zu solchen erst dadurch werden, daß sie vom strategischen Informationssystem des Unternehmens *als solche* erfaßt werden. Das wird vermutlich für Chancen stärker gelten, als für Risiken. So kann beispielsweise die Entwicklung einer neuen Technologie von einem Unternehmen sowohl als Bedrohung interpretiert werden (etwa dahingehend, daß nun die eigene Technologie obsolet geworden ist) als auch als Chance zur Innovation. Information ist stets interpretierte Information.[57]

Das *weak signal management* bleibt in Ansoffs Welt aber die Ausnahme; der Normalfall ist die trotz aller Turbulenzen relativ wohlgeordnete Welt des *strategic posture management* mit seiner rationalistischen Struktur und deren Widersprüchen. In Anlehnung an Schreyöggs Argumentation in bezug auf strategische Frühwarnsysteme (1991: 265) läßt sich konstatieren, daß ebenso wie diese Ansoffs Systeme der *real time response* Fremdkörper im präskriptiven Ansatz bleiben müssen, da sie nicht unter das Primat der Planung subsumierbar sind. Ansoff scheint sich der damit verbundenen Probleme allerdings im Grunde bewußt zu sein, schärfer zumindest als der präskriptive *mainstream*. Daher kommt Ansoff der (für ihn selbst möglicherweise etwas zweifelhafte) Verdienst zu, einen Sprengsatz im Zentrum des rationalistischen präskriptiven Ansatzes plaziert zu haben: die Rekursivität strategischer Planung.

1.2.4 Resümee: Die Krise der synoptischen Planungsrationalität

Während im Rahmen der präskriptiven Strategietheorie mehr und mehr Konzepte strategischer Planung entwickelt und publiziert werden, die einen größeren Unternehmenserfolg versprechen, legen die vorliegenden empirischen Forschungsergebnisse eine, vorsichtig formuliert, etwas zurückhaltendere Beurteilung des Zusammenhanges zwischen strategischer Planung und Unternehmenserfolg nahe. So resümieren Bresser und Bishop (1983: 588) ihre Durchsicht der einschlägigen empirischen Studien dahingehend, daß „the empirical evidence relating formal planning to organizational performance is so inconclusive that a much more cautious evaluation of planning techniques and processes is called

57 Dazu später (in 2.3) mehr unter dem Stichwort soziale Konstruktion von Realität.

for". Bresser und Bishop gehen sogar noch weiter und identifizieren „dysfunctional effects of formal planning", insbesondere einen Teufelskreis von formaler Planung und aus Implementationsproblemen resultierenden Widersprüchen zwischen den in den Plänen ausgedrückten Intentionen und den tatsächlichen Aktivitäten, die wiederum eine erhöhte Planungsintensität nach sich ziehen usw. Starbuck faßt seine Übersicht mit den Worten zusammen, daß „the (methodologically, A. B.) worst studies find the strongest relationships between planning and performances, whereas the (methodologically, A. B.) best studies find no significant relationships between planning and performances" (1985: 369). Mintzberg (1994: 94) kommt ebenfalls zu dem Ergebnis, daß die Studien, die versuchen, eine positive Korrelation zwischen strategischer Planung und Unternehmenserfolg nachzuweisen „did not ... prove their point." Daneben (ebd.: 93f.) listet er in seiner Kritik dieser Studien eine ganze Reihe methodischer Mängel auf: Die Zuverlässigkeit der Daten ist zweifelhaft, weil die Planer selbst in aller Regel die Fragebögen, auf denen die Untersuchungen basieren, ausfüllen. Das Problem, das Ausmaß der Planung zu messen, ist ungelöst und selbst der Nachweis einer positiven Korrelation hat noch keinerlei Aussagekraft, weil die Frage der Kausalität davon noch überhaupt nicht berührt ist. Es wäre beispielsweise auch plausibel, daß sich nur erfolgreiche Unternehmen ein umfangreiches formales Planungssystem leisten können, oder daß erfolgreiche Planer dazu neigen, ihre Planungen für den Erfolg verantwortlich zu machen, während nicht erfolgreiche andere Faktoren als die formale Planung als Ursache des Mißerfolges nennen (Starbuck 1985: 370).[58] Zusammenfassend muß man wohl sagen, daß ein zwingender kausaler Zusammenhang zwischen strategischer Unternehmensplanung und Unternehmenserfolg nicht nachgewiesen werden konnte.[59]

---

58 Das erscheint insbesondere vor dem Hintergrund der sozialpsychologischen Attributionstheorie plausibel. Nach den Ergebnissen der einschlägigen Forschungen besteht eine vorherrschende Attributionstendenz darin, daß die Ursachen von Handlungserfolgen der eigenen Person zugeschrieben werden, während Mißerfolge extern attribuiert werden (vgl. Six 1987).

59 Mintzberg (1994: 92, 97) beschreibt drastisch, welcher *bias* manchen Forschungen dabei noch zugunsten der Erfolgshypothese zu Grunde liegt. - Ein aktuelles Beispiel für solche interessegeleiteten Verzerrungen mag die Arbeit von Miller und Cardinal (1994) sein, in der 26 empirische Studien zum Zusammenhang (Forts.)

Parallel dazu wird in der Literatur zur strategischen Planung schon seit einigen Jahren vom sogenannten *Implementationsproblem* gesprochen (vgl. z. B. Greipel 1988: 1, 33; Schreyögg 1984: 139). Von den geplanten Strategien wird nur ein Teil in einer der Planung ähnlichen Form auch implementiert. Das führt zunächst einmal zu einem terminologischen Problem. In der klassischen Definition von Chandler (1962: 13; vgl. 1.1) ist der Strategiebegriff ja eindeutig an einen Plan gebunden. Zwar umfaßt die Unternehmensstrategie neben der Formulierung strategischer Ziele auch Handlungsweisen und Ressourcenallokationen, aber diese müssen „necessary for carrying out these goals" (ebd.) sein. Was aber, wenn - siehe Implementationsproblem - diese geplanten Handlungsweisen und Ressourcenallokationen nicht zielgerecht umgesetzt werden können? Muß man dann davon sprechen, daß das Unternehmen keine Strategie verfolgt?[60] Das terminologische Dilemma kann zunächst gelöst werden, wenn man auf Mintzbergs (1987b: 12) (allerdings der deskriptiven Strategietheorie zuzurechnenden) Strategiebegriff als „pattern in a stream of actions" rekurriert (vgl. 1.1). In dieser Perspektive verfolgt ein Unternehmen immer eine Strategie, weil stets ein solches organisationa-

---

von strategischer Planung und Unternehmenserfolg re-evaluiert werden. So konstatieren Miller und Cardinal positive Korrelationen zwischen Planung und Wachstum sowie zwischen Planung und Profitabilität; dies gilt allerdings nur unter der Bedingung, daß der in den Studien zu Grunde gelegt Planungsbegriff sich nicht auf formale Planung beschränkte, sondern auch informale Planungsaktivitäten umfaßte, und daß die Daten zur Bewertung des Unternehmenserfolges von beteiligten Akteuren aus den untersuchten Unternehmen zur Verfügung gestellt wurden und nicht aus Dokumentenanalysen stammen (ebd.: 1660f.). Der Zusammenhang zwischen Planung und Unternehmenserfolg ist außerdem nur unter der Bedingung nachzuweisen, daß die Unternehmen sich in einer turbulenten Umwelt befinden (ebd.: 1661); vorher hatten Miller und Cardinal allerdings konstatiert, daß nur eine der 26 berücksichtigten Studien die Unterscheidung zwischen unterschiedlichen Turbulenzniveaus überhaupt getroffen hatte! Auf dieser Basis resümieren die Autoren dann: „... we found strategic planning to positively affect firm performance. (...) It appears that methodological differences across studies have been largely responsible for the inconsistent findings reported in the literature and largely responsible for the debate concerning the value of strategic planning."

60 Es ließe sich natürlich argumentieren, daß dann eben die *alte* Strategie verfolgt werde; das übersieht aber, daß das konstatierte Implementationsproblem natürlich auch für diese ältere Strategie Gültigkeit hat bzw. haben kann.

les Handlungsmuster existiert. Der Strategiebegriff bekommt dabei eine primär deskriptive Rolle zugewiesen. Die Rede vom Implementationsproblem meint in dieser Hinsicht nur, daß die strategischen Planungen nicht in der *beabsichtigten* Weise umgesetzt worden sind. Gemessen am Anspruch der präskriptiven Ansätze muß das allerdings sehr wohl als Versagen interpretiert werden. Das Implementationsproblem muß daher für die Vertreter dieser Ansätze ein fundamentales Problem darstellen.

Schließlich zeigen qualitative Studien strategischer Entscheidungsprozesse, daß strategische Planung in der Praxis keineswegs dem Modell der synoptischen Planungsrationalität folgt. Ich liste nur einige wenige prominente Beispiele auf:[61]

- So konstatiert beispielsweise Aharoni (1966: 53), daß am Beginn der von ihm untersuchten Entscheidungsprozesse über Auslandsinvestitionen keineswegs ein „Problem" im Sinne des Rationalmodells stand, sondern eine Gelegenheit. „It begins with the recognition that an issue exists and awaits definition" (Aharoni 1966: 53). Der Anfang eines Entscheidungsprozesses war daher nur schwer zu identifizieren.
- Bower (1970: 57ff.) stellt ebenso wie Quinn (1980, 1988) fest, daß in den von ihm untersuchten Prozessen der Kapitalallokation die Initiative zu Entscheidungen regelmäßig von der ausführenden Hierarchieebene ausging und die Protagonisten sich zunächst Unterstützung im mittleren Management sichern mußten, während das Top Management eher die Regeln der Entscheidungsfindung definierte (vgl. auch Crozier & Friedberg 1979: 210).[62]
- Pascale (1984) konstatiert in seiner berühmten Studie über den Erfolg von Honda auf dem US-amerikanischen Motorradmarkt, daß ein wichtiger Erfolgsfaktor gerade in dem Beitrag der „little brains", der Außendienstler, Händler und Produktionsarbeiter, zu finden ist: „Middle and upper management saw their primary task as guiding and orchestrating this input from below rather than steering the organization from above along a predetermined strategic course."

---

61 Eine ausführliche Bestandsaufnahme findet sich bei Schreyögg (1984: 139ff.).

62 Ernüchternd im Sinne der präskriptiven Strategietheorie und den bekannten Phasenschemata sind auch die Ergebnisse von Witte, Hauschildt und Grün (1988).

(Pascale 1984: 64) Strategische Planung ist kein synoptischer, sondern eher ein adaptiver Prozeß.

Nun sind alle diese Befunde noch nicht geeignet, das Konzept der synoptischen Planungsrationalität grundsätzlich in Frage zu stellen. Einerseits lassen sich die Probleme bei der Umsetzung ihrer Vorgaben stets auf Fehler der beteiligten Akteure oder darauf zurückführen, daß die formalen Planungssysteme noch nicht ausreichend entwickelt seien. Damit werden die Probleme zwar nicht gerade bagatellisiert, aber in ihrer prinzipiellen Bedeutung doch stark relativiert (vgl. für Beispiele Mintzberg 1994: 152ff.). Andererseits ist darauf zu verweisen, daß das synoptische Entscheidungsmodell als grundsätzlich normatives Modell ja zunächst einmal kontrafaktisch ist und daher durch die Empirie auch überhaupt nicht in Frage gestellt werden kann. So resümiert Schreyögg, „daß der empirische Augenscheinsbeweis alleine nicht genügen kann, um die synoptische Planungsrationalität außer Gültigkeit zu setzen."(1984: 243)

Es lassen sich dennoch zwei gravierende Einwände gegen die Norm der synoptischen Planungsrationalität formulieren. Neben den erwähnten Befunden, daß sich solche rationalen Prozesse in der Empirie nicht nachweisen lassen, ist es, erstens, mittlerweile unstrittig, daß eine Grenze menschlicher (Fähigkeit zur) Rationalität in der begrenzten Informationsverarbeitungskapazität liegt. Entscheider sind nicht in der Lage, die in den synoptischen Modellen implizierte vollständige Information zu erlangen (vgl. March & Simon 1958; Simon 1981; 1990). Die synoptische Planungsrationalität erfordert „a futile attempt at superhuman comprehensiveness." (Lindblom 1959: 88)[63] Damit ist zumindest klargestellt, *daß das Modell der synoptischen Planungsrationalität nicht tatsächlich umsetzbar sein kann.*

Ein zweiter Einwand gegen die synoptische Planungsrationalität ist theoretischer Natur und entstammt der „*maximizing vs. satisficing*"-Debatte (vgl. dazu Elster 1981; 1987). Das synoptische Modell basiert auf dem klassisch-rationalen Entscheidungskonzept mit dem inhärenten Optimierungsgedanken. Dagegen wurde zunächst von Simon (1981)

---

63 Ich diskutiere die einschlägigen Arbeiten ausführlicher im folgenden Kapitel 1.3.

eingewandt, daß Entscheider eben wegen ihrer begrenzten kognitiven Kapazitäten allenfalls befriedigende Lösungen suchen (*satisficing*). Von der *maximizing*-Schule wurde wiederum gegen Simon eingewandt, *satisficing* sei selbst eine Form von Maximierung, wenn „die Kosten des Erwerbs und der Evaluierung von Information in Rechnung gestellt werden" (Elster 1981: 263). Diese Überlegung führt allerdings letztendlich in einen infiniten Regreß (vgl. Winter 1964): Da man nicht unendlich nach Information suchen kann, braucht man eine begrenzte, aber ausreichende Menge an Informationen; um aber das optimale Maß an Information bestimmen zu können braucht man wiederum Informationen und so weiter ad infinitum.[64] *Logisch ist die Idee der Optimierung, die der synoptischen Planungsrationalität inhärent ist, damit ad absurdum geführt.* Allerdings wird diese auch dadurch nicht als regulative Idee in Frage gestellt. Dennoch macht es skeptisch, wenn hier etwas gefordert wird, von dem offensichtlich ist, daß es nicht erreichbar ist.[65] Darin läge dann eine erste Legitimation für das Vorhaben, eine alternative Formulierung des Begriffes der Rationalität strategischer Entscheidungen zu versuchen.

Weiter unterstützt wird diese Intention durch die im Rahmen der exemplarischen Diskussion der Arbeiten Ansoffs und Porters konstatierten Widersprüche, in die die präskriptiven rationalistischen Konzepte strategischer Planung führen:

- In meiner Diskussion des *market-based* und des *resource-based view* habe ich gezeigt, daß in Porters neuerer Arbeit (1991) die Rekursivitäten von Ressourcen und Kostenantriebskräften, Wertaktivitäten und strategischen Entscheidungen sowie von strategischen Entscheidungen und Branche oder *local environment* zwar angelegt ist, diese aber nicht expliziert werden können. Vielmehr werden sie letztlich in das monokausale Korsett eines nur kosmetisch abgeschwächten Mason/Bain-Paradigmas gepreßt. Nur so kann der präskriptiv-rationalistische Charakter des *market-based view* aufrecht erhalten werden (vgl. 1.2.2).

---

64 Die Parallele zu dem von Zahn (1979: 259) konstatierten "unendlichen Prognoseregreß" scheint mir nicht zufällig zu sein (vgl. 1.1).

65 Der Entscheider hätte dann etwas heroisches, weil er mit Mächten, gegen die er nicht gewinnen kann, auf eine Weise kämpft, die einen Erfolg mindestens sehr zweifelhaft erscheinen läßt. Ich war schon immer skeptisch gegenüber solchen Helden; außerdem scheint es mir nicht sehr vernünftig zu sein.

- Gerade weil Ansoff seinen Ansatz immer wieder hinterfragt, wird an seiner Theorie besonders deutlich, daß einerseits im Zuge der rationalistischen Planungs- und Entscheidungslogik die Strategieformulierung planungslogisch am Beginn des Prozesses strategischer Planung stehen sollte, *gleichzeitig* aber das planungslogisch nachgelagerte Phänomen der strategischen Kompetenz Input des Prozesses der Strategieformulierung ist. Die bei Ansoff (1979b; 1984) angelegte Rekursivität von strategischer Kompetenz und Strategie wird der synoptischen Planungslogik geopfert (vgl. oben, 1.2.3).
- Eng damit verbunden ist die rekursive Beziehung zwischen Strategie und Struktur. Ebenso wie beim Konzept der strategischen Kompetenz kann man hier durchaus den Eindruck gewinnen, daß Ansoff die Rekursivität bewußt nicht systematisch zu integrieren versucht, um den präskriptiven Charakter seiner Arbeiten zu bewahren; Rekursivität macht die Formulierung griffiger Rezepte schwierig (wenn nicht unmöglich). Dabei ist es mittlerweile fast ein Gemeinplatz, daß nicht nur die Struktur der Strategie folgt (Chandler 1962), sondern dies genauso umgekehrt geschieht (Burgelman 1983; Hall & Saias 1980).[66]
- In engem Zusammenhang damit steht die Einsicht, daß personalwirtschaftliche Instrumente, also etwa Anreiz- und Beurteilungssysteme nicht nur Ergebnis strategischer Planungen sind, sondern umgekehrt diese wiederum beeinflussen. Strategische Personalführung ist „einer

---

66 Einen aktuellen Überblick geben Amburgey und Dacin (1994). In ihrer empirischen Studie kommen sie zu dem Ergebnis, daß zwar beide kausalen Beziehungen empirisch nachzuweisen sind, gleichwohl aber gebe es ein „hierarchical relationship between strategy and structure: strategy is a much more important determinant of structure than structure is of strategy." (ebd.: 1446) Allerdings scheinen mir mit ihrer Arbeit zwei Probleme verbunden zu sein. Erstens berücksichtigen sie nur explizite organisationsstrukturelle und strategische Veränderungen; auf diese Weise werden beispielsweise diejenigen strukturellen Effekte unterschlagen, die strategischen Wandel verhindern. *Das* wäre sicherlich auch ein Fall, in dem die Strategie der Struktur folgt. Zweitens arbeiten Amburgey und Dacin mit einem zu einfachen Bild kausaler Relationen zwischen Strategie und Struktur. Es werden quasi-nomologische Kausalbeziehungen gesucht nach dem Muster „a change from a decentralized to a centralized structure would induce reduced diversification" (ebd.: 1430). Rekursive Kausalbeziehungen zeichnen sich aber gerade dadurch aus, daß solche allgemeinen Aussagen ohne detaillierte Kenntnis der Situation nicht möglich sind.

der *zentralen Einflußfaktoren* bei der Bildung unternehmens-strategischer Entscheidungen" (Schreyögg 1987: 155; Hervorh. im Orig.).

Die präskriptive Planungsliteratur ist auf Grund ihrer Orientierung am Modell der synoptischen Planungsrationalität nicht in der Lage, die konstatierte wechselseitige oder rekursive Konstitution von Strategie auf der einen und Ressourcen, Kompetenzen, Personal und Organisationsstruktur auf der anderen Seite konzeptionell adäquat zu erfassen.

Alle diese hier angeführten Probleme - ihre Unfähigkeit, Rekursivität systematisch zu integrieren, die logische Unmöglichkeit der Optimierung, die faktische Unmöglichkeit ihrer Anwendung auf Grund begrenzter kognitiver Kapazitäten und die ernüchternden empirischen Befunde zum Erfolg und der Praxis der von ihr inspirierten strategischen Planung - scheinen es mir zu rechtfertigen, von einer Krise der synoptischen Planungsrationalität zu sprechen. In einem nächsten Schritt werde ich prüfen, ob die deskriptive Theorie strategischer Entscheidungen in der Lage ist, ein angemesseneres Konzept von Rationalität zur Verfügung zu stellen.

1.3 Deskriptive Analyse strategischer Entscheidungen: Vom Verschwinden der Rationalität in der Organisationstheorie

Die in Kapitel 1.1 als deskriptiv klassifizierten Theorien sind zum überwiegenden Teil organisationstheoretische, zumindest aber organisationstheoretisch inspirierte Arbeiten. Das bedeutet unter anderem, daß sie sich nicht immer explizit auf strategische Entscheidungen beziehen, sondern meist in allgemeiner Weise auf organisationale Entscheidungsprozesse. Da diese sich aber nicht grundlegend von jenen unterscheiden, besonders nicht in der hier interessierenden prozessualen Sicht, steht die Relevanz der betreffenden Arbeiten für meine Fragestellung außer Frage. Die verhaltensorientierte Organsationstheorie kann mittlerweile auf eine gut fünfzigjährige Tradition zurückblicken.[67] Während viele ihrer Grundgedanken bereits bei Barnard (1938) zu finden sind, kann als eigentlicher Begründer dieser organisationstheoretischen Richtung Simon (1981, zuerst 1945) gelten. Mit dem Konzept der begrenzten Rationalität legte er den Grundstein für eine lange Reihe organsations- und entscheidungstheoretischer Überlegungen in der Ökonomie (Simon 1979), der Soziologie (Dörenbach 1982) und der Psychologie (Simon 1990). Ich werde im folgenden die wichtigsten organisationstheoretischen Arbeiten dieser Tradition skizzieren und dabei zeigen, daß im Zuge einer allmählichen Radikalisierung der Rationalitätskritik die Vorstellung der Rationalität organisationaler - und damit auch strategischer - (Entscheidungs-) Prozesse mehr und mehr verschwindet (1.3.1). Es lassen sich im Anschluß daran zwei Reaktionsstrategien auf dieses konzeptionelle Problem identifizieren: Rationalität wird als Instrument der Legitimation konzipiert (1.3.2) oder die Logik - wenn schon nicht die Rationalität - organisationaler Entscheidungsprozesse wird mit Hilfe von Macht (-strukturen) expliziert (1.3.3). Wenn auch diese beiden Strategien letztlich nicht zu einem befriedigenden Ergebnis führen, bereiten sie doch den Boden für die Erarbeitung eines adäquaten Rationalitäts-

---

[67] Verhaltenswissenschaft (*behavioral science*) ist nicht zu verwechseln mit dem Behaviorismus eines Watson (1919, 1985) oder Skinner (1938, 1953).

konzeptes. Im folgenden Kapitel (1.4) können dann zunächst die Voraussetzungen für ein solches Konzept formuliert werden.

1.3.1 *Vom* Administrative Man *zur Organisation als* Garbage Can: *Grenzen der Rationalität*

Bounded Rationality. Simon formuliert das Konzept der begrenzten Rationalität erstmals 1945 (Simon 1981; vgl. auch March & Simon 1958). Seine Kritik am *homo oeconomicus* rekurriert auf die begrenzte Informationsverarbeitungskapazität des Entscheiders. Dieser ist schon auf Grund physiologischer Grenzen nicht in der Lage, vollständige Information zu erlangen, sondern kann nur einen Bruchteil der Informationen und des Wissens, die von der Umwelt und seinem Gedächtnis zur Verfügung gestellt werden, verarbeiten (March & Simon 1958: 11). Jedes Individuum nimmt damit eine ganz spezifische Situationsdefinition vor und bildet ein „inneres Modell" der Situation (Dörenbach 1982), ein radikal vereinfachtes inneres Abbild der Welt. Es enthält ein (subjektives) Wissen über die in einer Situation möglichen Handlungsweisen, Annahmen über die Folgen dieser Handlungsweisen sowie Werte und Ziele, die eine Auswahl wünschenswerter Handlungen ermöglichen. Diese drei Elemente der Situationsdefinition unterliegen aber, anders als im Modell des *economic man*, den engen Begrenzungen der Fähigkeiten und Möglichkeiten des Individuums zur Rezeption der Realität und der Informationsverarbeitung. Rationales Handeln ist dementsprechend zunächst nur denkbar im Rahmen einer solchen subjektiven Situationsdefinition. Statt der globalen Rationalität des entscheidungstheoretischen Modells gibt es hier nur eine begrenzte Rationalität (*bounded rationality*) des *administrative man*. Die Rationalität des Entscheiders ist durch seine subjektive Situationsdefinition begrenzt.[68]

---

68 In der kognitiven Psychologie finden sich dafür die Bezeichnungen mentales Modell und subjektive oder naive Theorie (Kluwe 1989). Allein aus der Tatsache der kognitiven Beschränktheit der Menschen läßt sich allerdings die Unterschiedlichkeit der inneren Modelle der Entscheider nicht begründen. Da diese Beschränkungen (Informationsverarbeitungskapazität und -geschwindigkeit) für alle Menschen ungefähr gleich sind, müßten auch die mentalen Modelle so gut wie identisch sein. Die Unterschiede in den Modellen lassen sich plausibel erst mit den Ergebnissen der sozialpsychologischen *social cognition*-Forschung (Forts.)

> „From a phenomenological viewpoint we can only speak of rationality relative to a frame of reference; and this frame of reference will be determined by the limitations of the rational man's knowledge." (March & Simon 1958: 138)

Die begrenzte Rationalität des Entscheiders führt dazu, daß sie nur zu befriedigenden (*satisficing*) im Gegensatz zu optimalen Problemlösungen (*optimizing*) kommen können. Da er weder die ihm offen stehenden Handlungsmöglichkeiten, noch die mit ihnen jeweils verknüpften Konsequenzen auch nur annähernd vollständig antizipieren kann und zudem nicht über eine objektiv gültige Situationsdefinition verfügt, kann er keine Entscheidung treffen, die sich dem Ideal der Optimalität auch nur annähert und der Forderung nach Maximierung des Nutzens entspricht. Der Entscheidungsprozeß wird daher abgebrochen, sobald die erste Alternative gefunden ist, die den Kriterien der Befriedigung entspricht und wird nicht weitergeführt, bis eine optimale Problemlösung (die man sowieso nicht erkennen könnte) gefunden ist.[69] Simon stellt mit seiner Theorie der begrenzten Rationalität die *Möglichkeit* rationalen Entscheidens im Sinne des klassischen entscheidungslogischen Rationalitätskonzeptes radikal in Frage: Menschen können diesem Modell nicht gerecht werden.

Mit dem Konzept des inneren Modells wird aber neben dem klassischen Rationalitätskonzept auch der organisationale Zusammenhang in Frage gestellt. Wenn es nur noch individuelle Rationalitäten gemäß den individuell unterschiedlichen inneren Modellen gibt, was kann dann noch eine koordinierte organisationale Handlungsweise gewährleisten? Die Organisation müßte innerhalb kürzester Zeit zerfallen. Simons Antwort: Organisationale Rationalität wird dadurch hergestellt, daß die Organisation ein gemeinsames verbindliches Modell der Situation für alle Organisationsmitglieder schafft. Die Organisationsstrukturen stellen für alle Akteure gültige Präferenzordnungen und Handlungsrichtlinien zur Verfügung, die das jeweils individuelle innere Modell jedes Organisati-

---

erklären: Es sind soziale Gegebenheiten, die für die Unterschiede in den inneren Modellen ursächlich sind (Brauner 1990, 1994; Graumann 1955; vgl. auch die entsprechenden Beiträge in Frey & Irle 1985)

69 "An example is the difference between searching a haystack to find the *sharpest* needle in it and searching the haystack to find a needle sharp enough to sew with." (March & Simon 1958: 141; Hervorh. im Orig.)

onsmitgliedes ersetzt; organisationale Regelungen (Hierarchien, Arbeitsteilung, Standardisierung, Informations- und Kommunikationssysteme und Ausbildung, Simon 1981: 134f.) bilden den gemeinsamen Bezugsrahmen individueller Entscheidungen.[70] Die Motivation, an der Organisation zu partizipieren, erklärt Simon dabei in Anlehnung an Barnards koalitionstheoretische Überlegungen (Barnard 1938) mit Hilfe der Anreiz/Beitrags-Theorie:

> „Each participant is motivated to maximize, or at least increase, his inducements (from the organization, A. B.) while decreasing his contributions (to the organizations, A. B.), and this motivation is a crucial consideration in explaining the decision to join (or remain). But joining means accepting an organizational role, and hence we do not need any additional motivational assumptions beyond those of inducements-contributions theory to explain the ensuing role-enacting behavior." (Simon 1964: 11)

Das Organisationsziel - das durch die Organisation definierte Präferenzsystem - wird dadurch „indirekt ein persönliches Ziel *aller* Teilnehmer" (Simon 1981: 60; Hervorh. im Orig.) und damit handlungsleitend für die einzelnen begrenzt rationalen Entscheider.[71] Die Simonsche Theorie impliziert damit in bezug auf die Bewältigung der durch die begrenzte Fähigkeit zur Rationalität produzierten Probleme, daß „*personale* Rationalitätsschranken über *strukturelle* Vorkehrungen als Störungsfaktoren neutralisiert" werden sollen (Prewo, Ritsert & Stracke 1973: 246; Hervorh. im Orig.). Simon sieht folgerichtig die Organisationstheorie mit der Kontrolle des Nicht-Rationalen befaßt.

> „Wie ... aufgezeigt wurde, wäre die Organisationstheorie öde und leer, wenn es keine Grenzen der menschlichen Rationalität gäbe. Sie würde aus dem einzigen Gebot bestehen: Wähle immer jene aus der Menge aller verfügbaren Alternativen, die zur vollständigen Errei-

---

70 Sie helfen damit außerdem bei der Bewältigung der durch die unterschiedlichen inneren Modelle der Akteure wechselseitig entstehenden Ungewißheit über das zu erwartende Handeln anderer. Als stabiles Rollensystem bildet die Organisation eine berechenbare Umwelt, in der relativ zuverlässige Erwartungen über das Verhalten der anderen Akteure ausgebildet werden können.

71 Eine ausführliche Kritik der Anreiz/Beitrags-Theorie als Erklärungsinstrument für die Integration von Akteuren in die Organisation und ihrer Implikationen findet sich in Ortmann (1976).

> chung deiner Ziele führt. Die Notwendigkeit für eine Organisationstheorie ruht in der Tatsache, daß es praktische Grenzen der menschlichen Rationalität *gibt* und daß diese Grenzen nicht statisch sind, sondern von der organisatorischen Umwelt abhängen, in der die individuellen Entscheidungen getroffen werden." (Simon 1981: 256; Hervorh. im Orig.)

Muddling Through. Während Simon im Grunde an der klassischen Phasenfolge des Entscheidungsprozesses festhält (Ziele → Alternativen → Bewertung der jeweiligen Konsequenzen → Auswahl), wird diese durch Lindbloms Modell des *Inkrementalismus* (Lindblom 1959; Braybrooke & Lindblom 1969) in Frage gestellt.[72] Grundgedanke ist hier, daß das synoptische Entscheidungsmodell in der Praxis ersetzt wird durch ein Modell der kleinen Schritte. Die Entscheider verfügen keineswegs von vornherein über ein wohldefiniertes Zielsystem. Vor allem können Ziele nicht unabhängig von der Situation betrachtet werden. Was in der einen Situation als erstrebenswert angesehen wird, kann in einer anderen als unerwünscht gelten. Kluge Entscheider suchen daher nicht nach „großen" oder vollständigen Lösungen, sondern ziehen kleine und kleinste marginale („inkrementale") Variationen vor. Bei der Prüfung möglicher Lösungen werden zunächst solche betrachtet, die nur wenig von bisher bekanntem abweichen (*successive limited comparison*). Auf Grund der mangelnden Spezifizierung der Ziele *a priori* können nur die Konsequenzen der verschiedenen möglichen Lösungen direkt miteinander verglichen werden. Aus diesem Vergleich resultieren dann gleichsam die Ziele der Entscheider: Durch die Auswahl der Konsequenzen werden implizit Ziele mitformuliert; die gewählten Konsequenzen *sind* die Ziele.

> „The analyst chooses as relevant objectives only those worth considering in view of the means actually at hand or likely to become available." (Braybrooke & Lindblom 1969: 94)

---

72 Das Modell des Inkrementalismus ist von Lindblom für den Bereich der Politikwissenschaft entwickelt worden. Es läßt sich allerdings sehr wohl auf organisationale und strategische Entscheidungsprozesse anwenden (vgl. *z. B.* Johnson 1988; Quinn 1980, 1988; Schreyögg 1984).

Die Beziehung „Ziel → Mittel“ wird hier also in ihr Gegenteil verkehrt: „Mittel → Ziel“. *Der Entscheider entdeckt seine Ziele erst im Entscheidungsprozeß.*

Quinn (1980; 1988) hat das Konzept des Inkrementalismus normativ gewendet und ein Modell des *logical incrementalism* als Modell für strategische Entscheidungsprozesse formuliert. Entscheidend ist dabei, daß die Impulse für strategischen Wandel von den dezentralen Einheiten (in der Regel auch von hierarchisch relativ niedrig abgesiedelten Akteuren) gegeben werden. Diese strategische Ideen entstehen inkrementalistisch aus der täglichen Routine heraus. Sie sollen dann aber systematisch vom Top Management aufgenommen werden und mit Unterstützung eines formalen Planungssystems zu bewußten Strategien verdichtet werden. Damit geht Quinn natürlich weit über das Lindblomsche Modell des Inkrementalismus hinaus und nimmt insbesondere die Kritik auf, daß eine inkrementalistische Vorgehensweise immer nur reaktiv sein könne.

Der Inkrementalismus ist ebenfalls in den begrenzten kognitiven Kapazitäten der Entscheider begründet. Der Unmöglichkeit einer vollständigen Analyse aller Handlungsalternativen wird im Inkrementalismus-Modell durch Vereinfachung Rechnung getragen. Das geschieht erstens durch die dargestellte Beschränkung der Alternativensuche auf marginale Änderungen bestehender Praktiken. Zweitens werden aus Gründen der Vereinfachung häufig Konsequenzen der gewählten bzw. betrachteten Alternativen vernachlässigt. Dysfunktionale Konsequenzen für die Organisation könnten, so Lindblom, gleichwohl vermieden werden, weil sich für jeden vernachlässigten Wert oder jedes negativ betroffene Interesse ein „watchdog“ finde, der ihnen Geltung verschaffe. Das funktioniert durch einen „process of mutual adjustment“ (Lindblom 1959: 85), den man sich wohl analog eines Marktmechanismus vorzustellen hat. Adam Smiths *invisible hand* und das Modell der pluralistischen Demokratie stehen hier Pate (Crozier & Friedberg 1979: 190). Wenn jeder einzelne seine persönlichen Interessen verfolgt, sorgt die unsichtbare Hand des Marktes dafür, daß alle Handlungen zusammengenommen das Allgemeinwohl, hier: die gesamtorganisationale Rationalität, produzieren. Geht das synoptische Modell von einer Rationalität a priori aus, so finden wir im Inkrementalismus den Gedanken einer *Rationalität a posteriori*. Es liegt hier die gleiche Denkfigur zu Grunde wie bei Simon: Die Hinwendung zum Individuum und seiner begrenzten Rationalität stellt zunächst die gesamtorganisationale Rationalität in Frage, die dann aber auf einer höheren Ebene wieder hergestellt wird: im einen Falle durch die Organisationsstruktur, im anderen durch die *invisible hand* des Marktes politischer Meinungen und Entscheidungen (Ortmann 1976; vgl. auch Becker et al. 1988).

Hiding Hand. Hirschman (1967) gibt der Idee der *invisible hand* eine höchst originelle Wendung. In seiner Studie über von der Weltbank finanzierte Entwicklungshilfeprojekte konstatiert er, daß diese häufig eine Umdefinition erfahren, die im strengen Sinne der ursprünglichen (synoptischen) Planung als Scheitern zu gelten hätte. Es treten regelmäßig nicht antizipierte Probleme auf, die einerseits die Projekte in ihrer Existenz bedrohen, die aber andererseits auf eine solche Weise doch noch bewältigt werden können, daß die Projekte hinterher den ursprünglich geplanten nur noch entfernt ähneln. Wären die möglichen Probleme im Sinne des synoptischen Modells im vorhinein bekannt gewesen, wären die Projekte nicht genehmigt worden. Daraus leitet Hirschman ein Prinzip des Entscheidungsverhaltens ab: Sowohl die Probleme als auch die Kreativität zu ihrer Bewältigung sind im Planungsprozeß vor den Entscheidern verborgen - und nur deshalb werden bestimmte Entscheidungen getroffen, werden Projekte überhaupt in Angriff genommen.

> „The principle is important enough to deserve a name: since we are apparently on the trail here of some sort of invisible or hidden hand that beneficially hides difficulties from us, I propose the *Hiding Hand*." (Hirschman 1967: 13; Hervorh. im Orig.)

Damit werden die kognitiven Beschränkungen der Entscheider nicht als Defizit behandelt, sondern als essentiell für Entscheiden.

> „The Hiding Hand does its work essentially through ignorance of ignorance, of uncertainties, and of difficulties." (Hirschman 1967: 35)

Eine Rationalität stellt sich a posteriori her; sie wird nicht gefunden, wie bei Lindblom, sondern sie wird *produziert*, indem einerseits Kreativität, Phantasie und Kraft freigesetzt werden und andererseits die Kriterien des Erfolges umdefiniert werden. Die Zwecke der Projekte werden situativ verändert und damit zur Disposition gestellt. Rationalität verdankt sich der Anpassungs- und Lernfähigkeit von Organisation und Entscheidern (und richtet sich dabei im Grunde nach der Gunst des Augenblicks).[73]

Behavioral Theory of the Firm. Cyert und March (1963) greifen die Konzeption der Organisation als Koalition auf, die auf Barnard (1938) und Simon (1981) zurückgeht. Die Idee der begrenzten Rationalität der Akteure mit ihren unterschiedlichen inneren Modellen der Situation impliziert Zielkonflikte. Insofern lassen sich Entscheidungen als Konflikthandhabung interpretieren (Kirsch 1988: 154). In Simons Perspektive lösen sich diese Konflikte über den Mechanismus der Anreiz/Beitrags-Theorie in organisationale Harmonie auf (Simon 1964: 11; vgl. auch Simon, Smithburg & Thompson 1974: 381ff.; Kirsch 1969: 669ff.; March & Simon 1958: 84). Konflikte sind in dieser Perspektive immer nur temporäre Ungleichgewichte, die auf Ausgleich drängen. Soviel Harmonie wollen Cyert und March nicht gelten lassen. Da eine von allen Organisationsmitgliedern geteilte Präferenzordnung fehlt, kommt es auch zu keiner echten Lösung der Zielkonflikte. Vielmehr bleiben latente Konflikte bestehen, da es im „day-to-day-bargaining" allenfalls zu einer „quasi resolution of conflict" kommt (Cyert & March 1963: 117f.). Konflikte werden dadurch entschärft, daß sich lokale Rationalitäten etablieren. Unterschiedliche Teile der Organisation verfolgen unterschiedliche Ziele und treffen relativ autonome Entscheidungen. Daß die Widersprüche nicht die Organisation sprengen, verdankt diese der „sequential attention to goals":

> „Organizations resolve conflict among goals, in part, by attending to different goals at different times." (ebd.: 118)

Für die Entscheidung, welches Ziel zu welcher Zeit von der Organisation verfolgt wird, sorgt ein „attention-focus mechanism" (ebd.: 39), über dessen Wirkungsweise allerdings nichts gesagt wird (vgl. zur Kritik Ortmann 1976: 51ff.).

Garbage Can Model. Nach seinen Arbeiten mit Simon (March & Simon 1958) und Cyert (Cyert & March 1963) hat March seine Position später

---

[73] Diese Idee Hirschmans scheint mir bei aller denkbaren Kritik der - neben dem Konzept der *bounded rationality* - wichtigste Beitrag diese Theorielinie zur Rationalitätsproblematik zu sein. Er mündet nämlich letztlich in die Denkfigur der Rekursivität von Zwecken und Mitteln. Sie wird für meine Reformulierung des Rationalitätsbegriffes eine zentrale Rolle spielen (vgl. 3.2 und 3.3).

zusammen mit Cohen und Olsen noch einmal radikalisiert. Organisationen werden als „organized anarchies", Entscheidungssituationen als „garbage cans" beschrieben. Wie ihre Vorgänger gehen Cohen, March und Olsen (1972) davon aus, daß es keine organisationsweit geteilte Präferenzordnung gibt; außerdem sind den Entscheidern die organisationalen Entscheidungsregeln normalerweise nicht vollständig bekannt und die am Entscheidungsprozeß beteiligten Personen wechseln.

> „From this point of view, an organization is a collection of choices looking for problems, issues and feelings looking for decision situations in which they might be aired, solutions looking for issues to which they might be the answer, and decision makers looking for work." (Cohen, March & Olsen 1972: 2)

In der Mülleimer-Entscheidungssituation treffen sich die Ströme von Entscheidungsgelegenheiten, Lösungen, Problemen und Entscheidern. Entscheidungen scheinen eher zufällig und extrem situationsabhängig zu sein; sie hängen davon ab, was sich gerade im Mülleimer befindet. Hier stellt sich mehr als nur ein Hauch von Beliebigkeit ein. Für Rationalität scheint kein Platz mehr zu sein.

March (1977) versucht dieser Situation Rechnung zu tragen, indem er eine „technology of foolishness" vorstellt, die das Problem der weitgehenden Entkopplung von Entscheidung und Zielen in den Griff bekommen soll. Entscheidungen produzieren (neue) Ziele und diese Ziele rechtfertigen die Entscheidungen.[74] Imitation, Zwang und Rationalisierung sind die Mittel, die es erlauben sollen, Entscheidungen im Lichte zukünftig zu entdeckender Ziele und Präferenzen zu treffen. Insbesondere das Mittel der Rationalisierung im Freudschen Sinne erfreut sich in diesem Zusammenhang großer Beliebtheit.[75] So betont z. B. Horváth die ordnungsstiftende Funktion von Budgets als „rationale® Fassade des betrieblichen Geschehens":

---

[74] Vgl. Luhmann (1973), der davon spricht, daß die Funktion von Zwecken in der Wertneutralisierung der Mittel bestehe.

[75] Rationalisierung: "Vorgehen, durch welches das Subjekt versucht, einer Verhaltensweise, einer Handlung, einem Gedanken, einem Gefühl etc., deren wirkliche Motive nicht erkannt werden, eine logisch kohärente oder moralisch akzeptable Lösung zu geben." (Laplanche & Pontalis 1980: 418)

> „Budgets dienen als Sprache (vgl. Cooper/Hayes/Wolf 1981: 16ff.) Budgets, die ja in den Kategorien des Rechnungswesens formuliert werden, vermitteln ein gemeinsames Bild der betrieblichen Realität." (Horváth 1982: 256)

> „Ihre (der Budgets, A. B.) stabilisierende und koordinierende Kraft ist unerläßlich in der Situation der organisierten Anarchie." (ebd.)

Die Vorstellung der Entscheidungssituation als *garbage can* hat nur mehr wenig mit der synoptischen Vorstellung einer rationalen Entscheidung gemein. Zudem bleibt unklar, wie ein Minimum an Koordination zwischen den verschiedenen Entscheidern und den Einzelentscheidungen sichergestellt werden kann. Die organisierte Anarchie scheint nur noch durch die rationale Fassade ordnungsstiftender Mythen aufrecht erhalten zu werden. *Wie* diese Ordnung allerdings aussieht, scheint beliebig zu sein. Vertraut Simon noch auf die integrierende Kraft der Organisationsstruktur, die eine objektive Rationalität gewährleisten könne, geht Lindblom davon aus, daß die *invisible hand* des Marktes innerorganisationaler Interessen für eine vernünftige Ordnung sorgt, setzt Hirschman auf die Kreativität und Vernunft der Individuen und verweisen Cyert und March darauf, daß sich per *bargaining* und *side payments* eine organisationale Ordnung und Ausrichtung auf - allerdings nach einem nicht weiter geklärten Mechanismus wechselnde - Rationalitätskriterien ergibt; so stellt sich in der organisierten Anarchie Ordnung nurmehr durch Zufall ein. Damit aber wird der Gedanke einer *rationalen* Ordnung aufgegeben.

1.3.2 Scheinheiligkeit und Handlungsrationalität: Strategie als institutionalisierte Technik

Den bei Cohen, March und Olsen (1972) und March (1977) angelegten Gedanken der Entkopplung von organisationalen Entscheidungsprozessen im engeren Sinne und symbolischen oder legitimierenden Handlungen, wie sie von Horváth (1982) für das Rechnungswesen ausgeführt worden sind, nimmt Brunsson (1982, 1985, 1989, 1993) auf. Er differenziert dabei zwischen Entscheidungsprozessen (*decision*), implementierendem Handeln (*action*) und offizieller Außendarstellung beider (*talk*).

> „There are plenty of examples of decisions that are not followed by action, or of actions that do not accord with preceding decisions. This is often explained as a *problem of implementation*: the decision-makers

> have been unable to get other people to act as decided, with problems for both decision-makers and organization as a result (Pressman and Wildavsky 1973, Mayntz 1976). But it has been argued in the present book that the decoupling of decision and action does not necessarily have to be regarded as a problem; it can also be interpreted as a solution" (Brunsson 1989: 188; Hervorh. A. B.).

Brunsson geht von einer Entkopplung von *talk*, *decision* und *action* aus; diese Scheinheiligkeit von Organisationen (*hypocrisy*) ist allerdings normalerweise nicht als Defizit anzusehen, sondern ist durchaus funktional. Hinter dieser Position steht Brunssons Rezeption des *institutionalized organization*-Ansatzes (Meyer 1983; Meyer & Rowan 1977; Meyer & Scott 1983). Organisationen sind abhängig von ihrer Umwelt nicht nur in dem Sinne, daß ein materieller und informationeller Austausch mit der Umwelt für die Organisation lebenswichtig ist, sondern die Organisation ist auch insofern von der Umwelt abhängig, als sie sich gegenüber externen Organisationen und Akteuren *legitimieren* muß. Diese Legitimität ist wiederum die Voraussetzung für den materiellen und informationellen Austausch. Legitimität wird damit zu einer Determinante formaler Organisationsstrukturen (Meyer & Rowan 1977: 343). Organisationale Strukturen müssen, um der Organisation Legitimität nach außen zu sichern, mit gesellschaftlichen Rationalitätsstandards übereinstimmen (ebd.; vgl. auch Brunsson 1993); daher sprechen die Vertreter des *institutionalized organizations*-Ansatzes von rationalisierten Strukturen.[76]

> „By rationalization I mean that the organizational structure provides a rational account of how resources are used, activities controlled, and purposes achieved. Human activity is mapped in a unified means-ends relation leading to goals." (Meyer 1983: 265)

Rationale Elemente in der formalen Organisationsstruktur reflektieren rationalisierte „Mythen" wie das klassische Rationalmodell (Meyer & Rowan 1977: 343). Diese Mythen sind institutionalisiert (*institutionalized rules*) im Sinne von Berger und Luckmann (1980; vgl. Meyer & Rowan 1977: 341), d. h. sie sind wechselseitige Zuschreibungen bestimmter typischer Eigenschaften, also etwa die Zuschreibung von (Zweck/Mittel-)

---

[76] Auch wieder ganz im Sinne Freuds, ohne daß die Autoren selbst allerdings diesen Bezug herstellen.

Rationalität an Organisationen.[77] *Rationalisiert* (und nicht rational) werden die formalen Strukturen genannt, weil sie häufig entkoppelt sind von den produktiven Tätigkeiten der Organisation, die durch informale Strukturen reguliert werden. Die formalen organisationalen Regelungen sind Rituale (Brunsson 1989: 7).[78] Feldman und March (1981) zeigen beispielsweise, daß das Phänomen, daß in Organisationen eher zu viele als zu wenige Informationen gesammelt werden, damit erklärt werden kann, daß die Verwendung von Informationen eine rationale Entscheidungspraxis symbolisiert.

Planung und Budgetierung können nun als typische institutionalisierte und rationalisierende Elemente organisationaler Praxis verstanden werden. Czarniawska-Joerges und Jacobsson (1988) sowie Jansson (1989, 1993) zeigen empirisch, daß Budgets von tatsächlichen Entscheidungen entkoppelt sind und legitimatorische und politische Funktionen haben (vgl. auch Horváth 1982). Ebenso wie jede Planung kann auch die *strategische Planung als institutionalisierte Technik* verstanden werden.

> „Similarly, technologies are institutionalized and become myths binding on organizations. Technical procedures of production, accounting, personnel selection, or data processing become taken-for-granted means to accomplish organizational ends. Quite apart from their possible efficiency, such institutionalized techniques establish an organization as appropriate, rational, and modern. Their use displays responsibility and avoids claims of negligence." (Meyer & Rowan 1977: 344)

In dieser Perspektive erscheint das stets beklagte Implementationsproblem als weniger dramatisch als in der Perspektive präskriptiver Ansätze. Dann wäre *strategy as plan* (Mintzberg 1987b) zunächst einmal ein

---

77 Daß diese Rationalisierung nicht nur nach außen wirkt, sondern auch nach innen, stellt Berger (1988: 128) heraus: "Auch nach innen wird der Mythos formaler Rationalität seine sozialintegrative Kraft vor allem dadurch entfalten, daß er einen 'Rationalitätsschleier' vor die politischen Entscheidungsprozesse zieht."

78 Es zeigen sich damit Berührungspunkte mit dem Organisationskulturansatz; vgl. für einen Überblick Dülfer (1988), Ebers (1985) sowie Smircich (1983). Generell wird in dieser Theorielinie aber die Kohärenz von Organisationen betont (vgl. zur Kritik Krell 1988; 1994), während der *institutionalized organizations*-Ansatz gerade die Entkopplung von symbolischen Elementen und Produktion hervorhebt.

instiutionalisierter Mythos, der die Organisation nach außen legitimieren soll, während die anderen organisationalen Aktivitäten davon entkoppelt sind. *Talk* und *action* sind nicht oder nur äußerst lose verbunden; strategische Planung ist ein Instrument der *hypocrisy*. Allerdings: Ob, und wenn ja auf welche Weise, die organisationalen und strategischen Aktivitäten rational sind, bleibt dabei zunächst noch ungeklärt.

Auf die Rationalität organisationaler Aktivitäten angesichts der *garbage can*-Situation und institutionalisierter Umwelten, die der organisationalen Scheinheiligkeit unterlegt ist, zielt das Konzept der Handlungsrationalität (Brunsson 1982, 1985).[79] Ausgangspunkt für Brunsson ist das Argument, daß Entscheidungen die Funktion haben, Handlungen zu initiieren (1982: 32). Die Voraussetzungen für die Erfüllung dieser Initiierungsfunktion bestehen darin, daß eine Entscheidung kognitive, motivationale und verpflichtende Momente produziert. Das heißt, um tatsächlich eine Umsetzung von Entscheidungen zu ermöglichen, muß diese Entscheidung für die Beteiligten plausibel und *erfolgversprechend* sein, sie muß diese zur Implementation *motivieren* und eine *Verpflichtungseffekt* hervorrufen:

> „The stronger the expectation, motivation and commitment expressed in a decision, the more power that decision exerts as a basis for action." (Brunsson 1982: 33)

Genau dieser Funktion der Initiierung von Handeln wird die klassische Entscheidungsrationalität nicht gerecht. Umfangreiche Analyseprozesse und die Beachtung vieler Alternativen führen eher zu Verunsicherung und können damit gerade die drei Bedingungen erfolgreicher Implementation gefährden. Erfolgreiche Entscheidungsprozesse verletzen daher die Standards klassisch rationaler Entscheidungen. Es werden nur wenige Handlungsalternativen erwogen, weil andernfalls Unsicherheit produziert wird, die sich negativ auf die Erfolgserwartung, Motivation und die Selbstverpflichtung der Akteure auswirkt. Von einer präferierten Alternative werden nur positive Konsequenzen berücksichtigt. Besonders effektiv wird Eindeutigkeit produziert, indem eine eindeutig schlechtere

---

79 Brunsson selbst teilt diese Interpretation wohl nicht (mehr); er distanziert sich heute vorsichtig von seinem Begriff der Handlungsrationalität, weil dieser mehr Verwirrung als Klarheit gestiftet habe (persönliches Gespräch, Brüssel 1993)

Scheinalternative aufgebaut wird. Dadurch wird nicht nur die Unsicherheit reduziert, sondern auch die Unterstützung der gewählten Handlungsalternative erhöht. Ziele sollten nicht im vorhinein formuliert, sondern *ex post* als Argumente für die ausgewählte Alternative verwandt werden (vgl. auch Marchs *technology of foolishness* 1977). Brunsson argumentiert nun, daß nicht ein solcher Entscheidungsprozeß, sondern die Entscheidungsrationalität irrational ist. In dieser Perspektive können Entscheidungsprozesse als *handlungsrational* beschrieben werden, wenn sie ihre Funktion erfüllen, Handlungen zu initiieren. Handlungsrationale Entscheidungen werden daher stärker unter dem Gesichtspunkt ihrer Durchsetzung getroffen als unter dem, den klassischen Rationalitätskriterien gerecht zu werden. Entscheidungsrationale Prozeduren haben eher eine legitimierende und sinnstiftende Funktion.

Brunssons Konzept der Handlungsrationalität versucht, das Problem der Rationalität organisationaler Entscheidungen in zwei Schritten zu lösen. Einerseits wird festgestellt, daß die rationalistische Rhetorik als Legitimationsinstrument abgekoppelt ist vom Rest organisationaler Prozesse. Andererseits deckt Brunsson eine eigene Form der Rationalität auf, die Handlungsrationalität, die der Ebene der rationalisierten Prozeduren unterlegt ist. So wird das Rationalitätskonzept zunächst einmal in sinnvoller Weise erweitert. Es bleibt allerdings ein gravierendes Problem bestehen: Da es in Organisationen und Unternehmen sicherlich nicht nur darum gehen kann, *daß überhaupt irgendetwas* getan wird, sondern auch darum, *daß etwas sinnvolles* geschieht, müßte der Begriff der Handlungsrationalität erlauben, zwischen sinnvollem und nicht sinnvollem Handeln zu differenzieren. Das kann er jedoch nicht leisten. Damit steht man wieder vor dem gleichen Problem wie am Ende des vorhergehenden Abschnitts: Wie das *garbage can model* kann das Konzept der Handlungsrationalität weder die Genese konkreter Problemlösungen erklären, noch stellt sie ein Instrument dar, das eine Unterscheidung sinnvoller und nicht sinnvoller Lösungen erlaubt.

1.3.3 Strategie, Macht und Mikropolitik

In einer ganz anderen Art und Weise als Lindblom (1959), Hirschman (1967), Cyert und March (1963) und Cohen, March und Olsen (1972) nehmen Crozier und Friedberg (1979; vgl. auch Friedberg 1988) den Simonschen Gedanken des *satisficing* auf. Sie führen die Begrenztheit der

Rationalität der Akteure nicht nur auf kognitive Beschränkungen zurück. Im Zuge einer *strategischen Organisationsanalyse* kann man die Optionen, die dem Entscheider in seinem (individual-) strategischen Handeln offenstehen, und seine Rationalitätskriterien, die Kriterien der Befriedigung, ermitteln. Diese Rationalitätskriterien hängen von den organisationalen Machtspielen, in die der Akteur involviert ist, und von seinen Gewinnchancen in ihnen ab. Mikropolitik ist daher eine nicht zu vernachlässigende Größe in organisationalen Entscheidungsprozessen. Der Begriff der Mikropolitik wurde ursprünglich von Burns (1961) geprägt und bezieht sich auf eine „mikroskopische" Analyse strategischen Handelns von Akteuren in Organisationen in seiner Wechselbeziehung mit organisationalen Strukturen.[80]

Ganz auf dieser Linie argumentieren auch Narayanan und Fahey (1982). Organisationen verstehen sie als „loose structures of interests and demands, competing for organizational attention and resources, and resulting in conflicts that are never completely resolved." (ebd.: 26f.) Dabei beziehen sie sich u. a. auf die *behavioral theory of the firm* (Cyert & March 1963) mit ihren Quasi-Lösungen und der *sequential attention to goals*. Politische, d. h. machtförmige Prozesse bestimmen in dieser Perspektive den Prozeß der Formulierung der Unternehmensstrategie. Narayanan und Fahey unterteilen den Prozeß der Strategieformulierung in zwei Superprozesse: das Heranreifen (*gestation*) und das Entschließen (*resolution*). In der Phase des Heranreifens werden zunächst einzelne Akteure auf strategische Probleme aufmerksam (*activation*). Wenn ihnen das Problem so klar ist, daß es kommunizierbar wird, beginnen Akteure die Probleme zu artikulieren, es bilden sich informelle Beziehungen zwischen Akteuren mit ähnlichen strategischen Interessen heraus (*mobilization*). Schließlich bilden sich in *bargaining*-Prozessen Koalitionen heraus (*coalescence*). In der Entschließungsphase kommt es zunächst zu Aushandlungsprozessen zwischen unterschiedlichen Koalitionen (*encounter*), bis sich dann ein organisationaler Entschluß herauskristallisiert (*decision*), sei es in Form einer Entscheidung oder einer „Nicht-Ent-

---

80 Damit setzt sich dieser Begriff der Mikropolitik ab von einem Begirff, wie er beispielsweise von Bosetzky (1972; Bosetzky & Heinrich 1980) verwandt wird: das (im Extrem pathologische) Handeln macchiavellistischer Akteure. Vgl. zu einem Überblick über "Management und Mikropolitik" Küpper und Ortmann (1986) sowie Becker und Ortmann (1994).

scheidung" (*non-decision*).[81] Entscheidend ist nun, daß auf allen diesen Stufen des Prozesses der Strategieformulierung die Macht, über die die Akteure im Rahmen der Organisation verfügen, entscheidend dafür ist, wie diese Prozesse ausgehen:

> „*the nature of alternative(s) sponsored and the extent to which they are accepted, modified, or rejected is dependent on the power/influence distribution within and across the relevant coalition(s).*" (Narayanan & Fahey 1982: 31; Hervorh. im Orig.)

Macht und Machtstrukturen werden damit zu den entscheidenden Einflußfaktoren für die Wahl von Strategien.[82] Crozier und Friedberg (1979) gehen davon aus, daß Macht ein Phänomen ist, das zwangsläufig mit sozialem Handeln verbunden ist. Organisationen verstehen sie zunächst einmal als „Bündnis von Menschen ... mit dem Ziel, materielle Probleme zu lösen." (ebd.: 12) Damit schließen sie sich einer koalitionstheoretischen Betrachtungsweise an. Durch die wechselseitige Abhängigkeit entstehen „Ungewißheitszonen", die jeweils bestimmte Akteure für andere kontrollieren, indem sie Kooperation verweigern können. *Macht* ist genau in der Kontrolle dieser Ungewißheitszonen angesiedelt. Da das Handeln von Menschen nie vollständig determiniert, sondern grundsätzlich kontingent ist,[83] verfügt prinzipiell jeder Akteur über Macht. Bezogen auf das Implementationsproblem kann das etwa bedeuten, daß das Management in der Implementationsphase auf die Kooperation von hierarchisch niedriger verorteten Akteuren angewiesen ist. Es entstehen dadurch Ungewißheitszonen, die diese als Machtquelle nutzen können, um gegebenenfalls die Umsetzung der strategischen Entscheidung zu

---

[81] Zum Begriff der *non-decision* vgl. Bachrach und Baratz 1962.

[82] Soweit ließe sich ein ähnliches Resultat auch aus Kirschs (1969) Rezeption der Anreiz/Beitrag-Theorie und der *behavioral theory of the firm* von Cyert und March (1962) ableiten. Bei Kirsch wie auch bei Narayanan und Fahey (1982) scheinen allerdings Machtverteilungen eine unabhängige Variable zu sein; die Frage ihrer Genese und ihrer möglichen Veränderung durch strategische Entscheidungen bleibt ausgeklammert.

[83] "Kontingent im radikalen Sinn des Wortes, das heißt, *zugleich* abhängig von einem Kontext, von den darin vorhandenen Gelegenheiten und den von ihm auferlegten (materiellen und menschlichen) Zwängen, *und* unbestimmt, folglich frei." (Crozier & Friedberg 1979: 313, Fn. 37; Hervorh. im Orig.)

be- oder verhindern. *Ein* Teil des Implementationsproblems kann sicherlich auf diese Weise erklärt werden.

Macht ist eine ungleiche Tauschbeziehung zwischen Akteuren, in der Handlungsmöglichkeiten ausgetauscht werden.

> „*Die Macht ist also letztlich in dem Freiraum angesiedelt, über den jeder der in eine Machtbeziehung eingetretenen Gegenspieler verfügt,* das heißt, in seiner mehr oder weniger großen Möglichkeit, das zu verweigern, was der andere von ihm verlangt." (Crozier & Friedberg 1979: 41; Hervorh. im Orig.)

In Organisationen gibt es typischerweise vier zentrale Ungewißheitszonen, um die herum sich Machtspiele gruppieren: Expertenwissen, die Kontrolle von Außenbeziehungen der Organisation, die Kontrolle von Informations- und Kommunikationskanälen sowie die Nutzung organisationaler Regeln (ebd.: 51ff.). Machtspiele als Mechanismen der Regulation des organsationalen Handelns entstehen aus der gegenseitigen Abhängigkeit der Akteure voneinander. Damit ein Akteur über Macht verfügen kann, muß er mindestens teilweise die Erwartungen der anderen erfüllen, d. h. er muß nachweisen, daß er in der Lage ist, die betreffende Ungewißheitszone tatsächlich zu kontrollieren. Auch der Mächtige muß sich an die organisationalen Spielregeln halten. Sie werden deshalb verbindlich, weil sie sich letztlich auf eine allen Organisationsteilnehmern verbindliche Ungewißheitsquelle stützen: den Fortbestand der Organisation und damit die Erhaltung der jeweils eigenen Handlungsmöglichkeiten. So vereint das Spiel Freiheit und Zwang: Zwar bleibt ein organisationaler Akteur prinzipiell frei, aber er muß gleichzeitig auch die organisationalen Regeln in ihren Grundzügen einhalten; sein individuelles strategisches Handeln muß sich an den Strukturen (Regeln) organisationaler Machtspiele orientieren (ebd.: 68).

Akteure sind stets daran interessiert, die eigenen Handlungsmöglichkeiten zu erhalten, d. h. also in dieser Perspektive: das eigene Handeln mindestens teilweise für die anderen unvorhersehbar zu machen, Macht auszuüben. Organisationale Akteure handeln *strategisch*. Strategie ist die „*ex post gefolgerte Grundlage* der empirisch *beobachteten Verhaltensregelmäßigkeiten.*" (ebd.: 34; Hervorh. im Orig.)[84] Einerseits orientieren sich

[84] Der Strategiebegriff entspricht damit im Grunde dem Strategiebegriff Mintzbergs (1987b), bezieht sich aber auf individuelles Handeln.

diese individuellen Strategien an den Machtspielen, in die die Akteure involviert sind, andererseits konstitutieren sie diese erst. Rationalitätskriterien, d. h. Kriterien der Befriedigung im Sinne der Theorie der begrenzten Rationalität (Simon 1981), leiten sich aus diesen Machtspielen ab. Handeln ist damit

> „immer ein sinnvolles Verhalten ...: anstatt rational zu sein in Bezug (sic!) auf Ziele ist es rational einerseits in Bezug (sic!) auf Handlungsgelegenheiten und qua dieser Gelegenheiten in Bezug auf den sie definierenden Kontext, und andererseits im Hinblick auf das Verhalten anderer Akteure." (Crozier & Friedberg 1979: 33f.)

Handeln in Organisationen ist begrenzt rational nicht nur auf Grund kognitiver Grenzen, sondern auch in Hinblick auf die organisationalen Machtspiele, die rationale Strategien und Gewinnchancen definieren. Verstehen Crozier und Friedberg nun Organisation als die Gesamtheit aneinander gegliederter Spiele, so es ist ihnen zwar möglich, die Rationalität der einzelnen Akteure in bezug auf die jeweiligen Spiele zu bestimmen; der Bezug auf die Rationalität der Organisation, wie man ihn bei Simon noch findet, ist ihnen durch die strategische Analyse allerdings verbaut. In der Organisation herrscht ein „Kampf der Rationalitäten" (ebd.: 226) und die organisationale Rationalität läßt sich immer in unterschiedliche, einander häufig feindliche Einzelrationalitäten zerlegen. Letztlich bleibt auch hier die Rationalität der Organisation auf der Strecke.

> „Die Idee des Rationalen an sich ist nicht haltbar, aber der Mensch kann mit einem relativistischen Modell arbeiten. Er mag nicht das Rationale vom Nicht-Rationalen unterscheiden können, aber wenn er sein Problem eingegrenzt hat, kann er immer noch über das *Rationalere* nachdenken." (Crozier & Friedberg 1979: 228; Hervorh. im Orig.)

In der Praxis funktioniert das über Versuch und Irrtum; Konzepte absoluter oder synoptischer Rationalität sind nur Verallgemeinerungen inkrementaler Erfolge. „Sie können nützlich sein, aber sie sind nicht notwendig." (ebd.: 228) Crozier und Friedberg liefern zwar mit der strategischen Analyse und dem Konzept der Machtspiele in Organisationen Hinweise darauf, wie Akteure und Organisationen aufeinander bezogen sind, die organisationale Rationalität allerdings scheint endgültig abgedankt zu haben.

An die Überlegungen Croziers und Friedbergs zum „Kampf der Rationalitäten" läßt sich im übrigen wieder mit der Brunssonschen Theorie der Handlungsrationalität anschließen (1982, 1985). Handlungsrationales Vorgehen kalkuliert mit Macht und strategischen Interessen. Insofern bietet das Brunssonsche Konzept der Handlungsrationalität eine gute Ergänzung der strategischen Organisationsanalyse von Crozier und Friedberg. Das Problem der endgültigen Auflösung organisationaler Rationalität bleibt allerdings auch hier bestehen. Was bei Simon (1981) mit der Einsicht in die kognitiven Begrenzungen und die Idee der inneren Modelle angelegt war, scheint sich gut 40 Jahre nach ihrer ersten Formulierung vollendet zu haben: Die Idee der Rationalität scheint obsolet geworden zu sein.

1.4 Zwischenergebnis: Desiderate einer Konzeption der Rationalität strategischer Entscheidungen

Meine Bestandsaufnahme der Literatur zu strategischen Entscheidungen und strategischer Planung führt in Hinblick auf das Rationalitätsproblem zu einem ernüchternden Ergebnis. Die präskriptive Theorie kann mit ihrer Orientierung am klassischen *homo oeconomicus*-Modell der Rationalität keine überzeugende Lösung anbieten. Weder gibt es Hinweise darauf, daß sich in diesem Sinne rationale Entscheidungsprozesse empirisch nachweisen lassen, noch konnte belegt werden, daß strategische Planung zu einem größeren Unternehmenserfolg führt. Die rationalistische Grundidee der Optimierung muß in Anlehnung an die Argumente von Winter (1964) und Elster (1981) als logisch nicht haltbar zurückgewiesen werden, weil sie in einen unendlichen Regreß führt. Schließlich habe ich gezeigt, daß die synoptische Planungslogik nicht in der Lage ist, die in den neueren präskriptiven Arbeiten selbst angelegten rekursiven Muster von strategischen Entscheidungen und Ressourcen bzw. Kompetenzen, von Strategie und Struktur sowie Personal konzeptionell einzuholen. Letztlich scheitert die präskriptive Vorstellung von Rationalität daher an internen Widersprüchen.

Im Rahmen der Ansätze zur deskriptiven Analyse strategischer Entscheidungen habe ich eine Reihe organisationstheoretischer Arbeiten zum Entscheidungshandeln präsentiert, die sich kritisch vom synoptischen Rationalitätsmodell, wie es von Schreyögg (1984: 134ff.) herausgearbeitet wurde, absetzen und von einer begrenzten Rationalität organisationaler Akteure ausgehen. So wird die Vorstellung einer holistischen Perspektive mit einer vollständigen Erfassung von Organisation, Situation und Entscheidungsprozeß durch die kognitive Begrenztheit der Akteure und das Konzept des inneren Modells von Simon (1981; Dörenbach 1982) in Frage gestellt. Das Erstellen eines umfassenden Gesamtplanes, die Orientierung an klaren Zweck/Mittel-Beziehungen und die zielorientierte Auswahl von (strategischen) Handlungsalternativen werden durch die Theorien des Inkrementalismus und der Organisation als Mülleimer für illusionär und auch nicht wünschenswert erklärt. Die Forderung nach der umfassenden Berücksichtigung aller Handlungsalternativen ist weder nach Simon möglich, noch ist sie im Sinne von Brunssons Unterscheidung von Entscheidungs- und Handlungsrationalität generell sinnvoll. Die Suche nach einer objektiv besten Lösung strategischer Probleme scheint angesichts der Bedeutung von Macht und individualstrategischem Handeln der Akteure nicht mehr vorstellbar.[85] Mit zunehmender Weiterentwicklung der Theorien rückt die Idee einer organisationalen Rationalität in immer weitere Ferne.

Es scheint, als führe der Argumentationsgang in eine Sackgasse: Die klassische Zweckrationalität scheint als deskriptives und normatives Instrument unangemessen zu sein und eine befriedigende Alternative ist nicht in Sicht. *Satisficing* umzudefinieren in ein *optimizing* angesichts der vielfältigen Beschränkungen, denen die Akteure sich ausgesetzt sehen, führt wieder in den konstatierten unendlichen Regreß: Um die Beschränkungen als die „tatsächlichen" (und nicht scheinbare) Beschränkungen erkennen zu können, brauche ich Informationen, die wiederum nur beschränkte sein können etc. Daß sich trotz aller Probleme das Konzept synoptischer Rationalität so lange gehalten hat, wird u. a. vor dem Hintergrund des *institutionalized organizations*-Ansatzes deutlich: Es stellt einen kulturellen Standard dar (Brunsson 1993), dem die Rhetorik der organisationalen Entscheider genügen muß.

Bedeutet das nun, daß das Konzept der Rationalität, zumal in bezug auf organisationale und strategische Entscheidungsprozesse, aufgegeben werden muß? Ich denke nicht. Einerseits scheint mir das Potential der skizzierten organisationstheoretischen Ansätze in Hinblick auf das Rationalitätskonzept noch nicht ausgelotet zu sein. Andererseits ist die Forderung nach Rationalität strategischer Entscheidungen ja durchaus sinnvoll und die Organisations- und Managementtheorie sollte auf ein Konzept von Rationalität nicht leichtfertig verzichten.[86] Rationales Handeln heißt ja zunächst nichts anderes als vernünftiges Handeln. Auf strategisches Management bezogen hätte man sich darunter etwa die situa-

---

[85] Die weiteren Merkmale der synoptischen Planungsrationalität: die schöpferische Projektierung zukünftiger Zustände, die zukunftsgerichtete Umweltüberwachung sowie die Verwendung wissenschaftlicher Methoden (Schreyögg 1984: 134f.) sind von dieser Kritik nicht unmittelbar betroffen, aber für sie bildet natürlich auch die Begrenztheit der Informationsverarbeitungskapazitäten eine - gemessen am Anspruch - enge Grenze.

[86] Natürlich *auch*, damit strategisches Handeln gegenüber institutionalisierten Umwelten als vernünftig legitimiert werden kann.

tionsadäquate (nicht die optimale) Allokation organisationaler Ressourcen und Ausrichtung der organisationalen Aktivitäten vorzustellen. Ich schlage daher vor zu untersuchen, ob es nicht möglich ist, einen Rationalitätsbegriff zu formulieren, der die von der organisationstheoretischen Rationalitätskritik gegen das Modell synoptischer Rationalität vorgebrachten Einwände aufnehmen kann - ohne sich dabei zu verflüchtigen. Davon würden *primär* die Organisations- und Management*theorie* profitieren, weil das Konzept der Rationalität zunächst einmal ein analytisches Konzept ist.

Die organisationstheoretische Rationalitätskritik stellt auf die Grenzen individueller Rationalität bzw. Rationalitätsfähigkeit ab. Diese Grenzen werden gefunden in kognitiven Begrenzungen (Hirschman 1967; Simon 1981), in unklaren und erst im Entscheiden entdeckten Zielen (Lindblom 1959), in der *ignorance of ignorance* (Hirschman 1967), in ständigem Konflikt (Cyert & March 1963) und in der Entkopplung von Problemen und Entscheidungen (Cohen, March & Olsen 1972). Gemeinsam ist diesen Ansätzen die Vorstellung, daß die beschränkten und/oder konkurrierenden Einzelrationalitäten in einer jeweils auf einer höheren Ebene angesiedelten organisationalen Rationalität aufgehoben bzw. überwunden werden können - vermittelt über die Anreiz/Beitrags-Theorie (Simon 1981), einen Marktmechanismus (Lindblom 1959), die *hiding hand* (Hirschman 1967), den *attention focus mechanism* (Cyert & March 1963), die *technology of foolishness* und rationalitätsstiftende Mythen (Cohen, March & Olsen 1972; Horváth 1982). An dieser Denkfigur ist zu kritisieren, daß sie im Grunde „neorationalistisch" ist (Crozier & Friedberg 1979: 197): Sie destruiert die Vorstellung von Rationalität, nur um sie im gleichen Augenblick auf einer höheren Ebene zu rekonstituieren - ohne allerdings plausibel machen zu können, wie eine solche Rationalität zustande kommt und warum die organisational sich durchsetzenden Lösungen denn rational genannt werden können.

Insbesondere bei Simon wird eine Fixierung auf das synoptische Rationalmodell deutlich: Warum sollte er sonst von *begrenzter* Rationalität sprechen? Begrenzt ist diese Rationalität nur vor dem Hintergrund des synoptischen Modells. Im Grunde bleibt menschliche Rationalität in dieser Perspektive immer defizitär vor der Folie eines abstrakten synoptischen Modells.[87] Dabei hätte man das Argument Simons, die synoptische Rationalitätsvorstellung sei eine Illusion angesichts der kognitiven Beschränkungen der Menschen, noch dahingehend (und über seine Intentionen hinaus) verschärfen können, daß die synoptische Rationalität eine *gefährliche* Illusion ist. Die kognitive Begrenzung des Menschen übt einen Zwang zur (nicht-bewußten) Selektion und Strukturierung von Umweltreizen aus. Die damit implizit geleistete Reduktion von Komplexität ist insofern funktional für das Überleben, als es andernfalls zu einer Reizüberflutung mit der Konsequenz der Reaktions- und Handlungsunfähigkeit käme (vgl. Roth 1986: 176). Die Vorstellung der Möglichkeit und Notwendigkeit vollständiger Information, die hinter dem entscheidungslogischen Modell steht, ignoriert diesen Sachverhalt grundsätzlich. Insofern kann das Konzept der begrenzten Rationalität eine *positive Basis für einen anderen Rationalitätsbegriff* bieten.

Die Vorstellung der Integration der Einzelrationalitäten zu einer höheren erweist sich allerdings schon vor dem Hintergrund des *garbage can model* (Cohen, March & Olsen 1972) als wenig überzeugend. Rationalität meint hier im Grunde nur noch Rationalisierung. Das gilt auch für das Brunssonsche Konzept der Handlungsrationalität (1982): Die „offizielle" (Entscheidungs-) Rationalität der Organisation ist bloß noch Rhetorik. Dem unterlegt ist die Handlungsrationalität, die sich stärker auf die Akzeptanz und Durchsetzbarkeit einer Entscheidung bezieht als auf ihre Problemangemessenheit. Auch Crozier und Friedberg (1979) gelingt es nicht, einen Begriff organisationaler Rationalität zu bewahren. Bei ihnen zerfällt die Organisation schließlich in konkurrierende Einzelrationalitäten, die jeweils für bestimmte Machtspiele Gültigkeit haben - nicht aber für die gesamte Organisation.

Schreyöggs grundsätzliche Kritik am synoptischen Rationalitätskonzept setzt an einer ganz ähnlichen Stelle an (1984: 243ff.). Das Grundproblem sei dessen Orientierung am „Paradigma der Einzelhandlung" (ebd.: 244).

---

87 Ganz in diesem Sinne ordnet Landry (1995) auch das *garbage can model* dem sogenannten „objectivist view" zu. Diese erkenntnistheoretische Position ist beispielsweise dadurch gekennzeichnet, daß „problems are considered as having an autonomous, objective existence that is completely independent of the participants (of the decision process, A. B.)" (ebd.: 323). Auch hier sind dann die nicht perfekten Menschen das Problem.

Rationalität der Organisation und Rationalität des Akteurs fallen prinzipiell auseinander und können nicht aufeinander zurückgeführt werden. Statt dessen müsse die Systemrationalität Luhmannscher Prägung (vgl. Luhmann 1973; 1984; 1988) als Bezugspunkt genommen werden.

> „Ein System ist ... in dem Maße rational gesteuert, als es gelingt, die Systemleistungen zu erbringen - abstrakter: externe Komplexität zu absorbieren und die damit einhergehenden internen Probleme zu lösen. Der Einzelbeitrag, die Einzelentscheidungen können für sich allein keine Rationalität beanspruchen; rational können sie demnach nur in bezug auf und nach Maßgabe von Systemreferenzen sein. Das System gibt den Hintergrund für die (begründungsbedürftige) *Rationalitätsbeurteilung*, nicht die Zweckrationalität der Einzelhandlung. Die (kollektive) Systemrationalität läßt sich nicht auf die individuelle Rationalität zurückführen und umgekehrt." (Schreyögg 1984: 251; Hervorh. im Orig.)

Rationalitätskriterium wäre demnach der Systembestand. Das erinnert zunächst verblüffend an die Simonschen Vorstellungen objektiver (d. h. organisationaler) Rationalität (Simon 1981: 257ff.). Die subjektive Rationalität des Organisationsteilnehmers wird über Integrationsmechanismen in die Organisation eingebunden, indem ihm organisationale Rationalitätsstandards vorgegeben werden. Nun scheint mir aber die Argumentation von Schreyögg in einem Punkt nicht einleuchtend zu sein: Einerseits seien die individuellen Rationalitäten und die organisationale Rationalität nicht aufeinander rückführbar, andererseits seien aber die Bestandsvoraussetzungen - und hier grenzt er sich explizit von Luhmann ab - keineswegs beliebig mit Inhalt zu füllen, sondern „Ausdruck *kultureller Muster* und *Normen*" und deshalb auch nicht objektiv gegeben (Schreyögg 1984: 272; Hervorh. im Orig.). Vielmehr könnten die Akteure organisationale Zwecke zurückweisen und damit die Bestandsformel verändern oder aufheben. Was als Systembestand zu gelten hat, wäre damit sozial konstruiert. Das aber kann doch wohl nichts anderes heissen, als daß die Akteure *mit ihren Rationalitäten* die Kriterien der *Systemrationalität* mindestens mitbestimmen. Wieso angesichts dessen Systemrationalität und individuelle Rationalität unvermittelt nebeneinander stehen sollen, ist dann nicht einleuchtend. Viel eher geht es hier doch wieder um ein *rekursives Verhältnis* wechselseitiger Konstitution. Ebenso wie bei den in Kapitel 1.3 vorgestellten rationalitätskritischen Ansätzen der Organsiationstheorie bleibt auch hier das Verhältnis von Akteur und Organisation und ihrer Rationalitäten letztlich ungeklärt. Damit tun sich verblüffende Parallelen zwischen Schreyöggs an Luhmann orientierter Konzeption der Systemrationalität, den Konzeptionen der rationalitätskritischen Organisationstheorie und den präskriptiven Ansätzen der Strategietheorie auf. Allen dreien gelingt es nicht, die Denkfigur der Rekursivität aufzunehmen und damit die diversen rekursiven Konstitutionsverhältnisse im Rahmen strategischer Entscheidungen angemessen zu reflektieren.[88]

Es lassen sich auf dieser Basis in fünf Punkten Anforderungen formulieren, die Vorbedingungen der Formulierung eines brauchbaren Rationalitätsbegriffes für die Organisationstheorie und das strategische Management sein müssen.

(1) Eine zentrale Erkenntnis der verhaltenstheoretischen und deskriptiven entscheidungstheoretischen Arbeiten besteht darin, daß zwischen individueller und organisationaler Ebene zu differenzieren ist. Das Verhältnis von Individuum und Organisation, Akteur und System muß in der Theorie der Rationalität schon deshalb zum zentralen Bezugspunkt werden, weil individuelles Handeln und Entscheiden in organisationalen Kontexten stattfindet.[89] Rationalitätskriterien, Wissensbestände, Interpretationsschemata und Ziele der Akteure sind nicht unabhängig von ihrem organisationalen Kontext. Allerdings ist auch klargeworden, daß das Verhältnis zwischen beiden noch relativ ungeklärt ist. Zwar können Crozier und Friedberg mit ihrer strategischen Organisationsanalyse eine plausible Reziprozität zwischen den beiden Ebenen herstellen, allerdings nur unter Preisgabe der Idee organisationaler Rationalität. Auch Schreyöggs Rekurs auf die Systemrationalität kann nicht befriedigen. Eine Vorbedingung, um über Rationalität strategischer Entscheidungen zu sprechen, muß daher die konzeptionelle Klärung des rekursiven Verhältnisses individueller und organisationaler Entscheidungen und Handlungen sein.

(2) Entscheider können eine im Vergleich zur verfügbaren nur verschwindend geringe Menge an Informationen aufnehmen und verarbei-

---

88 Für einen Überblick über die Denkfigur der Rekursivität vgl. Ortmann (1995h, i).

89 Zumindest im hier betrachteten Gegenstandsbereich; versteht man Organisationen als Sonderfälle von sozialen Systemen - was plausibel ist - dann dürften die hier gefundenen Ergebnisse auf andere soziale Systeme übertragbar sein.

ten. Dies ist nicht als bloßes Defizit zu betrachten, sondern durchaus funktional, da nur durch diese Reduktion von Komplexität Handeln und Entscheiden möglich werden. Für die Theorie der Rationalität entsteht daraus die zentrale Frage nach dem Wissensvorrat der Akteure. Es dürfte entscheidend für die Rationalität einer Entscheidung sein, auf welches Wissen der Entscheidende sich stützt. Die Theorie der Rationalität muß also einerseits nach den Beziehungen zwischen Wissen, Handeln und Entscheidung, andererseits nach der Logik fragen, die dem Aufbau konkreter Wissenvorräte zugrunde liegt. Gibt es beispielsweise in Organisationen systematische „Verzerrungen" des Wissenserwerbs? Welches Wissen wird tatsächlich im Zuge eines Entscheidungsprozesses angewandt? Gibt es so etwas wie nicht bewußt eingesetzte Wissensbestände?

(3) Die Erkenntnis, daß den Handelnden ihre eigenen Ziele häufig nicht klar sind, steht dem klassischen Rationalitätsverständnis, das ja gerade auf einer expliziten und möglichst operationalen Zieldefinition basiert, ebenso diametral entgegen, wie die Vorstellung, daß etwa nicht antizipierte Gelegenheiten kurzfristig auftauchen können, die vernünftigerweise genutzt werden sollten. Im Grunde geht es hier um eine Theorie intentionalen Handelns. Es muß geklärt werden, inwieweit man von Handeln im Gegensatz zu bloßem Verhalten sprechen kann (Weber 1980), obwohl keine expliziten Ziele vorliegen. Dabei ist es wichtig, den Fehler von Crozier und Friedberg zu vermeiden, die umstandslos jegliches Tun als rational bezeichnen. Dann würde mit seinem Gegenbegriff, der Irrationalität, der Rationalitätsbegriff verschwinden. Im Zusammenhang mit der aus der begrenzten Informationsverarbeitungskapazität abgeleiteten Idee des Satisfizierens stellt sich hier auch die Frage nach dem Bezugspunkt der Rationalität. Es kann offensichtlich keinen objektiv gültigen Maßstab geben. Wie konstituiert sich dann aber in Organisationen ein Rationalitätskriterium?

(4) Simon spricht von unterschiedlichen inneren Modellen der Situation und das *garbage can model* weist darauf hin, daß es in Entscheidungssituationen umstritten sein kann, was als Problem, was als Lösung zu interpretieren ist. Offensichtlich spielen also auch unterschiedliche Bilder davon, wie die Welt beschaffen ist, eine Rolle in Entscheidungsprozessen. Daß die Akteure sich dennoch verständigen können, verweist allerdings darauf, daß es einen Grundstock an gemeinsamen Interpretationsmustern gibt, auf den sich alle beziehen und sich auf diese Weise verständi-

gen können. Eine Rationalitätstheorie müßte also auch die Rolle von Interpretationsschemata im Entscheidungsprozeß klären und insbesondere eine Erklärung dafür anbieten können, welche dieser Schemata warum von allen oder den meisten geteilt werden und warum sich z. B. in der organisierten Anarchie bestimmte Lösungen ergeben.

(5) Macht spielt eine zentrale Rolle in Organisationen. Zwar stellen erst Crozier und Friedberg Macht explizit in den Mittelpunkt ihrer Theorie, doch läßt sich bereits die Anreiz-Beitrags-Theorie als machtförmiges Phänomen analysieren (vgl. Kirsch 1969), ebenso wie der *attention focus mechanism* von Cyert und March (vgl. Ortmann 1976).[90] Ebenso verweisen Zielkonflikte und divergierende Interpretationsmuster auf Macht als bedeutsamen Aspekt organisationaler Entscheidungsprozesse. Vor dem Hintergrund der hier überzeugenden Analyse von Crozier und Friedberg, die Macht als notwendigen Aspekt kollektiven Handelns betrachten (1979: 14), muß der Rationalitätsbegriff das Phänomen Macht als integralen Bestandteil von Handeln und Entscheiden konzipieren und sein Verhältnis zur Rationalität klären.

Zusammenfassend läßt sich an dieser Stelle festhalten, daß eine *Theorie der Rationalität* strategischer Entscheidungen eines neuen Fundamentes bedarf. Konstitutiv für diese Rationalitätstheorie muß die Integration der *Denkfigur der Rekursivität* sein. *Bausteine einer Theorie der Rationalität* müssen die folgenden theoretischen Elemente sein:

- eine *Theorie der Organisation,* die das Verhältnis von Akteur und Organisation in ihrer wechselseitigen Konstitution überzeugend konzipiert,
- eine *Theorie intentionalen Handelns,* die explizite Ziele lediglich als Grenzfall konzipiert,
- die die Rolle und Genese von Wissensbeständen der Akteure im Handeln und Entscheiden, sowie
- die Rolle von Interpretationsschemata, Weltbildern, inneren Modellen etc. erklärt, und
- eine *Theorie der Macht* in Organisationen.

---

[90] March selbst (1966) hat sich im übrigen sehr skeptisch über die Erklärungskraft von Macht für organisationale Prozesse geäußert.

Mit der Theorie der Strukturation von Anthony Giddens (1984) liegt eine Theorie vor, die diese Anforderungen im Prinzip erfüllt. Im folgenden zweiten Kapitel werde ich diese Theorie skizzieren und auf Organisationen und strategische Entscheidungsprozesse anwenden. Damit wird das geforderte Fundament gelegt für eine Konzeption der Rationalität strategischer Entscheidungen, die ich im dritten Kapitel entwickeln werde.

2 DIE STRUKTURATION VON ORGANISATIONEN

2.1 Grundzüge der Theorie der Strukturation

2.1.1 *Vorbemerkung*

Die *theory of structuration* des britischen Soziologen und Sozialtheoretikers Anthony Giddens (vgl. insbes. Giddens 1984) findet in den letzten Jahren zunehmend Beachtung, nicht nur im Bereich der Soziologie und Sozialtheorie[1], sondern auch in organisations- und managementtheoretischen sowie betriebswirtschaftlichen Arbeiten[2]. Giddens versteht seine Theorie als Sozialtheorie. Sozialtheorie hat den Anspruch, eine Grundlagenwissenschaft für alle Sozialwissenschaften zu sein.

> „Um etwa vorhandene Unklarheiten über die Begrifflichkeit zu beseitigen, möchte ich betonen, daß meine Verwendungsweise des Begriffes 'Sozialtheorie' Problemfelder umgreift, die ich für das Anliegen aller Sozialwissenschaften halte. Bei diesen Problemen geht es um das Wesen menschlichen Handelns und der handelnden Person; um die Frage der Konzeptualisierung von Interaktion und ihrer Beziehung zu Institutionen; und schließlich um die praktische Bedeutung sozialwissenschaftlicher Analyse. (...) Das heißt, im Zentrum stehen das Verständnis menschlichen Handelns und sozialer Institutionen." (Giddens 1988: 30)

---

1 Vgl. z. B. Bryant & Jary (1991); Callinicos (1985); Clark, Modgil & Modgil (1990); Cohen (1989); Held & Thompson (1989) sowie Kiessling (1988).

2 Vgl. z. B. Barley (1986); Becker & Ortmann (1994); Bouchikhi (1944); Kieser (1994); Loose & Sydow (1994); Ortmann (1995); Ortmann, Sydow & Windeler (1996); Ortmann, Windeler, Becker & Schulz (1990); Osterloh (1993); Ranson, Hinings & Greenwood (1981); Staehle (1991a); Sydow & Windeler (1993); Walgenbach (1995) sowie Willmott (1981); einen Überblick über organisations- und mangementtheoretische Arbeiten gibt Whittington (1992).

Dreh- und Angelpunkt der Theorie der Strukturation ist das Konzept der Dualität von Struktur. Mit ihm versucht Giddens, den Gegensatz von objektivistischen oder strukturalistischen und subjektivistischen oder voluntaristischen Ansätzen insbesondere in der Soziologie aufzuheben. In objektivistischen Ansätzen, Giddens nennt hier beispielsweise Parsons (1949), wird dem Objekt, der Gesellschaft und der Struktur sozialer Systeme, Priorität über die Subjekte, die Menschen, eingeräumt. Subjektivistische Konzeptionen, etwa Garfinkel (1967, 1973) und Schütz (1960), gehen entsprechend von einer Priorität der Subjekte aus. Beiden Orientierungen gemeinsam ist die scharfe konzeptionelle Trennung von Akteuren auf der einen und Gesellschaft, Organisation und ihren Strukturen auf der anderen Seite. Das Konzept der Dualität von Struktur versucht hingegen, die Trennung von Akteur und Struktur durch die Konzeption ihrer wechselseitigen Konstitution aufzuheben. Die Grundidee ist die Gleichursprünglichkeit und wechselseitige Konstitution, die *Rekursivität* von Handeln und Struktur. Damit stellt Giddens genau die Denkfigur in den Mittelpunkt seiner Arbeit, die ich im verangegangenen Kapitel als unerläßlich für eine Neukonzeption des Rationalitätsbegriffes herausgestellt habe. Diese Grundidee der Dualität von Struktur bringt auf Grund der implizierten Komplexität gewisse darstellungstechnische Probleme mit sich. So stellt sich bei der Darstellung des rekursiven Zusammenhanges von Handeln und Struktur das Problem, „auf welcher Seite" dieses Zusammenhanges man beginnen soll.

Um einen Überblick zu ermöglichen, stelle ich zuerst die Grundideen der Dualität von Struktur und der Reproduktion sozialer Systeme dar (2.1.2). Anschließend diskutiere ich die Konzeption intentionalen Handelns (2.1.3). Abschließend beleuchte ich die Theorie der Strukturation in Hinblick auf die im Zwischenergebnis formulierten Anforderungen an eine Theorie der Rationalität (2.1.4). Obwohl ich mich dabei stets darum bemühe, die Darstellung anschaulich zu gestalten, indem ich die erläuterten Konzepte auf Organisationen bzw. Organisationstheorie beziehe, bleibt sie in diesem Kapitel notwendigerweise noch recht abstrakt.[3] Im

---

3 Die Rezeption des Gidensschen Werkes stößt im deutschen Sprachraum auf einige Schwierigkeiten. Zum einen prägt Giddens in seinem Werk einige Neologismen, die gewisse Übersetzungsprobleme bereiten. So existierte beispielsweise der Begriff *structuration* bzw. Strukturation bislang weder im Englischen noch im Deutschen. Zum anderen ist die vorliegende deutsche Fassung von (Forts.)

folgenden Kapitel 2.2 werde ich auf dieser Basis dann Grundbegriffe einer strukturationistischen Organsationstheorie formulieren.

2.1.2 Soziale Systeme und Dualität von Struktur

Soziale Systeme. Organisationen sind soziale Systeme. Wie alles Handeln in Unternehmen umfassen strategische Entscheidungen und strategische Planung damit Aktivitäten von Akteuren, die im Rahmen des sozialen Systems Organisation stattfinden. Und wenn Giddens betont, daß im Zentrum seiner Theorie der Strukturation „das Verständnis menschlichen Handelns und sozialer Institutionen" stehe (Giddens 1988: 30), dann ist damit zunächst impliziert, daß menschliches Handeln nicht als das Handeln eines isolierten monologischen Akteurs verstanden wird, sondern stets im Kontext von Institutionen zu betrachten ist. Dabei wird der Begriff Institution von Giddens nicht in der für uns gewohnten Weise als Synonym für Organisation gebraucht, sondern in der ungewöhnlich gewordenen älteren Bedeutung als routinisierte Praktiken, die von der Mehrzahl der relevanten Akteure angewandt und anerkannt werden (Cohen 1989: 39). Der Begriff der routinisierten Praktiken bildet den Hauptbezugspunkt für den Giddensschen Systembegriff. Giddens definiert *soziale Systeme* als „patterning of social relations across time-space, understood as reproduced practices." (Giddens 1984: 377) Soziale Systeme im Sinne der Theorie der Strukturation beinhalten demnach geordnete bzw. regelmäßig wiederkehrende Interdependenzbeziehungen zwischen Akteuren oder Gruppen von Akteuren (Giddens 1979: 65f.).

Für ein angemessenes Verständnis dieser Definition ist zunächst einmal die Klärung der analytischen Unterscheidung von Handeln und sozialen Praktiken notwendig; die Giddenssche Definition des Systembegriffs bezieht sich ja explizit auf reproduzierte Praktiken und nicht einfach auf Handeln. Während Handeln im engeren Sinne als ein beständiger Strom

---

Giddens' Hauptwerk *The Constitution of Society. Outline of the Theory of Structuration* (1984; Übersetzung 1988) zum Teil sehr schlecht und irreführend übersetzt. Ich werde daher fast ausschließlich die englischen Originalfassungen zitieren und einzelne Begriffe selbst ins Deutsche übersetzen. - Mit Günther Ortmann und Arnold Windeler, denen ich nicht nur in dieser Hinsicht viel verdanke, hatte ich viele hilfreiche Diskussionen über viable Interpretationen der Theorie der Strukturation.

von situativen Aktivitäten verstanden wird (Giddens 1984: 3), bezieht sich der Begriff der sozialen Praktiken auf die geordneten, regelhaften Aspekte sozialer Aktivitäten, auf „regularized types of acts" (Giddens 1976: 75).

> „Social practices can be understood as skillful procedures, methods, or techniques, appropriately performed by social agents." (Cohen 1989: 26)

Einerseits beinhaltet diese Definition sozialer Praktiken, daß es bestimmter Wissenbestände auf Seiten der Akteure bedarf, um soziale Praktiken zu kennen und adäquat anwenden zu können (*skillful procedures*): Akteure als Handlungssubjekte sind „knowledgeable agents" (kompetente Akteure). Das bedeutet, daß sie in aller Regel über Mittel und Wege, bestimmte Handlungsergebnisse hervorzubringen, und über die Umstände ihres Tuns Bescheid wissen. Insbesondere im alltäglichen Leben wissen die meisten Akteure, in welchen Situationen welche sozialen Praktiken angemessen sind.[4]

Andererseits impliziert die vorliegende Definition, daß soziale Praktiken nicht unabhängig von Handeln existieren können, sondern ausschließlich *im Handeln* verwirklicht werden. Nur indem sich viele Akteure immer wieder in ihrem situativen Handeln auf bestimmte soziale Praktiken beziehen, werden diese *als soziale Praktiken* produziert und reproduziert. Solche sozialen Praktiken reichen in Organisationen von Begrüßungsritualen oder Sitzordnungen in der Kantine über den berühmten blauen Anzug bei IBM bis hin zur Anwendung bestimmter Verfahren der Investitionsrechnung oder der im regelmäßigen Turnus stattfindende Abteilungsleiterkonferenz. Für alle diese Praktiken gilt, daß sie nur als gültig angesehen werden können, wenn die Mehrzahl (oder zumindest eine

---

4 Gerade *weil* das so selbstverständlich ist, wird es häufig übersehen. Es ist das Verdienst einer Soziologie des Alltags, die verbunden ist mit Namen wie Berger und Luckmann (1982), Garfinkel (1967, 1973) und Schütz (1960; Schütz & Luckmann 1975), herausgearbeitet zu haben, daß die Bewältigung des alltäglichen Lebens, selbst die alltäglichsten Verrichtungen, sehr umfangreiche "Wissensbestände" (Schütz) voraussetzt.

relevante Anzahl) der betroffenen Akteure sie anwenden bzw. akzeptieren.[5]

Soziale Praktiken erlangen ihre Existenz nur, indem die Akteure sich in ihrem sozialen Handeln auf sie beziehen. *Gleichzeitig* basiert soziales Handeln auf der Existenz sozialer Praktiken, da nur durch den gemeinsamen Bezug der beteiligten Akteure auf geteilte soziale Praktiken eine Verständigung möglich ist.[6] Giddens bezeichnet diesen Sachverhalt als die *Rekursivität sozialen Handelns*.

> „In and through their acitivities agents reproduce the conditions that make these activities possible." (Giddens 1984: 2)

Diese Idee der Rekursivität zieht sich als grundlegende Denkfigur durch die Theorie der Strukturation. Sie erlaubt es, das Verhältnis von Handeln und Organisation - wie im Zwischenergebnis (1.4) angemahnt - als Verhältnis wechselseitiger Konstitution zu konzipieren.

Regelhaftigkeiten oder Muster entstehen im Handeln und in Interaktionen sehr schnell. Darum ist allerdings ein Muster, das sich beispielsweise in einem Gespräch zwischen zwei Personen herausbildet, noch nicht als soziale Praktik zu bezeichnen. Praktiken als *regularized types of acts* weisen Stabilität über Raum und Zeit hinweg auf. Von sozialen Praktiken kann man erst dann sprechen, wenn das Muster in andere raumzeitliche Kontexte übertragen wird, also wenn es etwa auf Interaktionen mit anderen Interaktionspartnern angewandt oder zwischen denselben Personen über einen längeren Zeitraum hinweg stabil gehalten wird.

Giddens differenziert weiterhin zwischen sozialen Praktiken und Institutionen. Sind soziale Praktiken *regularized types of acts*, so sind Institutionen diejenigen sozialen Praktiken, „which have the greatest time-space extension" in Gesellschaften (Giddens 1984: 17).[7] Bestimmt man

---

5 Die Beispiele weisen bereits darauf hin, daß das Abweichen von diesen Praktiken im Zweifelsfall mit Sanktionen verbunden sein kann.

6 Außerhalb von Handeln existieren Praktiken nur als Wissen von Akteuren. Ich komme ausführlich im Abschnitt 2.1.3 darauf zurück.

7 Das besondere Interesse Giddens' an gesellschaftlichen Institutionen hängt mit seinen speziellen Forschungsinteressen zusammen: Er ist Soziologe und versteht die Soziologie als diejenige Sozialwissenschaft, die sich der Erforschung der modernen Gesellschaften widmet (Giddens 1979: 8 und *passim*).

Institutionen etwas präziser als diejenigen sozialen Praktiken mit der größten raum-zeitlichen Ausdehnung in jeglichen sozialen Systemen, so läßt sich der Begriff problemlos auf die Organisationstheorie übertragen: Institutionen sind die *grundlegenden* sozialen Praktiken in Organisationen. Die Abgrenzung zwischen sozialen Praktiken und Institutionen ist allerdings nicht trennscharf durchzuführen und muß stets situativ interpretiert werden. So würde etwa in einem Unternehmen die Anwendung bestimmter Investitionsrechenverfahren als soziale Praktik betrachtet werden, die grundlegende Ausrichtung auf die Tätigkeit in bestimmten Branchen hingegen als Institution oder institutioneller Aspekt.

Integration und Reproduktion. Werden soziale Systeme als *patterning of reproduced social practices* verstanden, so impliziert das, daß sie im Zuge der Produktion und Reproduktion sozialer Praktiken ständig neu hervorgebracht werden. Das bedeutet, daß auch soziale Systeme nur im und durch das Handeln kompetenter Akteure existieren. Da Praktiken stets im sozialen Handeln, in *social encounters*, angewandt werden, wird die Kompetenz eines Akteurs normalerweise daran gemessen, ob er bzw. sie in der Lage ist, das eigene Handeln an das anderer Akteure „korrekt" anzuschließen. Dieser wechselseitige Anschluß des Handelns verweist auf die Integration sozialer Systeme. Der Begriff der *Integration sozialer Systeme* bezieht sich nicht auf einen Gegensatz von Konflikt und Ordnung; soziale Systeme können sehr wohl als integriert angesehen werden und dennoch von internen Konflikten geprägt sein. Man denke etwa an den in Unternehmen strukturell angelegten Konflikt zwischen Materialwirtschaft auf der einen und Produktion oder Vertrieb auf der anderen Seite. Vielmehr meint Integration sozialer Systeme die Wechselseitigkeit, das Aufeinander-bezogen-sein sozialer Praktiken von Akteuren oder Gruppen von Akteuren (Giddens 1979: 76). Diese Wechselseitigkeit ist über Raum und Zeit hinweg in sozialen Systemen normalerweise verhältnismäßig stabil. Sie kann sich, um bei dem Beispiel zu bleiben, in institutionalisierten Schlichtungsmechanismen, etwa einer wöchentlichen Konferenz der beteiligten Abteilungsleiter, niederschlagen. Der Gegensatz von Integration sozialer Systeme ist demnach nicht Konflikt, sondern die Abwesenheit stabiler Wechselseitigkeiten sozialer Praktiken. Desintegration eines sozialen Systems bedeutet den Zusammenbruch seiner sozialen Reproduktion.

Giddens unterscheidet zwei Formen der Integration: Sozial- und Systemintegration. *Sozialintegration* bezieht sich auf die Reziprozität von

(Praktiken von) Akteuren oder Gruppen von Akteuren in Situationen von Kopräsenz, also in *face-to-face*-Interaktionen, während *Systemintegration* sich auf die Reziprozität über raum-zeitliche Distanzen hinweg bezieht, d. h. auf „connections with those who are physically absent in time or space." (Giddens 1984: 28)[8] Organisationstheoretisch interessant ist diese Unterscheidung der Integrationsweisen, da sie erlaubt, alle Formen formaler Organisationsgestaltung wie die Konzeption von Hierarchien, Stellenbeschreibungen etc. als auf Systemintegration zielend zu beschreiben. Hier werden soziale Beziehungen abstrahiert von konkreten Personen und ihren Interaktionen. Auch die zunehmende Informatisierung und Automatisierung in Wirtschaftsorganisationen ist der Versuch, Formen der Systemintegration auszuweiten, da sie zu einer Enträumlichung und Entzeitlichung der sozialen Beziehungen beiträgt, die die Notwendigkeit von Kopräsenz und Anwesenheits-Verfügbarkeit verändert (Ortmann et al. 1990: 529).

Neben der Differenzierung in Sozial- und Systemintegration können soziale Systeme hinsichtlich ihres Grades an Systemhaftigkeit (*degree of systemness*) unterschieden werden (Giddens 1984: 283). Damit ist die Intensität der Integration der Praktiken innerhalb eines Systems gemeint. Der Grad an Systemhaftigkeit ist nicht umstandslos mit der in der Organisationstheorie geläufigen Polarisierung in lose und feste Kopplungen von Systemkomponenten (vgl. z. B. Glassman 1973; Granovetter 1973; Perrow 1989: 131ff.; Orton & Weick 1990; Staehle 1991b; Weick 1976) gleichzusetzen. Zwar können feste Kopplungen stets als Zeichen einer hohen Intensität der Integration des Systems verstanden werden, aber auch lose Kopplungen können solch eine hohe Intensität aufweisen. Die Unterscheidung von loser und fester Kopplung bezieht sich stärker auf die Flexibilität der Beziehungen als auf ihre Intensität. Von der Intensität der Integration eines Systems hängt es ab, wie scharf bzw. ein-

---

8 Giddens übernimmt die Begriffe der Sozial- und Systemintegration von Lockwood (1964), der sie allerdings in anderer Weise gebraucht (vgl. Giddens 1979: 270, Fn. 57): *Social integration* bezieht sich bei Lockwood auf die Relationen zwischen Akteuren, *system integration* auf die zwischen Teilen sozialer Systeme, etwa zwischen Institutionen (1964: 245). In diesem Lockwoodschen Sinne verwendet Giddens die Begriffe auch noch in den *Central Problems in Social Theory* (1979: 76ff.). In Giddens (1984) finden sich dann die von mir im weiteren zu Grunde gelegten Definitionen.

deutig seine Grenze zu anderen Systemen gezogen ist. Je stärker die sozialen Praktiken wechselseitig aufeinander bezogen sind, desto eindeutiger ist die Systemgrenze zu ziehen.

Integration als stabile Ordnung reziproker Praktiken (Cohen 1989: 94) ist die Voraussetzung der Reproduktion sozialer Systeme. Der Reproduktionsprozeß kann als Reproduktionskreislauf (*reproduction circuit*) bzw. als ein *set* solcher Kreisläufe beschrieben werden. Während Giddens selbst sich sich eher am Rande auf diesen Begriff bezieht, räumt Cohen ihm in seiner Giddens-Rezeption einen prominenten Platz ein (1989: 124). Reproduktionskreisläufe sind „fairly clearly defined 'tracks' of processes which feed back to their source" (Giddens 1984: 192). Feedback meint in diesem Zusammenhang, daß ein Reproduktionskreislauf dadurch entsteht, daß die Konsequenzen routinisierter Aktivitäten gleichzeitig die Bedingungen für die Weiterführung oder erneute Ausführung dieser Aktivitäten bilden.[9] Ortmann (1995g) spricht in diesem Zusammenhang von „recursive loops" oder der rekursiven Stabilisierung sozialer Systeme (vgl. a. Becker & Ortmann 1994). Giddens betont insbesondere die Bedeutung nicht-intendierter Konsequenzen; allerdings werde ich in Anlehnung an Cohen (1989: 124) auch dann von Reproduktionskreisläufen sprechen, wenn intendierte Konsequenzen sozialer Praktiken involviert sind.

Reproduktion meint auch *nicht*: identische Reproduktion. Vielmehr gilt, daß „the seed of change is there in *every act* which contributes towards the reproduction of any 'ordered' form of social life." (Giddens 1976: 102; Hervorh. im Orig.) Entscheidend ist, *daß* das soziale System reproduziert wird, nicht, daß es unverändert bleibt. Identische Reproduktion bei dynamischer Umwelt wäre ja sicherlich ein eher problematischer Fall. Cohen (1989: 125) spricht daher in bezug auf Reproduktionskreisläufe auch von „circuits of change". Wenn ich im folgenden von der Reproduktion sozialer Systeme bzw. von Strukturen spreche, ist daher stets die Möglichkeit ihrer Veränderung impliziert.

Ein soziales System kann auf der einen Seite als ein einziger Reproduktionskreislauf beschrieben werden (vgl. zum folgenden Cohen 1989:

---

9 Eine gewisse strukturelle Ähnlichkeit dieser Konzeption mit einigen Aspekten des Konzepts des autopoietischen Systems von Maturana und Varela (1982; 1993) ist offensichtlich.

125f.). Die Herausbildung von wiederkehrenden Mustern sozialer Praktiken (*patterning*) bezieht sich dabei auf eine Reihe von Praktiken, deren Konsequenzen wiederum die Bedingungen für ihre eigene Reproduktion in einem bestimmten raum-zeitlichen Rahmen bilden. So läßt sich beispielsweise ein Unternehmen als solch ein Reproduktionskeislauf beschreiben, in dessen Zuge routinisierte Praktiken, etwa die Produktion von Gütern, Konsequenzen haben, die wiederum die Bedingungen der Ausführung dieser Praktiken bilden, also z. B. die Erzielung von Erträgen, die die Beschaffung von Einsatzstoffen ermöglicht. In allgemeiner Form läßt sich dieser Sachverhalt in Anlehnung an eine Formulierung von Gutenberg (1967: 43) beschreiben: Unternehmen lassen sich verstehen als „ein *Umwandlungsprozeß* von Geld in Güter und von Gütern in Geld" (Hervorh. im Orig.), also im Grunde als ein Reproduktionskreislauf (vgl. 2.2.1).

Auf der anderen Seite kann man sich ein soziales System aber auch, wenn der „Auflösungsgrad" der Betrachtung erhöht wird, als in eine Reihe von Reproduktionskreisläufen zerfallend vorstellen. Auf eine Organisation oder ein Unternehmen bezogen können dann beispielsweise einzelne Abteilungen, Teams oder informelle Gruppen bzw. die in ihnen vollzogenen Ketten routinisierter Aktivitäten als Reproduktionskreisläufe aufgefaßt werden, die in ihrem wechselseitigen Austausch das System Organisation konstituieren. Dabei können sich die einzelnen Reproduktionskreisläufe durchaus überlappen, wenn etwa bestimmte Konsequenzen routinisierter sozialer Praktiken zur Konstitution unterschiedlicher Reproduktionskreisläufe beitragen. So tragen die Konsequenzen der als Reproduktionskreislauf beschreibbaren routinisierten Aktivitäten der Verkaufsabteilung eines Unternehmens, die Erwirtschaftung von Erträgen, durchaus als Bedingungen zur Reproduktion der Praktiken in anderen Reproduktionskreisläufen wie z. B. der Verwaltung und Produktion bei. Analog dazu läßt sich ein betrachtetes soziales System als Teil eines umfassenderen Systems auffassen, also etwa eine einzelne (Wirtschafts-) Organisation als Teil eines Netzwerkes, einer Branche, Volkswirtschaft oder eines Nationalstaates. So zeigt beispielsweise Ortmann (1995g), daß sich *lean production* als interorganisationaler, rekursiv stabilisierter Kooperationszusammenhang beschreiben läßt (vgl. für eine ähnliche Argumentation in bezug auf strategische Netzwerke Sydow & Windeler 1993).[10]

Mit dem Konzept der Reproduktionskreisläufe kann nun die Integration sozialer Systeme und damit die Art ihrer Reproduktion näher beschrieben werden. Mit Integration meint Giddens ja die Interdependenz sozialer Praktiken. Die Organisation dieser Integration wird in Anlehnung an Cohen (1989: 129ff.), der dies „system organisation" nennt,[11] aufgeschlüsselt in die Elemente Kontrolle und Koordination.[12] Die Reproduktion geordneter sozialer Praktiken erfordert stets Mechanismen, die einerseits dafür sorgen, daß bestimmte Praktiken auch mehr oder weniger identisch wiederholt werden (Kontrolle im Sinne von *control*: als Überwachung und Steuerung), und andererseits jeweils den Anschluß dieser Praktiken und ihrer Konsequenzen an andere Praktiken und Konsequenzen ermöglichen (Koordination). Giddens unterscheidet zwei Typen der Systemreproduktion: homöostatische Kausalschleifen (*homeostatic causal loops*) und reflexive Selbstregulation (*reflexive self-regulation*, Giddens 1984: 28).[13]

Mit der *Regulation durch homöostatische Kausalschleifen* ist gemeint, daß von Seiten der Akteure keine Versuche der bewußt intendierten Koordination und Kontrolle der reproduzierten Praktiken vorgenommen wer-

---

10 Mit Hilfe des Konzeptes der Reproduktionskreisläufe läßt sich auch die Betrachtungsebene der Analyse bestimmen und damit forschungspragmatisch eine Abgrenzung des Forschungsgegenstandes (also des fokussierten Systems) vornehmen. Wichtig dabei ist, daß es keine „objektiv richtige" Lösung des Abgrenzungsproblems gibt; sie ist immer eine mehr oder weniger zweckmäßige Konstruktion von Beobachtern oder beteiligten Akteuren.

11 Ich bevorzuge den Begriff "Systemreproduktion" gegenüber "Systemorganisation", weil letzterem zu leicht statische Konnotationen anhaften können.

12 Das ist für Organisations- und Managementtheoretiker sowie Industriesoziologen sicherlich in keiner Weise überraschend (vgl. z. B. Steinmann & Schreyögg 1991: 68f.).

13 Giddens benennt noch eine dritte Form der Systemreproduktion, die *self-regulation through feedback*, die eine Zwischenform der beiden anderen Formen sein soll (Giddens 1979: 78f.; 1982: 531; vgl. Cohen 1989: 132ff.). Ich übergehe sie hier sowohl aus Gründen der Übersichtlichkeit als auch deswegen, weil sie mir nicht überzeugend konzipiert scheint.

den. Die Systemreproduktion ist die nicht-intendierte Folge von reproduzierten sozialen Praktiken, die jeweils die Ausgangsbedingungen späterer Handlungen bilden. Cohen (1989: 132) spricht in diesem Fall daher von Kontrolle und Koordination als nicht-intendierten Handlungsfolgen. Das impliziert, daß die Handlungsbedingungen nicht als Handlungsfolgen erkannt werden. Als Beispiel homöostatischer Kausalschleifen führt Giddens selbst einen Armutszirkel (*poverty cycle*) an (Giddens 1979: 79): materielle Not → schlechte Schulbildung → schlechtbezahlter Job → materielle Not. Ich halte es für plausibel anzunehmen, daß ein großer Teil des alltäglichen Handelns in Organisationen als Teil solcher homöostatischer Regulation beschrieben werden kann. So tragen die alltäglichen sozialen Praktiken, von Formen des Umgangs miteinander bis hin zu Arbeitstechniken, in ihren Konsequenzen zur Aufrechterhaltung der Organisation und damit zur Aufrechterhaltung ihrer jeweils eigenen Existenzbedingungen bei, ohne daß dies im Einzelfall intendiert zu sein braucht.

Reflexive Selbstregulation meint, daß zumindest einige Akteure in einem sozialen System über Wissen bezüglich der (bzw. einiger) Mechanismen der Systemreproduktion verfügen und dieses Wissen intentional anwenden, um die Systemreproduktion zu kontrollieren und die institutionalisierten Praktiken zu koordinieren. Das setzt voraus, daß diese Akteure Handlungsfolgen in bezug auf die Systemreproduktion antizipieren können und daß diese Antizipation Eingang in ihre organisierenden Aktivitäten finden. Damit ist natürlich noch keinerlei Aussage darüber getroffen, ob diese Antizipation korrekt ist.[14] Ein Beispiel für solche Aktivitäten sind Reorganisationsprojekte in Organisationen. Die häufigen Probleme in diesem Bereich zeigen unter anderem, wie schwierig eine korrekte Antizipation von Handlungsfolgen ist.

Vor dem Hintergrund dieser beiden Formen der Systemregulation läßt sich ein vorläufiger Organisationsbegriff auf der Basis der Theorie der Strukturation formulieren. Unter *Organisationen* versteht Giddens *soziale Systeme, die reflexive Selbstregulation aufweisen* (Cohen 1989: 115).

---

14 Es muß dabei deutlich herausgestellt werden, daß die reflexive Selbstregulation nicht bedeutet, daß sämtliche Aktivitäten aller Akteure intentional auf die Kontrolle der Systemreproduktion zielen. Im Gegenteil wird dies in der Praxis sicherlich der geringere Teil sein. Ich komme in 2.1.3 darauf zurück.

> „An organization is a collectivity in which knowledge about the conditions of system reproduction is reflexively used to influence, shape or modify that system reproduction." (Giddens 1987a: 12)

Cohen (1989: 141; vgl. a. Giddens 1984: 203f.) nennt vier Charakteristika von Organisationen als selbstreflexiv regulierten Systemen. *Erstens* nutzen Organisationen bewußt eigenproduzierte Informationen über sich selbst und die Bedingungen ihrer Existenz. *Zweitens* werden in Organisationen auf Basis dieser gespeicherten Informationen Anstrengungen unternommen, die Bedingungen der Systemreproduktion zu kontrollieren bzw. zu ändern. Mit diesen beiden Punkten ist die reflexive Selbstregulation beschrieben. *Drittens* existieren Organisationen zumeist unter mehr oder weniger institutionalisierten raum-zeitlichen Bedingungen (locales). *Viertens* schließlich orientieren die Systemmitglieder ihr Handeln normalerweise an institutionalisierten Identitäten (*systemic identities*), die ihre Positionen innerhalb der Organisation definieren (vgl. 2.2.1).

Damit sind soziale Systeme beschrieben als ständig reproduzierte Muster geordneter, wechselseitig aufeinander bezogener Praktiken kompetenter Akteure, wobei die Systemhaftigkeit der Muster unterschiedlich stark ausgeprägt sein und die Integration als System sich stets sowohl auf Situationen von Kopräsenz (Sozialintegration) als auch auf raumzeitlich getrennte Akteure oder Gruppen von Akteuren (Systemintegration) stützt. Im nächsten Schritt gilt es nun, die Bedingungen der Existenz sozialer Systeme zu klären.

Struktur. Die Frage der Bedingungen der Existenz sozialer Systeme ist eng verknüpft mit dem sogenannten „Problem sozialer Ordnung". Giddens bezeichnet das Problem sozialer Ordnung als „the fundamental question of social theory" (Giddens 1984: 35). In seiner ursprünglichen und weit verbreiteten Fassung ist es von Parsons in Anlehnung an Hobbes' *Leviathan* (1928) formuliert worden als die Frage, wie soziale Systeme Stabilität aufweisen können angesichts unterschiedlicher Interessen von Systemmitgliedern und angesichts eines „Krieges aller gegen alle" (Parsons 1949: 89ff.; vgl. Giddens 1979: 101f.; 1982: 54f.). Parsons Antwort auf die Frage nach der Möglichkeit von sozialer Ordnung lautet: Soziale Ordnung wird dadurch ermöglicht, daß das Handeln in Übereinstimmung mit dem normativen System einer Gesellschaft stattfindet (Parsons 1949: 91ff.). Ordnung eines sozialen Systems wird damit in Opposition zu Konflikt gesetzt und mit moralischem oder normativem Konsens identifiziert. Soziale Ordnung entsteht durch Anpassung oder Unterwerfung der Individuen unter Systemimperative. Dieser Gegensatz von Ordnung und Konflikt stellt sich, wie in Zusammenhang mit dem Begriff der Integration sozialer Systeme bereits dargestellt, für Giddens in dieser Weise überhaupt nicht. Soziale Systeme können durchaus auch mit internen Konflikten stabil sein. Daher reformuliert Giddens das Problem sozialer Ordnung. Für ihn ist der Bezugspunkt der *institutional analysis* sozialer Systeme die wiederkehrende Herausbildung von Mustern sozialer Praktiken.

> „The true locus of the 'problem of order' is the problem of how ... *continuity of form* is achieved in the day-to-day conduct of social activity. 'Continuity' is actually a more useful term by which to examine the relation between stability and change... than words like 'persistance' are: for continuities exist through the most radical and profound phases of social transformation“ (Giddens 1979: 216; Hervorh. im Orig.).

Die zentrale Frage ist also, wie eine Kontinuität sozialer Praktiken (*continuity of form in the day-to-day conduct*) über raum-zeitliche Distanzen hinweg ermöglicht wird. Wenn soziale Praktiken im konkreten Handeln stets reproduziert werden müssen, um fortzuexistieren, dann muß es etwas geben, das diese Reproduktion ermöglicht. Anders als der Strukturfunktionalismus (Merton 1963; Parsons 1949) macht Giddens nicht irgendwelche Systemerfordernisse dafür verantwortlich. Vielmehr läßt sich, so Giddens, eine paradigmatische Dimension[15] der Analyse sozialer Beziehungen identifizieren, eine virtuelle Ordnung von Transformationen und Beziehungen in sozialen Systemen. Während die syntagmatische Dimension[16] der *institutional analysis* sich auf die Herausbil-

---

[15] Der Begriff Paradigma stammt ursprünglich aus der Sprachwissenschaft und bezeichnet dort ein Deklinations- oder Konjugationsmuster, das für alle Wörter einer bestimmten Klasse gültig ist.

[16] Syntagma bezieht sich in der Sprachwissenschaft auf die Relationen zwischen sprachlichen Elementen oder Satzteilen. De Ruijter (1991: 18, mit Bezug auf Lyons 1968: 74) macht die Unterscheidung von syntagmatisch und paradigmatisch an folgendem Beispiel deutlich: "Weil das Wort 'Glas' potentiell in einem Kontext 'ein ... Milch' vorkommen kann, steht es in einer paradigmatischen Beziehung zu Worten wie 'Tasse', 'Becher', 'Flasche'. In einer syntagmatischen Beziehung steht 'Glas' zu 'ein' und 'Milch'."

dung und Reproduktion von konkreten Mustern sozialer Beziehungen (System) bezieht, ist mit der paradigmatischen Dimension die Form und Möglichkeit der Reproduktion solcher Muster angesprochen. Diese virtuelle Ordnung sozialer Systeme nennt Giddens *Struktur*. Struktur als virtuelle Ordnung meint, daß sie in einem sozialen System nur insoweit existiert, als sie in *structural properties* (strukturellen Eigenschaften von Systemen) realisiert ist.[17]

> „Structure thus refers, in social analysis, to the structuring properties allowing the 'binding' of time-space in social systems, the properties which make it possible for discernibly similar social practices to exist across varying spans of time and space and which lend them 'systemic' form." (Giddens 1984: 17)

Soziale Systeme können also nur stabil sein, weil sie strukturierte und zugleich strukturierende Momente aufweisen, d. h. institutionalisierte Aspekte, die ihre Kontinuität ermöglichen (ebd.: 24). Diese Ermöglichung von Kontinuität sozialer Praktiken über Raum-Zeit-Distanzen hinweg wird von Giddens als Bindung von Raum und Zeit bezeichnet (*binding of time-space*). Die Raum/Zeit-Bindung durch soziale Systeme läßt sich am besten verstehen, wenn man sich klar macht, daß die Wechselseitigkeit sozialer Praktiken, die Integration sozialer Systeme, dadurch hergestellt wird, daß die Akteure ihr eigenes Handeln an die Resultate oder Konsequenzen des Handelns anderer anschließen (Cohen 1989: 127; vgl. auch Giddens 1984: 14, 27).

> „*Systemic relations are maintained and reproduced as these results of social conduct are transmitted or transported to other agents who may be situated in the same spatio-temporal setting, or who may be situated in the same spatio-temporal setting at a later time, or who may be situated in another systemic locale across some interval of time-space.*" (Cohen 1989: 127; Hervorh. im Orig.)

Durch diesen Anschluß sozialer Praktiken bzw. aktuellen Handelns an die Konsequenzen von Praktiken und Handlungen über Raum/Zeit-Distanzen hinweg werden in sozialen Systemen Raum und Zeit „gebunden". Stabilität und Kontinuität werden durch die institutionali-

---

17 ... und gleichzeitig durch die Reproduktion dieser *structural properties* im Handeln selbst rekursiv reproduziert wird. Dazu gleich mehr unter dem Stichwort Dualität von Struktur.

sierten Aspekte des Handelns ermöglicht, weil sich auf diese Weise Regelmäßigkeiten ergeben, an denen sich die Akteure in ihrem Handeln orientieren können. Wenn ich damit rechnen kann, am Ende des Monats den Lohn auf meinem Konto vorzufinden, arbeite ich und ermögliche damit wiederum folgende Lohnzahlungen und trage so zur rekursiven Stabilisierung des Systems bei. Struktur verwirklicht sich in solchen institutionalisierten Aspekten sozialer Systeme: „institutionalized features of social systems have structural properties in the sense that relationships are stabilized across time and space." (ebd.: xxxi) In einem ganz allgemeinen Sinne definiert Giddens Struktur wie folgt:

> „Rules and resources, recursively implicated in the reproduction of social systems." (Giddens 1984: 377)

Struktur wird auf der einen Seite bestimmt als Transformationsregeln (*rules of transformation*, ebd.: 17), d. h. Regeln der Reproduktion sozialer Praktiken.[18] Strukturen sozialer Systeme bestehen aus *Regeln der Sanktionierung* sozialer Verhaltensweisen, die „erlaubtes" Handeln definieren (Legitimation), und *Regeln der Sinnkonstitution*, die sich auf Bedeutungszuweisungen zu Sachverhalten beziehen (Signifikation). Die Regeln liegen als virtuelle Ordnung den reproduzierten bzw. institutionalisierten Praktiken zu Grunde; sie bilden die generalisierbaren Aspekte der Reproduktion sozialer Praktiken. Auf der anderen Seite bestehen Strukturen aus *autoritativen und allokativen Ressourcen*. Autoritative Ressourcen beziehen sich auf Fähigkeiten und Kapazitäten, die Herrschaft über Menschen ermöglichen; sie beinhalten die „Organisation von Raum und Zeit, die Koordination vieler Menschen einschließlich des dazu nötigen administrativen Instrumentariums und die Verteilung ihrer Lebenschancen" (Ortmann et al. 1990: 24). Allokative Ressourcen ermöglichen Verfügung über materielle Aspekte des sozialen Lebens, z. B. produzierte Güter, materielle Produktionsmittel etc. (vgl. Cohen 1989: 28; Giddens 1984: 258). Die Unterscheidung von allokativ und autoritativ ist nicht umstandslos gleichzusetzen mit der zwischen materiell und immateriell, obwohl im Bereich der allokativen Ressourcen den materiellen, im Be-

---

[18] Ich spreche im folgenden auch von Struktur*en*, weil die betrachteten sozialen Systeme, also etwa Organisationen, häufig interne strukturelle Differenzierungen aufweisen; vgl. meine Ausführungen zur Abgrenzung von *reproduction circuits*.

reich autoritativer den immateriellen Aspekten jeweils größere Bedeutung zukommen. Es gibt aber sehr wohl immaterielle allokative Ressourcen, z. B. technisches Expertenwissen, das die Ausbeutung von Rohstoffen ermöglicht, und materielle autoritative Ressourcen, z. B. Computer, die die Speicherung großer Datenmengen als autoritative Ressource ermöglichen.

Dualität von Struktur. Es gilt nun zu klären, was es bedeutet, daß Regeln und Ressourcen *rekursiv* in die Reproduktion sozialer Systeme einbezogen sind, d. h. wie sie sich in den *structural properties* bzw. *institutionalized features* sozialer Systeme (und damit auch im Handeln der Akteure) realisieren. Dazu führt Giddens das Konzept der *Dualität von Struktur* ein:

> „According to the notion of the duality of structure, the structural properties of social systems are both medium and outcome of the practices they recursively organize." (Giddens 1984: 25)

Der Grundgedanke des Konzeptes besagt, daß Struktur einerseits das Handeln bzw. soziale Praktiken erst ermöglicht (Struktur als Medium von Handeln: Strukturiertheit sozialer Systeme), andererseits gerade durch die sozialen Praktiken die Struktur auch reproduziert wird (Struktur als Resultat von Handeln: Strukturbildung). Indem die Akteure sich auf Struktur oder Struktureigenschaften sozialer Systeme beziehen, werden diese gleichzeitig rekursiv reproduziert (vgl. Abbildung 2.1). Besonders deutlich wird diese Dualität von Struktur am Beispiel von Sprechhandlungen (Giddens 1976: 118f.). Einerseits ist mir das Sprechen einer Sprache nur möglich, weil bestimmte Sprachstrukturen existieren, d. h. grammatikalische und semantische Regeln. Indem ich aber spreche, reproduziere ich automatisch diese Sprache als Struktur.[19] Würde sie niemand sprechen, existierte sie nicht. Verallgemeinert bedeutet das also einerseits, daß Handeln ohne Struktur überhaupt nicht möglich wäre, diese Struktur gleichzeitig nur im Handeln real wird und sie automatisch im Zuge des Handelns reproduziert wird. Struktur ist rekursiv in die Reproduktion sozialer Systeme eingebettet.

---

19 Die Differenzierung von Sprache (*langage*) in Sprachstruktur (*langue*) und Sprechen (*parole*) geht ursprünglich zurück auf Saussure (1916).

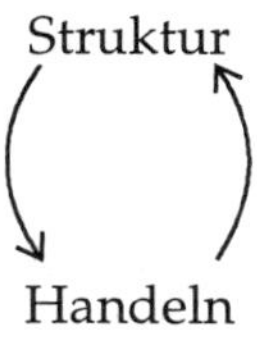

Abbildung 2.1: *Struktur als Medium und Produkt von Handeln*

> „To say that structure is reproduced in the duality of structure means that structure is *reconstituted* in each instance where a pervasive and enduring procedure is reproduced." (Cohen 1989: 46)

Diese Reproduktion von Struktur kann intendiert oder nicht intendiert sein;[20] vor allem aber schließt die Reproduktion von Struktur wiederum die Möglichkeit von Veränderung ein. Auch dafür ist die Sprache ein gutes Beispiel. Grammatikalische oder Bedeutungsregeln werden zwar reproduziert, aber es gibt im Laufe der Zeit Abweichungen, die Regeln werden verändert. Diese Veränderung von Struktur läßt sich mit Hilfe der Unterscheidung von Handeln und Praxis beschreiben. Im aktuellen Handeln, in dessen Verlauf Praktiken angewandt und reproduziert werden, treten stets mehr oder weniger bedeutsame Abweichungen von der „regelgerechten" (strukturadäquaten) Ausführung der Praktiken auf. Dabei ist es an dieser Stelle gleichgültig, ob diese Veränderung absichtlich oder unabsichtlich zustande kommt. Wird nun diese Veränderung oder Abweichung ihrerseits von einer bedeutenden Anzahl relevanter Akteure reproduziert, verändert sich die Praktik und damit langfristig auch der betroffene Aspekt von Struktur. Diese Reproduktion sozialer Beziehungen und Praktiken, d. h. ihre Kontinuität und ihre Veränderung über Raum/Zeit-Distanzen vor dem Hintergrund der Dualität von Struktur, nennt Giddens *Strukturation* (*structuration*, Giddens 1984: 376).[21] Im und durch das Handeln reproduzieren die Akteure ständig

---

20 Vgl. dazu die oben diskutierte ähnlich gelagerte Unterscheidung von Systemreproduktion durch homöostatische Kausalschleifen und reflexive Selbstregulation; zum Problem der Intentionalität mehr in 2.1.3.

21 Der Begriff *structuration* ist schwer ins Deutsche zu übersetzen, daher spreche ich auch hier von Strukturation. Die von den Übersetzern von Giddens (1988) gewählte Übersetzung "Strukturierung" hat zu stark die Konnotation eines aktiven und intendierten Tuns im Sinne von Strukturbildung und berücksichtigt (Forts.)

die Bedingungen ihres eigenen Handelns; das nennt Giddens die *Rekursivität sozialer Praktiken* (Giddens 1984: 2).

Struktur hat handlungsbegrenzende und -ermöglichende Aspekte (*constraining and enabling features*, Giddens 1984: 25). Einerseits schränkt sie die Handlungsmöglichkeiten ein: Bestimmte grammatikalische Formen mögen in einer Sprache nicht erlaubt oder unmöglich sein, bestimmte Handlungsweisen in Organisationen tabuisiert. Andererseits ermöglicht erst die Stabilität sozialer Systeme, daß Handeln möglich wird. Die von den Akteuren wahrgenommene bzw. dem System zugeschriebene Stabilität ermöglicht erst die Herausbildung von Wissen und Erwartungen über Handlungsfolgen. Ohne die Existenz grammatikalischer und semantischer Regelmäßigkeiten könnte man sich in einer Sprache nicht verständigen; ohne die Regelmäßigkeit sozialer Praktiken wären beispielsweise arbeitsteilige Produktionsprozesse nicht denkbar.

Dimensionen der Dualität von Struktur. Das Konzept der Dualität von Struktur läßt sich weiter konkretisieren, indem man an die bereits erwähnte Differenzierung des Strukturbegriffs in die drei Dimensionen (Regeln der) Signifikation, (Regeln der) Legitimation und (Ressourcen der) Herrschaft anknüpft. Das wird von Giddens in Form der Abbildung 2.2 dargestellt.[22]

Die Differenzierungen sowohl innerhalb der Spalten als auch innerhalb der Zeilen in Abbildung 2.2 sind als bloß analytische Trennungen zu verstehen. So sind auf der einen Seite Signifikation, Herrschaft und Legitimation ebenso nur analytisch trennbare Elemente von Strukturen, wie Kommunikation, Macht und Sanktion integrale Bestandteile von konkreter Praxis bzw. aktuellem Handeln sind (Giddens 1976: 123). Ich komme gleich darauf zurück.

---

die Dualität von Struktur nicht ausreichend. Die Bezeichnung Strukturation hat sich mittlerweile auch in deutschsprachigen Arbeiten etabliert (Neuberger 1995; Ortmann 1995a-l; Ortmann, Sydow & Windeler 1996; Sydow & Windeler 1993).

[22] In dieser Darstellung wird die Ausdifferenzierung der Dimension Macht/Herrschaft in einen allokativen und einen autoritativen Aspekt zunächst noch nicht berücksichtigt. - Ich werde im folgenden zwischen den graphischen Darstellungsarten der Abbildungen 2.1 und 2.2 nach Kriterien der Zweckmässigkeit wechseln. Für eine detaillierte Erfassung der Dualität von Struktur ist sicherlich die Darstellungsform aus Abbildung 2.2 besser geeignet. Die Pfeile in der Abbildung 2.1 repräsentieren i. d. R. die Ebene der Modalitäten.

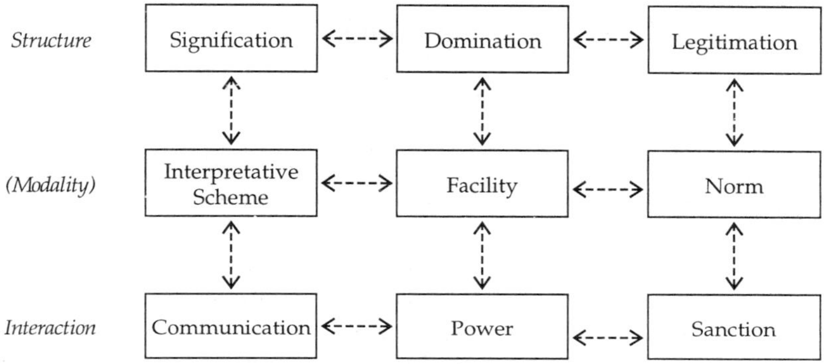

Abbildung 2.2: *Dualität von Struktur (Giddens 1984: 29, Figure 2)*

Auf der anderen Seite ist es wichtig zu verstehen, daß auch die Differenzierung in einen Struktur- und einen Handlungs- bzw. Praxisaspekt nur analytisch vorzunehmen ist, da sich Struktur ja nur im konkreten Handeln manifestieren kann. Dieser Zusammenhang der Ebenen von Struktur und Praxis im Rahmen der Dualität von Struktur kommt im Konzept der *modalities* zum Ausdruck. Durch die Modalitäten wird das Handeln der Akteure mit Strukturmomenten sozialer Systeme vermittelbar und vermittelt. Indem sich die Akteure im Vollzug sozialer Praktiken auf die Modalitäten beziehen bzw. die Modalitäten „anwenden", reproduzieren sie gleichzeitig die Struktur.[23]

> „Actors draw upon the modalities of structuration in the reproduction of systems of interaction, by the same token reconstituting their structural properties." (Giddens 1984: 28)

Das läßt sich in Hinblick auf die Dimensionen der Dualität von Struktur in der folgenden Weise konkretisieren:

- In Kommunikationen werden Deutungsmuster oder interpretative Schemata von den Akteuren „angewandt"; sie repräsentieren Strukturen der Signifikation (Weltanschauungen), die durch ihre Realisierung im Handeln zugleich reproduziert werden (vgl. zum folgenden Ort-

---

23 Es ist wichtig, sich klar zu machen, daß es hier um soziale Praktiken - also um regelgebundenes Handeln - und nicht einfach um Handeln geht. Handeln wird zu solchen Praktiken gerade dadurch, daß die Akteure sich auf die Modalitäten beziehen.

mann et al. 1990: 23ff.). Man denke hier z. B. an ein bestimmtes, in einer Organisation typisches Vokabular. Kommunikation „bedient" sich der Modalitäten der Signifikation als Medium und reproduziert diese gleichzeitig.

- Legitime Ordnungen werden sowohl realisiert als auch reproduziert durch die praktische Rechtfertigung von Handlungen unter Bezugnahme auf Normen, die wiederum aus der legitimen Ordnung abgeleitet sind. Die legitime Ordnung ist Medium und Resultat normorientierten Handelns. Beispielsweise kann der ständige Bezug auf die unternehmensinterne Norm „Fehler werden nicht gemacht" einen bestimmten Aspekt einer Organisationskultur bzw. der legitimen Ordnung eines Unternehmens reproduzieren.
- In der praktischen Ausübung von Macht werden Herrschaftsstrukturen, verstanden als Kombination autoritativer und allokativer Ressourcen, reproduziert, indem die Handelnden sich auf Machtmittel (*facilities*) beziehen, die wiederum aus Herrschaftsstrukturen abgeleitet sind. Herrschaftsstrukturen sind einerseits Medium, andererseits Produkt der Machtausübung im Rahmen konkreter sozialer Praktiken. So kann z. B. der Leiter einer zentralen EDV-Abteilung in einem Unternehmen seine Verfügung über die Ressource EDV-Technik als Machtmittel einsetzen und darüber zu einer Reproduktion der Herrschaftsstruktur des Unternehmens beitragen.

Wenn Struktur sowohl Medium als auch Resultat sozialer Praktiken ist, bedeutet das, daß im Konzept der Dualität von Struktur, genauer: im Begriff der Modalitäten, die Ebenen der strukturellen Analyse (*institutional analysis*) und der Analyse der konkreten sozialen Praktiken (*analysis of strategic conduct*) zusammenfallen. Daher bringen die Modalitäten auch „die Repräsentanz der ... Strukturen in der Subjektivität der sozialen Aktoren zum Ausdruck" (Kiessling 1988: 158). Wenn die Strukturen sowohl als Medium als auch als Resultat von Handlungen kompetenter Akteure verstanden werden, bedeutet das, daß die Modalitäten der Dualität von Struktur im Handlungswissen der Akteure repräsentiert sein müssen, um handlungsrelevant und damit realisiert zu werden. Die Modalitäten können daher auch als Repräsentationen von Inhalten des handlungsrelevanten Wissens der Akteure verstanden werden.[24] Sie müssen von den Handelnden „gewußt" werden, damit die Strukturen eines sozialen Systems realisiert und reproduziert werden können. Während das für Regeln der Signifikation und Legitimation unmittelbar einleuchtend ist, weil man Regeln eben kennen muß, um sie anzuwenden - und sei es implizit -, so mag das insbesondere für den Bereich der allokativen Ressourcen etwas schwer verständlich sein, haben doch etwa Rohstoffe oder Grundstücke eine sehr materielle raum-zeitliche Existenz.

> „But their 'materiality' does not affect the fact that such phenomena become resources, in the manner in which I apply that term here, only when incorporated within processes of structuration." (Giddens 1984: 33)

Materielle Objekte werden nicht von sich aus zu Machtressourcen, sondern erst, wenn sie in Interaktionsprozessen *als solche* ins Spiel gebracht werden. Geld, als Stücke von Metall oder Papier angesehen, wird erst dann zum Machtmittel, wenn es in sozialen Prozessen als solches angewandt wird. Oder etwas drastischer: Ein Stück Holz wird erst dann zum Machtinstrument, wenn ich es als Mittel, einen anderen zu verprügeln oder damit zu drohen, einsetze.[25]

Die Unterscheidung der Ebenen der Struktur und der Modalitäten läßt sich zusammenfassend unter Rekurs auf den ethnomethodologischen Begriff der Indexikalität verdeutlichen. Indexikalität bezeichnet die Eigenschaft eines Zeichens, Symbols oder einer Handlungsweise, auf mehrere verschiedene, sich eventuell sogar widersprechende Sachverhalte hinzuweisen (Patzelt 1987: 61ff.). Um in sozialen Situationen handhabbar zu sein, müssen indexikale Sachverhalte „entindexikalisiert" werden - interpretiert, so daß sie nur noch auf einen einzigen Sachverhalt verweisen. Während nun im Konzept der Dualität von Struktur auf der Strukturebene Regeln und Ressourcen in ihrer Indexikalität gemeint sind - die Regeln und Ressourcen können sich auf unterschiedliche Bereiche des sozialen Lebens beziehen -, bezeichnet die Ebene der Modalitäten die Regeln und Ressourcen in entindexikalisierter Form - als konkrete,

---

24 Vgl. dazu Abschnitt 2.1.3.

25 Das verweist darauf, daß Ressourcen sozial konstruiert sind; vgl. dazu 2.1.4 und 2.3.

auf bestimmte Bereiche des sozialen Lebens bezogene Regeln und Ressourcen.

Nun wird nicht nur die Unterscheidung zwischen Handeln und Struktur von der Theorie der Strukturation als künstliche Trennung betrachtet, sondern auch die Differenzierung der drei Dimensionen der Dualität von Struktur. Das heißt, daß auf der einen Seite die Struktur einer Gesellschaft, eines sozialen Systems oder einer Organisation Aspekte von Signifikation, Legitimation und Herrschaft *zugleich* enthält, daß auf der anderen Seite die sozialen Praktiken bzw. Handlungen der Akteure stets kommunikative, moralische und machtpolitische Aspekte *gleichzeitig* aufweisen. Das kommt in der von Giddens vorgeschlagenen Grundform der Darstellung in Abbildung 2.2 nur ungenügend zum Ausdruck. Ich übernehme daher einige Modifikationen der Darstellung aus Ortmann et al. (1990: 25, Abbildung 2). Die Abbildung 2.3 berücksichtigt die Differenzierung der Dimension Macht/Herrschaft in die beiden Aspekte allokative und autoritativ-administrative Ressourcen.

Es ergibt sich bei dieser Darstellungsart aber ein grundlegendes Problem. Wenn es tatsächlich so ist, daß die Dimensionen der Dualität von Struktur nur analytisch unterschieden werden können, ist es nicht einzusehen, warum Giddens die Modalitäten nur jeweils einer Dimension zugeordnet. Konkret: Deutungsschemata als Modalität der Dimension Signifikation/Kommunikation spielen ebenso in den Dimensionen Legitimation/Sanktion und Herrschaft/Macht eine Rolle. Machtausübung erschöpft sich nicht in der Anwendung allokativer und autoritativer Ressourcen, sondern findet sich auch in der Anwendung von Deutungsmustern und Normen. Beispiele wären hier der in den siebziger und achtziger Jahren heftig geführte Kampf um Begriffe wie Entsorgungspark, Kernenergie oder Atomkraft usw., an die in den neunziger Jahren so bedeutsame Rolle der *political correctness* oder die Anwendung gesetzlicher Normen als Machtmittel. Deutungsmuster und Normen werden also zu „Verstärkern" von (allokativen und/oder autoritativen Ressourcen. Andererseits basiert die Entstehung von Normen- oder Sinnsystemen natürlich auch auf unterschiedlichen Fähigkeiten, Interessen durchzusetzen. Das heißt, daß die rekursive Reproduktion von Strukturen sich nicht einfach jeweils innerhalb einer einzigen Dimension abspielt, etwa die Reproduktion von Regeln der Signifikation nur durch kommunikatives Handeln, sondern daß die einzelnen Dimensionen einander wechselseitig stabilisieren (oder destabilisieren) können. Die Anwendung von Interpretationsschemata, Normen und politischen Machtmitteln im Handeln reproduziert sowohl die Verteilung der Ressourcen als auch die kognitive als auch die normative Ordnung - die wiederum jeweils zur Reproduktion der Modalitäten beitragen können.

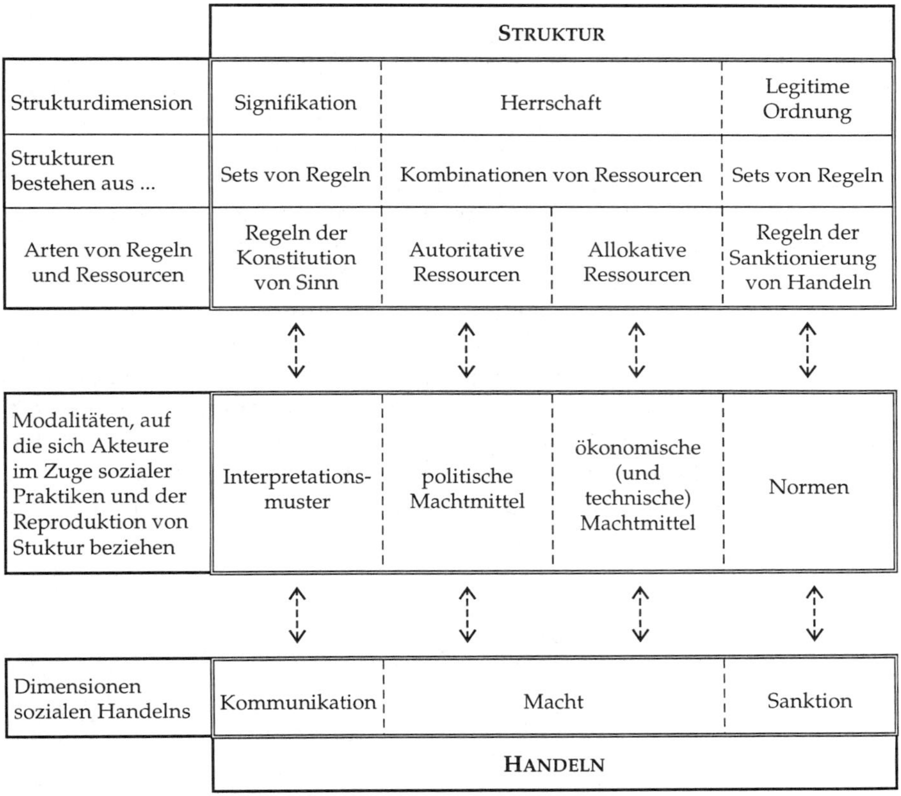

Abbildung 2.3: *Struktur, soziales Handeln und Modalitäten im Rahmen der Dualität von Struktur (Ortmann et al. 1990: 25, Abbildung2, modifiziert)*

Ortmann et al. (1990: 26f.) tragen dieser Interdependenz der Dimensionen der Dualität von Struktur dadurch Rechnung, daß sie in ihrer Studie über Macht in Organisationen die Dimension Herrschaft/Macht als analytische Leitdimension, also als Fokus ihrer Analysen, verwenden (ebd.: 27, Abbildung 3). Für andere Untersuchungszwecke können jeweils die anderen Dimensionen diese Rolle übernehmen. Man erhält dann eine Repräsentation der Dualität von Struktur, wie sie in Abbildung 2.4 dargestellt wird.[26] Außerdem habe ich auf der Ebene der Modalitäten exemplarisch einige Konkretisierungen in bezug auf die Analyse von Organisationen eingefügt.

Ortmann (1995: 335f.; 1995: 367ff.) stellt am Beispiel von *lean production* heraus, daß das Konzept der Dualität von Struktur damit, genauer betrachtet, nicht nur einen rekursiven Zusammenhang von sozialem Handeln und Struktur impliziert, sondern daß diese Rekursivität auch im Verhältnis der Dimensionen untereinander (in der Logik der Abbildungen 2.2 bis 2.4: horizontal) existiert. So läßt sich *lean production* als technologisches Paradigma (Interpretationsmuster), als Komplex von Normen und als Form der Produktion (Form des Umgangs mit allokativen und autoritativen Ressourcen) interpretieren. Alle drei stehen in einem rekursiven Konstitutionsverhältnis (vgl. Abbildung 2.5). *Lean* als Interpretationsmuster trägt nicht nur zur rekursiven Reproduktion der kognitiven Ordnung bei, sondern auch zu der von *lean* als Normenkomplex und Form der Produktion. Ebenso ist der Normenkomplex, der sich mit dem Stichwort *lean* beschreiben läßt, in die Reproduktion der Form der Produktion und der Interpretationsregeln, die Form der Produktion in die Reproduktion des Normenkomplexes und der kognitiven Ordnung *lean* involviert.

[26] Giddens selbst hat im Rahmen seiner Vorschläge zur Klassifikation institutioneller Ordnungen offensichtlich dasselbe im Sinn (1984: 31ff.). Er unterscheidet vier institutionelle Ordnungen und ordnet ihnen jeweils eine dominante Dimension der Dualität von Struktur zu - symbolische Ordnung: Signifikation; legale Institutionen: Legitimation; politische Institutionen: Herrschaft/autoritative Ressourcen; ökonomische Institutionen: Herrschaft/allokative Ressourcen. Dabei wird aber nicht in ausreichender Klarheit herausgestellt, daß die Modalitäten eben nicht nur einer, sondern im Prinzip allen Dimensionen der Dualität von Struktur zugeordnet werden müssen.

ANALYTISCHE LEITDIMENSION STRUKTUREBENE:
Signifikation, Herrschaft *oder* Legitimation

Strukturdimension	Signifikation	Administrative Ordnung	Ökonomie (und Technik)	Legitime Ordnung
Strukturen der *Signifikation*, der *Herrschaft* oder der *Legitimation* bestehen aus ...	Sets von Regeln	Kombinationen von Ressourcen		Sets von Regeln
Arten von Regeln und Ressourcen	Regeln der Konstitution von Sinn	Autoritativ-administrative Ressourcen	Allokative Ressourcen	Regeln der Sanktionierung von Handeln

Modalitäten	Interpretations-muster	politische Machtmittel	ökonomische (u. technische) Machtmittel	Normen
Beispiele für Modalitäten	❑ Wahrnehmungsmuster ❑ Organisationsvokabular ❑ Leitbilder	❑ Arbeitsorganisation ❑ Verwaltungsapparat ❑ Planungsinstrumente	❑ Geldmittel ❑ Investitionsbudgets ❑ Rohstoffe ❑ Technik	❑ rechtliche Normen ❑ formale/ informale organisationale Regeln

Dimensionen der *Kommunikation*, der *Machtausübung* oder der *Sanktionierung von Handeln*	Kommunikatives Handeln	Autoritativ-administratives Handeln	Wirtschaftliches und technisches Handeln	Sanktion

ANALYTISCHE LEITDIMENSION HANDLUNGSEBENE:
Kommunikation, Macht *oder* Sanktion

***Abbildung 2.4**: Dimensionen der Dualität von Struktur (Ortmann et al. 1990: 27, Abbildung 3; 30, Abbildung 4, modifiziert)*

> „Wie sich 'lean production' als technologisches Paradigma, als Normenkomplex *und* als Form der Produktion *zugleich* herausbildet, und zwar im Wege 'vertikaler' und 'horizontaler' Rekursionen, *das* erst macht die vollständige, der Komplexität des Sozialen einigermaßen angemessene Fragestellung aus, mit der die Organisationstheorie konfrontiert ist." (Ortmann 1995:336; Hervorh. im Orig.)

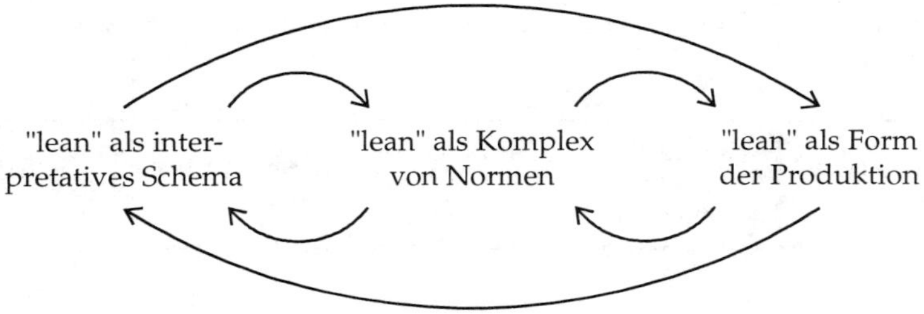

Abbildung 2.5: *Rekursivität zwischen den Dimensionen des Sozialen (Ortmann 1995: 336, Abbildung 10)*

Diese Fragestellung auf die Weise zu formulieren - und das heißt: diese Art der Beschreibung zu ermöglichen - das ist das Verdienst der Theorie der Strukturation und ihrer zentralen Denkfigur der Dualität bzw. Rekursivität von Struktur. Auf meine Fragestellung bezogen bedeutet das, daß strategische Entscheidungsprozesse verstanden werden können als Prozesse der rekursiven Herausbildung organisationaler Strategien, als Prozesse der rekursiven *strategy formation*, wie man in Anlehnung an Mintzberg (1994: 26, vgl. 2.2.3) formulieren kann.

Die Struktur eines sozialen Systems umfaßt also die Aspekte der Signifikation, der Herrschaft und der Legitimation; diese Aspekte sind allerdings nur analytisch trennbar. Gleichzeitig weist das Konzept der Dualität von Struktur darauf hin, daß Struktur einerseits soziale Praktiken und Handeln ermöglicht (und einschränkt), andererseits aber als *virtual order* nur im und durch Handeln bzw. durch ihren Einbezug in sozialen Praktiken verwirklicht wird. Handeln und soziale Praktiken bedürfen zu ihrer Verwirklichung kompetenter Akteure (*knowledgeable agents*). Daher existiert Struktur ebenfalls nicht unabhängig von den Wissensbeständen der Akteure (Giddens 1984: 26). Das hat weitreichende Konsequenzen für die Konzeption einer Sozialtheorie und damit jeder Sozialwissenschaft:

> „I take it as one of the main implications ... that there is no such entity as a distinctive type of 'structural explanation' in the social sciences; all explanations will involve at least implicit reference both to the purposive, reasoning behaviour of agents and to its intersection with constraining and enabling features of the social and material contexts of that behaviour." (Giddens 1984: 179)

Es ist daher notwendig, die Rolle von Handeln und Wissen im Zuge der rekursiven Reproduktion sozialer Systeme genauer zu betrachten. Dies geschieht bei Giddens im Rahmen der *analysis of strategic conduct*.

2.1.3 Handeln, Wissen und Reproduktion sozialer Systeme

Für die soeben beschriebene *institutional analysis* bildet die Reproduktion von sozialen Systemen und von Struktur den Fluchtpunkt; dabei wird das Handeln kompetenter Akteure als gegeben vorausgesetzt. Genau umgekehrt verfährt die *analysis of strategic conduct*: Hier werden soziale Systeme und Strukturen als gegeben angenommen („eingeklammert"), während das Handeln konkreter Akteure im Zentrum der Analyse steht (vgl. Giddens 1984: 288).

Handeln. Das menschliche Handeln wird von Giddens verstanden als ein beständiger Strom von Aktivitäten (*continuous flow of conduct*, Giddens 1984: 3). Es ist kein Aggregat von einzelnen Handlungen. Diese werden vielmehr durch ein bewußtes (diskursives) Moment von Aufmerksamkeit als separate Akte konstituiert: Erst durch die Reflexion auf einzelne Handlungen werden diese aus dem Strom alltäglicher Aktivitäten herausgehoben und als solche identifiziert. Diese Identifikation einzelner Akte kann durch den Handelnden selbst oder durch andere vorgenommen werden. Eine Handlung wird einem Akteur - von ihm selbst oder von anderen - als deren Urheber zugeschrieben. Damit eng verbunden ist die *accountability*. Das meint die Fähigkeit des Akteurs, zum einen Gründe für sein Handeln anzugeben, zum anderen, Rechenschaft über dessen normativen Grundlagen abzulegen (ebd.: 30). Damit kann ein Akteur prinzipiell für die Folgen der Handlung verantwortlich gemacht werden.

Daß Giddens von Handeln als einem Strom (*flow of conduct*) spricht, bedeutet nun aber nicht, daß Handeln als bloßes Verhalten, d. h. ohne Intentionen bzw. bewußte Steuerung, stattfände.[27] Ganz im Gegenteil: Das Handeln ist einer beständigen intentionalen Kontrolle durch die Handelnden unterworfen.

> „Agency concerns events of which an individual is the perpetrator, in the sense that the individual could, at any phase in a given sequence of conduct, have acted differently. Whatever happened would not have happened if that individual had not intervened. Action is a continuous process, a flow, in which the reflexive monitoring which the individual maintains is fundamental to the control of the body that actors ordinarily sustain throughout their day-to-day lives." (Giddens 1984: 9)

Handeln bedeutet also zum einen die Fähigkeit, den Lauf der Ereignisse zu beeinflussen. Giddens nennt dies die *capability* (Transformationsfähigkeit) des Akteurs; sie ist untrennbar mit dem Phänomen Macht verbunden. Zum anderen impliziert das Handeln eine beständige intentionale Kontrolle und Steuerung durch die Handelnden. Das setzt natürlich voraus, daß die Akteure über einen bestimmten handlungsrelevanten Wissensbestand verfügen: ihre *knowledgeability*.

Macht. Handeln im Sinne der Fähigkeit, in den Lauf der Ereignisse einzugreifen, beinhaltet eine Intervention in den Strom der Ereignisse, oder das intendierte Unterlassen einer solchen Intervention, mit dem Ziel, einen erwünschten Effekt zu erzielen.

> „This presumes that to be an agent is to be able to deploy (chronically, in the flow of daily life) a range of causal powers, including that of influencing those deployed by others. Action depends upon the capability of the individual to 'make a difference' to a preexisting state of affairs or course of events. An agent ceases to be such if he or she loses the capability to 'make a difference', that is, to exercise some sort of power." (Giddens 1984: 14)

---

27 Diese Unterscheidung von Handeln und Verhalten geht auf Weber (1980, zuerst 1922) zurück.

Macht als „transformative capacity" (Giddens 1979: 88) ist damit konstitutiver Bestandteil des (sozialen)[28] Handelns. Machtausübung ist nicht eine spezielle Form des Handelns, sondern ist in jedem Handeln immer schon enthalten. Die Fähigkeit, „einen Unterschied zu machen", also eine Transformation von Zuständen der Welt vorzunehmen, ist identisch mit Machtausübung. Damit ähnelt der Giddenssche Machtbegriff demjenigen von Crozier und Friedberg (1979; vgl. 1.3.3). Die Fähigkeit, anders zu handeln als erwartet (*to make a difference*), ist es ja, die die Nutzbarmachung einer organisationalen Ungewißheitszone ausmacht. In dieser allgemeinsten Definition von Macht als Transformationsfähigkeit ist nicht impliziert, daß Macht mit Konflikt einhergehen muß. Vielmehr kann Macht durch Konsens gestützt werden.

> „Power is not, as such, an obstacle to freedom or emancipation but is their very medium - although it would be foolish, of course, to ignore its constraining properties." (Giddens 1984: 257)

Einerseits ist Macht eine Voraussetzung von mehr oder weniger freiem Handeln, eben als *transformative capacity*. Andererseits setzt die Ausübung von Macht die Existenz einer Herrschaftsstruktur voraus, also von autoritativ-administrativen und allokativen Ressourcen sowie von Interpretationsschemata und Normen. Diese bilden die Modalitäten der Machtausübung. Es existieren soziale Praktiken und Institutionen, auf die sich die Akteure in ihrem Handeln beziehen und deren ständige Reproduktion für eine ungleiche Verteilung der Chancen, Handlungsziele zu erreichen, sorgt. Diese Reproduktion der Herrschaftsstruktur im Zuge der Strukturation vollzieht sich im und durch das Handeln der Akteure, indem sie Ressourcen mobilisieren, in ihren Kommunikationen Deutungsmuster verwenden und ihr eigenes Tun unter Bezug auf eine legitime Ordnung rechtfertigen bzw. das Tun anderer sanktionieren.

---

[28] Handeln in Organisationen oder Gesellschaften ist stets soziales Handeln, d. h. „ein solches Handeln ..., welches seinem ... gemeinten Sinn nach auf das Verhalten *anderer* bezogen wird und daran in seinem Ablauf orientiert ist." (Weber 1980: 1; Hervorh. im Orig.). Handeln ist stets auf anderes Handeln bezogen, und sei es *via* Systemintegration, d. h. über raum/zeitliche Distanz hinweg. Daher war wohl auch ein Robinson Crusoe in das soziale System des viktorianischen England integriert; sein Handeln wird auch erst auf dieser Folie verständlich.

Wenn alles Handeln einen Machtaspekt beinhaltet, bedeutet das, daß kein Akteur vollständig machtlos ist. Stets besteht mindestens prinzipiell die Möglichkeit, nicht-determiniert zu handeln, d. h. „to make a difference". Das nennt Giddens die Dialektik von Kontrolle (*dialectic of control*). [29] Wenn man sich z. B. größere Reorganisationsprozesse in Unternehmen genauer anschaut, sieht man leicht, wie wirksam diese Dialektik von Kontrolle ist.[30] Die von Crozier und Friedberg (1979) herausgestellte spezifische Kontingenz menschlichen Handelns im Sinne von „weder vollständig determiniert noch vollständig frei" zielt auf die gleiche Ambivalenz von Macht.

Gerade weil Handeln an die Transformationsfähigkeit und damit an die Ausübung von Macht gebunden ist, spricht Giddens statt von Handeln auch von „strategic conduct". Um die Handlungsfähigkeit zu bewahren, müssen die Akteure „strategies of control" anwenden:

> „... i. e. ways in which agents apply knowledge regarding the manipulations of the resources to which they have access in order to reproduce their strategic autonomy over the actions of others." (Cohen 1989: 44f.; vgl. a. Giddens 1984: 288)[31]

---

[29] Wenn tatsächlich keine Wahlmöglichkeit mehr besteht, kann man auch nicht mehr von Handeln im oben definierten Sinne sprechen. Das ist im strengen Sinne nur dann der Fall, wenn man physisch hilflos ist. "All other sanctions, no matter how oppressive and comprehensive they may be, demand some kind of aquiescence from those subject to them - which is the reason for the more or less universal purview of the dialectic of control. (...) Even the threat of death carries no weight unless it is the case that the individual so threatened in some way values life." (Giddens 1984: 175) Ähnliches hat wohl auch Weber im Sinn, wenn er in seiner Diskussion des Herrrschaftsbegriffes davon spricht, daß jede Herrschaft ein gewisses Maß an *Gehorchenwollen* auf Seiten der Beherrschten voraussetze (1980: 22).

[30] Viel empirisches Material dazu findet sich nicht nur in den Fallstudien von Ortmann et al. (1990), sondern es lassen sich auch die Ereignisse des Herbstes 1989 in Deutschland sehr gut mit Hilfe des Konzeptes der Dialektik von Kontrolle erklären. Die Bürger der damaligen DDR haben vorgeführt, daß Herrschaftsstrukturen durch Handeln im Rahmen der *dialectic of control* geändert werden können: Sie kündigten ihr Gehorchenwollen auf. Zu einer ausführlicheren Diskussion des Machtbegriffes vgl. Ortmann et al. (1990: 13-54).

[31] Cohen beschränkt Macht hier auf die Kontrolle von Ressourcen. Daß diese - auch bei Giddens zu findende - Lesart der Dualität von Struktur zu eng ist, (Forts.)

Kontrollstrategien sind soziale Praktiken, die im Handeln angewandt und reproduziert werden (müssen), um die Autonomie des eigenen Handelns zu gewährleisten. Giddens bezeichnet die Transformationsfähigkeit, und damit Macht, als so grundlegenden Bestandteil des Handelns, daß sie der Subjektivität der Akteure logisch vorausgeht (Giddens 1984: 15). Damit ist gemeint, daß sich die Subjektivität bzw. Individualität der Akteure in intentionalem Handeln nur unter der Bedingung verwirklichen kann, daß das Phänomen Macht existiert. Aus diesem Grunde könnte man der Dimension „Macht" unter den drei Dimensionen der Dualität von Struktur eine gewisse Sonderstellung zusprechen.

Wissen. Im Gegensatz zur *capability* ist das Konzept der *knowledgeability*[32] unmittelbar an die Akteure und ihre Subjektivität gebunden. Das Handlungswissen (oder die Handlungskompetenz) umfaßt alles, was die Akteure über die Bedingungen ihres Handelns und das Handeln anderer Akteure wissen bzw. zu wissen glauben und auf das sie sich in ihrem Handeln beziehen (Giddens 1984: 375). Ein Großteil dieses Handlungswissens kann als *mutual knowledge* (geteiltes Wissen) beschrieben werden (vgl. ebd.: 4; Giddens 1976). Mit dem geteilten Wissen ist der Wissensbestand von Handelnden gemeint, der es ihnen ermöglicht, das eigene Handeln an das anderer Akteure anzuschließen (*knowledge of 'how to go on' in forms of life*, Giddens 1984: 375).

---

habe ich oben begründet. Kontrollstrategien beinhalten daher nicht nur die Anwendung von Wissen über Ressourcen, sondern auch über Interpretationsschemata und Normen.

[32] An diesem Begriff können noch einmal die Probleme mit den Übersetzungen der Giddensschen Terminologie deutlich gemacht werden. Er ist zunächst eine Zusammensetzung von *knowledge* (Wissen) und *ability* (Fähigkeit, Macht, etwas zu tun) und bezieht sich daher sowohl auf das Wissen eines Akteurs als auch auf seine Fähigkeit, dieses Wissen im Handeln zu mobilisieren. *Knowledgeability* wird nun in Giddens (1988) als "Bewußtheit" übersetzt, eine Übersetzung, die - wie manche andere in diesem Buch - schlicht unzutreffend ist. Kiessling (1988) spricht von "handlungsrelevantem Wissen", eine im ganzen treffende Übersetzung; unglücklicherweise übersetzt er den Begriff *practical consciousness* auf identische Weise - und damit falsch. In der Übersetzung als Handlungswissen verschwindet allerdings die *ability*-Komponente. Ich spreche daher von Handlungswissen immer dann, wenn ich mich nur auf das vorhandene Wissen der Akteure beziehe, ansonsten übersetze ich *knowledgeability* mit Handlungskompetenz.

„I use the term 'mutual knowledge' to refer generically to taken-for-granted 'knowledge' which actors assume others possess, if they are 'competent' members of society, and which is drawn upon to sustain communication in interaction." (Giddens 1976: 107)

Genauer betrachtet *unterstellen* die Akteure, daß ihr Wissen auch von den anderen geteilt wird. Es muß sich also in der Interaktion, im sozialen Handeln konstituieren und rekursiv bestätigen.[33] Durch wechselseitige Unterstellungen und damit einhergehende Bestätigungen des geteilten Wissens bringen die Akteure dieses stets neu hervor. Das geteilte Wissen umfaßt normative und semantische Aspekte sozialer Praktiken, auf die sich die Akteure in ihrem Handeln beziehen. Ebenso gibt es ein geteiltes Wissen um allokative und autoritative Ressourcen. Das geteilte Wissen wird von allen oder den meisten Mitgliedern eines sozialen Systems geteilt bzw. als gültig anerkannt;[34] es ist nicht auf einzelne Akteure oder Situationen beschränkt, wie Cohen deutlich herausstellt:

„Indeed, at the same moment numerous agents in many different settings may draw upon the same form of mutual knowledge to reproduce the same general kind of activity." (Cohen 1989: 43)

In der Praxis wird man zwischen unterschiedlichen Beständen geteilten Wissens unterscheiden müssen, weil sich in modernen Gesellschaften eine Vielzahl unterschiedlicher sozialer Systeme überschneidet (vgl. Whittington 1992). So existiert einerseits ein gemeinsam geteiltes Wissen bezogen auf eine Gesellschaft oder Kultur. Andererseits bestehen geteilte Wissensvorräte beispielsweise für Akteure in Unternehmen, die für Angehörige jeweils anderer Unternehmen nicht zum *mutual knowledge* gehören. Beiden Akteursgruppen gemeinsam ist aber das geteilte Wissen in bezug auf die Gesellschaft, in der sie agieren. Außerdem beschränkt sich das Handlungswissen der Akteure nicht auf *mutual knowledge*; vielmehr existiert daneben noch ein spezifisches individuelles Wissen jedes Handlungssubjektes (vgl. Giddens 1979: 73). Insbesondere für die Ana-

---

33 Das geteilte Wissen ermöglicht so auch eine Lösung des von Parsons (1968) aufgeworfenen Problems der doppelten Kontingenz; vgl. zum Problem der doppelten Kontingenz Luhmann (1984: 148ff.).

34 Damit weist der Begriff des *mutual knowledge* gewissen Parallelen zum Schützschen Begriff des gesellschaftlichen Wissensvorrates auf (Schütz & Luckmann 1975: 262ff.; vgl. a. Giddens 1976).

lyse strategischer Prozesse ist es wichtig, die Rolle von spezifischem Expertenwissen im Auge zu behalten (vgl. dazu auch Crozier & Friedberg 1979).

Im Rahmen der Theorie der Strukturation kommt damit dem Konzept des *mutual knowledge* eine bedeutsame Rolle für die Reproduktion sozialer Systeme zu. Bevor ich mich diesem Thema zuwende, gilt es allerdings, die Rolle des Wissens für das intentionale Handeln der Akteure zu klären. Das geteilte Wissen ist dem Regelwissen im Sinne Wittgensteins vergleichbar (1972, zit. n. Giddens 1979: 68): Eine Regel zu kennen, bedeutet, regelgerecht agieren zu können und nicht, sie abstrakt zu formulieren (vgl. Giddens 1979: 67). Das Konzept von *mutual knowledge* als Regelwissen impliziert, daß ein Großteil dieses Wissen - als Grenzfall sogar das gesamte geteilte Wissen - implizites Wissen ist (*tacit knowledge*, Polanyi 1985; vgl. a. Giddens 1976: 107).

Giddens unterscheidet drei Ebenen der Bewußtheit oder der Subjektivität des Akteurs, die einen jeweils unterschiedlichen Zugriff auf Wissensbestände ermöglichen bzw. zulassen. Eine erste Ebene bildet das Unbewußte, das dem Bewußtsein der Akteure normalerweise überhaupt nicht oder nur in äußerst verzerrter Form zugänglich ist. Giddens bezeichnet das Unbewußte als *basic security system*. Dabei bezieht er sich auf die psychoanalytische Theorie Eriksons (1963; 1967; 1968). Danach hat das Unbewußte als fundamentales Sicherheitssystem der Person die Funktion, diese gegen angsterzeugende Stimuli zu schützen und damit „ontologische Sicherheit" zu gewährleisten.[35] Die ontogenetisch frühere Form der Angstreduktion durch die Erfahrung der - im Idealfalle verläßlichen - immer wiederkehrenden elterlichen Zuwendung wird im Laufe der psychischen Entwicklung durch die ebenfalls verläßliche - und damit angstreduzierende - Erfahrung von Handlungsroutinen ersetzt. Unbewußte Motive schaffen so eine Art generalisierter Motivation, sich in Handlungsroutinen zu engagieren.[36] Hier liegt für Giddens die onto-

---

[35] Giddens definiert ontologische Sicherheit (*ontological security*) wie folgt: "Confidence or trust that the natural and social worlds are as they appear to be" (1984: 375).

[36] Diese generalisierte Motivation als Prozeß wird als das unbewußte Gegenstück zum Begriff des Handelns als *continuous flow of conduct* konzipiert. Giddens wendet sich strikt gegen die klassisch Freudsche Vorstellung, daß jeder Akt se- (Forts.)

genetische Wurzel der Stabilität sozialer Routinen, d. h. sozialer Praktiken, die ihren Ausdruck dann in der Existenz sozialer Systeme findet (Giddens 1984: 49ff.). Routinisiertes Handeln korrespondiert dem Sicherheitsbedürfnis der Akteure.

Das Bewußtsein versteht Giddens als in zwei Ebenen unterteilt: das handlungspraktische (*practical consciousness*) und das diskursive Bewußtsein (*discursive consciousness*). Der größte Teil des Handlungswissens ist auf der Ebene des handlungspraktischen Bewußtseins zu verorten. Es umfaßt das Wissen - auch das geteilte Wissen - der Akteure über die sozialen Umstände und die Bedingungen ihres eigenen Handelns, das sie in ihrem Handeln zwar ständig implizit anwenden, über das sie aber normalerweise nicht oder erst auf Nachfrage verbal Auskunft geben können - *tacit knowledge* im Sinne Polanyis (1985). Das diskursive Bewußtsein hingegen umfaßt Handlungswissen, über das diskursiv verfügt wird; dies wird umgangssprachlich als „bewußt" bezeichnet. Die Wissensbestände, die im handlungspraktischen oder im diskursiven Bewußtsein verfügbar sind, sind nicht als grundsätzlich getrennte oder unterschiedliche zu verstehen.

> „Between discursive and practical consciousness there is no bar (as between consciousness and the unconscious, A. B.); there are only the differences between what can be said and what is simply done." (Giddens 1984: 7)

Kompetente Akteure (*knowledgeable agents*) sind fast immer in der Lage, auf Befragen hin Auskunft über die Gründe und Umstände ihres Tuns zu geben. Das bedeutet erstens, daß das normalerweise nur handlungspraktisch verfügbare Wissen prinzipiell auch diskursiv verfügbar gemacht werden kann; genau das unterscheidet es vom Inhalt des Unbewußten. Das bedeutet zweitens aber auch, daß das handlungspraktische Bewußtsein diejenige Bewußtseinsebene ist, auf der routinemäßig die Handlungskontrolle angesiedelt ist. Erst im Falle von Krisen, problematischen Handlungssituationen und -umständen oder auf Befragen hin wird das handlungsrelevante Wissen ins diskursive Bewußtsein geholt

---

parat motiviert sei, weil sie der Vorstellung eines beständigen Handlungsstroms widerspricht. - Im übrigen findet sich viel Material zu Angst und Routinen in der Untersuchung Theweleits (1977; 1978), der sich allerdings auf andere psychoananalytische Theoretiker bezieht.

(Cohen 1989: 27). Dann muß ein Akteur in der Lage sein, ein *account* über sein Handeln zu geben.[37] Das heißt, daß er in der Lage sein muß, über Gründe und normative Grundlagen seines Tuns unter Bezug auf die Modalitäten der Dualität von Struktur Auskunft zu geben. Nur dann wird ihm Kompetenz, aber gleichzeitig auch die Verantwortung für sein Handeln (*accountability*), von anderen Akteuren (oder Beobachtern) zugeschrieben.

Daß es keine eindeutige Grenze zwischen *practical consciousness* und *discursive consciousness* gibt, meint schließlich, daß es kein aktualisiertes Wissen zur Handlungssteuerung gibt, das entweder vollständig implizit oder vollständig explizit ist (vgl. Petzing 1993).[38] In jedem routinisierten Handeln gibt es ein Mindestmaß an diskursiver Bewußtheit und in jedem diskursiv kontrollierten Handeln basiert der größere Teil der tatsächlichen Handlungssteuerung auf implizitem Wissen. Die Prozesse der Handlungssteuerung sind so komplex, daß stets nur ein kleiner Teil des verwandten Wissen diskursiv verfügbar sein kann. Es läßt sich dann schematisch ein Kontinuum der Bewußtheit von Handungskontrolle wie in Abbildung 2.6 darstellen. Diskursiv gesteuertes Handeln ist dann ein Handeln, daß auf einem *relativ hohen* Anteil diskursiven Wissen basiert. Routinisiertes Handeln basiert auf einem *relativ geringen* Anteil diskursiv verfügbaren Wissens. Eine eindeutige Grenze zwischen beiden ist nicht zu ziehen.

---

37 Der Begriff *account* stammt aus der Ethnomethodologie und meint dort alle Methoden, mit denen Akteure signalisieren, wie sie ihr Handeln selbst interpretieren bzw. wie sie es verstanden haben wollen; vgl. Patzelt (1987: 89ff.).

38 Die wichtigsten kognitionspsychologischen Theorien, die dieses Gebiet behandeln, sind die Theorie des *implicit learning* von Reber (1989) und die ACT*-Theorie von Anderson (1983); als Grundlage für letztere dient der auf Ryles (1969) Unterscheidung von *knowing how*und *knowing that* zurückgehende Begriff des prozduralen Wissens, dem das Konzept des *pracitical consciousness* weitgehend entspricht.

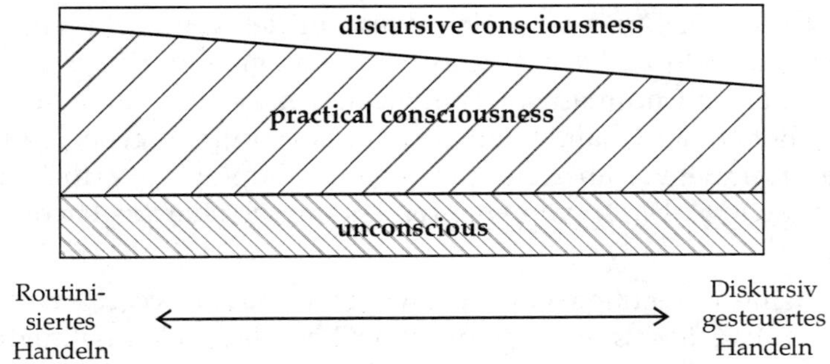

Abbildung 2.6: *Bewußtseinsebenen und Handlungskontrolle*

Intentionalität. Handeln und Intention werden normalerweise als eng miteinander verknüpfte Konzepte behandelt. Und gerade im Zusammenhang mit Rationalität stellt sich die Frage von Intentionen besonders scharf, verweist der Begriff der Rationalität doch auf die Angemessenheit des Handelns im Lichte von Intentionen. Nun ist das, was ich bisher über den Handlungsbegriff der Giddensschen Sozialtheorie gesagt habe, möglicherweise eher dazu angetan, den Zusammenhang von Handeln und Intention zu verwirren als zu klären. Dies insbesondere auf Grund zweier Aspekte: Erstens scheint die Vorstellung, daß das Handeln normalerweise über Wissensbestände gesteuert wird, die zwar prinzipiell diskursiv verfügbar sind, aber sich normalerweise eher als implizites Wissen darstellen, nicht mit der Vorstellung von Intentionen als Gründen, Motiven und Ursachen von Handlungen vereinbar zu sein. Zweitens mag auch die Vorstellung eines beständigen Handlungsstromes diesen Zusammenhang verwirren, sind wir doch gewohnt, isolierte und identifizierbare Intentionen isolierten und identifizierbaren Akten zuzuordnen. Es muß nun also im nächsten Schritt darum gehen, Giddens' Konzept der Intentionalität (*intentionality*) zu klären.

Giddens definiert intentional

> „as characterizing an act which its perpetrator knows, or believes, will have a particular quality or outcome *and* where such knowledge is utilized by the author of the act to achieve this quality or outcome." (Giddens 1984: 10; Hervorh. A. B.)

Das bedeutet nichts anderes, als daß sich intentionales Handeln dadurch auszeichnet, daß in ihm ein bestimmtes Wissen über die Handlung selbst, ihre Umstände und ihre Wirkungen im Rahmen der raum-zeitlichen Bedingungen, unter denen sie stattfindet, *tatsächlich* angewandt wird. Die Voraussetzung intentionalen Handelns ist daher die *knowledgeability* der Akteure, ihre Handlungskompetenz.

Das Herausheben intentionalen Handelns impliziert, daß es so etwas wie nicht-intentionales Handeln geben muß. Handeln und Intention werden in der Theorie der Strukturation als konzeptionell getrennte Phänomene behandelt. Intention ist ein Konzept, das sich stärker auf die Person des Handelnden als auf das Handeln selbst bezieht (Giddens 1984: 9). Nicht-intentionales Handeln ist allerdings insofern schwer zu identifizieren, als die Abgrenzung zu nicht-intendierten Konsequenzen einer Handlung problematisch ist - gerade wenn man von einem beständigen Handlungsstrom ausgeht. Der Begriff des Handelns, ob intentional oder nicht, bezieht sich auf Ereignisse, die mehr oder weniger unter der Kontrolle des Akteurs sind, also Situationen, in denen seine Handlung „einen Unterschied macht", während die Konsequenzen einer Handlung Dinge betreffen, die seiner unmittelbaren Kontrolle enthoben sind.

Ein Beispiel, das Giddens in diesem Zusammenhang anführt, ist das folgende Geschehen (ebd.: 10f.): Jemand betritt einen dunklen Raum und knipst das Licht an. Dabei stört er einen Einbrecher auf, der flüchtet. Auf der Straße läuft dieser einem Polizisten in die Arme, wird verhaftet und später zu einer Haftstrafe verurteilt. Das Betreten des Raumes und das Anknipsen des Lichtes sind intentionale Akte. Das Aufstören des Einbrechers ließe sich dann als intentionale Handlung beschreiben, wenn der Akteur von dessen Existenz gewußt hat und dieses Wissen auch genutzt hat (daß es ihm also nicht gleichgültig war, ob er den Einbrecher aufschreckt). Es ließe sich, wenn dem Akteur die Anwesenheit des Einbrechers nicht bekannt war, einerseits als nicht-intentionale Handlung, andererseits als nicht-intendierte Handlungsfolge beschreiben. Das Abgrenzungsproblem zwischen beiden besteht nun darin, zu bestimmen, ob man das Aufschrecken des Einbrechers als vom Akteur kontrollierten Akt versteht. Es geht also darum, den unmittelbaren Handlungskontext zu definieren und zu bestimmen, inwieweit der Akteur Kontrolle im Sinne der *transformative capacity* über das Geschehen hatte. Ich denke, daß dann das Aufschrecken des Einbrechers eher als Handlungsfolge betrachtet werden sollte.

Ein Fall, in dem besser zwischen nicht-intentionaler Handlung und nicht-intendierten Konsequenzen zu unterscheiden wäre, ist das Verschütten von Kaffee. Das Verschütten von Kaffee kann als nicht-intentionale Handlung bezeichnet werden, während das Verschmutzen des Tischtuches eine nicht-intendierte Handlungsfolge ist.[39] Die Unterscheidungen von intendierten und nicht-intendierten Handlungen und intendierten und nicht-intendierten Handlungsfolgen macht deutlich, daß sowohl das Handeln als auch seine Folgen eine gewisse Autonomie gegenüber dem Handlungssubjekt aufweisen. Gleichwohl sind sie natürlich nur denkbar, weil sie vom Handlungssubjekt produziert werden.

Obwohl es nicht-intentionale Handlungen und nicht-intendierte Handlungsfolgen gibt, ist der alltägliche Strom des Handelns im großen und ganzen ein *flow of intentional action*. Analog zu seinem Begriff des Handelns als *continuous flow of conduct* spricht Giddens statt von einzelnen Intentionen lieber von *intentionality as process* (1984: 4; 1979: 56). Der Strom des Handelns der Akteure ist einer ständigen Überwachung und Steuerung durch die Akteure selbst unterworfen; im Zuge dieser Überwachung und Steuerung wenden sie ihr Handlungswissen an. Ich hatte dieses Wissen bestimmt als Wissen über das Handeln selbst sowie seine Umstände und Wirkungen im Rahmen der raum-zeitlichen Bedingungen, unter denen es sich ereignet. Analog zur Differenzierung zwischen Handeln und Handlung kann man nun zwischen Intentionalität und Intention unterscheiden. Intentionalität bezeichnet den intentionalen Charakter des Handelns als kontinuierlichem Strom von Aktivitäten, seine ständige routinemäßige Überwachung und Steuerung. Einzelne Intentionen werden analog den Handlungen erst durch Reflexion aus dem steten Strom oder Prozeß der Intentionalität retrospektiv herausgehoben.[40]

---

[39] Daß die Abgrenzung von intendierten und nichtintendierten Handlungen auch ein Beschreibungsproblem ist, macht Giddens an dem folgenden Beispiel deutlich: "Again, if someone intentionally spills some coffee, thinking mistakenly that it is tea, spilling the coffee is an act of that person, even though it has not been done intentionally; under another description, as 'spilling the tea', it is intentional." (Giddens 1984: 8f.) Man sieht daran auch, daß die *Be*schreibung von Handlungen mit der *Zu*schreibung von Intentionen einhergeht.

[40] Das erinnert natürlich stark an das Entdecken von Zielen, wie es von Lindblom (1959) beschrieben wird.

Die Handlungssteuerung durch die Akteure wird von Giddens mit Hilfe seines *stratification model of the agent* dargestellt (1979: 56ff.; 1984: 5ff.). In seinem Kern enthält es die Prozesse der Motivation, der Rationalisierung (*rationalization of action*) und der Überwachung und Steuerung des Handelns (*reflexive monitoring of action*) (vgl. Abbildung 2.7).[41]

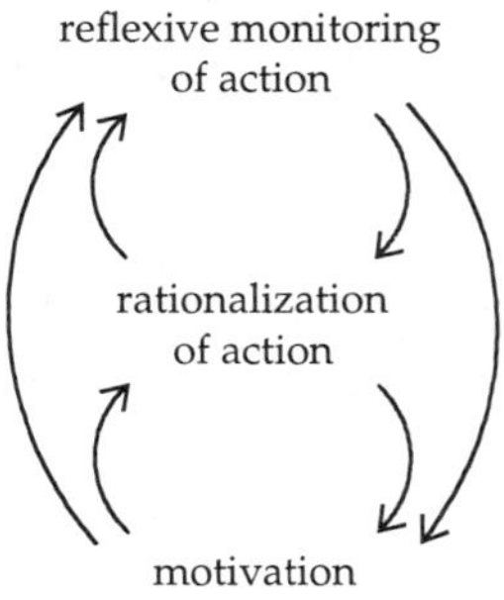

Abbildung 2.7: *Kern des* stratification model of the agent *(in Anlehnung an Giddens 1979: 56, Figure 2.1; 1984: 5, Figure 1)*

Im Zuge des *reflexive monitoring of action* beobachten die Akteure ständig die sozialen und physischen Kontexte ihres Handelns. Diese Überwachung bezieht sich auf das eigene Handeln und seine Konsequenzen, seine relevanten materiellen und zeitlichen Umstände sowie das Handeln anderer (Cohen 1989: 49). Simultan steuern die Akteure ihr Handeln, d. h. sie richten es an zwei Typen von Informationen aus: an den Daten, die aus der Überwachung des Handelns gewonnen werden sowie an den Motivationsimpulsen und Handlungsgründen. Motivationsimpulse entspringen dem Unbewußten, während Handlungsgründe Phä-

41 Die Abbildung klammert den Zusammenhang zwischen der reflexiven Überwachung und Steuerung des Handelns und den Handlungsfolgen und -bedingungen, wie er in der ursprünglichen Abbildung in Giddens (1979: 56; 1984: 5) enthalten ist, aus Gründen der besseren Nachvollziehbarkeit zunächst aus; ich komme unten darauf zurück. An dieser Stelle konzentriere ich mich auf die *internen* Aspekte der Handlungssteuerung.

nomene des (handlungspraktischen und/oder diskursiven) Bewußtseins sind. Ich konzentriere mich im folgenden auf die Handlungsgründe.[42]

Die Rückbindung der Überwachung des Handelns an die Handlungsgründe nennt Giddens *rationalization of action*. Rationalisierung des Handelns meint

> „the capability competent actors have of 'keeping in touch' with the grounds of what they do, as they do it, such that if asked by others, they can supply reasons for their activities" (Giddens 1984: 376).

Die Überwachung und Steuerung des Handelns, das *reflexive monitoring*, wird im Zuge seiner Rationalisierung ständig mit Intentionen und Handlungsgründen „abgeglichen" und diese Intentionen und Gründe bestimmen sowohl die subjektive Ausrichtung der Aktivitäten der Akteure selbst als auch die Lenkung ihrer Aufmerksamkeit. Gleichzeitig werden Handlungsgründe auf der Basis der reflexiven Überwachung modifiziert (z. B. bei Mißerfolgen); die Rationalisierung des Handelns ist *reflexiv* in den Prozeß der Überwachung und Steuerung des Handelns eingebunden. *Reflexive monitoring* und *rationalization of action* zusammen beschreiben die Intentionalität des Handelns, d. h. die zielgerichtete und reflexive Anwendung von Handlungswissen (*knowledgeability*) im Zuge der Handlungssteuerung. Nicht zuletzt begründet die Fähigkeit der Akteure, ihr Handeln diskursiv zu rationalisieren, die Zuschreibung von Kompetenz durch andere Akteure.

Die reflexive Überwachung, Steuerung und Rationalisierung des Handelns erfolgt allerdings in aller Regel implizit, d. h. sie ereignet sich auf der Ebene des handlungspraktischen Bewußtseins. Normalerweise kann sie aber explizit gemacht, d. h. auf die Ebene des diskursiven Bewußtseins gehoben werden.[43] Giddens spricht hier von „monitoring of moni-

---

42 „If reasons refer to the grounds of action, motives refer to the wants which prompt it." (Giddens 1984: 7) Eine Diskussion unbewußter Wünsche und Motive würde den Rahmen der Arbeit sprengen. An dieser Stelle soll - um dem Vorwurf des Rationalismus vorzubeugen - der Hinweis genügen, daß sie der Rationalisierungsfähigkeit des Handelns mehr oder weniger enge Grenzen setzen (vgl. a. Böhme & Böhme 1985).

43 Walgenbach (1995: 773f.) weist allerdings zu Recht darauf hin, daß Giddens sich in bezug auf die *rationalization of action* - je nach dem Grad des Wohlwollens - mißverständlich bis widersprüchlich äußert (so z. B. 1984: 5f. und 376).

toring" (1984: 29). Mit Hilfe dieser Diskursivität wird aus der Perspektive eines Akteurs eine Handlung konstituiert. Ist ein Akteur auch auf Nachfragen hin nicht in der Lage, eine befriedigende Auskunft über Sinn und Zweck seines Tuns zu geben, d. h. über sein Handeln zu reflektieren, läuft er Gefahr, als nicht kompetent angesehen zu werden. Es ist allerdings auch der Fall der bewußt (diskursiv) falschen Auskunft denkbar, wenn beispielsweise Zwecke in strategischer Absicht verschleiert werden sollen.

Intentionalität und Rationalisierung des Handelns bedeuten nicht, daß bei den Handelnden Klarheit über alle tatsächlich auftretenden Konsequenzen ihres Handelns bestünde. Ich habe bereits darauf hingewiesen, daß Handeln stets mit nicht-intendierten Handlungsfolgen verbunden ist. Man kann zwei Formen unterscheiden, in denen nicht-intendierte Handlungsfolgen auftreten. Im ersten Fall weiß der Akteur nicht, daß diese Konsequenzen aus seinem Handeln resultieren. Das bedeutet einerseits, daß das Wissen der Akteure stets begrenztes Wissen ist (*bounded knowledgeability*).[44] Andererseits muß man sich darüber im klaren sein, daß die Handlungsfolgen keineswegs nur einem oder einer Handelnden zugeschrieben werden können (Sydow & Windeler 1993: 15). Handlungsfolgen beruhen in aller Regeln „on too many other contingent outcomes for them to be something the original actor 'did'." (Giddens 1984: 11) Im zweiten Fall sind dem Handelnden die nicht-intendierten Folgen seines Tuns durchaus bekannt. Sie sind ihm dabei aber entweder gleichgültig oder aber sie werden in Kauf genommen, um bestimmte erwünschte Handlungsfolgen hervorzubringen. Diese Kenntnis der Konsequenzen ist Bestandteil der reflexiven Kontrolle des Handelns. Nicht-intendierte Handlungsfolgen sind also nicht unbedingt auch unbekannt (Giddens 1979: 268, Fn. 25). Für die Sozialtheorie ist allerdings die erste Gruppe von nicht-intendierten Handlungsfolgen interessanter, weil sie den zentralen Bestandteil der Reproduktion von Struktur bilden.

Giddens' *stratification model of the agent* berücksichtigt nun auch die Rolle der nicht-intendierten Handlungsfolgen für die reflexive Überwachung

---

44 Diese Facette des Giddensschen Begriffs der *bounded knowledgeability* bietet eine zwanglose Anknüpfungsmöglichkeit an das Simonsche *bounded rationality*-Konzept; in beiden sind die begrenzten Wahrnehmungs- und Informationsverarbeitungskapazitäten der Akteure grundlegend.

und Steuerung des Handelns (vgl. Abbildung 2.8). Damit wird der *bounded knowledgeability* und der Tatsache Rechnung getragen, daß die Handlungsfolgen nicht das ausschließliche Produkt des Handelns eines einzigen Akteurs sind.

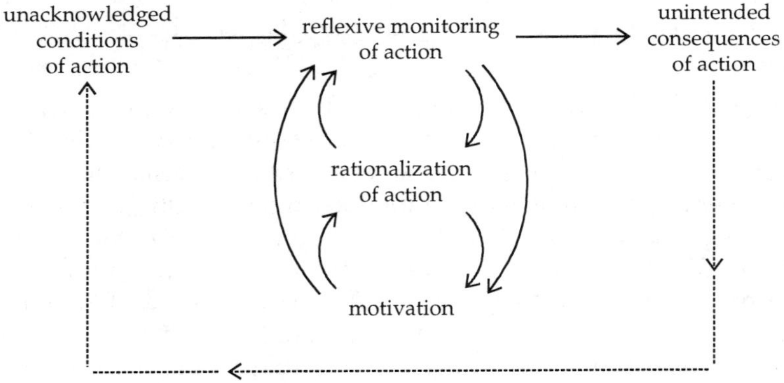

Abbildung 2.8: Stratification Model of the Agent *(in Anlehnung an Giddens 1979: 56, Figure 2.1; 1984: 5, Figure 1)*

Nicht-intendierte Handlungsfolgen bilden häufig nicht als solche erkannte Handlungsbedingungen (*unacknowledged conditions of action*, Giddens 1979: 56; Giddens 1984: 5, 14), wobei das „nicht als solche erkannt" einen Doppelsinn hat: Die Handlungsbedingungen werden überhaupt nicht als Handlungsbedingungen erkannt und/oder sie werden nicht als Folgen (auch) des eigenen Handelns erkannt. Die Folgen von Aktivitäten wirken rekursiv zurück als Bedingungen weiterer Aktivitäten. Um es noch einmal am Beispiel der Sprache zu verdeutlichen: Durch mein Sprechen einer Sprache reproduziere ich als nicht-intendierte Konsequenz die Regeln dieser Sprache, die dann in einem nächsten Sprechakt wiederum die (einschränkenden und ermöglichenden) Bedingungen meines Sprechens bilden. In den allermeisten Fällen des alltäglichen Handelns wird dieser Prozeß nicht durchschaut. Genau das ist mit dem Begriff der Reproduktion von sozialen Systemen im Zuge homöostatischer Kausalschleifen gemeint (vgl. 2.1.2). Ist das Wissen um diese rekursive Stabilisierung den Akteuren verfügbar *und* wird es intentional zur Systemreproduktion eingesetzt, kann man von reflexiver Selbstregulation sprechen. Dann erfolgt die rekursive Stabilisierung des sozialen

Systems via intendierter Handlungsfolgen; dies allerdings niemals ausschließlich, da auch im Rahmen der reflexiven Selbstregulation natürlich keine Garantie dafür besteht, daß sich tatsächlich die (und nur die) *intendierten* Handlungsfolgen ergeben.

Reproduktion sozialer Systeme. Die Modi der Reproduktion sozialer Systeme können vor diesem Hintergrund also auch als unterschiedliche Ausprägungen des Wissens der Akteure über die Konsequenzen ihres Handelns beschrieben werden. Während die Systemreproduktion durch homöostatische Kausalschleifen impliziert, daß die beteiligten Akteure nicht über Wissen um die Konsequenzen ihres Handelns *als* Handlungsbedingungen verfügen oder ein solches Wissen in ihrem Handeln nicht anwenden, setzt die reflexive Selbstregulation ein relativ hohes Maß an diskursivem *oder* handlungspraktischem Wissen über diese Aspekte voraus. Organisationen sind soziale Systeme, deren Charakteristikum die reflexive Selbstregulation mit einem hohen Grad an Diskursivität ist. Vor dem Hintergrund des bisher Gesagten heißt das aber, daß, obwohl ein Teil der sozialen Praktiken in Organisationen durch reflexive Selbstregulation gekennzeichnet werden kann, ein Großteil der alltäglichen Prozesse der Systemreproduktion sich auch hier als homöostatische Kausalschleifen beschreiben läßt, daß man also auch in Organisationen von einer *bounded knowledgeability* der Akteure ausgehen muß.

Daß *bounded knowledgeability* zwei Dinge meinen kann, habe ich oben herausgestellt: Das Wissen der Akteure über die Bedingungen und Konsequenzen ihres Handelns ist eingeschränkt entweder auf Grund begrenzter Informationsverarbeitungs- und Wahrnehmungskapazitäten oder auf Grund der Tatsache, daß die Handlungsbedingungen und -konsequenzen von zu vielen kontingenten Faktoren abhängig sind, daß sie also auch bei einer modellhaft postulierten Aufhebung der kognitiven Beschränkungen nicht gewußt werden können (Giddens 1984: 282). In bezug auf die Reproduktion sozialer Systeme ist aber noch eine dritte Form der Begrenztheit des Handlungswissens bedeutsam: seine *strukturelle* Begrenztheit. Da Struktur im intentionalen Handeln rekursiv reproduziert wird, und da intentionales Handeln im Rahmen der Theorie der Strukturation stets als Handeln kompetenter Akteure konzipiert wird, ist Handlungswissen rekursiv in die Dualität von Struktur involviert:

> „Structure exists only as memory traces, the organic basis of human knowledgeability, and as instantiated in action." (Giddens 1984: 377)

Das meint einerseits nichts anderes, als daß das Handlungswissen der Akteure Bedingung ihres Handelns und damit der Reproduktion sozialer Praktiken und von Struktur ist. Andererseits aber ist Struktur und damit die Stabilität sozialer Praktiken in Raum und Zeit eine wichtige Bedingung der Herausbildung des handlungsrelevanten Wissens. Nur weil es eine Stabilität des sozialen Lebens gibt, wird der Aufbau von Wissenvorräten möglich; erst die Regelhaftigkeit des Geschehens macht es möglich, zuverlässiges Wissen zu produzieren. Im Verhältnis von Struktur und handlungsrelevantem Wissen findet sich neben dem ermöglichenden genauso der einschränkende Aspekt von Struktur: Da der Erwerb handlungsrelevanten Wissens nur durch die Kontinuität sozialer Praktiken - also strukturierte Momente sozialer Systeme - ermöglicht wird, kann man sagen, daß Struktur auf die Akteure via Handlungswissen wirkt. *Struktur reguliert Handlungs- und Wissensmöglichkeiten.* Deshalb spricht Kiessling (1988: 184) vom „strukturell beschränkten handlungspraktischen Wissen". Die Rede von Dualität von Struktur als Medium und Produkt des Handelns impliziert also, daß die Akteure einerseits über die Bedingungen ihres Handelns, von denen die Struktur einen gewichtigen Teil ausmacht, Bescheid wissen, dieses Wissen aber andererseits in dem Sinne eingeschränkt oder begrenzt ist, daß es selbst von Struktur beeinflußt ist. Die Reflexivität menschlichen Handelns und Struktur bedingen einander. Struktur existiert nur im intentionalen Handeln von Akteuren und ihrer *knowledgeability*; umgekehrt kann sich ohne die Ordnung sozialer Praktiken kein Wissen über die Bedingungen des Handelns und damit auch keine Rationalisierung des Handelns herausbilden.

Im Zuge der reflexiven Überwachung und Steuerung des Handelns werden materielle und zeitliche Aspekte der Handlungssituation vom Akteur als in bestimmter Weise handlungsrelevant interpretiert. Das heißt, sie werden als relevante Aspekte der Handlungssituation sozial konstruiert. Cohen spricht daher von der „socially constituted significance of material and temporal aspects of the settings" (Cohen 1989: 49).[45] Durch diese soziale Konstruktion wird eine Struktur

[45] Der Begriff der sozialen Konstruktion von Realität wurde ursprünglich von Berger und Luckmann geprägt (1980; das Original *The Social Construction of Reality* erschien 1966). Ich diskutiere das Konzept ausführlicher in 2.3 und 3.1.

(re-)produziert, die gleichzeitig die Kriterien für die Bestimmung der Relevanz von Aspekten der Handlungssituation zur Verfügung stellt. Die Reproduktion von Struktur ist ein rekursiver Prozeß. In Unternehmen findet sich ein prägnantes Beispiel dafür in abteilungsspezifischen Wissensbeständen. Diese umfassen das Wissen um Regeln der Signifikation und Legitimation sowie über Ressourcen. Diese unterschiedlichen Wissensbestände führen zu durchaus unterschiedlichen Perspektiven auf die Unternehmenssituation.[46]

Das kann strukturationstheoretisch folgendermaßen erklärt werden. Die Struktur einer Organisation ist keineswegs einheitlich. Ich erinnere an das Konzept der Reproduktionskreisläufe und daran, daß ein soziales System in verschiedene solcher Kreisläufe zerfallen kann. Diese unterschiedlichen Reproduktionskreisläufe weisen häufig strukturelle Differenzen auf. Das können beispielsweise unterschiedliche Gratifikationsstrukturen sein, d. h. unterschiedliche normative Ordnungen (evtl. auch nur unterschiedliche Nuancierungen einer ansonsten geteilten Legitimationsstruktur), was für Reorganisationsprozesse von zentraler Bedeutung ist.. So ist der klassische Konflikt zwischen Lagerhaltung und Vertrieb u. a. darauf zurückzuführen, daß die Akteure in den unterschiedlichen Bereichen nach unterschiedlichen Kriterien belohnt werden (Lagerhaltung für niedrige Kapitalbindung im Lager, Vertrieb für ständige flexible Lieferbereitschaft und damit umfangreiche Lagerbestände). Abstrakter formuliert und in Anlehnung an Crozier und Friedberg (1979) geht es darum, in welcher Weise unterschiedliche Spiele innerhalb einer Organisation (also z. B. das „Lagerhaltungs-" und das „Vertriebsspiel") aneinander gegliedert sind. Da Akteure in Organisationen und anderen sozialen Systemen sich häufig auf divergierende Strukturmomente beziehen, spreche ich auch von Struktur*en* einer Organisation.

Reproduktion von Struktur, darauf soll hier abschließend noch einmal hingewiesen werden, ereignet sich nicht in einer einzigen isolierten Handlung:

> „Of course no single act of social reproduction is sufficient in itself to reconstitute structural properties. But the continual repetition and recognition of familiar modes of conduct by numerous members of a

---

[46] Im Kapitel 2.2 führe ich ein Fallbeispiel ein, an dem dies illustriert wird.

> social collectivity or group embeds an awareness of these practices deep within their tacit memories of the familiar features of social *praxis* in the circumstances of their daily lives." (Cohen 1989: 46; Hervorh. im Orig.)

Das lenkt den Blick wieder auf die Unterscheidung von Handeln und sozialen Praktiken. Erst die Anwendung von Handlungsroutinen im Handeln trägt zur Reproduktion von Strukturen bei, nicht allein das situative Handeln. In diesem Zusammenhang wird auch deutlich, warum Giddens von einer Dezentrierung des Subjektes in seiner Sozialtheorie spricht. Die Reproduktion des sozialen Lebens läßt sich zwar nur unter Rekurs auf das aktuell empirisch beobachtbare intentionale Handeln erklären, aber eben nicht ausschließlich daraus. Gleichzeitig gilt es, die Bedeutung routinisierter Praktiken und die Rolle nicht-intendierter Handlungsfolgen in diesem Prozeß zu verstehen, die beide ein Stück weit von individuellen Intentionen abgekoppelt sind. Das bedeutet allerdings keineswegs, daß Strukturen oder besser: soziale Systeme institutionalisierte Praktiken hervorbringen bzw. Akteure aktiv „dazu bringen", bestimmte Handlungen auszuführen, um das System zu erhalten, wie es die Idee der latenten Funktionen im Strukturfunktionalismus (Merton 1963) impliziert. Das Konzept der Dualität von Struktur

> „does prohibit the imputation of any collectively defined intentionality or rationality to systems. Agents may or may not intend their activities to contribute to the reproduction of systems, but systems *qua* systems harbour no 'reasons' why this conduct occurs." (Cohen 1989: 123; Hervorh. im Orig.)

Das Konzept der Dualität von Struktur impliziert also eine Gleichursprünglichkeit von Handeln und sozialen Praktiken auf der einen sowie Struktur auf der anderen Seite. Es impliziert mit anderen Worten die Rekursivität von Handeln und Struktur.

2.1.4 Die Theorie der Strukturation und die Desiderate der Rationalitätskonzeption

Im Zwischenergebnis (1.3) hatte ich fünf Desiderate einer Theorie organisationaler und strategischer Rationalität formuliert, deren Einlösung die Vorbedingung für eine adäquate Neuformulierung eines entsprechenden Rationalitätsbegriffs bildet. Die Theorie der Strukturation sollte diese Desiderate ja erfüllen und damit eine Ausgangsbasis für meine weiteren Überlegungen zum Rationalitätskonzept bilden. Ich diskutiere die Anforderungen in der folgenden Reihenfolge: (1) die Konzeptualisierung der Beziehung Akteur - System bzw. Individuum - Organisation; (2) eine Konzeption intentionalen Handelns, die die Genese und Nutzbarmachung der Wissensbestände der Akteure einbezieht, die (3) explizite Handlungsziele als Grenzfall behandeln kann und die (4) die Rolle von Interpretationsschemata, inneren Modellen der Welt etc. angemessen würdigt; (5) schließlich die Konzeptualisierung von Macht als notwendigem Bestandteil organisationalen Handelns.

Akteur und Organisation. Im Zentrum der Theorie der Strukturation steht das Konzept der Dualität von Struktur. Struktur wird verstanden als „medium and outcome of the conduct it recursively organizes" (Giddens 1984: 374). Einerseits existiert Struktur nur im und durch das Handeln der Akteure; andererseits wird Handeln erst durch die Existenz von Struktur möglich (und in charakteristischer Weise von ihr beeinflußt, aber nicht determiniert). Strukturen liegen wiederum sozialen Systemen (Organisationen) zugrunde, die als die ständige Herausbildung und Reproduktion von Mustern sozialer Praktiken verstanden werden. Strukturen ermöglichen die Kontinuität dieser Muster über Raum und Zeit hinweg. Damit kann im Rahmen der Theorie der Strukturation das Verhältnis von Akteur und Organisation in der Weise beschrieben werden, daß Organisationen im Handeln der Organisationsmitglieder ständig rekursiv (re-) produziert werden. Damit ist die Denkfigur der Rekursivität, die ich im Zwischenergebnis (1.4) ebenfalls als konstitutiv für eine Theorie der Rationalität bezeichnet hatte, in den Kern der Strukturationstheorie eingebettet. Organisationen sind Produkt und Medium des organisationalen Handelns. Das impliziert, daß die Akteure das soziale System Organisation *in ihrem Handeln hervorbringen;* Akteure sind *nicht* Teil oder Element des Systems Organisation, wie dies beispielsweise im Begriff des soziotechnischen Systems impliziert ist (vgl. z. B. Cummings & Srivastva 1977: 55; Heinen 1978: 20). Organisationen bzw. soziale Systeme sind soziale Konstruktionen der Akteure. Im Abschnitt 2.2.2 komme ich ausführlich auf das Verhältnis individuellen und organisationalen Handelns und Entscheidens zu sprechen.

Akteure bewegen sich stets in sozialen Systemen, die sie durch ihr Handeln rekursiv reproduzieren (vgl. Whittington 1992). Der Wechsel zwischen Systemen ist ein selbstverständlicher und notwendiger, zumeist routinisierter Vorgang, da moderne Gesellschaften aus einer Vielzahl von einander häufig überschneidenden sozialen Systemen bestehen (vgl. Giddens 1987a). Damit sind Akteure via Dualität von Struktur automatisch in die Reproduktion mehrerer, evtl. einander widersprechender Strukturen involviert. Sie müssen sich also auch kompetent auf diese verschiedenen Strukturen der unterschiedlichen Systeme beziehen können. Für Organisationen bedeutet das einerseits, daß etwa Mitglieder eines Unternehmens auch Mitglieder in anderen Organisationen oder sozialen Systemen sind, z. B. in Sportvereinen, Parteien, Familien. Andererseits hatte ich in Zusammenhang mit der Diskussion des Konzeptes des Reproduktionskreislaufes davon gesprochen, daß ein Unternehmen als in Subsysteme zerfallend beschrieben werden kann. So kann für einen Akteur innerhalb eines Unternehmens durchaus der Fall eintreten, daß er bzw. sie sowohl einer Fachabteilung als auch einem Projektteam angehört (vgl. Abbildung 2.9).

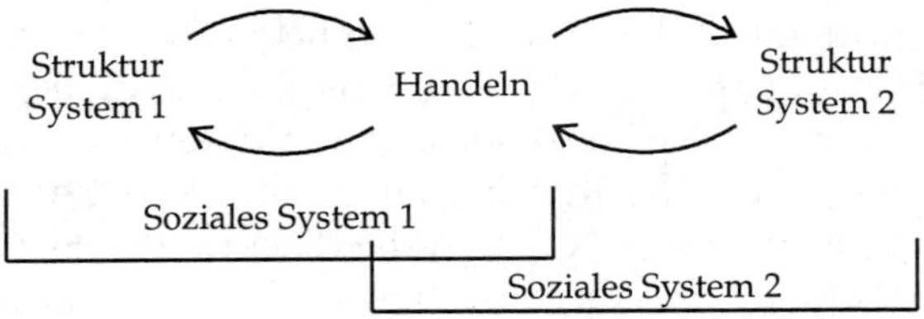

Abbildung 2.9: *Handeln und die Reproduktion von Strukturen unterschiedlicher Systeme*

Das hat in zweierlei Hinsicht bedeutsame Konsequenzen:

1. Dieser ständig notwendige Wechsel zwischen verschiedenen sozialen Systemen hat Auswirkungen auf die konkreten einschränkenden und ermöglichenden Qualitäten von Strukturen und damit auf die Handlungsmöglichkeiten der Akteure. In bezug auf die einschränkenden Qualitäten von Struktur bedeutet dies, daß sich Akteure *constraints* aus unterschiedlichen Systemzusammenhängen ausgesetzt sehen. Diese *constraints* können miteinander in Widerspruch geraten. In bezug auf die ermöglichenden Qualitäten von Struktur erwächst den Akteuren hingegen eine ganz besondere Art von Handlungsfreiheit:

> „With access to a diversity of social systems, actors have some choice over the structural principles they enlist in their organizational activities." (Whittington 1992: 697)[47]

Akteure können also im Prinzip aus mehreren zur Verfügung stehenden Strukturen diejenigen auswählen, die ihnen angemessen bzw. strategisch günstig erscheinen. Das heißt, daß sie sich auf Modalitäten der Strukturation eines sozialen Systems beziehen, das möglicherweise nicht dasjenige ist, in dem sie sich augenblicklich bewegen. Strukturaspekte, soziale Praktiken, Institutionen können auf diese Weise quasi „importiert" werden. Solch ein Import wird allerdings erst dadurch ermöglicht oder erleichtert, daß auch anderen Akteuren in einem sozialen System, etwa einer Organisation, diese importierten Modalitäten oder Praktiken vertraut sind oder daß sie diese strategisch nutzen können. Man denke etwa an die in der Betriebswirtschaftslehre geführte Diskussion um die Integration ökologischer Ziele und Fragestellungen in die Betriebswirtschaftslehre selbst und in die Unternehmenspolitik.[48] Eine solche Integration läßt sich auf der Basis der Strukturationstheorie in zweierlei Hinsicht als prinzipiell möglich darstellen. Einerseits sind viele organisationale Akteure aus ihrer Involvierung in andere soziale Systeme (Familien, Gesellschaft, Naturschutzverbände, Heimatvereine etc.) mit ökologieorientierten Inhalten normativer Ordnungen vertraut, so daß die Akzeptanz solcher Forderungen in der Praxis auch recht hoch ist.[49] Andererseits weist das Konzept der Dualität von Struktur, insbesondere die Differenzierung in die drei Dimensionen Signifikation, Legitimation, und Herrschaft, darauf hin, daß auch Unternehmen sich nicht ausschließ-

---

47 Whittington verwendet hier den Begriff *structural principles* nicht korrekt. Giddens reserviert ihn für Strukturaspekte, die sehr weit ausgreifen und die strukturellen Grundlagen von gesellschaftlichen Totalitäten bilden (Giddens 1984: 376). Whittington meint hier offensichtlich einfach *structural properties*.

48 Diese Diskussion erinnert in vielem an die in den sechziger und insbesondere siebziger Jahren geführte Diskussion um die gesellschaftliche Verantwortung von Unternehmen; vgl. dazu Wächter (1987) und meine Ausführungen zu strategischen Zielen in 1.2.1.

49 Was natürlich noch nichts über das tatsächliche Handeln dieser Akteure aussagt.

lich an ökonomischen Kategorien orientieren (können), also an Aspekten, die die allokativen Ressourcen betreffen.

Neben dieser Möglichkeit des Imports struktureller Aspekte bieten sich den Akteuren durch den Wechsel zwischen unterschiedlichen sozialen Systemen besondere Möglichkeiten zum Aufbau von speziellen Wissensbeständen. So sind die von Crozier und Friedberg (1979) als „Relais“ bezeichneten Akteure, die wichtige Umweltbeziehungen der Organisation kontrollieren, häufig dadurch ausgezeichnet, daß sie über intensive Kontakte zu relevanten anderen Organisationen verfügen, evtl. selbst dort einmal Mitglied waren und daher über intime Kenntnisse dieser Organisation verfügen.

2. Der notwendige Wechsel zwischen unterschiedlichen Systemen bzw. ihre Überschneidung stellt erhebliche Anforderungen an das Handlungswissen der Akteure. So muß ein kompetenter Akteur wissen, in welchem sozialen System er augenblicklich agiert, welche Regeln und Ressourcen er in diesem System in welcher Situation in Anschlag bringen kann, und ob und gegebenenfalls wie und wann er Strukturelemente aus anderen Systemen importieren kann. Nicht nur für einen Beobachter stellt sich also das Problem der Systemabgrenzung, sondern auch für die involvierten Akteure. Durch ihre Entscheidung, ein bestimmtes System als das augenblicklich relevante anzusehen und entsprechend zu handeln, wird Wirklichkeit konstruiert. Die Theorie der Strukturation läßt sich auch verstehen als eine Theorie über die soziale Konstruktion von Realität. Die rekursive (Re-) Produktion sozialer Systeme ist gleichzeitig ein Prozeß der Hervorbringung der sozialen Welt in einem doppelten Sinne. Einerseits ist sie eine interpretative Leistung der Akteure, betrifft also ihre *knowledgeability*; andererseits muß sie in der Interaktion, d. h. im sozialen Handeln, auch wirksam werden.

Wissen. Intentionales Handeln wird im Rahmen der Theorie der Strukturation verstanden als basierend auf der *knowledgeability* des Akteurs, also als ein Handeln, zu dessen Steuerung im Zuge der reflexiven Handlungskontrolle Wissen über die Handlung selbst, über ihre raumzeitlichen, materiellen sowie sozialen Bedingungen und Wirkungen angewandt werden. Anwendung bedeutet, daß die konkreten Erfahrungen im Handeln vor dem Hintergrund von Wissensbeständen interpretiert werden und diese bei eklatanter Unvereinbarkeit mit jenen revidiert bzw. verändert werden.[50] Drei Aspekte scheinen mir dabei für die Frage nach der Rationalität in Organisationen im Zusammenhang mit der strukturationistischen Theorie intentionalen Handelns besonders hervorzuheben zu sein.

Erstens betrifft dies die Konzeption von *Intentionalität als Prozeß*. Die routinemäßige intentionale Handlungssteuerung wird als ständiger Prozeß (*flow of intentional action*) konzipiert. Erst wenn die Routine durchbrochen wird, also beispielsweise bei schwierigen Aufgaben, beim Scheitern von Handlungen oder auf Nachfrage, setzt ein im alltagssprachlichen Sinne „bewußter", d. h. diskursiver Reflexionsprozeß ein. Erst dann werden einzelne Akte und Intentionen reflexiv durch den Akteur konstituiert und erst dann wird diskursiv auf die Wissensbestände zugegriffen. Eng damit verbunden ist der zweite Punkt, den ich hier noch einmal hervorheben möchte: *Die Unterscheidung von diskursivem und handlungspraktischem Bewußtsein*. Der alltägliche routinisierte Handlungsstrom wird im Zuge der reflexiven Überwachung und Steuerung von Handeln auf der Basis impliziten Wissens und seiner impliziten Anwendung gesteuert. Ich denke, daß mit dem Begriff des impliziten Wissens (Polanyi 1985) Phänomene wie nicht verbalisierbares Erfahrungswissen,[51] Intuition wie Gutenbergs (1983) „irrationale Wurzel" echter Führungsentscheidungen, die für den Erfolg der Unternehmensführung letztlich ausschlaggebend sei, und das, was Mintzberg (1987a) „crafting strategy" nennt, auf eine durchaus plausible Art und Weise erklärt werden können. Das verweist für eine Theorie der Rationalität in Organisationen darauf, daß diese sich nicht nur auf diskursive Prozesse beschränken darf, sondern ebenso die Ebene des handlungspraktischen Bewußtseins und der routinisierten Handlungssteuerung einbeziehen muß.

Drittens schließlich ist Wissen auch vor dem Hintergrund der *Dualität von Struktur* zu betrachten. Wissen ist als Basis intentionalen Handelns

---

[50] Vgl. dazu Brauner (1994: 83ff.). Ich gehe in Kapitel 3 genauer auf dieses Problem ein.

[51] Es gibt insbesondere in der Industriesoziologie eine ganze Reihe von Arbeiten, die sich mit solchem Erfahrungswissen, "tacit skills" im Arbeitsprozeß, beschäftigen; vgl. z. B. Böhle (1989), Böhle und Milkau (1988) sowie Manwaring und Wood (1985).

in die Prozesse der Strukturation sozialer Systeme involviert. Zum einen werden die Modalitäten der Dualität von Struktur als Repräsentationen von Struktur in der *knowledgeability* der Akteure verstanden. Struktur muß also, um handlungsrelevant zu werden quasi „durch das Wissen der Akteure hindurch"; Strukturen, die nicht (von einer relevanten Anzahl von Akteuren) „gewußt" werden, hören auf zu existieren. Zum anderen wird Wissen, wie Handeln, durch Struktur gleichzeitig ermöglicht und beschränkt. Erst die Verläßlichkeit, die durch die Stabilität sozialer Systeme aufgrund ihrer Struktur entsteht, macht den Aufbau von Wissen möglich; würden die sozialen Praktiken nicht ständig wiederholt, könnte es keine regelmäßigen und wiederholten Erfahrungen geben, sondern nur punktuelle. Wissen entsteht aber erst durch wiederholte gleichartige Erfahrungen.[52] Insofern ermöglicht Struktur Wissen. Gleichzeitig wird Wissen aber durch Struktur beschränkt, indem sie via soziale Praktiken bestimmte Handlungsweisen und damit bestimmte Erfahrungen, aus denen sich Wissensbestände speisen, bevorzugt und andere, wenn nicht verhindert, so doch unwahrscheinlicher macht.[53] Wissen kann daher nicht unabhängig von Strukturen betrachtet werden. Auch dies ist von unmittelbarer Bedeutung für eine Theorie der Rationalität, weil damit zunächst die Zumutung des klassischen Rationalmodells mit seiner Vorstellung unbegrenzten Wissens zurückgewiesen wird und gleichzeitig eine Erklärung der Möglichkeiten und Grenzen der Wissensbestände konkreter Akteure möglich wird.

Ziele. Ziele werden in der Betriebswirtschaftslehre gemeinhin als erwünschte zukünftige Zustände verstanden. So hebt etwa Hamel (1992: 2635, unter Verweis auf Bidlingmaier 1964) den Zukunftsbezug, die „positive Valenz" und die Aktivitätsorientierung als Merkmale des Zielbegriffes hervor. Gäfgen (1974: 26, Fn. 14) definiert Ziel als „einen be-

---

52 Vgl. die Definition von Wissen als Invarianten der Erfahrung von Richards und Glasersfeld (1987: 194). Dazu mehr in Kapitel 3.1.1.

53 Im Grunde zielt Simons Idee der Integration unterschiedlicher individueller Rationalitäten durch die Mechanismen Arbeitsteilung, Standardisierung, Hierarchie, Kommunikationsstruktur und organisationale Sozialisation zu einer einzigen „objektiven" Rationalität (1981: 134f.) auf genau diesen Sachverhalt. Simons Konzeption ist allerdings deterministisch (s. Kapitel 1.3.1).

stimmten ... erwünschten Endzustand". Diesen Definitionen[54] ist, außer der stets implizit vorausgesetzten Vorstellung, daß Ziele den Akteuren diskursiv verfügbar, also explizit seien, gemeinsam, daß sie Ziele als zukunftsbezogene Größen verstehen. In der verhaltenswissenschaftlich orientierten Organisationstheorie hatte es, wie ich in Kapitel 1.3 gezeigt habe, allerdings schon relativ früh Arbeiten gegeben, die diesen Zielbegriff - implizit oder explizit - in Frage stellten. Wenn Simon (1964: 3) Ziele als „value premises that can serve as inputs to decisions" versteht, wird der explizite Zukunftsbezug zurückgenommen. Diese Behandlung des Zeitbezuges setzt sich in anderen Arbeiten, die in der Tradition Simons stehen, fort. So spricht Lindblom (1959) davon, daß der Entscheider seine Ziele im Handeln entdeckt, Hirschman (1967) konstatiert, daß sein Prinzip der *hiding hand* unter anderem dadurch funktioniert, daß den von ihm beobachteten Projekten im nachhinein neue und passendere Ziele zugewiesen werden. Auch im Rahmen des *garbage can model* (Cohen, March & Olsen 1972) geht man davon aus, daß die klassische Zweck/Mittel-Sequenz: erst bestehen die Ziele, dann wird entsprechend der Ziele eine Lösung gewählt, nicht generell zutreffend ist, sondern daß sich die Reihenfolge durchaus umkehren kann. Diese Relativierungen des Zielbegriffes lassen sich auf der Basis der Theorie der Strukturation systematisieren. Hier können vor dem Hintergrund des über Wissen gesagten drei Klassen von Zielen in Entscheidungsprozessen unterschieden werden.

1. *Ex ante formulierte explizite Ziele.* Damit sind Ziele gemeint, wie sie normalerweise im Rahmen der Entscheidungstheorie unterstellt werden, also im vorhinein diskursiv formulierte, erwünschte zukünftige Zustände. Sie sind als solche Ergebnis einer bewußt-diskursiven Reflexion des Akteurs analog der Konstitution von einzelnen Handlungen oder Intentionen. Sie werden allerdings keineswegs immer in der Interaktion offengelegt; vielmehr werden sie häufig aus strategischen Gründen verschwiegen. Im Rahmen der Theorie der Strukturation müssen diese Ziele tatsächlich als Sonderfall angesehen werden, da

---

[54] Erstaunlich ist, daß in Standardwerken der betriebswirtschaftlichen Entscheidungstheorie, wie z. B. Bamberg und Coenenberg (1974) oder Pfohl und Braun (1981) der Zielbegriff ebensowenig wie der Entscheidungsbegriff in allgemeiner Weise definiert wird.

der überwiegende Teil der reflexiven Handlungssteuerung routinisiert und damit auf der Ebene des handlungspraktischen Bewußtseins verortet ist.

2. *Implizite Ziele*. Dies sind Ziele, die in aller Regel so tief in die Routinen des Alltags eingebettet sind, daß sie als selbstverständlich vorausgesetzt werden. Sie entstehen auf der Ebene des handlungspraktischen Bewußtseins (und des Unbewußten).[55] Intentionalität als Prozeß läßt sich zu einem großen Teil als die Verfolgung impliziter Ziele beschreiben. Sie können im Rahmen der Theorie der Strukturation als die weitaus am häufigsten auftretenden Ziele betrachtet werden. Daß sie so wenig Beachtung in der relevanten Literatur finden, hängt paradoxerweise mit ihrer weiten Verbreitung zusammen. Gerade weil sie so selbstverständlich sind, werden sie kaum wahrgenommen. Wenn in der Organisationskulturforschung die Bedeutung von geteilten Werten und Normen für die Stabilität von Organisationen hervorgehoben wird (vgl. für einen Überblick Dülfer 1988; Ebers 1985; Smircich 1983), so sind damit auch von allen als selbstverständlich geteilte Ziele gemeint. Wenn in Projektteams Akteure aus unterschiedlichen Abteilungen aufeinandertreffen, die jeweils implizite abteilungsspezifische Ziele verfolgen, werden diese - wenn überhaupt - häufig erst im Laufe langwieriger und oft kontroverser Abstimmungsprozesse diskursiv thematisierbar. Implizite Ziele können sowohl *ex ante* als auch *ex post* entstehen.

3. *Ex post formulierte explizite Ziele*. Bei dieser Klasse von diskursiven Zielen lassen sich zwei Fälle unterscheiden: Einerseits kann es sich um implizite Ziele handeln, die im Laufe des Handeln und/oder angesichts der Handlungsergebnisse erst diskursiv verfügbar werden (Zielentdeckung), wie dies beispielsweise in Marchs „technology of foolishness" (1977) oder Lindbloms Inkrementalismus (1959) beschrieben ist. Andererseits können dies Ziele sein, die tatsächlich erst nach Abschluß bzw. im Zuge der Handlung formuliert werden.[56] Man

---

55 So kann das Verdrängte durchaus in der unbewußten Verfolgung unbewußter Ziele wiederkehren.

56 Ich behandele diese beiden Fälle an dieser Stelle noch als identisch. Ich werde später (in 2.2.2, 2.2.3 und Kapitel 3) argumentieren, daß sie in bezug auf die (Forts.)

denke an die von Hirschman (1967) analysierten Entwicklungshilfeprojekte. Per Zielformulierung wird dem Handeln ex post ein Sinn verliehen bzw. der erreichte Zustand wird als positiv interpretiert und daher im nachhinein als Ziel formuliert. Ziele ex post werden insbesondere dann formuliert, wenn ein Akteur gezwungen ist, auf Nachfrage hin ein *account* über sein Handeln zu geben.[57]

Vor dem Hintergrund dieser Differenzierungen auf der Basis der Theorie der Strukturation können *Ziele* definiert werden als *angestrebte Zustände, unabhängig von ihrem zeitlichen Bezug und ihrer Verortung auf den unterschiedlichen Bewußtseinsebenen*. Ziele können sich damit sowohl auf zukünftige als auch auf gegenwärtige oder vergangene Zustände oder Handlungen beziehen; und sie können diskursiv verfügbar, im handlungspraktischen Bewußtsein oder im Unbewußten[58] verortet sein. Das bedeutet zunächst, daß im Rahmen der Theorie der Strukturation mit unbewußten Motiven und nicht unmittelbar diskursiv verfügbaren handlungsleitenden Zielen gerechnet werden kann (und muß). Zudem führt die zunächst scheinbar marginale Veränderung der Zieldefinition durch die Erweiterung ihres zeitlichen Bezuges dazu, daß die oben angeführten Relativierungen des engen Zielbegriffes durch Simon (1964), Lindblom (1959), Hirschman (1967) sowie Cohen, March, Olsen (1972) und March (1977) von der Theorie der Strukturation theoretisch eingeholt werden können.

Das läßt sich noch schärfer formulieren: Im Lichte der Strukturationstheorie avanciert die bei Hirschman (1967) angelegte, aber nicht explizit ausformulierte Interdependenz von Ziel- und Mittelwahl zum Normalfall. Ziele sind primär den Dimensionen Signifikation/Kommunikation und Legitimation/Sanktion zuzuordnen.[59] Einerseits dienen sie zur In-

---

Beurteilung der Rationalität von Entscheidungsprozessen sorgfältig auseinander gehalten werden müssen.

57 Dabei ist natürlich stets die Gefahr der Rationalisierung im Freudschen Sinne gegeben. Auch dies mag noch einmal auf die Bedeutung des Unbewußten für die *rationalization of action* hinweisen.

58 In bezug auf unbewußte Ziele sprich man normalerweise von Motiven.

59 Es ist hier allerdings an den in den Abbildungen 2.4 und 2.5 vorgestellten rekursiven Konstitutionszusammenhang *aller* Dimensionen zu erinnern. Ziele be- (Forts.)

terpretation von Handeln, d. h. der Zuschreibung von Sinn, andererseits formulieren sie normativ anzustrebende Zustände. Im Handeln der Akteure werden sie als Modalitäten der Dualität von Struktur relevant: Sie sind im Handeln konkretisierte interpretative und normative Regeln. Als solche sind sie rekursiv in die Reproduktion sozialer Systeme eingebettet. Ziele werden ebenso im Lichte verfügbarer Mittel ausgewählt wie Mittel im Lichte verfügbarer Ziele. Damit ist nicht nur die im Zwischenergebnis formulierte Forderung der adäquaten Behandlung von Zielen in bezug auf ihren bewußtseinsmäßigen Status erfüllt, sondern die Theorie der Strukturation eröffnet mit dem Gedanken der rekursiven Konstitution von Zielen und Mitteln darüber hinaus auch eine Möglichkeit, neu über das Konzept der Rationalität nachzudenken (vgl. auch Rohbeck 1993: 219f.). Ich komme im dritten Kapitel darauf zurück.

Interpretationsschemata und innere Modelle. Interpretationsschemata, Deutungsmuster, innere Modelle der Realität - im Rahmen der Theorie der Strukturation und der Dualität von Struktur werden sie als Modalitäten der Strukturation betrachtet. Sie entstammen der Struktur, die Akteure beziehen sich in ihrem Handeln auf sie und reproduzieren damit die Struktur. Als Modalitäten sind sie im Handlungswissen repräsentiert. Damit sind sie Bestandteil der *knowledgeability* der Handelnden, verstanden als Handlungskompetenz: Sie ermöglichen erst eine Interpretation der aktuellen Erfahrungen und damit ein adäquates Handeln. Beziehen sich Interpretationsschemata primär auf die Dimension Signifikation/Kommunikation, so umfassen innere Modelle im Sinne Simons sämtliche Dimensionen der Strukturation. Daraus läßt sich ableiten, *daß die Erfahrung der Welt stets durch Interpretationsschemata, Normen und das Wissen um Ressourcen geprägt ist.* Die soziale Welt ist stets sozial konstruiert (vgl. Kap. 2.3 sowie 3.1).

Macht. Macht wird in der Theorie der Strukturation als Fähigkeit „to make a difference" (Giddens 1984: 14) konzeptualisiert. Das umfaßt auch die Kontrolle relevanter Ungewißheitszonen, als die Crozier und Friedberg (1979) Macht definieren, denn die Fähigkeit, „einen Unterschied zu machen" impliziert, daß das Handeln des Akteurs für andere nicht vollständig berechenbar ist. Macht als *transformative capacity* ist konstitutiver

---

ziehen sich damit ebenso auf allokative und autoritative Ressourcen - aber eben als interpretative oder normative Schemata.

Bestandteil des Handelns. Daraus wird abgeleitet, daß kein Handelnder vollständig machtlos ist. Gleichwohl bestehen erhebliche Machtunterschiede. Diese sind abgeleitet aus - nicht: determiniert durch die - Strukturen des sozialen Systems. Bestimmte Akteursgruppen haben strukturell größere Chancen, Modalitäten der Strukturation - Normen, Interpretationsschemata und Ressourcen - in ihrem Sinne zu mobilisieren als andere. Auf dieser Basis lassen sich die insbesondere in der *behavioral theory of the firm* (Cyert & March 1963) und dem *garbage can model* (Cohen, March & Olsen 1972) aufgetretenen Beliebigkeiten vermeiden. Dann können nämlich der *attention focus mechanism* bzw. die jeweils in einer konkreten Entscheidungssituation realisierte Kombination der Ströme im „organisationalen Mülleimer" als Produkte von machtförmigem Handeln interpretiert und unter Rekurs auf das intentionale Handeln der Akteure und auf (Macht-) Strukturen erklärt werden. Auch die am Ansatz von Crozier und Friedberg (1979) bemängelte zu starke Orientierung auf immaterielle Aspekte der Machtausübung (vgl. Becker & Ortmann 1994: 214; Ortmann et al. 1990: 18) kann mit Hilfe des Konzeptes der Dualität von Struktur korrigiert werden. Hier spielen ja die allokativen Ressourcen eine prominente Rolle.

Von zentraler Bedeutung für eine Erklärung organisationaler Prozesse ist das Konzept der Dialektik von Kontrolle. Ein wesentlicher Teil der Kontingenz organisationaler Entscheidungsprozesse hängt mit der Dialektik von Kontrolle zusammen. Sie ist *ein* Grund dafür, daß es keine Determination dieser Prozesse durch die Struktur gibt. Verlauf und Ausgang organisationaler Entscheidungsprozesse hängen davon ab, wie die Akteure ihre durchaus ungleich verteilten Chancen situativ nutzen. Insbesondere zeigt sich in der Implementationsphase organisationaler Entscheidungen, daß die vermeintlich machtlosen, hierarchieniedrigeren Akteure durchaus Machtpotentiale mobilisieren können, die Entscheidungen ranghöherer Gremien konterkarieren (vgl. die Fälle III.2 sowie III.5-7 in Ortmann et al. 1990).

Zusammenfassend läßt sich sagen, daß die Theorie der Strukturation die im Zwischenergebnis (1.3) formulierten Forderungen an eine Theorie organisationaler und strategischer Rationalität einlösen kann. Die Konsequenzen, die sich daraus für die Konzeption von Rationalität ergeben, werde ich im einzelnen im dritten Kapitel diskutieren. Davor muß es darum gehen, die Giddenssche Theorie auf organisationale und strategische Entscheidungsprozesse anzuwenden, um einerseits zu demonstrieren, daß eine strukturationistische Organisationstheorie leistungsfähig in Hinblick auf die Erklärung dieser Prozesse ist und damit einen Beitrag zur Lösung des Problems der Rationalität strategischer Entscheidungsprozesse leisten kann. Andererseits sollte dies ein vertieftes Verständnis der an diesem Punkt der Darstellung noch sehr abstrakten Theorie selbst ermöglichen, indem die Theorie der Strukturation auf einen konkreten Gegenstandsbereich angewandt wird.

2.2 Organisation, Entscheidungsprozeß, Strategie: Elemente einer Strukturationstheorie der Organisation

Nach der vorangegangenen Einführung in die Grundzüge der Theorie der Strukturation können in diesem Kapitel einige zentrale Grundbegriffe einer Strukturationstheorie der Organisation formuliert werden. Darauf aufbauend können dann strategische Entscheidungsprozesse in der Perspektive dieser Theorie beschrieben werden; diese Form der Beschreibung kann die im ersten Kapitel konstatierten Widersprüche der Strategietheorie mit Hilfe der Denkfigur der Rekursivivtät auflösen. Damit wird dann die Basis für eine adäquate Formulierung des Begriffes der Rationalität von strategischen Entscheidungen geschaffen. Ich werde zunächst einen strukturationistischen Organisationsbegriff vorstellen und Unternehmen als besondere Form von Organisationen definieren (2.2.1). Anschließend wende ich mich dem Entscheidungs- (2.2.2) und dem Strategiebegriff zu (2.2.3). Schließlich skizziere ich auf der Basis dieser Definitionen einige zentrale Aspekte der Logik organisationaler und strategischer Entscheidungsprozesse (2.2.4). In einem Zwischenergebnis (2.3) werden schließlich strategische Prozesse als Prozesse der sozialen Konstruktion von Realität interpretiert.

2.2.1 Organisation und Unternehmen

Organisationen. Im vorhergehenden Kapitel hatte ich bereits eine vorläufige Definition des Begriffes Organisation im Rahmen der Theorie der Strukturation vorgestellt (2.1.2). Danach sind Organisationen soziale Systeme, die bewußt eigenproduzierte Information über sich selbst diskursiv nutzen, die diese Information zur Kontrolle der Systemreproduktion einsetzen - beide Punkte zusammen machen die Systemreproduktion durch reflexive Selbstregulation aus - und die durch externe und interne Institutionalisierung ausgezeichnet sind (Giddens 1984: 203f.). Cohen weist im Anschluß an Giddens (1987a: 13f.) außerdem darauf hin, daß Organisationen als „power systems *par excellance*" zu betrachten seien (Cohen 1989: 148; Hervorh. im Orig.). Ich werde daher im folgenden Organisationen beschreiben als (1) reflexiv selbstregulierte soziale Systeme, die (2) formalisiert sind, d. h. ein hohes Maß interner Institutionalisierung aufweisen, in denen (3) das Phänomen Macht eine besondere Rolle spielt und die (4) in institutionalisierten Kontexten existieren. Zur

Illustration einzelner Punkte werde ich mich im folgenden immer wieder auf ein Fallbeispiel beziehen. Es handelt sich dabei um die ausführliche Beschreibung eines strategischen Entscheidungsprozesses, der die Automatisierung der gesamten Logistikkette und dabei im besonderen die Einführung eines neuen Systems zur Produktionsplanung und -steuerung (PPS) in einem metallverarbeitenden Unternehmen zum Gegenstand hat. Der Fall ist vollständig dokumentiert in Ortmann et al. (1990: 76-173).[61]

Box 1

Der untersuchte Betrieb ist Teil eines internationalen Metallindustriekonzerns. Sein wichtigstes Produkt sind Elektropumpen. Die wichtigsten Absatzmärkte sind die Automobilindustrie und die konzerninterne Zulieferung. Die Ursprünge des betrachteten Logistikprojektes lassen sich bis in die späten siebziger Jahre zurückverfolgen, als erste Module des später eingeführten PPS-Systems angeschafft werden. Mitte der achtziger Jahre wird eine Grundsatzentscheidung über die komplette Reorganisation und Automatisierung der Logistik getroffen, die die folgenden Punkte umfaßt:

- *ein automatisches Hochregallager,*
- *ein fahrerloses Transportsystem,*
- *die Reorganisation und Automatisierung der Produktionsplanung und -steuerung sowie*
- *die Neuordnung des Produktionsbereiches.*

Insbesondere um die Einführung des PPS-Systems gibt es erbitterte Auseinandersetzungen zwischen der EDV-Abteilung, die einen bestimmten Hersteller favorisiert, und den betroffenen Fachabteilungen (insbesondere Fertigungssteuerung und Einkauf), die Produkte dieses Herstellers auf Grund eigener schlechter Erfahrungen scharf ablehnen. Letztlich setzt sich die EDV-Abteilung mit massiver Unterstützung der EDV-Abteilung der Konzernzentrale und der Geschäftsleitung des Betriebes durch.

Der Erfolg des Projektes ist nach fünf Jahren Reorganisation im Jahre 1990 allerdings fragwürdig: Die erstrebten Rationalisierungsziele werden nicht erreicht, das PPS-System erweist sich, genau wie die Fachabteilungen moniert hatten, als zu inflexibel und die Fertigungssteuerung sowie die Produktion arbeiten „am System vorbei", wie es im internen Jargon heißt. Die angestrebte Reduzierung der Lagerbestände durch die Auflösung sogenannter „wilder Läger" im Produktionsbereich, mit deren Hilfe die nötige Flexibilität der Produktion gesichert wird, scheitert.

---

61 Die Fallstudie wurde federführend von Arnold Windeler durchgeführt; einzelne Aspekte sind weiterhin dokumentiert in Windeler (1989; 1992).

Reflexive Selbstregulation. Kreisläufe von Praktiken und ihren Konsequenzen, die ihre eigenen Existenzbedingungen reproduzieren, habe ich mit Giddens als Reproduktionskreisläufe bezeichnet. Um den Anschluß der Praktiken aneinander zu ermöglichen, müssen Mechanismen existieren, die einerseits die Identität der Praktiken im Zeitablauf sicherstellen (Kontrolle) und andererseits die Koordination von Praktiken und Konsequenzen ermöglichen. In Organisationen ist die Wechselseitigkeit der sozialen Praktiken, d. h. also: Kontrolle und Koordination der Reproduktionskreisläufe im Zuge reflexiver Regulation intentionaler Steuerung unterworfen. Das bedeutet, daß Aktivitäten von Akteuren intentional auf die Reproduktion des sozialen Systems gerichtet sind. Es wird Wissen über die Koordination und Kontrolle systemischer Praktiken und ihrer Umstände in Anschlag gebracht, um die Systemreproduktion zu steuern, d. h. den Anschluß von Praktiken an Konsequenzen vorhergehender Praktiken sicherzustellen: Organisieren als intendierte Aktivität. Reflexive Regulation findet sich nie in ausschließlicher oder reiner Form in der empirischen Wirklichkeit. Wenn eine Organisation im Rahmen der Theorie der Strukturation als reflexiv selbstreguliertes soziales System verstanden wird (vgl. Giddens 1987a: 12; 1987b: 153), bedeutet das, daß dennoch der Großteil der organisationalen Aktivitäten der Regulation durch homöostatische Kausalschleifen zuzurechnen ist, während ein kleinerer Teil als Bereich der reflexiven Selbstregulation, sowohl implizit, d. h. auf handlungspraktischem Wissen basierend, als auch explizit, auf diskursivem Wissen basierend, beschrieben werden kann.[62] Die Systemreproduktion im Zuge von homöostatisch koordinierten Reproduktionskreisläufen wird insofern über die nicht-intendierten Konsequenzen der (gleichwohl intentional angewandten) Praktiken geleistet, als die Aktivitäten der Akteure nicht auf die Regulation der Reproduktion des sozialen Systems gerichtet sind. Das schließt nicht aus, daß den Akteuren diese Konsequenzen bekannt sind; sie wenden dieses Wissen allerdings nicht zu diesem Zweck an.[63] Auf diese Weise tragen beispielsweise zahlreiche Routinehandlungen in Unternehmen zur Reproduktion des Unternehmens bei, ob es sich dabei um die Erstellung einer

---

62 Man kann das durchaus als Analogie zum Konzept des Handelns betrachten; auch hier basiert nur der kleinere Teil der reflexiven Überwachung und Steuerung des Handelns auf dem diskursiven Bewußtsein (vgl. Kapitel 2.1.3).

63 Vgl. dazu die Erläuterungen zum Konzept der Intentionalität in Kapitel 2.1.3.

Investitionsrechnung oder den Klatsch in der vormittäglichen Frühstückspause handelt.[64]

Mißverständlich ist es meines Erachtens, von reflexiver Regulation im Sinne einer Systemreproduktion als *intendierter Handlungsfolge* zu sprechen, wie dies Cohen tut (1989: 132). Handlungsfolgen sind in sozialen Systemen nie vollständig kontrollierbar. Dies wäre allenfalls unter der unrealistischen Annahme vollständiger Information (auch über das zukünftige Handeln anderer) annähernd denkbar. Schon die Dialektik von Kontrolle macht eine solche einseitige Kontrolle unmöglich. Das bedeutet, daß es zwar im Falle homöostatischer Kausalschleifen sinnvoll sein kann, von der Regulation der Systemreproduktion als nicht-intendierte Konsequenz sozialer Praktiken zu sprechen, in bezug auf die reflexive Selbstregulation aber allenfalls von der Systemreproduktion als *Folge intentionalen organisierenden Handelns*. Denn die sich tatsächlich ereignende Reproduktion - das Resultat von intentional auf diese gerichtetem Handeln - kann sich durchaus (sogar grundlegend) von der *intendierten Form* der Systemreproduktion unterscheiden. Der Fall des PPS-Systems bietet in dieser Hinsicht viel Anschauungsmaterial (vgl. z. B. den in Box 2 dargestellten *circulus vitiosus*). Ein gewisses Maß an Kontrolle der Handlungskonsequenzen wird allerdings indirekt ausgeübt durch das Konstanthalten sozialer Praktiken; diese Kontrolle kann aber eben nie vollständig sein, weil immer auch nicht-indentierte Konsequenzen auftreten werden, zumindest aber nicht ausgeschlossen werden können. Entweder hat man es also mit intendiert vorgenommenen Versuchen der Steuerung der Systemreproduktion zu tun, dann handelt es sich um reflexive Regulation, *unabhängig vom Erfolg des Eingriffs*. Oder man hat es mit sozialen Praktiken zu tun, die ohne intentionalen Bezug zur Steuerung der Systemreproduktion ausgeübt werden, dann handelt es sich um Regula-

---

[64] Ein sehr prägnantes Beispiel dafür findet sich auch bei Burawoy (1979: 49-94), der detailliert beschreibt, wie im Zuge des "labor process as a game" die Produktion von *Manufacturing Consent* (so der Titel seiner Studie) funktioniert. Indem die Arbeiter in der Produktion sich an dem Spiel des "making out" beteiligen, das die Steigerung der Akkordzahlungen zum Ziel hat, tragen sie nicht-intendiert zur Reproduktion des Unternehmens bei: "playing a game generates consent to its rules" (Burawoy 1979: 93). Dieser (implizite) Konsens meint strukturationstheoretisch gewendet nichts anderes als Reproduktion der legitimen und normativen Ordnung sowie der Ressourcenverteilungen.

tion durch homöostatische Kausalschleifen. Die Unterscheidung der verschiedenen Formen der Systemreproduktion ist sinnvoll nur mit bezug auf die Intentionalität von Handeln vorzunehmen - d. h. auf die zielgerichtete Anwendung von Organisationswissen in Handlungen bzw. Praktiken, die auf die Kontrolle und Koordination organisationaler Aktivitäten gerichtet sind - nicht jedoch mit Bezug auf den Erfolg von Steuerungseingriffen. Das bedeutet: Weil die Reziprozität sozialer Praktiken in Organisationen durch die Konsequenzen dieser Praktiken vermittelt wird, *ist die Reproduktion des sozialen Systems Organisation grundsätzlich prekär.*

Ich hatte bereits darauf hingewiesen (2.1.3), daß intentional und diskursiv nicht identisch sind. Innerhalb der reflexiven Regulation ist daher noch einmal zwischen impliziter und expliziter intentionaler Steuerung der Systemreproduktion zu differenzieren. Damit werden solche Arbeiten zur Unternehmensführung auf neue Weise verstehbar, die von als nicht-rational bezeichneten Fähigkeiten guter Manager berichten - etwa Gutenbergs „irrationale Wurzel echter Führungsentscheidungen" (1983: 7, 131) oder Mintzbergs Betonung der Bedeutung der rechten Gehirnhälfte für gutes Management (1987). Mintzberg hat seine Position dazu kürzlich noch einmal bekräftigt (1994: 393) und den „left-handed planner" als „somewhat more inclined toward the intuitive process" beschrieben; er sei insbesondere der kreativere strategische Planer als der analytisch orientierte „right-handed planner" (ebd.: 394). Ungeachtet der Tatsache, daß mir hier eine in dieser Form unzulässig erscheinende Vermischung physiologischer und (kognitions-) psychologischer Aspekte vorliegt,[65] läßt sich ein eher intuitiver Managementstil unter Rekurs auf das Giddenssche Konzept der Intentionalität wesentlich einfacher als eine Reihe impliziter reflexiver Regulationsprozesse beschreiben. Ausflüge in die Physiologie sind ebenso überflüssig wie solche in die Esoterik.

Box 2

Ein besonders prägnantes Beispiel für die Systemreproduktion via reflexiver Selbstreproduktion, deren Resultat allerdings nicht den Intentionen der Beteiligten entspricht, bildet ein circulus vitiosus, *der sich in der Auseinandersetzung um die Einführung des PPS-*

---

65 Ich komme auf dieses Problem noch einmal im dritten Kapitel unter Rekurs auf Uexküll und Wesiack (1986) zu sprechen; vgl. dazu auch Brauner (1994: 46ff.).

Systems bei dem Pumpenhersteller beobachten läßt (vgl. Abbildung 2.10). Dieser Teufelskreis bildete sich im Laufe der Jahre in den Auseinandersetzungen zwischen der EDV-Abteilung und den Fachabteilungen über die Einführung von Soft- und Hardware des von den EDV-Spezialisten befürworteten, von den Fachabteilungen aber vehement abgelehnten Produzenten, der „Firma A" heraus. Da sich bislang die EDV-Abteilung stets durchsetzen konnte, werden mehrfach Systeme der Firma A angeschafft, bei deren Betrieb die Fachabteilungen als Systemanwender dann regelmäßig über Unzulänglichkeiten klagen. Im Zuge der Arbeit im Projektteam, das die Implementation des PPS-Systems durchführen soll, werden dann die Strukturierungen des Handlungsfeldes durch die beteiligten Akteure reproduziert.

Die grundlegende Logik des Teufelkreises ist die folgende. Die EDV-Abteilung geht an die Aufgabe, Anwendungssysteme für die Fachabteilungen zu konzipieren und auszuwählen, zunächst mit sehr abstrakten und modellhaften Vorstellungen heran (Interpretationsschemata und Normen). Vor diesem Hintergrund wirkt die tatsächliche Praxis beinahe zwangsläufig als chaotisch und verbesserungsbedürftig. So erscheint aus der Perspektive der EDV-Abteilung beispielsweise die Produktionsplanung und -steuerung relativ einfach und es wird ein recht inflexibles und zentralisiertes System der Firma A ausgewählt. Die Auswahl des Systems ist daher auch ein intentional auf die (Veränderung der) Reproduktion des „Produktionsplanungsspiels" gerichteter Akt: Die Produktionsplanung und -steuerung soll nach den Vorstellungen der EDV-Abteilung reorganisiert werden. Daneben basiert die Präferenz für die Firma A auf der Interpretation ihrer Produkte als erfahrungsgemäß die besten (Interpretationsschema), nicht zuletzt auf Grund persönlicher Beziehungen zu A und der massiven Unterstützung in dieser Hinsicht durch die zentrale konzerneigene EDV-Abteilung. Es gilt die Norm: Mit Firma A geht man auf Nummer sicher.

Ganz anders die Fachabteilungen. In ihrer Perspektive erscheint die aktuelle Praxis als angemessen (Interpretationsschema) und als richtig (Norm). Den modellhaften Vorstellungen der Arbeitsabläufe, die in der EDV-Abteilung herrschen, werden hier sehr konkrete Anforderungen und potentielle Lösungen gegenübergestellt (Interpretationsschemata und Normen), denen die Produkte der Firma A regelmäßig nicht gerecht werden. Im Falle des PPS-Systems wird insbesondere die mangelnde Flexibilität beklagt. Systeme von A werden wahrgenommen als Einschränkungen der Handlungsspielräume und als Ursachen für Mehrarbeit (Interpretationsmuster). Entsprechend handeln die Akteure der Fachabteilung im Entscheidungs- und Implementationsprozeß. Es wird versucht, die Entscheidung für Firma A zu blockieren; der Anbieter wird betriebsöffentlich diffamiert; man insistiert auf Betriebsspezifika, die in die Standardsoftware eingebaut werden sollen; Probleme werden zu „passenden" Zeitpunkten angesprochen; nicht zuletzt hält man sich mit personeller Unterstützung in den Projektteams zurück. Ebenso wie auf Seiten der EDV-Abteilung sind die Aktivitäten der Fachabteilungen auch intentional auf die (diesmal allerdings unveränderte) Reproduktion des Reproduktionskreislaufes Produktionsplanung und -steuerung gerichtet.

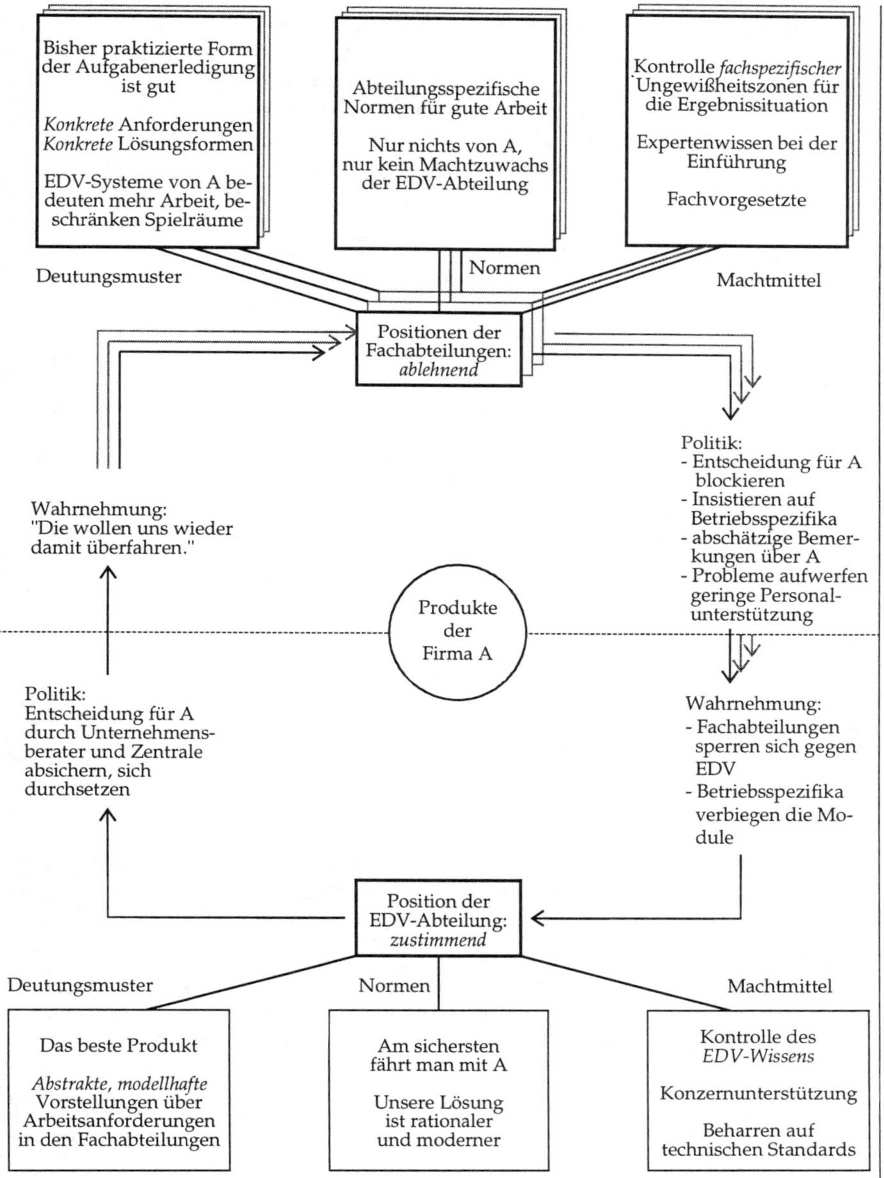

Abbildung 2.10: *Circulus vitiosus zwischen EDV- und Fachabteilungen (Ortmann et al. 1990: 111, Abbildung 12, modifiziert)*

Diese Politik wird auf Seiten der EDV-Abteilung - vor dem Hintergrund ihrer Normen und Interpretationsschemata bezüglich der Produkte der Firma A - als sachlich nicht gerechtfertigt wahrgenommen: Die Fachabteilungen sperrten sich gegen die EDV im allgemeinen und setzten insbesondere ihr Beharren auf Betriebsspezifika ein, um notwendige Entscheidungen zu blockieren und die Module des PPS-Systems „zu verbiegen". Die Akteure der EDV-Abteilung ziehen die - in ihrer Perspektive logische - Konsequenz einer klaren Machtpolitik; die Fachabteilungen müssen eben zu ihrem Glück gezwungen werden. Dabei können ihre Mitglieder sich auf drei bedeutsame Machtquellen stützen: die Kontrolle der Ungewißheitszone EDV-Technik, die Unterstützung durch externe (Unternehmensberater) und interne Experten (EDV-Abteilung der Konzernzentrale) sowie die Unterstützung durch die Geschäftsleitung. Diese Politik wird wiederum in den Fachabteilungen als „Überfahren" wahrgenommen und es wird weiter versucht, das Projekt zu blockieren. Die Machtquellen, die die Fachabteilungen dabei mobilisieren können, sind die Kontrolle fachspezifischer Ungewißheitszonen (z. B. Planung der Produktion), das Expertenwissen der Fachvorgesetzten und das Expertenwissen für die Implementation des Systems selbst, ohne das diese scheitern würde.

Die gegensätzlichen Positionen und Politiken der EDV- und Fachabteilungen entspringen allerdings keineswegs den Marotten neurotischer Vertreter des unteren und mittleren Managements. Vielmehr haben wir es mit gegensätzlichen Interessenlagen und Gratifikationsstrukturen zu tun. Werden beispielsweise die Fertigungssteuerer und die Meister in der Produktion dafür belohnt, daß die Produktionsanlagen möglichst gut ausgelastet sind, so sehen sie ihre Aufgabe gerade durch die Einführung eines neuen Systems der Firma A - nicht zu Unrecht, wie der Ausgang des Projektes zeigt - gefährdet. Auf der anderen Seite sehen sich die EDV-Leute ebenso durch das Handeln der Fachabteilungen in ihrer Arbeit, für die sie belohnt werden, behindert: die Innovation im Bereich der EDV. Dadurch, daß dieser Zirkel im Unternehmen bereits mehrfach durchlaufen wurde, hat er sich zum Zeitpunkt des Logistikprojektes strukturell verfestigt (institutionalisiert). Es hat sich ein circulus vitiosus *etabliert.*

An diesem Beispiel lassen sich drei Dinge verdeutlichen:

1. *Obwohl die Aktivitäten der Beteiligten auf die Reproduktion des Reproduktionskreislaufes bzw. der Organisation gerichtet sind, ist das Resultat - die konkrete Form, in der der Reproduktionskreislauf reproduziert wird - insgesamt nicht-intendiert.*
2. *Würde man die Unterscheidung von reflexiver Selbstregulation und homöostatischen Kausalschleifen am Resultat der Aktivitäten festmachen, müßte man den Prozeß als* homeostatic causal loop *bezeichnen: Die Aktivitäten der Akteure sind sicherlich nicht intentional auf die Reproduktion des dargestellten Teufelskreises gerichtet, insofern läge eine nicht-intendierte Reproduktion vor.*
3. *Organisatorische Innovationen stellen ein besonders sensibles Konfliktfeld dar. „Innovations-" und „Routinespieler" folgen einander widersprechenden Handlungslogiken (Becker & Ortmann 1994). Ich gehe in 2.2.4 ausführlich darauf ein.*

Formalisierung und interne Institutionalisierung. Organisationen weisen einen höheren Grad an (interner) Institutionalisierung auf als andere soziale Systeme. Organisationsmitglieder orientieren ihr Handeln normalerweise an organisationalen Identitäten (Rollen), die ihre Positionen innerhalb der Organisation definieren (Cohen 1989: 141). Solche Positionierungen existieren natürlich auch in anderen sozialen Systemen, sind allerdings in Organisationen zu einem großen Teil formalisiert. Giddens expliziert das Rollenkonzept als soziale Positionierung (*positioning*) von Individuen, die ihnen eine soziale (organisationale) Identität[66] verleiht (Giddens 1979: 116 f.; 1984: 84): Eine Rolle ist in einen oder mehrere Reproduktionskreisläufe derart eingebettet, daß mit ihr bestimmte Merkmale (z. B. formale Qualifikationen) sowie Rechte und Pflichten verbunden sind. Diese Merkmale, Rechte und Pflichten existieren in einer Reihe sozialer Praktiken, in denen sie Gestalt annehmen, indem sie für andere Akteure identifizierbar werden. So existiert eine organisationale Rolle, etwa die eines Controllers, in einer Reihe sozialer Praktiken, etwa der Durchführung bestimmter Investitionsrechnungen oder Kostenanalysen, die diese Rolle als die Rolle eines Controllers „sichtbar" machen, die mit charakteristischen Sanktionsmöglichkeiten und Verpflichtungen verbunden ist. Auf Grund dieser Verbindung von Rolle und sozialen Praktiken spricht Cohen (1989: 209 ff.) statt von Rollen von „position-practices". Die Akteure übernehmen Rollen, indem sie bestimmte soziale Praktiken anwenden. Diese organisationalen *position-practices* existieren in einem Geflecht von Beziehungen untereinander, das mehr oder weniger stark institutionalisiert sein kann. Organisationen weisen einen hohen Grad an Institutionalisierung auf. Für die *position-practices* bedeutet das, daß sie relativ weit in Raum und Zeit ausgreifen und daher relativ unabhängig von den konkreten „Inhabern" der organisationalen Positionen sind.

> „Put in another way, position-practices endure as structured clusters of institutions even as successive cohorts or generations of agents participate in system reproduction." (Cohen 1989: 210)

Diese Beschreibung von *position-practices* läßt sich zwanglos auf die klassische Definition der Stelle durch Kosiol beziehen: Bei einer Stelle handelt es sich „um einen versachlichten (objektivierten) Aufgabenkomplex (Teilaufgabengesamt) eines Aufgabenträgers" (1962: 93), „der

---

[66] Das sozialpychologische Konzept der sozialen Identität wurde von Tajfel (1978, 1982) formuliert.

vom Personenwechsel unabhängig ist." (ebd.: 89) Die Stelle bildet damit einen Funktionen- oder Kompetenzbereich (ebd.: 90).

Mit der Abstraktion von konkreten Personen ist zudem ein wesentlicher Aspekt von Formalisierung angesprochen. So macht Scott (1986: 95) Formalisierung daran fest, daß

> „die Regeln, die das Verhalten der Beteiligten steuern, genau und explizit formuliert sind und ... Rollen und Rollenbeziehungen unabhängig von den persönlichen Eigenschaften derjenigen, die bestimmte Positionen in der Struktur innehaben, vorgegeben sind."

Mit der Abstraktion von konkreten Personen, von *face-to-face*-Interaktion und ihrem relativ weiten zeitlichen Horizont sind Organisationen durch ein hohes Maß an Systemintegration gekennzeichnet Formalisierung ist als Resultat und Voraussetzung der Systemintegration von Organisation rekursiv in ihre Reproduktion eingebettet. Sie ist zugleich ein Instrument der reflexiven Regulation der organisationalen Reproduktion.

In bezug auf die Dimensionen der Dualität von Struktur ist die Formalisierung zum einen auf die normative Ordnung zu beziehen, da sie Vorschriften über adäquates Verhalten der Organisationsmitglieder enthält. Sie basiert aber zum anderen auch auf der Verfügung über allokative und autoritative Ressourcen: Allokative Ressourcen bilden die materielle Basis von Anordnungsrechten im Rahmen der formalen Organisationsstruktur, während autoritative Ressourcen sozusagen das Werkzeug der Formalisierung zur Verfügung stellen, etwa die Verfügung über Planungsinstrumente und den Verwaltungsapparat. In Hinblick auf die Dimension der Sinnkonstitution ist schließlich festzustellen, daß die Formalisierung auch zu einer Standardisierung der Perspektiven der Akteure führt bzw. führen soll. Man denke etwa an die Idee Simons (1981), daß die unterschiedlichen inneren Modelle durch die Integration der Akteure in die Organisation zu einem gemeinsamen organisationalen Weltbild führen solle. Daß Formalisierung eine bedeutsame mikropolitische Komponente hat, erscheint beinahe trivial. Einerseits erfordert die Implementation formaler Regelungen die Mobilisierung von Machtpotentialen, andererseits soll die Formalisierung ja gerade „das Verhalten der Beteiligten steuern, sichtbarer und durchsichtiger ... machen." (Scott 1986: 95) In der Perspektive Croziers und Friedbergs (1979) geht es dabei um die Kontrolle relevanter Ungewißheitszonen, genauer: um die Verhinderung solcher Kontrolle. Der formalen Hierarchie in Organisationen kommt daher eine - bei aller notwendigen Relativierung[67] - große Bedeutung zu.

Box 3

Der Einsatz der Formalisierung als Instrument der reflexiven Regulation läßt sich am Beispiel des Pumpenherstellers ebenfalls in bezug auf das PPS-System demonstrieren. Die Einführung des Systems ist gerade der diskursiv intendierte Versuch, Ungewißheitsquellen, die die Fertigungssteuerer, Meister und Arbeiter in der Produktion aufgebaut haben, via Formalisierung durch die Übertragung auf ein EDV-System in die Kontrolle des Managements zu überführen, also: Prozeßbeherrschung zu erlangen. Ich werde hier nicht in die Feinheiten der Produktionsplanung und -steuerung einsteigen; um den Punkt zu verdeutlichen, genügt eine grobe Darstellung der wichtigsten Aspekte.

„Zwei Merkmale kennzeichnen die (alte, A. B.) Form der Planung und Steuerung der Produktion: Erfahrungswissen und von Personen getragene Interaktion. Weniger standardisierte Vorgaben als Erfahrungswissen prägt die Aufgabenerledigung. In der jeweiligen Abteilung gültige Richtwerte, die sich an Gratifikationen orientieren, fließen in die routinisierte Aufgabenerledigung ein. Koordiniert werden die Aktivitäten in den Abteilungen Vertrieb, Einkauf, Fertigungssteuerung und Produktion über Kommunikation und Kooperation. Abstimmungen erfolgen über 'direkte und schnelle Wege'. Über die Jahre hat sich eine ausgefeilte Interaktionsstruktur zwischen Vertriebsdisponenten, Einkäufern, Fertigungssteuerern, Meistern, ja bis hin zu Werkern ausgebildet, über die die Aktionen miteinander verkettet sind. Über sie werden die verschiedenen Interessenlagen der Akteure routinisiert untereinander abgestimmt bzw. alltäglich ausgehandelt. (...) Flexible Reaktionen auf die sich oft ändernden Handlungsparameter sind durch die beteiligten Personen garantiert und an sie gebunden. Da die Beteiligten jeweils für die eigene Aufgabenerledigung relevante Ungewißheitszonen kontrollieren, müssen alle an der Aufrechterhaltung funktionierender Interaktionsstrukturen interessiert sein." (Ortmann et al. 1990: 90)

Von Seiten des Vorstandes und der EDV-Abteilung wird in dieser stark personengebundenen Form der Fertigungssteuerung eine Gefahr gesehen, weil das Unternehmen im Grunde von den persönlichen Fertigkeiten einer relativ kleinen Gruppe von Fertigungssteuerern abhängig ist, die noch dazu nicht mehr die jüngsten sind. Im Rahmen der Übernahme der Produktionsplanung und -steuerung auf das EDV-System werden viele Aufgaben der an der Fertigungssteuerung beteiligten Akteure auf das PPS-System übertragen. Anforderung und Auslieferung von Teilen an die Produktionsstätten, Auftragsfreigabe, Mengenplanungen etc. werden zentral über einen Lagerverwaltungsrechner gesteuert, in dem auch die Lagerbestände verzeichnet sind. So wird der gesamte Vorgang formalisiert und zugleich reorganisiert.

---

67 Man denke etwa an die „weichen S" von Peters und Waterman (1984) oder an den *institutionalized organizations*-Ansatz (Meyer & Rowan 1977).

Macht. Cohen nennt Organisationen „power systems *par excellence*" (1989: 148; Hervorh. im Orig.).[68] Organisationen existieren unter raum-zeitlichen Bedingungen, d. h. in *locales*,[69] die die Konzentration autoritativer und allokativer Ressourcen begünstigen.[70] So existiert ein Unternehmen bespielsweise in einem *locale*, an dem allokative - Anlagen, Geldmittel etc. - und autoritative Ressourcen - die Technologie des Organisierens, ein Verwaltungsapparat etc. - konzentriert sind. In diesem „setting" können daher in besonderer Weise Ressourcen mobilisiert werden. In diesem Sinne sind *locales* „power containers" (Giddens 1987a: 13).

> „Power containers generate power ... first and foremost through the concentration of allocative and administrative resources. The generation of allocative resources is, of course, influenced directly by forms of available technology ..., but the level of their concentration de-

---

68 Das sollte für den Bereich der Organisationstheorie eigentlich deshalb nicht überraschend sein, weil bereits Webers Überlegungen zur Bürokratie, *der* Klassiker der Organisationstheorie, im Zusammenhang seiner Herrschaftssoziologie stehen (Weber 1980: 125 ff.). Tatsächlich wird das Thema Macht allerdings tendenziell tabuisiert (Becker & Ortmann 1994).

69 Giddens spricht statt von Ort (*space*) lieber von *locale*. Damit wird darauf hingewiesen, daß Orte nicht allein räumliche, sondern raum-zeitliche und soziale Aspekte beinhalten. Ein Haus hat neben den räumlichen Aspekten eben auch soziale: Es findet eine soziale Regionalisierung statt, in dem Sinne, daß die sozialen Begegnungen einerseits von den einzelnen Räumen geprägt werden, diese aber wiederum als bestimmte Räume, etwa Wohnzimmer, erst durch das entsprechende Handeln der Akteure konstituiert werden. Zudem kommt in diesem Zusammenhang auch eine zeitliche Regionalisierung der Örtlichkeit zum Tragen, weil die unterschiedlichen Räume zu unterschiedlichen Tageszeiten (evtl. in unterschiedlicher Weise) genutzt werden (vgl. Giddens 1987a: 12f.). In entsprechender Weise ist ein Fabrikgebäude nicht nur ein räumlicher, sondern auch ein zeitlicher und sozialer Ort.

70 Diese Formulierung mag auf den ersten Blick unklar erscheinen. Man muß sich aber klar machen, daß im Rahmen der Theorie der Strukturation soziale Systeme - und damit auch Organisationen - als ständig reproduzierte Muster sozialer Praktiken definiert werden. *Locales* selbst sind daher nicht Elemente des Systems Organisation. Damit grenzt sich ein strukturationstheorischer Organisationsbegriff - das sei noch einmal betont - ab von Definitionen à la Heinen (1978: 20), in denen Organisationen als soziotechnische Systeme verstanden werden.

pends primarily upon factors creating authoritative resources." (Giddens 1987a: 13 f.)

Die Kontrolle materieller Ressourcen ist abhängig von den Möglichkeiten der Organisation von Raum und Zeit und der Koordination und Kontrolle von Menschen, kurz von administrativer Macht (ebd.: 47). Das betrifft insbesondere Möglichkeiten, Personal speziell für administrative Aufgaben einzusetzen, das Vorhandensein von Kapazitäten für Überwachung und Informationsspeicherung, die Existenz von Sanktionsmöglichkeiten sowie die Einflußnahme auf Ideologiebildung (ebd.: 14ff.) Zu beachten ist in diesem Zusammenhang natürlich, daß die erwähnten Potentiale noch nichts über ihre tatsächliche Mobilisierung in der Praxis aussagen. Die Dialektik von Kontrolle ist hier weiterhin wirksam.

Die Möglichkeit der Informationsspeicherung ist unter den genannten Aspekten in der Perspektive der reflexiven Regulation sozialer Systeme besonders herauszustellen. Informationsspeicherung ermöglicht erst die Reflexivität und Diskursivität der Reproduktion von Organisationen. Historisch betrachtet bildet die Erfindung der Schrift und insbesondere ihre Verbreitung durch den Buchdruck eine Zäsur. In historischen Dokumenten wird - anders als in der mündlichen Überlieferung in Mythen - Tradition *als Tradition* und damit als eine Art des Lebens unter möglichen anderen zugänglich. Sie wird damit „a discursive phenomenon open to interrogation" (Giddens 1984: 201).[71] In analoger Weise bilden die gespeicherten Informations- und Wissensbestände moderner Organisationen, beispielsweise Personalinformationssysteme, die Basis diskursiver Reflexion über die Steuerung der Organisation.

Nun hatte ich bereits die zu rigide Trennung der einzelnen Dimensionen in Giddens' Konzept der Dualität von Struktur und die verkürzte Betrachtung von Macht als auf der Verfügung über Ressourcen basierend kritisiert (2.1.2). So muß man auch im Fall der autoritativen Ressourcen beachten, daß sie nicht unabhängig von den anderen Dimensionen exi-

---

71 An dieser Stelle sei noch einmal daran erinnert, daß Giddens selbst sich für soziale Systeme und Organisationen weniger auf der Mikro- oder Mesoebene interessiert, sondern stärker auf der Ebene ganzer Gesellschaften. So findet sich das meiste Material über Organisationen in *The Nation State and Violence* (1987a), einer Studie, die sich mit der Herausbildung des modernen Nationalstaates befaßt.

stieren. Die Potentiale zur Informationsspeicherung basieren ebenso wie der Einsatz von administrativem Personal natürlich auf der Verfügbarkeit allokativer Ressourcen in ihren ökonomischen und technischen Aspekten. Sanktionsmöglichkeiten und formale Hierarchien sind stark beeinflußt von rechtlichen und organisationalen Normen (Legitimation/Sanktion) und die Einflußnahme auf die Ideologiebildung betrifft auch die Dimension Kommunikation/Signifikation. Alle diese Aspekte werden hier aber *in ihrer rekursiven Konstitutionsbeziehung zur Dimension autoritative Ressourcen* betrachtet.[72] Autoritative Ressourcen betreffen diejenigen Aspekte der Dualität von Struktur, die *unmittelbar* die reflexive Regulation von Organisationen betreffen.

Box 4

Der Fall des Logistikprojektes bei dem Pumpenhersteller läßt sich auch unter der Perspektive der Macht und der Mobilisierung allokativer und autoritativer Ressourcen betrachten. Daß wir es hier mit mikropolitischen Prozessen zu tun haben, ist bereits aus dem angeführten circulus vitiosus *deutlich geworden (Box 2). Er läßt sich, in Anlehnung an das Crozier/Friedbergsche Wort vom „Kampf der Rationalitäten" (1979: 226) als ein Kampf der Perspektiven beschreiben. Auf Seiten der Fachabteilungen lassen sich als allokative Ressourcen jeweils die Kontrolle über die materielle Seite der von ihnen kontrollierten Prozesse ins Feld führen: Kontrolle der Kapitalbindung im Lagerbestand, Kontrolle günstiger Einkaufsstrategien und -quellen, Kontrolle einer günstigen Auslastung der Anlagen etc. Das dazugehörige Expertenwissen um die organisationalen Abläufe läßt sich unter die autoritativen Ressourcen subsumieren. Dem stehen auf der Seite der EDV-Abteilung ebenfalls spezifische Ressourcen gegenüber, die in der mikropolitischen Auseinandersetzung mobilisiert werden: Die Kontrolle der Informations- und Kommunikationstechnik und das Wissen um die dazugehörigen organisationalen Abläufe.*

Institutionalisierte Kontexte. Organisationen existieren in institutionalisierten Kontexten bzw. Umwelten. Giddens betont in diesem Zusammenhang, daß Organisationen in „fixed locales" existierten (1984: 204) und befaßt sich dann allerdings ausschließlich mit *locales* als Machtgeneratoren (*power containers*), wie ich es oben dargestellt habe (Giddens 1987a: 13 ff.). Kontextgebundenheit organisationalen Handelns meint zunächst einmal nur, daß im Zuge der reflexiven Regulation der System-

[72] Die Dimension *autoritative Ressourcen* wird bei solch einer Betrachtungsweise also implizit als analytische Leitdimension verwandt (vgl. Kapitel 2.1.2, Abbildung 2.4). Ich komme auf die (in der Logik der Abbildung 2.5) „horizontalen Rekursionsbeziehungen" (Ortmann 1995: 367) gleich zurück.

reproduktion die Charakteristika der organisationalen Umwelt systematisch überwacht und einbezogen werden. Ebenso wie innerhalb einer Organisation existieren auch im organisationalen Kontext bzw. in den Organisation/Umwelt-Beziehungen institutionalisierte Praktiken. So sind etwa die sozialen Praktiken, die mit dem Verkauf von Waren einhergehen, hochgradig institutionalisiert.

In diesem Zusammenhang läßt sich auf den *institutionalized organizations*-Ansatz rekurrieren (Meyer & Scott 1983; Meyer & Rowan 1977; Whittington 1992; vgl. Kapitel 1.3.2). Seine Grundidee besagt ja, daß die organisationale Umwelt einen prägenden Einfluß auf die Organisation nimmt. Dabei ist aus strukturationstheoretischer Perspektive zu kritisieren, daß die Vertreter des *institutionalized organizations*-Ansatzes zu deterministischen Beschreibungen tendieren. Diese lassen sich aber vor dem Hintergrund der Theorie der Strukturation vermeiden (Whittington 1992: 703), weil man hier von einer wechselseitigen Beeinflussung organisationaler und externer Akteure und damit von Organisation und Umwelt ausgehen muß. Meyer und Rowan (1977: 341) sprechen von „institutionalized rules", die auf Organisationen einwirken und die, so muß man strukturationstheoretisch ergänzen, durch das organisationale Handeln reproduziert werden.[73] Dominanter Inhalt dieser institutionalisierten Zuschreibungen an die Adresse der Organisation ist die Rationalisierung. Damit ist gemeint, daß sie als durch Zweck/Mittel-Beziehungen kontrolliert beschrieben werden und daß die formale Organisationsstruktur das Abbild rationaler Ressourcenverwendung, Handlungskontrolle und Zielerreichung ist (Meyer 1983: 264 f.).

> „Es sind soziale Systeme, innerhalb derer Herrschaft ihre Legitimation aus der tatsächlichen oder vermeintlichen oder fingierten Rationalität der Ressourcennutzung bezieht, nicht aus: Tradition, Religion, demokratischer Verfaßtheit oder sonstwoher. Und es sind daher Systeme, innerhalb derer die kognitive Ordnung der Welt - der Sinn sozialen Handelns und sozialer Strukturen - mittels des Deutungsmusters eben dieser instrumentellen Rationalität konstitutiert wird -

---

[73] Wobei diese Rekursivität bei Meyer und Rowan teilweise anklingt, wenn sie etwa Institutionen mit Berger und Luckmann (1980) als wechselseitige Typisierungen definieren. Wie so häufig wird allerdings auch hier die angelegte Idee der Rekursivität des Sozialen nicht weiter verfolgt.

ohne allzuviel Rücksicht auf die immanente Stimmigkeit und die Ausblendungen dieser Interpretation." (Ortmann 1995: 296)

Daß die organisationale Praxis diesen rationalisierenden Zuschreibungen nicht gerecht wird, ist hingegen nicht die Ausnahme, sondern die Regel. Es kommt daher zu einer Entkopplung von tatsächlicher organisationaler Aktivität und legitimatorischen Handlungen (Brunsson 1989; 1995; Meyer & Rowan 1977: 357). Man denke etwa an die veröffentlichten Unternehmensleitbilder, die eher lose mit organisationalen Praktiken verknüpft sind. Insbesondere die Dimension Legitimation/Sanktion der Dualität von Struktur enthält Elemente, die stark an den Relationen der Organisation zu ihren institutionalisierten Umwelten, d. h. zu anderen sozialen Systemen, orientiert sind.

Box 5

Daß Organisationen in institutionalisierten Umwelten existieren, dafür ist der Pumpenhersteller ein besonders prägnantes Beispiel. Als Konzernbetrieb ist er in besonderer Weise in eine institutionalisierte (Konzern-) Umwelt eingebunden. Dazu zwei Beispiele.

1. *Auf Grund der Einbindung in den Konzernzusammenhang ist das Unternehmen gezwungen, sein „Vorzeigeprodukt" innerhalb des Konzerns zu konzerninternen Verrechnungspreisen abzugeben, die unter den Marktpreisen liegen.*
2. *Die Entkopplung des innerorganisatorischen Geschehens und des externen, insbesondere legitimatorischen Handelns wird an folgendem Vorfall deutlich: Der Abschluß der zweiten Phase des Logistikprojektes, die den Aufbau und die Inbetriebnahme des PPS-Systems und des automatischen Hochregallagers umfaßt, muß immer wieder verschoben werden. Ursprünglich geplant ist sie für September 1986, tatsächlich wird sie erst fast ein Jahr später realisiert. Allerdings steht die Unternehmensleitung wegen der weiterhin schlechten Ertragslage und der bekanntgewordenen Implementationsprobleme unter erheblichem Legitimationsdruck gegenüber der Konzernzentrale, die immerhin ca. DM 19 Mio. für die Investition genehmigt hatte. Also wird die Inbetriebnahme von PPS-System und Hochregallager schon Anfang 1987, also ca. ein halbes Jahr zu früh, an die Konzernleitung gemeldet. Anläßlich eines Besuchs aus der Konzernzentrale kann diese Version dann allerdings nicht aufrechterhalten werden.*

Damit sind zunächst einmal Organisationen in strukturationstheoretischer Perspektive charakterisiert. Dabei ist darauf hinzuweisen, daß alle Eigenschaften, die hier als typisch für Organisationen vorgestellt wurden, im Prinzip auch in anderen sozialen Systemen auftreten können. So werden beispielsweise auch in Familien Entscheidungen getroffen, die sich intentional auf die Reproduktion des sozialen Systems beziehen, und Macht ist, wie ausführlich gezeigt, ein Phänomen, das grundsätzlich eng mit jeglichem Handeln verbunden ist. Die Differenz zwischen Organisationen und anderen sozialen Systemen kann also niemals eine im mathematischen Sinne eindeutige, sondern nur eine graduelle sein.[74] Dennoch läßt sich in der Praxis die Abgrenzung von Organisationen zu anderen Typen sozialer Systeme relativ problemlos handhaben. Mit der Formalisierung und der Stellenbildung geht die Existenz einer formal kodifizierten Mitgliedschaftsregel als Abgrenzungskriterium einher. Im Luhmannschen Sinne ist sie eine Erkennungsregel, die festlegt, „wer als Mitglied des Systems angesehen wird und in welchen Rollen diese Mitgliedschaft ausgeübt werden kann." (Luhmann 1988: 171)[75] Diese Mitgliedschaftsregel konkretisiert sich etwa in Arbeitsverträgen. In Organisationen ist die reflexive Regulation stärker, insbesondere auch stärker diskursiv, und formalisierter ausgebildet, als etwa in Familien oder Freundschaftscliquen. Macht in Organisationen ist eng mit der Verfügung über autoritative Ressourcen als Potential zu organisierender Aktivität verbunden und Organisationen sind „enger" in institutionalisierte Umwelten integriert als dies für nicht-organisierte Sozialsysteme der Fall ist.

Unternehmen. In einem zweiten Schritt sind nun die Spezifika von *Unternehmen als ökonomischen Organisationen* in der Perspektive der Theorie der Strukturation herauszuarbeiten. Giddens bindet das Ökonomische in einem allgemeinen Sinne an die Allokation und Reproduktion *allokativer Ressourcen*, also an die Dimension Herrschaft/Macht der Dualität von

---

74 Das Problem der Trennschärfe solcher Abgrenzungen wird mich das gesamte Kapitel über begleiten: bei den im folgenden noch zu erläuternden Abgrenzungen ökonomischer von nicht-ökonomischen Organisationen oder strategischer von nicht-strategischen Entscheidungen. Dieses Problem ist der strukturationistischen Perspektive geschuldet, die Strukturen sozialer Systeme als komplexes Ineinandergreifen aller drei Strukturdimensionen und handlungsbegleitende Informationsverarbeitung als Ineinandergreifen von diskursiven und handlungspraktischen Anteilen versteht, wobei bestimmten Aspekten jeweils zwar Priorität zukommt, aber eben nicht Ausschließlichkeit. Realitätsnähe wird in den Sozialwissenschaften mit Unschärfe erkauft.

75 Mitgliedschaft darf hier nicht so verstanden werden damit, daß die Organisationsmitglieder als Elemente des sozialen Systems Organisation angesehen würden. Elemente sozialer Systeme sind Handlungen (bei Luhmann: Kommunikationen, z. B. 1984); Mitgliedschaft in einer Organisation bedeutet, daß bestimmte Handlungen eines Akteurs formal dem sozialen System Organisation zugerechnet werden.

Struktur (Giddens 1984: 31ff.). In Anlehnung an die Ausführungen im Abschnitt 2.1.2 (insbes. Abbildung 2.4) muß dann also die Dimension Herrschaft (allokative Ressourcen) als analytische Leitdimension einer ökonomischen Analyse fungieren.

Entscheidend für kapitalistische Unternehmen in marktwirtschaftlichen Zusammenhängen ist, daß die Ressourcen die *Form von Kapitel* annehmen. Das ist sehr deutlich bereits 1929 von Gutenberg in seiner Habilitationsschrift formuliert worden (Gutenberg 1967).[76] Er bestimmt zunächst das Rationalprinzip - damit ist die Zweckrationalität im Sinne Webers (1980) gemeint - als „für alles menschliche Schaffen und Handeln charakteristisch“, wenn es als „vernünftig“ bezeichnet werden soll (Gutenberg 1967: 32). Dieses Rationalprinzip ist Gutenberg allerdings zu allgemein, um als wirtschaftliches Prinzip gelten zu können; wirtschaftliches Handeln geht nicht in sparsamer und zielgerichteter Mittelverwendung auf. Vielmehr wird das Wirtschaftliche, und damit auch das Unternehmen als Wirtschaftsorganisation, *inhaltlich* bestimmt:

> „Dieser Inhalt ist, genau gesehen, ein Prozeß, der in der Umwandlung von Geld in konkrete Güter und dann wieder in Geld besteht ... stets sind die Güter einer Unternehmung im Umwandlungsstadium befindliches Kapital ... Das Kapital ist ... *die Instanz, auf die alle Güter in der Unternehmung beziehbar sind.*“ (Gutenberg 1967: 33; Hervorh. im Orig.)

Das ist nun eine Beschreibung von Unternehmen, die umstandslos anschlußfähig ist an strukturationstheoretische Überlegungen und die Denkfigur der rekursiven Reproduktion von Struktur. Gutenberg betont nämlich ausdrücklich, daß das Kapital nicht einfach eine Geldsumme oder eine Menge konkreter Güter ist, sondern das charakteristische *„ist ihr Umwandlungsprozeß von der einen Form in die andere“* (ebd.: 43; Hervorh. im Orig.). Das impliziert nicht nur den Marxschen Gedanken des ständigen Zwanges zur Verwertung des Kapitals (Marx 1977) - Kapital muß ständig re-investiert werden, um *als Kapital* reproduziert zu werden - sondern läßt sich auch strukturationstheoretisch als Reproduktionskreislauf beschreiben. Das Resultat der Anwendung der allokativen Res-

---

[76] Gutenbergs Ausführungen weisen übrigens durchaus eine Nähe zu manchen Formulierungen von Marx über den Verwertungsprozeß des Kapitals auf (Marx 1977: 161ff.).

sourcen als Modalitäten im Handeln (der Ertrag) wird wiederum zur Voraussetzung ihrer weiteren Anwendung in anschließenden Handlungsprozessen (als Investititon).

> „Produktionsressourcen, sofern sie die Form des Kapitals annehmen, bedürfen der rekursiven Reproduktion im strengen Sinne des Wortes: der Output muß zum neuen Input ein und derselben Operation oder Transformation werden, sonst verfällt die Ressource *als Kapital.*" (Ortmann 1995: 93; Hervorh. im Orig.)

Konkret bedeutet das, daß die allokativen Ressourcen - beispielsweise Geldmittel, Rohstoffe, Produktionstechnik und -verfahren - im Zuge wirtschaftlichen Handelns als Modalitäten eben diesen Handelns, des Produzierens im weitesten Sinne, angewandt und rekursiv als „Kapitalquoten" (Gutenberg 1967: 35) reproduziert werden müssen (s. Abbildung 2.11). Unerläßliche Existenzbedingung ökonomischer Organisationen ist die Verfügbarkeit von Geldmitteln. Das gilt sowohl für die Liquidität als formaler Minimalbedingung der Unternehmensexistenz als eben auch für die Möglichkeit der Beschaffung von Produktionsfaktoren. Insofern ist die Rentabilität der internen Prozesse eine Randbedingung der Existenz eines Unternehmens. Dieses scheinbar so klare Kriterium für die Überlebensfähigkeit muß aber zumindest in zweifacher Hinsicht relativiert werden.[77] Zum einen stellt sich die Frage nach dem Zeitbezug. Es ist unklar, auf welchen zeitlichen Rahmen sich die Rentabilitätsbedingung bezieht. So gibt es eine stolze Reihe von Unternehmen, die jahrzehntelang unrentabel gearbeitet haben und dennoch fortexistieren, beispielsweise im Montan- oder Werftenbereich. Zum anderen kann das Kriterium der Rentabilität in der Praxis unterlaufen werden. Unternehmen können interne Rentabilitätsdefizite durch Mobilisierung externer Ressourcen kompensieren, etwa durch Subventionen.

Unternehmen als ökonomische Organisationen sind also dominiert von der Notwendigkeit der Reproduktion allokativer Ressourcen in ihrer Form als Kapital. Diese Reproduktionsnotwendigkeit ist keineswegs in das Belieben des Unternehmens gestellt, sondern ist, erstens, eingebettet in eine spezifische ökonomische Struktur nationaler und supranationaler Märkte und steht, zweitens, in einem rekursiven Konstitutionsverhältnis

---

[77] Vgl. für eine ausführliche Diskussion der Probleme von Wirtschaftlichkeit und Rentabilität Ortmann (1995: 98ff. und 151ff.).

zu Strukturen der Signifikation, der Legitimation und der politischen Ordnung außerhalb und innerhalb des Unternehmens.

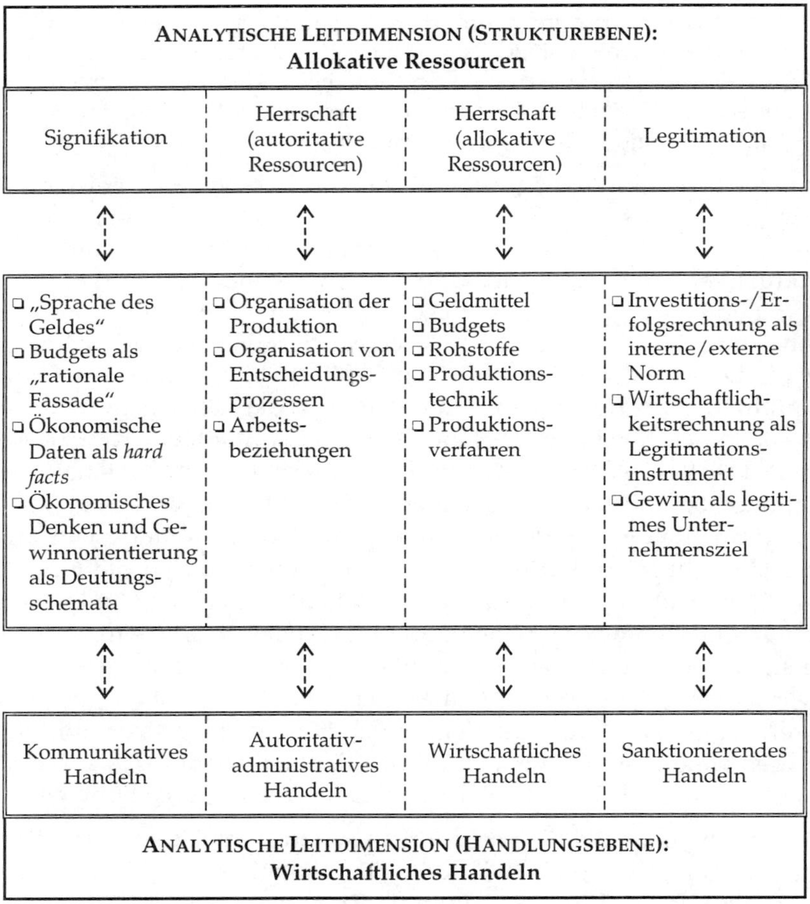

Abbildung 2.11: *Strukturdimensionen bei der Analyse von Unternehmen*

Bereits angesprochen habe ich die enge Verbindung zwischen der Reproduktion allokativer und *autoritativer Ressourcen*: Die Kontrolle materieller Ressourcen steht in einem rekursiven Konstitutionsverhältnis zur Kontrolle autoritativer Ressourcen (administrative Macht). So hat Ortmann (1995e, f, g), mit Bezug auf Dohse et al. 1984 und Womack et al.

1994) gezeigt, daß und wie die Produktionsform *lean production* (u. a.) auf einem rekursiven Zusammenspiel der Reproduktion allokativer und autoritativer Ressourcen basiert (vgl. Abbildung 2.5). Beispielsweise erfordert die Erstellung von „Null-Fehler-Produkten" (allokative Ressource) eine ständige Verbesserung der Produktionsabläufe (*kaizen*), die aber wiederum nur im Rahmen bestimmter (alles in allem: vertrauensfördernder) Organisationsformen ermöglicht wird: etwa lebenslange Beschäftigung und gleichzeitig erschwerte Möglichkeit des Wechsels des Unternehmens, bestimmte Formen der Leistungsbeurteilung und Entlohnung (autoritative Ressourcen). Diese Organisationsformen sind wiederum nur aufrechtzuerhalten durch (u. a.) den ökonomischen Erfolg, der dieser spezifischen Form der Produktion zugeschrieben werden kann.

In bezug auf die „horizontale Rekursionsbeziehung" (Ortmann 1995: 367) zwischen den Dimensionen *Legitimation* und Herrschaft (allokative Ressourcen) ist zunächst auf eine betriebswirtschaftliche Trivialität zu verweisen: das Gewinnziel als für Unternehmen allgemeinverbindliche Norm. Das Gewinnziel als Norm ist einerseits die Voraussetzung dafür, daß die allokativen Ressourcen als Kapital betrachtet bzw. behandelt werden können; ohne das Gewinnziel wäre eine Konzeption von Kapital und Rentabilität sinnlos und nicht legitimierbar. Andererseits wird die Formulierung eines allgemeinverbindlichen Unternehmenszieles „Gewinn" erst vor dem Hintergrund der aus der Logik der Kapitalverwertung abgeleiteten Notwendigkeit zur Erwirtschaftung von Gewinn möglich. Gewinnziel als Norm und Kapital als Form der Ressourcen stehen in einem Verhältnis rekursiver Konstitution. Weiterhin kann hier auf den normativen Charakter der Formulierung organisationaler Sachverhalte in ökonomischen Größen verwiesen werden. Unternehmensextern herrschen mehr oder minder strenge (z. T. gesetzliche) Normen, die eine Beschreibung der Organisation in der „Sprache des Geldes" (Berger 1988) fordern, beispielsweise in Form von Bilanzen. Unternehmensintern erlangt die Aufstellung von Investitions- und Erfolgsrechnungen zur Beschreibung des Status Quo oder von Handlungsalternativen in Entscheidungsprozessen normativen Status. Investitions- und Wirtschaftlichkeitsrechnungen sowie formalen Entscheidungstechniken werden Legitimationsfunktionen zugewiesen, die primär, aber nicht ausschließlich, nach innen gerichtet sind. Sie dienen der Legitimation bereits getroffener Entscheidungen oder von Entscheidungsvorlagen. Gibt es schon Ermessensspielräume bei einer *ex post* erfolgenden Bestimmung der Rentabilität, so gilt das erst recht bei der *ex ante* vorgenommenen Bewertung von Investitionsprojekten bzw. Handlungsalternativen, die zudem häufig nur schwer einer monetären Bewertung zugänglich sind, wie z. B. die Umstellung auf neue Informations- und Kommunikationssysteme. Sie sind damit auch besonders anfällig für Manipulationen (vgl. die Beispiele in Jansson 1993: 5 ff.; Ortmann et al. 1990: 424 ff.). Auch in bezug auf diese Legitimationsfunktion ökonomischer Bewertungsverfahren läßt sich die Dualität von Struktur beschreiben. Organisationale (und externe) Strukturen von Legitimation erfordern die Verwendung dieser Verfahren, die gleichzeitig durch ihre ständige Anwendung im Zuge legitimatorischer Praktiken zur Reproduktion jener Strukturen beitragen.

Box 6

Im Fall des Logistikprojektes berichtet ein Promotor der realisierten Lösung, daß er diese im nachhinein eher als falsch einschätzt. Zum Zeitpunkt der Grundsatzentscheidung über das Projekt Mitte der achtziger Jahre wurden drei Handlungsalternativen diskutiert. Dem tatsächlich realisierten umfassenden Logistikprojekt mit einem Investitionsvolumen von ca. DM 19 Mio. standen eine sogenannte kleine Lösung, die nur organisatorische Veränderungen vorsah, mit einem Investitionsvolumen von unter DM 100.000 und eine mittlere Lösung (Beschränkung auf ein PPS-System, Investitionsvolumen ca. DM 1 Mio.) gegenüber.

Angesichts großer Probleme bei der Implementation des Logistikprojektes sagt der Akteur rückblickend:

„Es ist offensichtlich so, daß ich mich von einem technischen Leitbild habe führen lassen. So war ich fürchterlich darüber geschockt, daß alle meine Berechnungen, die ich angestellt habe, so gar nicht wichtig gewesen sind. Es ist wohl viel eher so gewesen, daß ich eine Entscheidung für PPS *(im Rahmen der „großen Lösung", A. B.)* meiner Intuition folgend dann durch Zahlen untermauert habe. *Und nicht umgekehrt, daß sich aufgrund meiner Berechnungen die Entscheidung für PPS als die richtige ergeben hat. Als mir das aufgefallen ist, war ich richtig geschockt."* (Ortmann et al. 1990: 157; Hervorh. A. B.)

Die Notwendigkeit der Reproduktion des Kapitals als dominantes Kennzeichen von Unternehmen steht schließlich ebenfalls in einem rekursiven Konstitutionsverhältnis zur Reproduktion von Deutungsmustern (*Signifikation*). Die Orientierung an Geldgrößen und Gewinn ist ein sich durch das gesamte Unternehmen ziehendes Deutungsmuster des organisationalen und sozialen Geschehens. Interne und externe Ereignisse werden primär als Einflußfaktoren auf ökonomische Größen interpretiert. Ökonomische Interpretationsmuster dienen damit der Sinnstiftung und Verständigung, indem sie „einen Grundbestand gleicher Wahrnehmungs- und Erklärungsmuster" zur Verfügung stellen (Berger

1988: 128). Die „Sprache des Geldes" ist die „Landessprache" in Unternehmen (Berger 1988: 127). Sie ermöglicht Verständigung in zweierlei Hinsicht: Erstens können durch den Bezug auf monetäre Größen qualitativ unterschiedliche Projekte (mit allen inhärenten Problemen) vergleichbar gemacht werden (Ortmann et al. 1990: 431). Zweitens dient sie angesichts der organisierten Anarchie des Unternehmens als *garbage can* als ordnungsstiftende „rationale Fassade des betrieblichen Geschehens", Budgets „vermitteln ein gemeinsames Bild der betrieblichen Realität" (Horváth 1982: 256; vgl. a. Kieser 1984). Dies, ebenso wie die Tatsache, daß ökonomischen Daten in ihrer Eigenschaft als *hard facts* in Unternehmen besondere Bedeutung zukommt, spiegelt einerseits, daß die Ressourcen die Form von Kapital angenommen haben: Ressourcen werden bereits als „Kapitalquoten" wahrgenommen und interpretiert. Ökonomisches Denken ist tief in den Sinnstrukturen des sozialen Systems Unternehmen verankert. Andererseits erleichtert die Existenz dieser Deutungsmuster das wirtschaftliche Handeln in Unternehmen erheblich, da auf diese Weise Handlungsselbstverständlichkeiten etabliert werden. Verständigung und damit ökonomisches Handeln werden ermöglicht.

Box 7

Im Zuge der Implementation des PPS-Systems wird ein Projektteam gebildet, das die konkrete Auslegung des Systems festlegen soll. Es kommt dabei zu erheblichen Konflikten zwischen den Vertretern der unterschiedlichen Abteilungen. Diese Schwierigkeiten resultieren einerseits aus ganz handfesten Interessengegensätzen (vgl. Box 2), andererseits aber auch daher, daß in den einzelnen Abteilungen unterschiedliche Fachsprachen gesprochen werden.

Ein Streitpunkt im Projektteam ist die Durchlaufzeitformel, mit der die Durchlaufzeiten einzelner Aufträge in der Fertigung festgelegt und die Aufträge damit adäquat terminiert werden sollen. Aus der Perspektive der Abteilung Einkauf ist die vorgeschlagene Formel inadäquat, weil sie, wie ihr Vertreter im Projektteam demonstriert, zu Montagezeiten von drei bis sechs Monaten bei einzelnen Baugruppen führen kann. Das hieße, einzelne Vorprodukte müßten bis zu einem halben Jahr vor dem eigentlichen Fertigstellungstermin bereits produziert werden. Das führt nicht nur zu einer Erhöhung der Lagerbestände, sondern auch zu erheblichen Planungsproblemen, weil Bestell- und Lieferfristen häufig kleiner als ein halbes Jahr sind. Diese Argumente zählen in dieser Form allerdings im Projektteam nicht; der Einkauf kann sich nicht durchsetzen. Erst als der Vertreter der Abteilung vorrechnet, daß sich durch das vorgeschlagene Verfahren der Wert der Lagerbestände um 50% (DM 5 Mio.) erhöhe, wird das Argument akzeptiert.

Hier kann man das Zusammenwirken aller Dimensionen der Dualität von Struktur aufzeigen: (1) Offensichtlich verstehen die anderen Akteure das Argument erst, wenn es in der Sprache des Geldes vorgetragen wird (Signifikation). (2) Die drohende Erhöhung der

Kapitalbindung im Lager widerspricht dem Ziel der Kostensenkung (Legitimation). (3) Der Akteur der Einkaufsabteilung droht mit der Ungewißheitszone „Kontrolle der Kapitalbindung im Lager" und verschafft sich damit Gehör bzw. bringt sie als Machtinstrument ins Spiel (Herrschaft/allokative Ressourcen).

Macintosh und Scapens (1990) haben in einem sehr instruktiven Artikel *management accounting systems* strukturationstheoretisch analysiert. An diesem Beispiel kann man noch einmal deutlich machen, daß solche ökonomischen Institutionen alle drei Dimensionen der Dualität von Struktur umfassen (vgl. Abbildung 2.12).

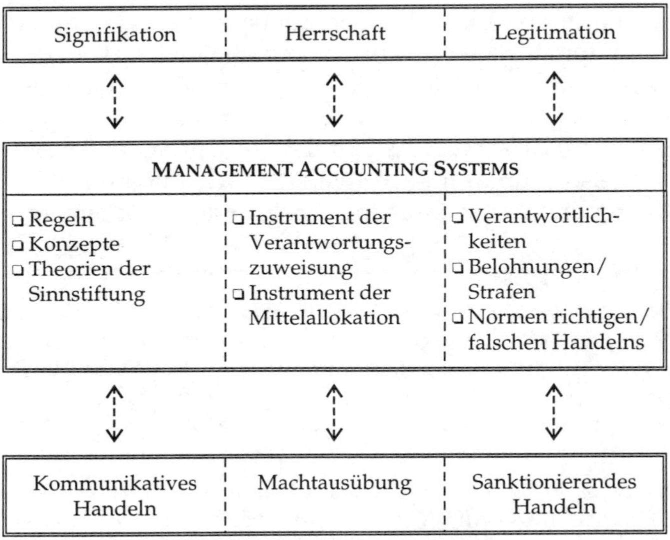

Abbildung 2.12: *Management Accounting Systems als Modalitäten der Strukturation (nach Macintosh & Scapens 1990)*

In der Dimension Signifikation stellt das betriebliche Rechnungswesen geteilte Regeln, Konzepte und Theorien zur Verfügung, die die Interpretation des organisationalen Geschehens ermöglichen (ebd.: 460). In bezug auf die Legitimationsstruktur kommunizieren *management accounting systems*, was als erlaubt und nicht erlaubt gilt, wann wer belohnt oder bestraft wird und sie dokumentieren finanzielle Verantwortlichkeiten (ebd.). Schließlich können diese Systeme als Mittel der Machtausübung eingesetzt werden, insbesondere wenn es darum geht, Akteure zur Verantwortung zu ziehen (ebd.: 461).[78]

> „By signifying what counts, management accounting provides a discourse for the domination structure through which some participants are held accountable to others. While at the same time it provides legitimacy for the social processes which are involved. Thus, signification in management accounting terms is implicated in both the legitimation and domination structures, and as such is an important resource in structuring relations of power." (Macintosh & Scapens 1990: 462)

Ökonomie, ökonomische Rationalität und Rentabilität als Bezugsgrößen organisationalen Handelns können auch noch unter einem anderen Aspekt betrachtet werden. Es handelt sich dabei um Rationalisierungen im Sinne des *institutionalized organizations*-Ansatzes (Meyer 1983), um *institutionalized rules* (Meyer/Rowan 1977: 341). Diese Zuschreibung von ökonomischer Zweck/Mittel-Rationalität kann getrost als gesellschaftsweit geltende Norm betrachtet werden (vgl. Brunsson 1993). Eine besondere Rolle spielt dabei aber auch die Betriebswirtschaftslehre als Wissenschaft. So versteht sich die Betriebswirtschaftslehre, zumindest in einer Mehrheitsperspektive, als praktisch-normative Wissenschaft im Sinne Heinens (1982: 25ff.), die von vorgefundenen Unternehmenszielen ausgeht und Strategien für die ökonomisch zweckrationale Umsetzung dieser Ziele erarbeiten soll. In diesem Sinne verstärkt die Wissenschaft Betriebswirtschaftslehre die Geltung ökonomischer Legitimations- und Bedeutungsstrukturen. Das gleiche gilt für die akademische Lehre in diesem Bereich. So werden in der universitären Ausbildung nicht nur Techniken etwa von Investitions- und Kostenrechnung, Bilanzierung etc. gelehrt, sondern - und das scheint mir sogar noch grundlegender zu sein - es werden genau die oben beschriebenen Bedeutungs- und Sinnzuweisungsstrategien vermittelt bzw. verstärkt.[79]

---

[78] Die Autoren differenzieren hier nicht noch einmal zwischen allokativen und autoritativen Ressourcen. Im Sinne dieser Unterscheidung müßte der Aspekt der Mittelallokation den allokativen, der der Verantwortungsallokation eher den autoritativen Ressourcen zugeordnet werden.

[79] Sehr interessant in diesem Zusammenhang sind die Untersuchungen von Frank (1992) sowie Frank, Gilovich und Regan (1992; 1993). Sie kommen nach experimentellen Untersuchungen von Studierenden der Ökonomie und anderer Fach-

(Forts.)

An diesem Beispiel kann außerdem erläutert werden, was Giddens unter doppelter Hermeneutik der Analyse der sozialen Welt versteht (Giddens 1976: 162). Die soziale Welt wird nicht nur vom Sozialforscher interpretiert, sondern sie ist selbst schon als soziale Welt Produkt interpretativer Aktivitäten der handelnden Akteure. Organisationstheorie ist damit wie alle Sozialwissenschaft eine „Konstruktion zweiter Ordnung" im Sinne von Schütz (1960). Nun ist die Beziehung zwischen Konzepten der Wissenschaft und der Praxis keine Einbahnstraße. Das bedeutet: Nicht nur werden Konzepte der Praxis analytisch in wissenschaftliche Konzepte „verwandelt", sondern es diffundieren ständig wissenschaftliche Konzepte in die Praxis, sei es durch die Ausbildung von Studenten, durch Beratungstätigkeiten oder durch Publikationen. Insofern ist die Betriebswirtschaftslehre als Wissenschaft - durchaus gemäß ihres eigenen Anspruchs und möglicherweise sogar erfolgreicher, als sie sich selbst zugesteht - an der sozialen Konstruktion von Sinn- und Legitimationsstrukturen und von Arten der Verfügung über Ressourcen in ökonomischen Organisationen ständig beteiligt.[80] Die Betriebswirtschaftslehre ist damit in besonderem Maße Teil der institutionalisierten Umwelt von Unternehmen.

2.2.2 *Entscheidungsprozesse*

In strukturationstheoretischer Perspektive sind Organisationen reflexiv selbstregulierte soziale Systeme *decision-making units* (Giddens 1984: 203), d. h. durch Entscheidungen organisationaler Akteure gesteuerte

richtungen zu dem Ergebnis, daß erstere in stärkerem Ausmaß sowohl zu *free rider*-Verhalten neigen als auch potentiellen Kooperationspartners solches eher unterstellen als andere Probanden. Der Effekt verstärkt sich zudem im Laufe des Studiums.

80 Dabei gilt, wie im ersten Kapitel ausführlich für den Bereich der Unternehmensstrategie gezeigt, daß im akademischen Diskurs häufig mit sehr idealisierten Vorstellungen ökonomisch rationalen Handelns gearbeitet wird. Diese idealisierten Vorstellungen werden von der Praxis zwar in dieser Form nicht geteilt und als naiv betrachtet, werden aber gleichwohl aus Legitimationsgründen gerne verbal und in strategischer Absicht aufgegriffen.

soziale Systeme.[81] Daher gilt es zu klären, in welcher Weise der Begriff der Entscheidung im Rahmen der Strukturationstheorie der Organisation zu fassen ist. Ich werde mich zunächst individuellen Entscheidungen zuwenden und anschließend organisationale Entscheidungsprozesse diskutieren.

Individuelle Entscheidungsprozesse. Die normative betriebswirtschaftliche Entscheidungstheorie (vgl. z. B. Bamberg & Coenenberg 1974; Gäfgen 1974; Hamel 1992; Kahle 1990; Pfohl & Braun 1991; Schildbach 1993; Witte 1992). ist eine Theorie individueller Entscheidungen. Der ihr zu Grunde liegende Entscheidungsbegriff ist an die Wahl (-möglichkeit) zwischen verschiedenen Handlungsalternativen gebunden (Gäfgen 1974: 22). Dabei kann man eine engere und eine weitere Begriffsfassung unterscheiden: So definiert Kahle (1990: 9) Entscheidung als den „Wahlakt zwischen zwei Handlungsmöglichkeiten". Der Begriff der Entscheidung wird damit ausschließlich für ein punktuelles Ereignis reserviert. In einer weiteren Fassung wird Entscheidung als Prozeß verstanden: „Als *Entscheidungsprozeß* wird der geistige Arbeitsablauf verstanden, der zur Wahl einer Alternative führt. Das Ergebnis des Entscheidungsprozesses wird *Entschluß* genannt." (Witte 1992: 553f.) Entscheidungsprozeß und Entschluß sind damit die Elemente von Entscheidungen. Die sprachliche Unterscheidung zwischen *Entscheidung* und *Entscheidungsprozeß* bleibt stets ein Problem. Auch die zitierten Definitionen von Witte treffen diese Unterscheidung ja eher nebenbei, als daß sie thematisiert wird. Stellt man (alltags-) sprachliche Konventionen in Rechnung - also Formulierungen wie „eine Entscheidung treffen", „eine Entscheidung implementieren", „Ich habe mich für etwas entschieden", „Wie haben Sie sich entschieden?" -, dann scheint es sinnvoll

81 Giddens bezieht sich hier auf Touraine (1977: 238) - Die enge Verbindung zwischen Organisation und Entscheidung ist ein organisationstheoretischer Gemeinplatz. Man denke etwa an die gesamte an Barnard (1938) und Simon (1981) anschließende Organisationsforschung, die ich auszugsweise im Kapitel 1.3 diskutiert habe. Für die Betriebswirtschaftslehre richtungsweisend sind Heinen (1962) und seine Schüler (z. B. Kirsch 1969; 1988) ebenso gewesen wie die Arbeiten etwa von Witte, Hauschildt und Grün (1988). Auch Luhmann (1988: 166) definiert Organisationen als *„Systeme, die aus Entscheidungen bestehen und die Entscheidungen, aus denen sie bestehen, durch die Entscheidungen, aus denen sie bestehen, selbst anfertigen."* (Hervorh. im Orig.)

zu sein, den Begriff der *Entscheidung* in einer doppelten Bedeutung zu verstehen: Einerseits bezeichnet er die *Tatsache der Auswahl* zwischen Handlungsmöglichkeiten, andererseits kann er auch das *Resultat* einer solchen Auswahl bezeichnen. Der Begriff des *Entscheidungsprozesses* bezeichnet jeweils mit einer Entscheidung verbundene Prozesse (ich komme gleich genauer darauf zu sprechen). Von organisationstheoretischem Interesse und von Interesse für meine Fragestellung sind dann in erster Linie Entscheidungsprozesse.

Im Abschnitt 1.2.1 habe ich bereits kritisiert, daß die einschlägigen Modelle von organisationalen Entscheidungsprozessen das Problem der Implementation der gewählten Alternative - und damit die gewichtigere Seite organisationaler Entscheidungsprozesse - ausklammern. Zudem erscheinen die beiden skizzierten Versionen des betriebswirtschaftlichen Entscheidungsbegriffes vor dem Hintergrund des strukturationstheoretischen Konzeptes von Handeln als *continuous flow of conduct* (Giddens 1984: 3) unangemessen. Für einen Begriff individueller Entscheidungsprozesse ist die Betonung der Einbettung in einen ständigen Strom von Entscheidungen wichtig; sie kommt in den einschlägigen Definitionen nicht angemessen zum Ausdruck. Auch in bezug auf Ziele und Intentionen ist das betriebswirtschaftliche Entscheidungskonzept zu statisch. Sie sind orientiert an *ex ante* feststehenden Präferenzen bzw. Intentionen. Die Theorie der Strukturation geht aber gerade von einem prozeßhaften Konzept der Intentionalität aus (ebd.: 4). Ein strukturationstheoretischer Entscheidungsbegriff muß diese Prozeßhaftigkeit reflektieren. Zu diesem Zweck ist es sinnvoll, an die Problemlösepsychologie (Kluwe 1989) und an Kirsch (1988) anzuknüpfen.

Problemlöseprozesse zeichnen sich dadurch aus, daß „ein unerwünschter Ausgangszustand ... in einen erwünschten Zielzustand ... übergeführt werden soll." (Kluwe 1989: 122) Diese Formulierung ähnelt zwar einerseits dem klassischen betriebswirtschaftlichen Verständnis von Entscheidungen: Auch darin ist ein unerwünschter Zustand, ebenfalls als Problem bezeichnet, Ausgangspunkt des Entscheidungsprozesses. Die Formulierung von Kluwe impliziert aber auch, und darauf kommt es mir hier an, daß sich Entscheiden als Problemlösen nicht auf die bloße Auswahl einer Handlungsalternative beschränken kann, sondern ihre Implementation einbeziehen muß (Überführung in einen erwünschten Zustand). Weder ist die Auswahl der Handlung bereits die Lösung des Problems (sondern erst das Handeln selbst, ein realer Eingriff in die Welt), noch ist der Entscheidungsprozeß beendet, wenn eine Handlungsweise einmal festgelegt ist. In der Problemlösepsychologie wird also der Entscheidungsbegriff prinzipiell auf die Implementation hin geöffnet.[82] Die Einbettung von Entscheidungsprozessen in den beständigen Handlungsstrom, als der sich die Aktivitäten von Akteuren darstellen, bleibt aber konzeptionell unbefriedigend gelöst, genauer: wird nicht einmal thematisiert. Ein Vorschlag von Kirsch (1988: 163ff.) weist hier in die richtige Richtung: das „Episodenkonzept".

Kirsch entwickelt sein Episodenkonzept von Entscheidungsprozessen zwar für organisationale Entscheidungsprozesse; es ist m. E. allerdings gerade vor dem Hintergrund der Handlungskonzeption von Giddens (1979; 1984) als *flow of conduct* zwanglos auch auf individuelle Entscheidungen zu übertragen. Kirschs Grundidee ist die Konzeption des organisationalen Geschehens in Anlehnung an Mintzberg (1981) als *ongoing process*, als eines steten Flusses organisationaler Aktivitäten (Kirsch 1988: 162f.). Entscheidungsprozesse können aus diesem *ongoing process* nur durch einen bewußten Reflexionsprozeß herausgehoben werden. Sie werden von einem Beobachter als Episoden mit Anfang und Schluß gekennzeichnet.

> „Mit der Abgrenzung von Episoden richtet man gleichsam einen Scheinwerfer auf ein Geflecht von Aktivitäten und Interaktionen, das man einer mehr mikroskopischen Analyse unterzieht. Alles, was nicht zur Episode gerechnet wird (also was früher geschah und sich in bestimmten Strukturen niedergeschlagen hat und was zeitlich parallel zur betrachteten Episode geschieht), gehört zum 'Feld' der betrachteten Episode." (ebd.: 164)

Dem liegt die gleiche Denkfigur zu Grunde, wie dem Giddensschen Begriff von Handlung als erst durch ein diskursives Moment von Aufmerksamkeit aus dem *continuous flow of conduct* herausgehobenem Akt (1984: 3).[83] Überträgt man das Episodenkonzept auf individuelle Entscheidungsprozesse, so können diese verstanden werden als nur reflexiv heraushebbare Episoden des *continuous flow of conduct*. Ein Entschei-

---

[82] Vgl. etwa die Untersuchungsreihen von Dörner und seinen Mitarbeiter(inn)en (Dörner 1993; Dörner et al. 1993).

[83] Bei Kirsch (1988) bleibt es allerdings unklar, ob die Konstitution von Episoden durch Beobachter als *ex post*-Konstruktion gedacht ist, oder ob sie zeitgleich mit dem *ongoing process* vorgenommen werden kann.

dungsprozeß läßt sich in einem strukturationstheoretischen Rahmen in einem ersten Schritt definieren als *Sequenz aufeinander bezogener intentionaler Handlungen.* Wenn ich hier von aufeinander bezogenen Handlungen spreche, ermöglicht das, auch dann von einem zusammenhängenden Entscheidungsprozeß auszugehen, wenn sich die einzelnen Handlungen nicht in unmittelbarer raum-zeitlicher Folge ereignen.[84] Werden individuelle Entscheidungsprozesse als Handlungssequenzen definiert, so ist das ein klarer Bruch mit dem klassischen betriebswirtschaftlichen Entscheidungskonzept, das Entscheidungsprozesse als „geistigen Arbeitsablauf" definiert (Witte 1992). Da allerdings intentionales Handeln in der Theorie der Strukturation stets reflexiv kontrolliert ist, „bestehen" Entscheidungsprozesse *sowohl* aus Handlungen *als auch* aus kognitiven Prozessen im Sinne der reflexiven Handlungskontrolle (*reflexive monitoring* und *rationalization of action*, Giddens 1979: 56ff.; 1984: 5ff.; vgl. o. 2.1.3).

Die reflexive Handlungskontrolle - die Intentionalität des Handelns - beinhaltet einerseits die ständige Überwachung des Handelns selbst sowie seiner materiellen, zeitlichen und sozialen Umstände (*reflexive monitoring of action*), andererseits die ständige Rückbindung dieser Überwachung des Handelns an Handlungsgründe (*rationalization of action*) und Motive (Giddens 1984: 5ff.). In diesem Konzept ist die Möglichkeit der Wahl zwischen unterschiedlichen Handlungsweisen bereits mitgedacht; ohne Wahlmöglichkeit wäre reflexive Handlungskontrolle sinnlos. Schon dem zugrundeliegenden Begriff des Handelns als kontingentem Eingriff in die Welt (ebd.: 9) ist damit die Vorstellung einer Wahlmöglichkeit - d. h. die Idee der Entscheidung - inhärent. Zwar existiert auch die Möglichkeit nicht-intentionalen Handelns; die Nicht-Intentionalität des Handelns meint aber nicht, daß es keine Wahlmöglichkeit gäbe, sondern lediglich, daß eine bestimmte Handlungsweise nicht reflexiv kontrolliert ist. Reflexive Handlungskontrolle impliziert *nicht*, auch daran sei noch einmal erinnert, ihre diskursive Bewußtheit; Intentionalität kann sich auch auf der Ebene des handlungspraktischen Bewußtseins abspielen und muß es auch angesichts der im Vergleich zur

---

84 Das ist insbesondere im Bereich der Organisationstheorie und der Managementlehre von Bedeutung, weil die Tätigkeiten von Managern - also auch das Entscheiden - zumeist extrem fragmentiert sind (vgl. für einen Überblick über empirische Befunde Schirmer 1992).

Menge der zu verarbeitenden Information extrem begrenzten diskursiven Informationsverarbeitungskapazitäten der Akteure (March & Simon 1976; Roth 1986; Simon 1981).

Es reicht allerdings nicht aus, Entscheidungsprozesse als Sequenzen intentionalen Handelns zu definieren. Als weitere Spezifikation schlage ich vor, dann von Entscheidungsprozessen zu sprechen, wenn mindestens am Beginn der Sequenz beim entscheidenden Akteur ein diskursives Bewußtsein einer prinzipiellen Wahlmöglichkeit zwischen unterschiedlichen Handlungsalternativen besteht, also ein *diskursives Bewußtsein der Kontingenz* der Handlungs- bzw. Entscheidungssituation vorliegt. Wie eine Handlung erst als solche durch eine diskursives Moment der Aufmerksamkeit konstituiert wird, wird ein (individueller) Entscheidungsprozeß erst durch das diskursive Bewußtsein der Kontingenz als solcher konstituiert.[85] Im Unterschied zum Konzept der Handlung setzt das Konzept der individuellen Entscheidungsprozesse voraus, daß dem Akteur selbst diskursiv bewußt ist, *daß* er bzw. sie entscheidet (aber nicht unbedingt: *wie* er oder sie entscheidet). Während von der betriebswirtschaftlichen Entscheidungstheorie normalerweise die diskursive Bewußtheit des gesamten Entscheidungsprozesses als konstitutiv angesehen wird (Kahle 1990: 10f.), begrenzt der hier vorgestellte Begriff von Entscheidung die Bewußtheit als Bedingung von Entscheidungen auf das diskursive Bewußtsein der Kontingenz. Die weiteren Informationsverarbeitungsprozesse im Zuge der reflexiven Handlungssteuerung können sich durchaus auf der Ebene des handlungspraktischen Bewußtseins abspielen.

Zusammenfassend wird also ein *individueller Entscheidungsprozeß* definiert als *von einem Beobachter abgrenzbare Sequenz intentionalen Handelns, dessen Ausgangspunkt eine Handlungs- bzw. Entscheidungssituation ist, die vom Entscheider diskursiv als kontingent interpretiert wird.* Dazu sind einige weitere Erläuterungen sinnvoll.

(1) Die Einheit einer solchen Sequenz kann sowohl durch die Beobachtung durch einen externen Beobachter konstitutiert werden als auch durch die Selbstbeobachtung des entscheidenden Akteurs. Das bedeutet, daß - um aus der Perspektive des entscheidenden Akteurs von einem

---

85 Damit eng verbunden ist die Frage der Konstruktion von Entscheidungsproblemen; ich diskutiere sie in Kapitel 2.2.4 und 2.3.

Entscheidungsprozeß zu sprechen - dem Akteur selbst zwar die Kontingenz zu Beginn des Entscheidungsprozesses diskursiv bewußt sein muß, daß allerdings keine weitere diskursive Reflexion auf die sich anschliessende Handlungssequenz erfolgen muß. Der Verlauf und das Ende des Entscheidungsprozesses müssen dem Entscheidungsträger selbst also nicht diskursiv bewußt sein.

(2) Die auf die konstituierende als kontingent erkannte Ausgangssituation folgende Sequenz intentionalen Handelns kann sowohl auf der Basis des handlungspraktischen Bewußtseins als auch diskursiv kontrolliert werden. Im ersten Fall kann man von einem impliziten oder routinisierten Entscheidungsprozeß sprechen, im zweiten von einem expliziten.[86]

(3) Als „Endpunkt" einer solchen Handlungssequenz gilt in der Regel eine Situation, in der die ausgewählte Handlungsalternative oder -strategie implementiert ist. Die Bestimmung eines solchen Endpunktes ist eine Konstruktion eines Beobachters und als solche diskussionsfähig und begründungsbedürftig. Entscheidungsprozesse können auch als mit dem Zeitpunkt der Auswahl beendet gelten, wenn die ausgewählte Handlungsalternative nicht implementiert wird. Es ist dann eine empirische Frage, ob sich ein neuer Entscheidungsprozeß unmittelbar anschließt oder nicht. Ebenfalls ist denkbar, daß der Entscheidungsprozeß im Falle der nicht erfolgten Implementation fortdauert, wenn diese eine Entscheidung als Schritt auf dem Weg zu einer Problemlösung interpretiert wird. Insofern kann ein zusammenhängender Entscheidungsprozeß sowohl mehrere *choice opportunities* als auch mehrere Situationen beinhalten, in denen dem Akteur die Kontingenz der Situation diskursiv bewußt ist.

(4) Mit dem hier vorgestellten Entscheidungsbegriff ist das Problem der empirischen Erhebung verbunden. Wie stellt man empirisch fest, ob und wann eine Entscheidung getroffen worden ist? Im Fall individueller Entscheidungen liegt ein Beobachtungsproblem vor, wenn man zwischen Entscheidungsprozessen und nicht-entscheidungsgesteuerten Handlungssequenzen differenzieren möchte. Informationsverarbeitung läßt sich nicht direkt beobachten. In psychologischen Experimenten, etwa mit

---

86 Wobei hier das in Kapitel 2.1 gesagte gilt: „Diskursiv" bedeutet, daß der Anteil diskursiver Handlungskontrolle relativ hoch ist (vgl. a. Abbildung 2.6).

der Methode des lauten Denkens (Brauner 1994: 136f.), wird die Entscheidung selbst durch das Design der Untersuchungen provoziert. Das Ziel derartiger Untersuchungen besteht allerdings auch weniger darin, festzustellen, ob Entscheidungen getroffen werden, sondern wie sie getroffen werden. Bei Befragungen, also der *ex post*-Rekonstruktion von Handlungs- und/oder Entscheidungsprozessen, besteht das Problem der *ex post*-Rationalisierung. Entscheidungsgesteuertes Handeln entspricht gesellschaftlichen und unternehmensinternen Normen (Brunsson 1989; 1993; 1995; Meyer 1983; Meyer & Rowan 1977). Daher werden die Akteure bestrebt sein, ihr Handeln nachträglich als entscheidungsrational (Brunsson 1982) und diskursiv entscheidungsgesteuert darzustellen.[87] Man sollte im übrigen in diesem Zusammenhang mit Irrationalismus-Vorwürfen vorsichtig sein. Auch die Akteure selbst, nicht nur die beobachtenden Forscher, rekonstruieren Entscheidungsepisoden häufig erst *ex post*. Gerade für routinisierte Entscheidungsprozesse ist es charakteristisch, daß die Entscheider ihr Handeln *nachträglich* als sinnvoll interpretieren müssen. Das war schon das Thema von Marchs *technology of foolishness* (1977; vgl. Kapitel 1.3.1) und ist in unnachahmlicher Weise von Karl Weick ausgedrückt worden: „Wie kann ich wissen, was ich denke, bevor ich sehe, was ich sage?" (1985: 14) Das ist im übrigen ganz im Sinne der Theorie der Strukturation. Kompetente Akteure zeichnen sich durch *accountability* aus, also dadurch, daß sie *auf Nachfragen* hin in der Lage sind, Rechenschaft über die Gründe und normativen Grundlagen ihres Handelns zu geben (Giddens 1984: 30).[88]

Organisationale Entscheidungsprozesse. Sowohl das normative Konzept des strategischen Managementprozesses (Schreyögg 1984: 244; vgl. o. 1.4) als auch das klassische normative betriebswirtschaftliche Modell

---

87 Ortmann et al. (1990: 408) sprechen hier von „rationalisierenden Legenden".

88 Das mag auch eine Erfahrung erklären, die man als Dozent an der Universität immer dann macht, wenn man in Lehrveranstaltungen die Auflösung von Zweck/Mittel-Ketten, beispielsweise im Rahmen von Inkrementalismus (Lindblom 1959) und *garbage can model* (Cohen, March & Olsen 1972), thematisiert. Vielen Studierenden fällt es schwer, diese Konzepte mit ihren eigenen Erfahrungen in Übereinstimmung zu bringen. Ein Grund dafür liegt m. E. in der Konvention (bzw. der Notwendigkeit), jegliches Handeln *ex post* als diskursiv entscheidungsgesteuertes Handeln zu interpretieren. Vgl. auch die in Kapitel 2.2.1, Fn. 20, angeführten Untersuchungen (Frank 1992; Frank et al. 1992, 1993).

konzipieren organisationale Entscheidungsprozesse als Entscheidungen eines Super-Individuums. Das Unternehmen, die Organisation, zumindest aber die Entscheidungsgremien werden nach dem Modell des Einzelakteurs konzipiert. Häufig geschieht dies in der betriebswirtschaftlichen entscheidungstheoretischen Literatur implizit; Ausnahmen bilden beispielsweise Pfohl und Braun (1981: 288ff.) sowie Bamberg und Coenenberg (1974: 183ff.): Im Normalfall ist es in der Perspektive der betriebswirtschaftlichen Entscheidungstheorie „unerheblich ..., ob der Entscheidungsträger ein Individuum oder ein Gremium ist." (ebd.: 183) Das einzige echte Problem, das kollektive von individuellen Entscheidungsprozessen unterscheidet, ist das Problem der Herausbildung einer „möglichst gerechten" gemeinsamen Präferenzordnung innerhalb des Entscheidungsgremiums. Dies geschieht durch einen Aggregationsmechanismus (ebd.: 185) bzw. eine Sozialwahlfunktion (Pfohl & Braun 1981: 289ff.). Aber auch dieser Unterschied zwischen individuellen und organisationalen Entscheidungsprozessen ist vernachlässigbar:

> „Es ist zunächst zu zeigen, daß das Problem der Bestimmung einer Sozialwahlfunktion *nichts anderes* ist, als das schon bekannte Problem, Zielfunktionen zur Lösung von intraindividuellen Zielkonflikten auszuwählen." (ebd.: 289f.; Hervorh. A. B.)

Diese Ignoranz der betriebswirtschaftlichen Theorie gegenüber sozialen und organisationalen Prozessen ist, wie auch Schreyögg (1991: 263, Fn. 4) anmerkt, bereits in Gutenbergs Habilitationsschrift (1967: 25f., zuerst 1929) angelegt, in der er ein quasi organisationsfreies Unternehmen als Gegenstand der Betriebswirtschaftslehre fordert.[89] Die Organisation

---

[89] „So muß denn überhaupt versucht werden, die Unternehmung als Gegenstand betriebswirtschaftlicher Theorie in eine Ebene zu projizieren, in der zwar Organisation vorhanden ist, aber nur eine solche, die der eigenen Problematik entbehrt. (...) Es muß für sie die *Annahme gemacht werden, daß die Organisation der Unternehmung vollkommen funktioniert*. Durch diese Annahme wird die *Organisation als Quelle eigener Probleme ausgeschaltet* und soweit aus ihrer wissenschaftlich und praktisch bedeutsamen Stellung entfernt, daß aus ihr keine Schwierigkeiten mehr für die theoretischen Gedankengänge entstehen können." (Gutenberg 1967: 25f., Hervorh. im Orig.) Man ist versucht, diese Passage als *Kritik* der betriebswirtschaftlichen Entscheidungstheorie zu lesen. - Gutenberg konstruiert seinen Begriff des Unternehmens im Rahmen der betriebswirtschaftlichen Theorie im übrigen sehr reflektiert in dieser Weise, als eine Als-Ob Konstruktion im Sinne Vaihingers (1927; der Hinweis stammt von Ortmann (Forts.)

wird hier im Grunde nach dem Bild der (trivialen) Maschine konzipiert (Morgan 1986: 19ff.). Weite Teile der betriebswirtschaftlichen Entscheidungstheorie versäumen es also, organisationale Prozesse als eigenständige und relevante Prozesse im sozialen System Organisation zu reflektieren. Es mangelt ihnen daher auch an einem *eigenständigen* Begriff organisationaler Entscheidungsprozesse.

Im Rahmen einer Strukturationstheorie der Organisation ist es aber sehr wohl notwendig, einen solchen eigenständigen Begriff organisationaler Entscheidungen zu explizieren, der sich von dem Konzept individueller Entscheidungen unterscheidet. Dies ist begründet in der Eigenständigkeit sozialer Prozesse gegenüber individuellem Handeln. Im Sinne der Theorie der Strukturation werden organisationale Prozesse im Zuge des Handelns organisationaler Akteure rekursiv konstituiert. Daher sind organisationale Entscheidungsprozesse weder unabhängig von individuellem Handeln und Entscheiden zu denken, noch sind sie reduktionistisch auf das Handeln von individuellen Akteuren zurückführen, wie dies beispielsweise noch der frühe Kirsch (1969: 667f.) tat. Habe ich oben individuelle Entscheidungsprozesse als Sequenz intentionalen Handelns mit dem diskursiven Bewußtsein der Kontingenz der Situation als ihrem Ausgangspunkt definiert, so definiere ich *organisationale Entscheidungen* als *Sequenz (intentionalen) organisationalen Handelns*, die ihren Ausgang bei einer Situation nimmt, deren *Kontingenz mindestens einem der beteiligten Akteure diskusiv bewußt* ist. Zentral für das Verständnis des Begriffes und seiner Differenz zum Begriff individueller Entscheidung ist die Klärung dessen, was in strukturationstheoretischer Perspektive unter organisationalem Handeln zu verstehen ist.

Der Begriff des organisationalen Handelns hat eine doppelte Bedeutung. Einerseits ist damit das Handeln *der* Organisation als ganzer gemeint; die Organisation wird als Kollektivakteur verstanden. Andererseits wird darunter das Handeln von organisationalen Akteuren in seinem Beitrag zu bzw. seiner Wirkung auf die Produktion und Reproduktion des sozialen Systems Organisation verstanden, d. h. Handeln als das Medium, in dem sich die Reproduktion sozialer Praktiken und damit des Systems selbst vollzieht. In strukturationstheoretischer Perspektive sind beide

1995i: 120f, der sich wiederum auf Brewing 1993 bezieht); solche Reflexion vermißt man leider in den allermeisten zeitgenössischen betriebswirtschaftlichen Lehrbüchern.

Aspekte organisationalen Handelns nur als rekursiv aufeinander bezogen vorzustellen. Es geht also darum, die Einbettung von Handeln in den Prozeß der Reproduktion der Organisation zu verstehen.

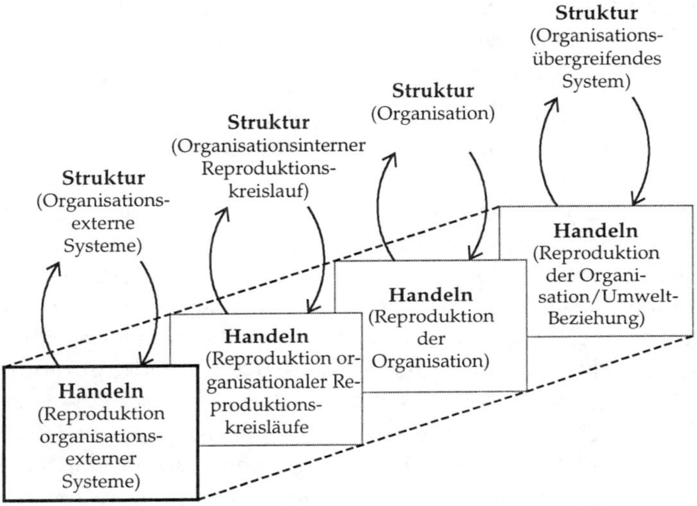

Abbildung 2.13: *Reproduktionsebenen organisationalen Handelns*

In bezug auf Handeln als Medium der Reproduktion der Organisation lassen sich unterschiedliche Reproduktionsebenen organisationalen Handelns unterscheiden (vgl. Abbildung 2.13). Organisationales Handeln ist stets involviert in einen oder mehrere Reproduktionskreisläufe, die nicht zwangsläufig die gesamte Organisation umfassen müssen, sondern teilweise nur einen Teil betreffen, etwa eine Abteilung oder ein Projektteam. Solch ein organisationales Subsystem läßt sich bei einer „Erhöhung des Auflösungsgrades" der Betrachtung seinerseits als ein soziales System auffassen, das über eigene Strukturen verfügt (vgl. 2.1.2). Organisationales Handeln trägt daher einerseits zur (Re-) Produktion der Struktur dieses Kreislaufes bei. Andererseits ist das Handeln der organisationalen Akteure auch in die Reproduktion übergeordneter Strukturen involviert. Bezogen auf ein Projektteam kann das etwa bedeuten, daß das Handeln im Projektteam nicht nur dessen Strukturen reproduziert, sondern auch diejenigen von Abteilungen und der gesamten Organisation. Die Anzahl der identifizierten relevanten Ebenen ist sowohl von der Größe und Komplexität der Organisation, als auch vom

Detailliertheitsgrad der Betrachtung abhängig. Das Handeln eines einzelnen organisationalen Akteurs ist damit simultan in die Reproduktion mehrerer Reproduktionskreisläufe eingebettet, die weder zwangsläufig an formale organisationale Einheiten, noch an die formale Grenze der Organisation gebunden sein müssen. Sie können vielmehr auch die formalen Grenzen der Organisation übergreifen: etwa Märkte oder gesellschaftliche Systeme. Das organisationale Handeln auf den verschiedenen in Abbildung 2.13 dargestellten Reproduktionsebenen ist daher stets dasselbe Handeln; es wird nur jeweils in Hinblick auf die (simultane) Reproduktion analytisch abgrenzbarer hierarchisch ineinander verwobener Reproduktionskreisläufe betrachtet.

Ist bereits die analytische Differenzierung der unterschiedlichen Reproduktionsebenen der Organisation im Zuge des Handelns organisationaler Akteure eine Konstruktion des (wissenschaftlichen) Beobachters, so gilt dies erst recht für die Betrachtung des Handelns *der* Organisation als Handeln eines Kollektivakteurs. Das aggregierte Handeln organisationaler Akteure wird dabei behandelt, *als ob* die Organisation als einzelner Akteur handelte. Primär findet dabei in der Regel das außenwirksame Handeln der für den Zweck der Betrachtung relevanten Akteure Beachtung. Es wird also dasjenige Handeln betrachtet, das für die Reproduktion der Organisation/Umwelt-Beziehungen von besonderer Bedeutung ist (vgl. Abbildung 2.13).[90] Zwar läßt sich natürlich nach innen zielendes Handeln ebenso als Handeln der Organisation beschreiben. Aber auch dieses wird dann unter der Perspektive der Reproduktion der Außenbeziehungen bzw. der Position der Organisation in ihrer Umwelt betrachtet. *Im Grunde* wird dabei von internen Prozessen abstrahiert, sie werden „eingeklammert". Man denke etwa an Ansoffs *strategic posture management* mit seiner Betonung der Entwicklung und Anpassung interner Strukturen und Kompetenzen (Ansoff 1984); in diesem Zusammenhang kann man zwar legitimerweise davon sprechen, daß die „Organisation ihre Struktur verändere" und entsprechend kann man dann auch davon sprechen, daß „eine Organisation Entscheidungen

---

[90] Genauer müßte man formulieren: das Handeln in seiner Relevanz für die Reproduktion dieser Beziehungen. Da die Betrachtung der Organisation als Kollektivakteur aber insbesondere der Komplexitätsreduktion dient, ist es plausibel (und sinnvoll), weite Bereiche des Handelns in Organisationen aus der Betrachtung auszuklammern.

trifft". Aber es interessiert dabei gerade nicht die interne Genese von Problemlösungen, sondern ihre „Passung" in die Umwelt.

Sind organisationale Entscheidungsprozesse also Sequenzen organisationalen Handelns, so werden - im Gegensatz zu individuellen Entscheidungsprozessen - bestimmte Handlungen systematisch ausgenommen: alle diejenigen, die sich nicht auf die Reproduktion der Organisation beziehen lassen. Das betrifft also „private" Aktivitäten.[91] Insofern sind organisationale Entscheidungsprozesse enger definiert als individuelle, die sich auf jegliches Handeln beziehen können. Charakteristisch für organisationale Entscheidungsprozesse ist weiterhin, daß sie kollektive Prozesse sind, daß also mehrere Akteure an ihnen beteiligt sind. Das folgt bereits aus dem Begriff der Organisation als sozialem System, das von Giddens als „patterning of social relations across time-space" definiert wird (1984: 377). Das gilt im übrigen auch für Ein-Personen-Unternehmen; sie sind nur als soziale Systeme zu betrachten, insofern sie ein Geflecht sozialer Beziehungen bilden, zu dessen Reproduktion nicht nur der Eigentümerunternehmer alleine beiträgt.

Versteht man organisationale wie individuelle Entscheidungsprozesse sowohl als Handeln als auch als Informationsverarbeitungsprozesse, so ist organisationales Handeln als das Medium der Reproduktion der Organisation durch die Akteure reflexiv und auf der Basis von Entscheidungen gesteuert. Die reflexive Kontrolle organisationalen Handelns geht aber nicht in den jeweils individuellen Informationsverarbeitungsprozessen der beteiligten Akteure auf. Die Koordination organisationalen Handelns als kollektivem Handeln geschieht wiederum über Handeln, etwa Kommunikation; auch das „Schaffen von Fakten" kann Teil eines solchen Koordinations- oder Aushandlungsprozesses sein. Diese Aushandlungsprozesse können auch als Informationsverarbeitungsprozesse beschrieben werden. Dann besteht die Informationsverarbeitung auf organisationaler Ebene allerdings nur zu einem Teil aus der handlungssteuernden Informationsverarbeitung individueller Akteure; zum anderen Teil besteht sie aus Handlungen: etwa dem Sammeln, Speichern und Weiterverarbeiten von Informationen im Rahmen der betrieblichen

---

91 Wobei die Abgrenzung im Einzelfall durchaus problematisch sein kann. Tragen kollektive Freizeitaktivitäten von Arbeitskollegen zur Reproduktion des Unternehmens bei, in dem sie arbeiten? Das ist letztlich eine empirische Frage.

EDV, aus Kommunikationen, aus dem Anfertigen von Wirtschaftlichkeitsrechnungen etc. Der Prozeß der reflexiven Steuerung organisationalen Handelns ist also zugleich wiederum ein Handlungsprozeß.

Die Frage, wer die am organisationalen Entscheidungsprozeß beteiligten Akteure jeweils sind, läßt sich nur im Zusammenhang mit der Abgrenzung der als Entscheidungsprozeß zu betrachtenden Handlungssequenz beantworten. Werden organisationale Entscheidungsprozesse als solche Episoden im organisationalen Handlungsstrom verstanden, dann läßt sich selbstverständlich nicht die eindeutige Trennung von Auswahl und Implementation aufrecht erhalten, geschweige denn die Implementationsphase aus dem Entscheidungsprozeß herausdefinieren. Entscheidungsepisoden werden sinnvollerweise als Episoden der Lösung eines Problems bzw. eines Problemkomplexes abgegrenzt - und zu dieser Lösung gehört eben auch die Umsetzung einer gewählten Handlungsalternative. Reduziert man den Entscheidungsbegriff auf die bloße Auswahl von Handlungsalternativen, dann sind diejenigen, die die Entscheidung vorbereiten, die Entscheidungsbeteiligten. In der hier vertretenen weiteren Fassung des Begriffes organisationaler Entscheidungsprozesse als Sequenzen organisationalen Handelns müssen alle diejenigen als an der Entscheidung *Beteiligte* gelten, *deren soziale Praktiken von der Entscheidung betroffen sind*. Das umfaßt im Zweifelsfalle auch die ausführenden Ebenen, selbst wenn sie nicht in die Planungsprozesse involviert waren.

Damit muß allerdings nicht allen an einer organisationalen Entscheidung Beteiligten auch die für die Definition von Entscheidungsprozessen konstitutive Kontingenz diskursiv bewußt sein. Analog zu meinen Ausführungen zur reflexiven Systemreproduktion (in 2.1) gilt hier, daß es im Grenzfall ausreicht, daß ein einziger beteiligter Akteur über dieses diskursive Wissen verfügt. Gerade bei organisationalen Entscheidungsprozessen dürfte aber schon auf Grund der hohen Formalisierungstendenz organisationaler Prozesse das Bewußtsein für Wahlmöglichkeiten relativ stark ausgeprägt sein.

Auf der Basis der hier vorgestellten Definition organisationaler Entscheidungsprozesse läßt sich eine Differenzierung der in 2.1.2 und 2.2.1 vorgenommenen Unterscheidung von zwei Typen der Systemreproduktion bzw. Regulation organisationaler Reproduktionskreisläufe vornehmen (vgl. Abbildung 2.14). Konstitutiv für organisationale Entscheidungsprozesse ist ein Ausgangspunkt, in dem eine Kontingenz der Situation mindestens einem beteiligten Akteur diskursiv bewußt ist. Man kann nun die Typen daran sich anschließender Handlungssequenzen danach unterscheiden, ob in ihnen das Handeln mindestens eines maßgeblichen Akteurs intentional auf die Regulation der Reproduktion der Organisation zielt (reflexive Selbstregulation) oder ob dies nicht der Fall ist (Regulation durch homöostatische Kausalschleifen). Im ersten Fall handelt es sich um *Organisationsentscheidungen* (Reorganisationen), im zweiten um „normale" organisationale Entscheidungsprozesse. Liegt kein diskursives Bewußtsein der Kontingenz der Situation vor, hat man es lediglich mit (Sequenzen von) organisationalem Handeln zu tun. Auch hier lassen sich in analoger Weise organisierende Aktivitäten und organisationale Routineaktivitäten unterscheiden.

	Regulation organisationaler Reproduktionskreisläufe durch:	
	Reflexive Selbstregulation	**Homöostatische Kausalschleifen**
Diskursive Bewußtheit der Kontingenz	*Organisations-entscheidungen*	*„Normale" organisationale Entscheidungs-prozesse*
Keine diskursive Bewußtheit der Kontingenz	*Organisierendes Handeln*	*Organisationale Routineaktivitäten*

Abbildung 2.14: *Typen der Regulation organisationaler Reproduktionskreisläufe*

Damit ist nun zunächst einmal geklärt, wie im Rahmen der Theorie der Strukturation Entscheidungsprozessesse definiert werden können: als von einem Beobachter abgrenzbare Sequenzen intentionalen (individuellen oder organisationalen) Handelns, als deren konstituierender Ausgangspunkt eine Handlungssituation identifiziert werden kann, deren Kontingenz mindestens einem beteiligten Akteur diskursiv bewußt ist, und die selbst durch eine diskursive Reflexion eines externen Beobachters oder eines involvierten Akteus als eine solche zusammenhängende Sequenz aus dem *continuous flow of conduct* herausgehoben wird. Diese Definition ist sicherlich wesentlich komplexer als die eingangs zitierten betriebswirtschaftlichen Definitionen (Kahle 1990; Witte

1992), weil sie auf der Basis einer hochkomplexen Sozialtheorie formuliert ist. Sie bietet aber - neben ihrer Kompatibilität mit einer erklärungskräftigen Theorie - folgende Vorzüge gegenüber dem klassischen betriebswirtschaftlichen Entscheidungsbegriff:

- *Individuelle und organisationale Entscheidungsprozesse* lassen sich konzeptionell trennen.
- Die *Prozeßhaftigkeit* des Geschehens wird angemessen berücksichtigt.
- Die *Implementation* der ausgewählten Handlungsalternative wird in den Begriff des Entscheidungsprozesses integriert.
- *Nicht-diskursive Aspekte der reflexiven Handlungskontrolle* und Intentionalität können berücksichtigt werden.
- Der Entscheidungsbegriff impliziert weder, daß Ziele explizit, noch daß sie *ex ante* formuliert sein müssen; die *Rekursivität von Zwecken und Mitteln* kann berücksichtigt werden (dazu mehr in Kapitel 3).
- Eine Reflexion auf die *Rolle des Beobachters* wird auf der Basis dieser Theorie möglich; das wird wichtig werden im Zusammenhang mit einem Rationalitätsurteil (vgl. Kapitel 3).

Box 8

Betrachtet man den Fall der Einführung des Produktionsplanungs- und -steuerungssystems bei dem Pumpenproduzenten, so können unterschiedliche Möglichkeiten der Abgrenzung des Entscheidungsprozesses demonstriert werden. Dabei kann der Zeitpunkt des Beginns des Prozesses variieren; das Ende reicht in allen Fällen über das Ende des Erhebungszeitraumes hinaus. Ich gebe zunächst eine grobe Übersicht über einige zentrale Ereignisse (vgl. Ortmann et al. 1990: 80, Abbildung 6):

1960	*Erste Überlegungen zur Rationalisierung der Materialwirtschaft*
ca. 1970 - 1976	*Erste Einführungen von PPS-Systemen im Konzern*
1978 - 1979	*Erste Entscheidung für ein Standard-Softwaresystem zur Produktionsplanung und -steuerung der „Firma A" im Betrieb*
1979 - 1982	*Implementation von zwei Modulen des PPS-Systems*
Juli 1984	*Grundsatzentscheidung über eine Rationalisierung im Bereich der Logistik*
Ende 1984 -	*Ausarbeitung des Logistik-Projektes*

September 1985	*Positive Entscheidung des Konzernvorstandes*
Oktober 1985	*Beginn der Implementation des PPS-Systems*
Oktober 1985 - Juli 1987	*Implementation des PPS-Systems* *3 gescheiterte Einführungstermine*
Juli 1987	*Offizieller Einführungstermin des PPS-Systems*
Juli 1987 - Frühjahr 1990	*Probleme mit der Praxis des PPS-Systems* *Mehr oder weniger erfolglose Versuche der Implementation von Betriebsdatenerfassung und Hochregallager* *Renaissance der „wilden Läger" im Produktionsbereich*

Als Anfangspunkt der Entscheidungsepisode gilt eine Situation, in der mindestens einem beteiligten Akteur die Kontingenz der Handlungsmöglichkeiten diskursiv bewußt ist. Die sich anschließende Episode besteht dann in einer Sequenz intentional aufeinander bezogenen Handelns. In bezug auf den hier skizzierten Entscheidungsprozeß bezüglich der Einführung des PPS-Systems bieten sich prinzipiell drei Möglichkeiten der Abgrenzung an:

Der Entscheidungsprozeß beginnt mit den Überlegungen für die erstmalige Implementation eines PPS-Systems im Konzern in der ersten Hälfte der siebziger Jahre. Die Bedingung für diese Abgrenzung ist, daß man alles Handeln im Rahmen der Produktionsplanung und -steuerung seit dem Beginn der siebziger Jahre als eine zusammenhängende Handlungssequenz betrachten will. Das scheint mir für den Fall zu weit gefaßt, weil für den in Frage stehenden Entscheidungsprozeß das organisierende Handeln in bezug auf die Regulation der Produktionsplanung und -steuerung interessiert. Es hat offensichtlich mehrere längere Perioden gegeben, in denen diese Probleme nicht als Probleme thematisiert wurden. Man muß sich allerdings darüber im klaren sein, daß die damaligen Prozesse Strukturierungen der Handlungsfelder Produktionsplanung und -steuerung hervorgebracht haben, die auch 15 Jahre später noch Relevanz besitzen.

Der Beginn des Entscheidungsprozesses kann auf den Zeitraum der Entscheidung über die ersten PPS-Module der „Firma A" ab ca. 1978 datiert werden. Dann müßte man das folgende Handeln als auf das PPS-System der „Firma A" bezogen interpretieren. Das ist immer noch eine sehr weite Fassung der Entscheidungsepisode; es erscheint mir nicht sehr praktikabel, 1984 sozusagen „nahtlos" an die Handlungssequenz von 1978 bis 1982 anzuknüpfen, weil die Regulierung der Produktionsplanung und -steuerung zwei bis drei Jahre offensichtlich kein (als solches interpretiertes) Problem gewesen ist. Allerdings wird genau diese Abgrenzung der Entscheidungsepisode implizit von den Promotoren der „Firma A" vorgenommen: Sie argumentieren nämlich 1984/85, daß bereits fünf Jahre vorher DM 3,5 Mio. in zwei Module der „Firma A" investiert worden seien, die bei einer Entscheidung gegen „Firma A" verloren seien (vgl. Box 10, 2.2.4). Die Abgrenzung von Entscheidungsepisoden kann also auch interessenabhängig erfolgen.

Schließlich kann der Beginn der Entscheidungsepisode auf das Jahr 1984 datiert werden, als die Werksleitung strategische Überlegungen zur Verbesserung der Ergebnissituation des Werkes X anstellt. Dabei existiert zwar ein diskursives Bewußtsein von der prinzipiellen Kontingenz der Handlungssituation, dieses Kontingenzbewußtsein bezieht sich allerdings noch nicht konkret auf die Produktionsplanung und -steuerung (vgl. Box 12, 3.3.1). In einer klassisch-rationalistischen Perspektive dürfte dieser Zeitpunkt denn auch noch nicht als Beginn des Entscheidungsprozesses gelten, weil noch keine exakte Problemformulierung vorliegt. In strukturationstheoretischer Perspektive scheint mir dies allerdings die naheliegendste und plausibelste Abgrenzung der Episode zu sein, weil eben keine im großen und ganzen lückenlose Kontinuität des organisierenden Handelns für den Bereich der Produktionsplanung und -steuerung seit den frühen bzw. späten siebziger Jahre vorliegt, diese Kontinuität für den Betrachtungszeitraum von 1984 bis 1990 aber gegeben ist. Nicht vernachlässigen darf man dabei allerdings, daß die in früheren Entscheidungsprozessen und der Praxis der Produktionsplanung und -steuerung hervorgebrachten Strukturierungen weiterhin einen deutlichen Einfluß ausüben.

In bezug auf die in Abbildung 2.14 zusammengefaßten Typen der Regulation organisationaler Reproduktionskreisläufe kann man konstatieren, daß der betrachtete Prozeß eine Organisationsentscheidung darstellt. Die Einführung des PPS-Systems wie das gesamte Logistikprojekt intendieren die Regulierung bzw. Veränderung routinisierter Praxen im gesamten Bereich der Logistik sowie Produktionsplanung und -steuerung. Das gilt genauso für den in Box 2 beschriebenen circulus vitiosus *bei der Implementation des PPS-Systems.*

Bevor ich nun auf einige Charakteristika organisationaler und strategischer Entscheidungsprozesse eingehe, ist es notwendig, abschließend einen Begriff von Strategie und strategischen Entscheidungsprozessen auf der Basis der Theorie der Strukturation zu formulieren.

2.2.3 Strategie und strategische Entscheidungsprozesse

Im ersten Kapitel habe ich mich bereits ausführlich mit dem Strategiebegriff der präskriptiven Strategieliteratur befaßt. Charakteristisch für diesen ist, daß Strategie im großen und ganzen verstanden wird als ein *ex ante* ausformulierter Plan der Organisation, der im organisationalen Handeln umgesetzt, implementiert, wird. Angesichts des allerorten konstatierten „Implementationsproblems" strategischer Planung erwies sich diese Begriffsfassung allerdings als problematisch, weil der Fall einer im Implementationsprozeß veränderten Strategie in dem so formulierten Strategiebegriff nicht vorgesehen ist. Als besser geeignet habe ich den Strategiebegriff Mintzbergs (1987b: 12) bezeichnet: Strategie als „pattern in a stream of actions". Damit wird Strategie zu einem primär deskriptiven Konzept, das die unterschiedlichen Formen der „intended", „deliberate" und „emergent strategy" umfaßt. Strategie „is *consistency* in behavior, *whether or not* intended." (ebd.; Hervorh. im Orig.) Die Definition von Strategie als Handlungsmuster paßt offensichtlich gut in den hier vorgestellten begrifflichen Rahmen der Theorie der Strukturation (vgl. a. Sydow et al. 1995: 39; Zimmer & Ortmann 1996: 12).[92]

Der Strategiebegriff muß allerdings in inhaltlicher Hinsicht genauer gefaßt werden, wenn nicht jegliches Handlungsmuster als strategisch gekennzeichnet werden soll. Dieses begriffliche Abgrenzungsproblem von strategischen und nicht-strategischen Handlungsmustern ist Mintzberg sehr wohl bewußt. Allerdings, so Mintzberg (1987b: 14), könne man nicht in allgemeiner Weise bestimmen, was strategisch und was nicht-strategisch sei, es gelte also nicht, daß „some issues are *inevitably* more important than others." (Hervorh. im Orig.) Vielmehr könne man nur situationsbedingt entscheiden, was in der jeweiligen Situation strategisch, was für den Erfolg der Organisation bzw. des Unternehmens „'important' in some context" sei. Das scheint mir nun allerdings ein wenig zu vage zu sein, um einen in deskriptiver wie in präskriptiver Hinsicht so zentralen Begriff der Organisationstheorie und der Betriebswirtschaftslehre zu definieren.

Auf der Basis der unterschiedlichen Definitionen aus dem Bereich der präskriptiven Strategietheorie läßt sich der Strategiebegriff inhaltlich schärfer abgrenzen.

> So definiert Porter Strategie als Instrument, das Unternehmen „in Bezug zu seinem Umfeld zu setzen" (Porter 1992a: 25), als „Wahl (von) Maßnahmen, um eine gefestigte *Branchenposition zu schaffen*" (1992a: 62; Hervorh. A. B.). Der Zweck der Wettbewerbsstrategie liegt für ein Unternehmen darin, „eine *Position* zu finden, in der es sich am besten gegen Wettbewerbskräfte schützen oder sie zu seinen Gunsten beeinflussen kann." (Porter 1992a: 25f.; Hervorh. A. B.) Die Strategie des Unternehmens „defines its *configuration* of activities and how they *interrelate*." (Porter 1991: 102)

---

92 Prescott, Ganesh und Gibbons (1993: 13) definieren in ihrem strukturationstheoretisch inspirierten Konzept Strategie als „set of activities carried out to accomplish objectives"; das scheint zunächst der Mintzbergschen Formulierung sehr ähnlich zu sein. Später (1993: 15) verwenden sie dann aber den Strategiebegriff wieder in der konventionellen Fassung von Strategie als Plan, wenn sie von der *Implementation der Strategie* sprechen.

Ansoff versteht unter Strategie im grundlegensten Sinne „a set of decision-making rules for *guidance* of organizational behavior." (1984: 31; Hervorh. A. B.)

Chandlers klassische Definition lautet: „Strategy can be defined as the determination of the long-term goals and objectives of an enterprise, and the adoption of courses of action and the allocation of resources *necessary for carrying out these goals.*" (1962: 13; Hervorh. A. B.)

Bei Rumelt findet sich die folgende Formulierung: „Strategy is *creating situations* for economic rents and finding ways to sustain them." (zit. n. Mintzberg 1987b: 15; Hervorh. A. B.)

Greipel schließlich resümiert: „Strategisches Denken und Handeln ist im Kontext der Unternehmensführung mithin gerichtet auf

- die systematische Antizipation zukünftiger Marktchancen und -risiken sowie eigener Stärken und Schwächen und darauf aufbauend
- die Schaffung *zukünftiger Handlungsspielräume* durch die Identifikation und Evaluation alternativer Strategien sowie
- die Schaffung *langfristiger Erfolgsvoraussetzungen* durch die zielgerichtete Zuordnung von Ressourcen." (Greipel 1988: 20; Hervorh. A. B.)

Allen diesen Definitionen gemeinsam ist, daß das Adjektiv strategisch nicht einfach auf die Bedeutung eines Plans oder einer Maßnahme für den operativen Unternehmenserfolg zielt - das kann auch das routinisierte Funktionieren der Gehaltsabrechnung sein. Charakteristisch ist vielmehr, daß Strategie auf die Bedingungen bzw. die *Voraussetzungen des Unternehmenserfolges* in der Unternehmensumwelt zielt, nicht auf seine tatsächliche Erwirtschaftung. So sollen Positionen (Porter) oder Situationen (Rumelt) geschaffen werden, die ein erfolgreiches Bestehen im Wettbewerb ermöglichen; Strategie soll organisationales Handeln ausrichten bzw. anleiten (Ansoff); es geht um die Formulierung von Zielen, die Festlegung von Handlungsweisen und die Allokation von Ressourcen als Voraussetzung für zielgerechtes Handeln (Chandler). Damit zielt

Strategie auf die Schaffung von Handlungsspielräumen und Erfolgsvoraussetzungen (Greipel).[93]

Eine zweite im Rahmen der Theorie der Strukturation notwendige Konkretion der ursprünglichen Mintzbergschen Definition des Strategiebegriffes betrifft den Begriff des Handlungsmusters selbst. Wenn Strategie auf die Voraussetzungen von organisationalem Handeln zielt, dann muß man genauer nicht von einem Muster von Handlungen sprechen, sondern von einem Muster von Praktiken. Die Existenz und Reproduktion sozialer Praktiken ist nämlich die Voraussetzung für Handeln; nur indem sich die Akteure auf Praktiken beziehen können, ist eine geordnete Interaktion möglich. Im Rahmen der Theorie der Strukturation taucht der Strategiebegriff dann auch in Zusammenhang mit den Begriffen des *strategic conduct* und der *strategies of control* auf. Akteure beziehen sich in ihrem Handeln *strategisch* auf die Modalitäten der Dualität von Struktur „in order to reproduce their strategic autonomy over the actions of others." (Cohen 1989: 44f.) Kontrollstrategien sind soziale Praktiken, d. h. reproduzierte, regelhafte Formen des Bezugs auf Interpretationsmuster, Normen sowie autoritative und allokative Ressourcen, die die Akteure in ihrem Handeln anwenden. Diese Kontrollstrategien werden angewandt, um die eigenen Handlungsmöglichkeiten zu erhalten oder auszubauen bzw. sich solche Handlungsmöglichkeiten zu schaffen. Kontrollstrategien sind für die Akteure notwendige Praktiken, um erfolgreich agieren zu können. Auch die Strategie einer Organisation bzw. eines Unternehmens als eines kollektiven Akteurs ist daher als ein *Muster von Praktiken* zu beschreiben.

Nun sind aber im Rahmen der Theorie der Strukturation bereits soziale Systeme definiert als ständig reproduzierte Muster geordneter, wechselseitig aufeinander bezogener Praktiken kompetenter Akteure, die im Zuge ihrer Strukturation via von Reproduktionskreisläufen ständig reproduziert werden. Der Strategiebegriff greift aber gegenüber dem Systembegriff in zweierlei Hinsicht kürzer: in bezug auf die bereits ausgeführte inhaltliche Abgrenzung und in bezug auf die geringere Kapazität zur Bindung von Raum und Zeit. Zwar sind Strategien relativ weit in

[93] Dabei kann dann allerdings der Gewährleistung einer reibungslosen Gehaltsabrechnung durchaus in bestimmten Situationen strategische Bedeutung zukommen.

Raum und Zeit ausgreifende Muster sozialer Praktiken einer Organisation, aber die Raum/Zeit-Bindungsfähigkeit von sozialen Systemen ist größer als die von Strategien. Daher bedeutet die Veränderung von Strategien nicht zwangsläufig, daß das soziale System seine Identität als ein bestimmtes soziales System verliert.[94] Strategie ist ein Teil des ständig reproduzierten Muster sozialer Praktiken, als das ein soziales System im Rahmen der Theorie der Strukturation definiert ist.

Strategie kann daher definiert werden als *Muster jener Praktiken, die die Herstellung, den Erhalt sowie den Ausbau organisationaler Handlungsmöglichkeiten in der Organisationsumwelt und damit die (organisational beeinflußbaren) Bedingungen des Organisations- bzw. Unternehmenserfolges betreffen.*

Strategische Praktiken sind *Meta-Praktiken* zu Routinepraktiken, da sie auf deren Formung und ihre Voraussetzungen zielen. Damit stellen sie dann „*rules* for guidance of organizational behavior" (Ansoff) zur Verfügung. Dieser Aspekt kommt auch deutlich in dem Konzept der Kernkompetenzen von Prahalad und Hamel zum Ausdruck:

> „Core competencies are the collective learning in the organization, especially how to coordinate diverse production skills and integrate multiple streams of technologies. (...) If core competence is about harmonizing streams of technology, it is also about the organization of work ... Core competence ... involves many levels of people and all functions. (...) Competencies are the glue that binds existing businesses." (Prahalad & Hamel 1990: 82)

Kernkompetenzen betreffen das Wissen um sowie die Organisation und Koordination von wertproduzierenden Aktivitäten im Unternehmen. Genau aus diesem Aspekt leiten Prahalad und Hamel ihre strategische Bedeutung ab.

Ein *strategischer Entscheidungsprozeß* ist folglich eine Sequenz strategischen organisationalen Handelns, deren Ausgangspunkt eine Situation ist, die von mindestens einem organisationalen Akteur diskursiv als in strategischer Hinsicht kontingent definiert wird. Da sich strategische Entscheidungsprozesse stets auf die organisationalen Voraussetzungen organisationalen Handelns beziehen, impliziert die diskursive Bewuß-

---

[94] Was nicht bedeutet, daß sich durch Veränderungen der Strategie nicht das System selbst verändern könnte.

theit der Kontingenz in diesem Falle die intentionale Ausrichtung des strategischen Handelns auf die Regulation der Systemreproduktion. In diesem Sinne implizieren strategische Entscheidungsprozesse stets die reflexive Selbstregulation der Organisation. *Strategische Entscheidungen sind Organisationsentscheidungen.* Das bedeutet, erstens, nicht, daß auch alle Organisationsentscheidungen gleichzeitig strategische Entscheidungen sind. Organisationsentscheidungsprozesse können sehr wohl ohne „strategische Intention" stattfinden.[95] Zweitens ist damit auch nicht impliziert, daß strategische Entscheidungsprozesse der einzige Weg seien, um die Strategie zu modifizieren; ganz im Gegenteil weist ja der Mintzbergsche Begriff der emergenten Strategie gerade darauf hin, daß die (Veränderung der) Strategie nicht-intendierte Folge organisationalen Handelns sein kann.

Als ein zentrales Problem der präskriptiven Strategietheorie hatte ich im ersten Kapitel ihre Unfähigkeit herausgearbeitet, die vielfältigen rekursiven Konstitutionsbeziehungen konzeptionell zu handhaben. Am Beispiel der Ansätze von Porter (1991, 1992a, b) und Ansoff (1965, 1979, 1984) habe ich gezeigt, daß sie insbesondere die Rekursivitäten von Ressourcen und Strategie, strategischer Kompetenz und Strategie sowie von Struktur und Strategie nicht in ihre jeweiligen Strategietheorien integrieren können, obwohl sie diese selbst immer wieder konstatieren müssen. In beiden Fällen hatte ich die Ursache letztlich in dem Festhalten an der linearen Planungslogik verortet, der sich die Autoren der präskriptiven Ansätze verpflichtet fühlen.

Der vorgeschlagene strukturationstheoretische Begriff von Strategie als Muster von organisationalen Meta-Praktiken impliziert hingegen in seinem Kern die Denkfigur der Rekursivität. Soziale Praktiken und damit auch Muster von Praktiken, also eine Reihe regelhaft miteinander ver-

---

[95] Die implizite oder explizite Voraussetzung bzw. Annahme, daß eine Reorganisation die Effizienz der betreffenden Prozesse verbessert, bezeichne ich noch nicht als strategisch, wiewohl sie strategisch relevant sein kann. Strategische Entscheidungen implizieren die diskursive Reflexion auf organisationale *strategies of control* gegenüber der Umwelt. Im Einzelfall bleibt die Abgrenzung allerdings unscharf. Diese Unschärfe kommt ja auch in dem bereits zitierten Satz von Hrebiniak und Joyce zum Ausdruck, der Unterschied zwischen nicht-strategischen und strategischen Entscheidungen liege darin, daß bei letzteren „the stakes may be a bit higher" (1984: 34).

knüpfter Praktiken, werden ständig im Handeln organisationaler Akteure reproduziert. Eine Strategie wird demnach im Handeln organisationaler Akteure rekursiv reproduziert, indem diese sich strategisch auf Ressourcen beziehen, sie also als strategische Ressourcen konstituieren und reproduzieren. Strategische Ressourcen sind damit wie nicht-strategische Ressourcen im Sinne der Dualität von Struktur Modalitäten, auf die sich die Akteure im Zuge des strategischen Handelns der Organisation beziehen. In diesen Modalitäten werden die Strukturaspekte des sozialen Systems Organisation handlungsrelevant. Strategie und strategische Ressourcen stehen damit in einem rekursiven Konstitutionsverhältnis: Ressourcen werden erst im Rahmen einer Strategie als strategische Ressourcen konstituiert und gleichzeitig existiert die Strategie nur in der Anwendung dieser strategischen Ressourcen im Handeln. Die Konzepte der *strategic capability* (Ansoff) und der *strategic capabilities* (*resource-based view*) können damit in die strukturationstheoretische Konzeption der Strategie integriert werden.

Die gleiche Rekursivität ist formulierbar in bezug auf das Verhältnis von Strategie und Struktur. Zunächst einmal bilden die formale Struktur - also ein System kodifizierter Regelungen - und die informale Organisationstruktur - also darüber hinaus faktisch gültige Regelungen und Institutionen - ja einen Teil dessen, was Ansoff (1984) strategische Kompetenz nennt. Ebenso wie für die von Schreyögg (1987) beschriebenen personalwirtschaftlichen Praktiken gilt dann für die Organisationsstruktur, daß sie das Ergebnis komplexer Prozesse der Strukturation ist - und damit rekursiv im Handeln organisationaler Akteure reproduziert wird. Die verschiedenen konstatierten Rekursivitäten des strategischen Handelns können also mit dem Instrumentarium der Theorie der Strukturation angemessen erfaßt werden.

Ist Strategie ein sich rekursiv herausbildendes und stabilisierendes Muster bestimmter organisationaler Praktiken, dann ist es sinnvoll, mit Mintzberg nicht mehr von der Formulierung von Strategien zu sprechen, sondern von „strategy formation" (Herausbildung von Strategie).

> „Thus, we shall use the term strategy formation ..., not because strategies have to be purely emergent but simply to allow for the fact that they can be, or, more realistically, almost inevitably *partially* are." (Mintzberg 1994: 26; Hervorh. im Orig.)

Habe ich die Trennung von Strategieformulierung und -implementation bisher aus eher pragmatischen Gründen als nicht sinnvoll bezeichnet, so zeigt sich nun, daß sie auch terminologisch nicht plausibel ist. Ein Muster von Praktiken kann erst dann entstehen, wenn schon gehandelt wurde, wenn also die Strategie „implementiert" ist. Das „Implementationsproblem" ist dann zunächst einmal ein Problem der präskriptiven Fassung des Strategiebegriffes. Nur wenn ich davon ausgehe, daß eine Strategie *ex ante* formuliert sein kann und muß, kann ich von Problemen bei der Implementation sprechen. Was also gemeinhin als Implementationsproblem bezeichnet wird, ist die Bezeichnung für die Diskrepanz zwischen dem strategischen Plan und der Strategie.

Ein strategischer Plan ist wiederum ein Ergebnis eines komplexen Strukturationsprozesses, nämlich des Prozesses der strategischen Planung. *Strategische Planung* kann einerseits als ein Sonderfall eines strategischen Entscheidungsprozesses betrachtet werden, der sich durch ein hohes Maß an Diskursivität sowie stark institutionalisierte und formalisierte Aspekte auszeichnet und als dessen Endpunkt die Autorisierung eines strategischen Planes anzusehen ist. Andererseits ist es häufig sinnvoller, den Planungsprozeß als Teil bzw. Sub-Prozeß eines strategischen Entscheidungsprozesses zu betrachten. Strategische Planung beinhaltet insbesondere die Zugrundelegung eines explizit formulierten Phasenschemas und die Anwendung formalisierter Planungs-, Entscheidungs- und Kontrollinstrumente.[96] Planung beinhaltet den Bezug auf Techniken, d. h. auf formalisierte Prozeduren; in der Terminologie von Giddens (1987a: 11) ist sie daher eine Technologie. Das in Abschnitt 1.2.1 vorgestellte Ablaufschema (vgl. Abbildung 1.1) formuliert das präskriptive Modell strategischer Planung; die starke Formalisierung ist hier sehr deutlich. Planung hat - nicht nur im Falle strategischer Planung, aber hier in besonderem Maße - nach innen und außen stets auch eine legitimierende Funktion. Man kann daher strategische Planung als eine institutionalisierte Technik im Sinne von Meyer und Rowan bezeichnen. Solche institutionalisierten Techniken sind „taken-for-granted means to

---

96 Ähnlich auch Mintzberg (1981), der allerdings meint, Planung finde *vor* der eigentlichen strategischen Entscheidung (als Analyse) und nach ihr (als Umsetzung in konkrete Handlungspläne) statt, nicht *in ihrem Kern*. Das scheint mir aber nur dann eine plausible Trennung zu sein, wenn man Entscheidungen als punktuelle Akte und nicht als Prozesse versteht.

accomplish organizational ends." (Meyer & Rowan 1977: 344).[97] In Anlehnung an Macintosh und Scapens (1990) muß allerdings darauf hingewiesen werden, daß Planung mehr als nur Legitimation umfaßt; dabei sind sämtliche Dimensionen der Dualität von Struktur involviert.

Ein wichtiger Aspekt des strategischen Planungsprozesses - zumindest in der Lehrbuchperspektive - ist die „determination of the long-term goals and objectives" (Chandler 1962: 13). Die Zielformulierung kann man sicherlich als strategisches Problem bezeichnen, bilden Ziele doch auf Grund ihrer handlungsleitenden Funktion eine zentrale Erfolgsvoraussetzung organisationalen Handelns. Allerdings hatte ich bereits darauf hingewiesen, daß der in der präskriptiven Planungsliteratur verwandte Zielbegriff, also *ex ante* formulierte explizite Ziele, einen Sonderfall bilden und in ihrer Relevanz häufig überschätzt werden. Explizite Ziele in strategischen und nicht-strategischen Entscheidungsprozessen werden häufig erst *ex post* formuliert - sei es zur externen Legitimation, sei es, weil die Ziele zu Beginn des Planungs- oder Entscheidungsprozesses noch unklar sind. Auch explizite Ziele entstehen erst im Zuge der Herausbildung des Musters strategischer Praktiken oder können erst im Zuge des Planungsprozesses schrittweise konkretisiert werden. Sie sind Teil des strategischen Prozesses der Organisation. Das ist insbesondere deshalb wichtig zu verstehen, weil Ziele Erfolgskriterien bilden. Auch hier haben wir es wieder mit einem rekursiven Verhältnis zu tun: Ziele als Modalitäten des strategischen Handelns werden im Zuge dieses Handelns reproduziert und restringieren es gleichzeitig. Die Kriterien, an Hand derer der Erfolg einer Strategie gemessen werden soll, bilden sich erst im Zuge der Produktion und Reproduktion dieser Strategie heraus. Strategische Ziele und Mittel stehen - wieder einmal! - in einem rekursiven Verhältnis. Es ist unmittelbar einleuchtend, daß damit das Rationalitätskriterium der Zieladäquatheit der Strategie in dieser einfachen Formulierung nicht aufrecht erhalten werden kann. Ich gehe im folgenden Kapitel ausführlich darauf ein.

Der hier entwickelte Strategiebegriff ist ein deskriptiver, ein analytischer Begriff. Organisationale Strategie oder Unternehmensstrategie wird verstanden als Muster derjenigen organisationalen Praktiken, die auf die

---

[97] Vgl. auch zu Budgetierungssystemen als Teil formaler Planungsinstrumente Czarniawska-Joerges & Jacobsson (1988) sowie Jansson (1989, 1993).

Produktion und Reproduktion der Erfolgsbedingungen organisationalen Handelns gerichtet sind: auf die Schaffung, die Erhaltung und den Ausbau von organisationalen Handlungsspielräumen. Unternehmensstrategie zielt somit auf die Kontrolle der Situation; so ist auch Rumelts Definition von Strategie als „creating situations" zu verstehen (Rumelt, zit. n. Mintzberg 1987b: 15). Strategien sind stets zu einem mehr oder weniger großen Teil emergent (Mintzberg (1984: 26). Von dem Begriff der Strategie deutlich zu unterscheiden ist der Begriff des strategischen Plans, der im Grunde die Mintzbergschen intendierte Strategie meint (Mintzberg 1987b: 14). Prahalad und Hamel (1990: 89) sprechen hier von „strategic architecture". Wie die Beziehung zwischen Zielen und Strategie ist die Beziehung von Strategie und strategischem Plan eine rekursive Beziehung. Der strategische Plan als Strukturaspekt ist Bezugspunkt strategischen Handelns und gleichzeitig sein Produkt. Strategie und strategische Planung sind damit - wie andere organisationale Prozesse auch - in die Strukturation und damit die Reproduktion der Organisation, des Unternehmens eingebettet. Die Besonderheit strategischer Planung und strategischen Handelns ist ihr Charakter als Meta-Aktivität in bezug auf organisationale Routinen: Ihr Ziel ist die Strukturierung von Routine und operativen Aktivitäten. Insofern bedeutet strategisch stets „relatively consequential, in patterns after actions are taken as well as in intentions that precede them." (Mintzberg 1994: 27)

Box 9

In einem ganz groben Überblick kann man die für den Entscheidungsprozeß über das Produktionsplanungs- und -steuerungssystem bedeutsamen Aspekte der Unternehmensstrategie des Pumpenherstellers wie folgt charakterisieren: Man konzentriert sich - gerade auch in bezug auf die strategische Planung - auf die beiden wichtigsten Märkte. Ein Drittel des Umsatzes wird 1984 auf dem Markt für das wichtigste Produkt erwirtschaftet. „Es ist ein konzerninterner Zuliefermarkt mit spezieller Ausprägung. Man ist per Konzernbeschluß zur Kooperation mit dem Abnehmer verpflichtet. Dessen Endprodukt ist seit Jahren der 'Umsatzbringer' des Konzernbereichs (zu dem auch das betrachtete Unternehmen gehört, A. B.) - und dessen Marktstellung geht auf die im Werk X gefertigte 'Vorzeigepumpe' zurück. Konzernintern muß diese Pumpe allerdings laut internem Verrechnungsmodus eindeutig unter Konkurrenzpreis verkauft werden - ein nicht unwesentlicher Aspekt der (mangelhaften, A. B.) Ergebnissituation des Konzernbetriebes. (...) Die Fortexistenz des Konzernbetriebes, dessen Bedeutung für den Bereichsvorstand sowie dessen Einsatz für finanzielle Mittel im Konzernvorstand lassen sich damit ein Stück weit erklären." (Ortmann et al. 1990: 87; Hervorh. im Orig.) Strategische Überlegungen des Werksleiters setzen daher auch an diesem Marktsegment an. Seine und die Einschätzung des Leiters der Abteilung Fertigungsplanung und Rationalisierung ist, daß in diesem Marktsegment und mit diesem Produkt Absatz- und Umsatzsteigerungen möglich sind.

Auf Grund der räumlichen Begrenzungen erfordert aber eine Ausweitung dieser Produktionslinie entweder die Einstellung anderer Produktionen oder eine Ausweitung der Fertigungshallen. Ein Neubau von Fertigungshallen wird allerdings angesichts der begrenzten finanziellen Mittel und der relativ schlechten Ergebnissituation des Konzerns von vornherein ausgeschlossen; eine Einstellung von anderen Produktionslinien kommt nach Einschätzung der Akteure ebenfalls nicht in Frage. Das Schlagwort für die strategischen Überlegungen heißt daher intern „Zwang zur Fläche": Schaffen von Raum für die Ausweitung der Produktion der „Vorzeigepumpe" in den bisherigen räumlichen Grenzen.

*Der zweite bedeutsame Markt ist der KFZ-Zuliefermarkt. In diesem Bereich werden fast 20% des Umsatzes getätigt. Man ist in diesem Bereich fest an einen Automobilproduzenten gebunden. Dieser vergibt jeweils 40% der Aufträge fest an zwei Zulieferer; um die restlichen 20% müssen diese in Hinblick auf Termintreue, Qualität, Preisgestaltung konkurrieren (*dual sourcing*). Um hier im Geschäft zu bleiben, handelt die Vertriebsabteilung für das Unternehmen teilweise relativ ungünstige Lieferverträge aus; diese sehen etwa davon ab, Preiserhöhungen auf Rohstoffmärkten an den Abnehmer weiterzugeben. Als KFZ-Zulieferer ist das Unternehmen in diesem Bereich sehr hohen Flexibilitätsanforderungen ausgesetzt: Bestellungen erfolgen kurzfristig und Bestelländerungen in Hinblick auf Typ oder Menge sind an der Tagesordnung. Insbesondere für die Bearbeitung des Marktes stellt die reibungslos und flexibel funktionierende Fertigungssteuerung eine unschätzbare strategische Ressource dar; es gelingt immer wieder, die Anforderungen des Abnehmers zu erfüllen. Kennzeichnend für diese Art der Fertigungssteuerung sind insbesondere zwei Merkmale: die schnelle personenbezogene Abstimmung und die Existenz „wilder Läger" an den Arbeitsplätzen (vgl. Box 3). Beides ermöglicht eine ausreichende Flexibilität. Die entsprechenden Routinen haben sich über mehrere Jahrzehnte eingespielt. Sie sind ständig reproduzierte Handlungsmuster, die die Voraussetzung der Handlungsfähigkeit des Unternehmen sicherstellen, nicht nur in bezug auf das Segment des KFZ-Zuliefermarktes. Als solche sind sie Teil der* realized strategy *des Unternehmens.*

Der betrachtete Entscheidungsprozeß über die Einführung des PPS-Systems ist in doppelter Hinsicht als strategischer Entscheidungsprozeß anzusehen. Einerseits zielt die Veränderung der Praktiken der Produktionsplanung und -steuerung auf die Erfolgsvoraussetzungen und nicht nur auf die direkte Steuerung der operativen Prozeduren. Andererseits ist die Einführung des PPS-Systems Teil des umfassenderen strategischen Entscheidungsprozesses um die Reorganisation der gesamten Logistikkette des Unternehmens.

Man kann an diesem Beispiel auch deutlich die Diskrepanz zwischen intended strategy *und* realized strategy, *zwischen strategischem Plan und der Strategie aufzeigen. Die Planungen zielten auf die Automatisierung der gesamten Logistik, insbesondere der Produktionsplanung und -steuerung. Die Implementation des strategischen Planes hat dann nur noch entfernte Ähnlichkeit mit dem, was beabsichtig wurde: Das Hochregallager funktioniert nicht so, wie es sollte; die Praktiken der Lagerverwaltung weichen daher erheblich von den Plänen ab. Die Fertigungssteuerer arbeiten „am System vorbei" nach einem Muster, das sich zwar von dem seit Jahrzehnten praktizierten unterscheidet, das aber auch nur entfernte Ähnlichkeit mit der* intended strategy *hat. Die alten strategischen Praktiken konnten also nicht im Sinne der strategischen Planungen verändert werden.*

2.2.4 *Strategische Bricolage: Zur Logik strategischer Entscheidungsprozesse*

Imagine that you're either the referee, coach, player or spectator at an unconventional soccer match: the field for the game is round; there are several goals scattered haphazardly around the circular field; people can enter and leave the game whenever they want to; they can throw balls in whenever they want; they can say 'that's my goal' whenever they want to, as many times as they want to, and for as many goals as they want to; the entire game takes place on a sloped field; and the game is played as if it makes sense.

K. Weick (1976: 1)

Nachdem ich mich ausführlich mit der Definition zentraler Begriffe einer Strukturationstheorie der Organisation beschäftigt habe, ist es sinnvoll, abschließend einen Blick auf die Logik strategischer Entscheidungsprozesse zu werfen. Ich hatte ja bereits im ersten Kapitel gezeigt, daß gewichtige Einwände gegen das Modell synoptischer Planungsrationalität aus der Empirie organisationaler Prozesse abzuleiten sind. Mit dem Begriff der *Logik* organisationalen Handelns bzw. strategischer Entscheidungsprozesse meine ich ihre grundlegende Funktionsweise, für die im Englischen der Begriff *rationale* steht. Karpik definiert den Begriff der Logik des Handelns als „an analytical instrument constructed by the observer, designating forms of coherence among objectives ... (...) logics of action are principles of *regrouping and dispersal*" (1978: 46; Hervorh. im Orig.). Die Logik strategischer Entscheidungsprozesse ist eine generalisierende Rekonstruktion von Regelmäßigkeiten solcher Prozesse in Unternehmen. Sie wird die Grundlage bilden für die Diskussion der Rationalität strategischer Entscheidungsprozesse, die ich im dritten Kapitel führen werde. Gleichzeitig wird diese Rekonstruktion, auch zu einer weiteren Verdeutlichung der strukturationstheoretischen Begrifflichkeit beitragen. [98]

Konstitutiv für strategische wie für nicht-strategische Entscheidungsprozesse ist die Kontingenz, die der Situation bzw. dem Prozeß von den Akteuren diskursiv zugeschrieben wird.[99] Unter Kontingenz verstehe ich in Anlehnung an Crozier und Friedberg „Auch-anders-möglich-sein": Handeln ist weder völlig frei, noch völlig determiniert.[100]

> „Kontingent im radikalen Sinn des Wortes, das heißt, *zugleich* abhängig von einem Kontext, von den darin vorhandenen Gelegenheiten und den von ihm auferlegten (materiellen und menschlichen) Zwängen, *und* unbestimmt, folglich frei." (Crozier & Friedberg 1979: 313, Anm. 37; Hervorh. im Orig.)

In diesem Sinne sind organisationale Prozesse auf der einen Seite stets kontingent, d. h. in ihrem Verlauf und Ausgang prinzipiell offen; andererseits wird diese Kontingenz in organisationalen und strategischen Entscheidungsprozessen geschlossen, indem die Offenheit des Ausgangs transformiert wird in eine bestimmte Situation, in ein bestimmtes Handeln.

Die Kontingenz in strategischen Prozessen entstammt drei Quellen (Becker & Ortmann 1994: 23f.): Erstens ist es offen, was die jeweilige Problemsituation ist und was sie für die Organisation bedeutet, wie also etwa die Auswirkungen einer bestimmten Marktsituation auf das Unternehmen aussehen werden oder ob sie überhaupt relevant ist. Zweitens ist spätestens seit Simons *bounded rationality* klar, daß es keinen *one best way*, keine einzige richtige („optimale") Lösung des Problems geben kann (Simon 1981). Kontingenz impliziert, daß es mehrere befriedigende Problemlösungen geben kann. Drittens schließlich ergibt sich die Kon-

---

98 Vgl. dazu auch den Teil IV in Ortmann et al. (1990: 372-514).

99 Ausschlaggebend für die Abgrenzung von Entscheidungsprozessen von anderen Handlungssequenzen ist ja ein Moment der diskursiven Bewußtheit von Kontingenz; entscheidend ist also das Wissen bzw. die Interpretation der Akteure - daher spreche ich hier von „zuschreiben" und nicht von „erkennen". Vgl. meine Diskussion epistemologischer Aspekte in Kapitel 3.1.

100 Vgl. a. die Definition bei Luhmann (1992: 96): „Kontingent ist alles, was weder notwendig noch unmöglich ist. Der Begriff wird also durch Negation von Notwendigkeit und Unmöglichkeit gewonnen."

tingenz organisationaler Prozesse aus ihrem grundlegend politischen und machtförmigen Charakter. Sowohl die Problemdefinition als auch die Einigung auf eine Problemlösung als auch die Umsetzung dieser Lösung sind mikropolitisch gefärbte Prozesse. Das bedeutet, daß die *dialectic of control* hier greift. Es gibt damit keine strukturelle Determination organisationaler Entscheidungsprozesse.

Ist also am Beginn des strategischen Entscheidungsprozesses nicht „objektiv" klar, was die Situation für das Unternehmen bedeutet, so muß diese Kontingenz gehandhabt werden, indem eine Bedeutung produziert wird, indem also die Situation interpretiert wird. Im Falle strategischer Entscheidungsprozesse muß eine Situation als strategisches Problem interpretiert werden, um einen strategischen Entscheidungsprozeß zu konstituieren. Die Durchsetzung einer solchen Interpretation in der Organisation ist ein mikropolitischer Prozeß (Narayanan & Fahey 1982; Ortmann et al. 1990: 372ff.) und ist als solcher in die *dialectic of control* und in die Strukturation der Organisation rekursiv eingebettet. Ein Problem ist gerade nicht objektiv gegeben, wie es das synoptische Rationalmodell - ganz im Sinne des „objectivist view" bei Landry (1995: 319ff.) - unterstellt, sondern ist Ergebnis sozialer Prozesse.

Das beinhaltet auch, daß Probleme nicht unabhängig von Lösungen, Zwecke nicht unabhängig von Mitteln definiert werden können. Genau das war ja eines der wichtigsten Ergebnisse der *behavioral theory* der Organisation: Ziele werden stets auch im Lichte der Mittel formuliert (Hirschman 1967; Lindblom 1959; March 1977) - und damit auch Probleme im Lichte möglicher Lösungen (Cohen, March & Olsen 1972). Organisationales Handeln im „problem-solving mode" ist, so Starbuck (1982: 17) die Ausnahme. In die gleiche Richtung zielen Staudt, Kröll und Hören mit ihrem Konzept der „Potentialorientierung in der strategischen Unternehmensplanung", in dem sie fordern, „die traditionelle Planungskette Märkte → Technik/Organisation → Personal *umzukehren*" und das vorhandene Personal als Potential anzusehen, das die Formulierung des strategischen Problems beeinflußt - nämlich als *„bearbeitbares* Marktpotential. (...) Die *Sichtweise* und *Vorgehensweise* des technokratischen Planungsmodells werden damit relativiert" (1993: 64; Hervorh. im Orig.). Ähnlich hatte schon Schreyögg (1987) argumentiert. Organisationales Handeln im Rahmen von (strategischen und nicht-strategischen) Entscheidungsprozessen ist Lösungssuche und Problemkonstitution in einem.

„Nicht nur suchen wir einfach nach dem passenden Schlüssel für ein fix und fertiges Schloß, sondern wir erschließen uns die Eigenschaften des Schlosses erst während der Suche und des Ausprobierens des Schlüssels, und nie ist ausgeschlossen, daß wir am Ende, statt eines passenden Schlüssels für ein Schloß, ein passendes Schloß für einen Schlüssel gefunden haben. Die *Lösung* ist merkwürdigerweise konstitutiv ... für die Problem*stellung*, so sehr die Problemstellung doch die Problemlösung determinieren sollte und tatsächlich determiniert." (Ortmann 1995a: 400f.; Hervorh. im Orig.)

Viel eher als dem *problem-solving mode* ähnelt das Handeln in Organisationen dem, was Lévi-Strauss (1991) *bricolage* (Bastelei) genannt hat. Lévi-Strauss benutzt den Begriff der *bricolage* dazu, das sogenannte „wilde Denken", das mythische Denken, zu kennzeichnen. Es läßt sich allerdings auch auf das Denken und Handeln organisationaler Entscheider beziehen (vgl. Ortmann et al. 1990: 391ff.). Der Bastler macht sein Handeln nicht vom Vorhandensein jeweils exakt zweckspezifischer Mittel abhängig. Er akzeptiert die Begrenztheit seiner Mittel, „und die Regel seines Spiels besteht darin, jederzeit mit dem, was ihm zur Hand ist, auszukommen" (Lévi-Strauss 1991: 30). Dabei geht er so vor, daß er Dinge nach dem Motto „das kann man immer noch brauchen", sammelt; seine Mittel und Werkzeuge, die Elemente seines Bastelkastens, sind daher nicht in bezug auf ein bestimmtes Projekt definiert, sondern nur durch ihren Werkzeugcharakter.[101]

„Jedes Element stellt eine Gesamtheit von konkreten und zugleich möglichen Beziehungen dar; sie sind Werkzeuge, aber verwendbar für beliebige Arbeiten innerhalb eines Typus. (...) Alle diese heterogenen Gegenstände, die seinen Schatz bilden, befragt er, um herauszubekommen, was jeder von ihnen 'bedeuten' könnte." (Lévi-Strauss 1991: 31)

Der Bastler „durchsucht" seinen Bastelkasten nach jeweils situationsspezifisch brauchbaren Mitteln. Dieser Bastelkasten enthält „eine Sammlung von Überbleibseln menschlicher Produkte" (Lévi-Strauss

101 Der Bastler dürfte damit in geringerem Maße dem unterliegen, was in der kognitiven Psychologie als "funktionale Gebundenheit" bezeichnet wird: der gedanklichen Fixierung auf einen bestimmten, determinierten Verwendungszweck eines Gegenstandes. Diese Fixierung behindert das Finden oder Entdekken "unkonventioneller" Lösungen. Vgl. dazu Anderson (1989: 208f.).

1991: 32). Er arbeitet mit „zweiten Qualitäten" (*second hand*: aus zweiter Hand, Gelegenheit, vgl. Lévi-Strauss 1991: 35, Fn.). Und wo der Ingenieur, das idealtypische rationale Gegenbild zum Bastler, sich über die Begrenzungen seiner Situation erheben will, eine „*Eröffnung* des Ganzen, mit dem man arbeitet" anstrebt, bleibt der Bastler - freiwillig oder gezwungen - in seiner Begrenztheit befangen und bewerkstelligt eine *Reorganisation* des Vorhandenen (Lévi-Strauss 1991: 33).

Damit sind wir vom Mülleimer zum Bastelkasten fortgeschritten. Die Parallelisierung von *garbage can* und Logik der *bricolage* erscheint zunächst naheliegend. Der Bastler greift allerdings nicht wahllos und zufallsgesteuert in seinen Vorrat an Mitteln, wie das von Cohen, March und Olsen (1972) nahegelegt wird.[102] Weder ist der Vorrat selbst beliebig, noch kann man mit unbegrenztem Aufwand in ihm herumsuchen, wenn man an Simons Überlegungen zur begrenzten Rationalität denkt (Simon 1981). Worin besteht nun der Bastelkasten eines organisationalen oder strategischen Entscheiders? Seine Mittel und Werkzeuge sind alles, was er im Zuge seines *strategic conduct* und der *strategies of control*, die er anwendet, *als Mittel einsetzen zu können glaubt*. Das können *im Prinzip* Praktiken sein, die sich auf alle interpretativen und normativen Modalitäten und alle Ressourcen beziehen, die in einem sozialen System zur Verfügung stehen: beispielsweise finanzielle und materielle (allokative) Ressourcen, Aspekte des Verwaltungsapparates sowie Organisations- und Planungsinstrumente (autoritative Ressourcen), der Einsatz von Organisationsvokabular und Leitbildern (Signifikation), die Nutzung von formalen und informalen organisationalen Regeln und Normen (Legitimation). Da einem Akteur aber *faktisch* nie alle denkbaren Praktiken und alle Modalitäten der Dualität von Struktur tatsächlich zur Verfügung stehen, ist der Bastelkasten des organisationalen Entscheiders zum einen begrenzt durch sein Wissen über die Modalitäten der Strukturation der Organisation. Mit dem Wissen über die in Kapitel 2.1.4 angesprochenen Möglichkeiten des Imports systemfremder Strukturaspek-

---

102 Genau diese Zufälligkeit kritisiert im übrigen auch Starbuck (1982: 16): „Although the garbage-can model captures some aspects of real life, it puts too much emphasis on randomness. (...) The problem-action associates and activity sequences appear nonrandom to the participants, and a theory of organizational action should explain why participants perceive certain activity sequences and certain problem-action associates."

te kann er allerdings auch in der Lage sein, Begrenzungen, die ihm durch das System, in dem er agiert, auferlegt sind, zu überschreiten. Seine *knowledgeability* bildet die Grenze seiner möglichen Mittel. Zum anderen setzt die Anwendung von strategischen und nicht-strategischen Instrumenten natürlich entsprechende Handlungsmöglichkeiten voraus. Sie sind abhängig von der (mikropolitischen) Position des Akteurs in der Organisation. In diesem Sinne muß der organisationale Entscheider, wie der Bastler, mit begrenzten Mitteln auskommen. Er „befragt" diese Mittel daraufhin, was sie für ihn „bedeuten" können, d. h. was er mit ihnen in einer konkreten Situation anfangen kann.

Die Frage nach der Bedeutung der Mittel ist eng verknüpft mit der Frage nach den Handlungs- bzw. strategischen Zielen. Nicht nur beurteilt ein Akteur die ihm zur Verfügung stehenden Dinge danach, ob er sie als Instrumente im Zuge seiner Kontrollstrategien, seines strategischen Handelns, verwenden kann, sondern er fragt danach, ob und in welcher Weise sie sich mit seinen Handlungszielen verbinden lassen oder ob sich Ziele konstruieren lassen, die einer bestimmten Situation oder einem Handeln Sinn verleihen können. *Bricolage* rechnet mit der Rekursivität von Zielen und Mitteln (von Problemen und Lösungen); Mittel sind nicht nur von Zwecken bestimmt, sondern diese auch von jenen. (Ortmann 1995: 115, Fn. 13):

> „Der Bastler wäre dumm, würde er sich von neuen *Gelegenheiten* nicht zu neuen Ideen über das Aussehen des Ganzen (der Organisation, A.B.) inspirieren lassen." (Ortmann et al. 1990: 393; Hervorh. im Orig.)

Die Logik der *bricolage* ermöglicht eine angemessene Beschreibung und Systematisierung organisationaler Entscheidungsprozesse. Auch strategische Entscheidungsprozesse sind als *strategische bricolage* (Ortmann et al. 1990: 394) beschreibbar. Der strategische Planer ist eher Bastler als klassisch rationaler Ingenieur. *Bricolage* beschreibt den Umgang mit (vorhandener *und* produzierter) Kontingenz. Nicht umsonst weist im übrigen das hier entworfene Bild nicht nur eine Nähe zum Bild der Organisation als *garbage can* auf, sondern auch zu Lindbloms Inkrementalismus (1959): Der Bastler geht inkremental vor. Das scheint angesichts begrenzter Ressourcen, begrenzter Zeit und begrenzter kognitiver Möglichkeiten auch sinnvoll. Die Kunst des strategischen Bastelns besteht darin, die Ziele und Mittel passend zum organisationalen Ganzen auszuwählen und - hierin dann doch mit einer Nähe zu Lévi-Strauss' synoptisch vorgehendem Ingenieur - gegebenenfalls auch neue Mittel und Ziele zu erfinden.

Konnotieren den Konzepten der *bricolage* und der Kontingenz stärker die ermöglichenden Aspekte sozialer Strukturen, so werden sie relativiert - nicht: aufgehoben - durch die restringierenden Momente von Struktur. Zwar folgt aus der Dialektik von Kontrolle, daß Machtstrukturen nicht determinieren, aber gleichwohl resultiert aus ihnen eine ungleiche Verteilung der Chancen der Akteure. Stärker auf die restringierenden Momente von Strukturen zielt der Begriff des *Entscheidungskorridors* (Ortmann 1984: 84 ff.; Ortmann 1987; Ortmann et al. 1990: 65 ff., 409 ff.; vgl. a. Becker & Ortmann 1994: 223f.).[103] Der Begriff meint, daß der „Weg", den eine Organisation im Zuge ihrer Entscheidungsprozesse nimmt, trotz der angesprochenen Kontingenz, von internen und externen Barrieren begrenzt wird. Diese Barrieren können beispielsweise in der Technologiepolitik liegen (Hack 1988), der Organisationskultur (Matenaar 1983) oder in der Bindewirkung vorangegangener Entscheidungen (Cyert & March 1959). Der Entscheidungskorridor ist auf der Ebene der Modalitäten angesiedelt. Er besteht aus spezifischen Sichtweisen, Normen und Ressourcenverteilungen. Neben technischen und organisatorischen Festlegungen stellt auch die spezifische Dynamik mikropolitischer Prozesse den Entscheidungskorridor nach und nach im Laufe organisationaler Entscheidungsprozesse zu: Mikropolitisch einmal ausgehandelte Arrangements werden nur ungern angetastet, weil sie in aller Regel ein recht fragiles Arrangement unterschiedlicher Interessen bilden. Die mikropolitischen Kosten eines neuen *bargaining* werden meist gescheut. Der Entscheidungkorridor weist daher zumeist ein grosses Beharrungsvermögen auf, so daß die einmal eingeschlagene Richtung nur unter größeren Mühen geändert werden kann, so daß Anhalten und Umkehren (fast) nicht möglich sind.

Im Entscheidungskorridor wird normalerweise nur inkrementalistisch vorgangen, er begrenzt den möglichen Inhalt des Bastelkastens der or-

---

103 Wie alle Strukturmomente impliziert auch der Entscheidungskorridor streng betrachtet einschränkende *und* ermöglichende Aspekte; die Entgegensetzung von Kontingenz und Entscheidungskorridor ist daher nur eine relative: Während die Kontingenz die *prinzipielle aber nicht absolute Offenheit* der organisationalen Prozesse meint, zielt der Begriff des Entscheidungskorridors auf ihre *prinzipielle aber nicht absolute Geschlossenheit*.

ganisationalen Bastler. Dabei gilt aber, daß die Barrieren des Entscheidungskorridors auch sozial konstruiert sind. Zwar wird der Weg der Organisation im Zuge organisationaler Entscheidungsprozesse nach und nach zugestellt. Aber diese Verengung des Horizontes wird nicht einfach durch Machtstrukturen, normative und kognitive Ordnungen determiniert, sondern die Barrieren des Korridors müssen auch als Präjudizierung *wahrgenommen, interpretiert und als Handlungsvorgabe akzeptiert*, d. h. *sozial konstruiert* werden.

Box 10

Im betrachteten Fall kann man beobachten, wie ein Entscheidungskorridor entstehen kann. Bei der Auswahl eines Anbieters spielt das sogenannte „3,5-Millionen-Argument" eine zentrale Rolle. Im Auswahlprozeß greifen die Promotoren des Systems von „Firma A" 1985 auf dieses Argument zurück. In den Jahren 1979 und 1982 waren bereits zwei Module des PPS-Systems von „Firma A" implementiert worden. Die im Zusammenhang damit entstandenen Kosten werden auf DM 3,5 Mio. beziffert. Ein Entscheidungskorridor bahnt sich an: Wenn man schon soviel in das System investiert hat, liegt es nahe, weiterzumachen.

Dabei hatten die Fachabteilungen bereits ihre schlechten Erfahrungen mit dem System gemacht. Also wird gegen das 3,5-Millionen-Argument „nicht zu Unrecht eingewandt, daß man 'schlechtem Geld nicht noch gutes hinterherwerfen soll'. Doch schon die Größe von 3,5 Millionen DM selbst ist von mikropolitischem Interesse. Es sind Personalkosten für die 'Heerscharen von Leuten der Firma A, die die Standardmodule verbogen haben', so der EDV-Chef. Doch sind gleichzeitig in diesem Betrag Kosten für die Umstellung des Betriebssystems enthalten. Man muß die Höhe also 'kritisch betrachten' oder - doch wohl eher strategisch interpretieren. Je höher der Betrag, desto schwergewichtiger ist das Argument, daß das damals gewählte PPS-Produkt fortzuführen ist. Daß mit dem Argument eher strategisch umgegangen wird, darauf weist der EDV-Chef (ein Befürworter des Projektes, A. B.) selbst hin: 'Sowohl der Werksleiter als auch ich waren nicht auf die 3,5 Millionen fixiert. Denn das, was wir tun, das tun wir für die nächsten 20 Jahre.' Gleichzeitig ist die verbreitete Wahrnehmung (anderer Interviewpartner, A. B.), daß er die bereits angefallenen Kosten immer wieder herausstellt." (Ortmann et al. 1990: 114f.)

Der Entscheidungskorridor war zwar angelegt, er mußte aber durch strategisch agierende Akteure als solcher *erst konstituiert werden. Den Gegnern der „Firma A" gelingt es aber nicht, ihre Sichtweise in den zuständigen Gremien durchzusetzen und so die sozial konstruierten „Barrieren" des Entscheidungskorridors einzureißen.*

Strategie ist rekursiv in die Reproduktion von Entscheidungskorridoren, die ja Strukturmerkmale (*structural properties*) von Organisationen sind, eingebettet. Als Muster von Praktiken restringiert sie einerseits das Handeln und Entscheiden der organisationalen Akteure: Auch im Zuge strategischer Entscheidungsprozesse sorgt die sich herausbildende Strategie dafür, daß der Korridor möglicher Handlungsweisen sich verengt. Andererseits ist auch ein strategischer Korridor aus den diskutierten Gründen nicht unhintergehbar.

Die Stabilität von Entscheidungskorridoren darf allerdings nicht darüber hinwegtäuschen, daß sie mikropolitisch umstritten sind. Akteure wenden häufig gerade deshalb in strategischen Entscheidungsprozessen in besonders ausgeprägter Weise *strategies of control* an, weil hier „the stakes may be a bit higher" - nicht nur in Hinblick auf den organisationalen Erfolg, sondern auch in bezug auf die je eigenen Handlungsspielräume der Akteure innerhalb der Organisation. Die *Notwendigkeit* der *strategies of control* zur Erhaltung eigener Handlungsspielräume ist dabei zwangsläufige Ursache mikropolitischen Agierens im Rahmen strategischer Entscheidungsprozesse, nicht die psychologische Disposition von Akteuren. Das wird besonders deutlich, wenn man sich den in diesen *strukturell angelegten* mikropolitischen Konflikt zwischen Routine und Innovation ansieht, der naturgemäß bei strategischen Planungen eine besondere Rolle spielt (vgl. zum folgenden Becker & Ortmann 1994; Ortmann et al. 1990: 464ff.).

In strategischen Entscheidungsprozessen stehen sich zwei unterschiedliche Typen organisationaler Spiele bzw. Reproduktionskreisläufe gegenüber, die gegensätzlichen Logiken folgen. *Routinespiele* sind Reproduktionskreisläufe, die sich auf die Regelung der unerläßlichen alltäglichen Routinetätigkeiten beziehen, die die Organsation erst funktionieren lassen: eine verläßliche Entgeltabrechnung und Personalverwaltung, die Routine der Produktionssteuerung, die alltäglichen Arbeitsprozesse in Einkaufs- und Vertriebsabteilungen etc. Die organisationale Routine stellt sich als eine Reihe aneinander gegliederter Spiele dar, etwa die Verzahnung von Materialwirtschaft, Produktion und Vertrieb in dem zitierten Beispiel des Logistikprojektes, die jeweils ihren eigenen, einander teilweise widersprechenden Logiken folgen, aber dennoch aufeinander abgestimmt werden müssen. Im Rahmen dieser Routinespiele bilden sich eigene Standards, Normen und Interpretationsschemata heraus, interne Machtstrukturen und Ressourcenverteilungen etablieren sich. Von besonderer Bedeutung sind Gratifikationsstrukturen, innerhalb derer die Realisierung formaler und informaler Gratifikationen im Zuge der Aufrechterhaltung der organisationalen Routine möglich ist. Routinisierte Handlungsmuster spielen sich ein. Die ständige Abstimmung der Spielstrukturen erfordert die Kooperation der Beteiligten. Auch das geschieht normalerweise routinisiert, etwa in monatlichen Abteilungsleiterkonferenzen, oder situativ, beispielsweise durch Absprachen auf ausführenden Ebenen.

Innovationsspiele zielen dagegen auf die Veränderung der Routinespiele; sie sind Meta-Spiele zu den Routinespielen. Sind letztere durch Standards wie Beständigkeit und Zuverlässigkeit geprägt, so erfordern erstere Bewegung, Flexibilität, Risiko, Dynamik. Innovationsspiele greifen in die Spielstrukturen der Routinespiele ein und verändern damit die Gewinnchancen der Akteure der Routinespiele. Die Gewinnchancen der Akteure, die in Innovationsspiele involviert sind, folgen einer Logik, die den Gewinnchancen der Akteure in den Routinespielen widerspricht. *Mikropolitische Konflikte sind daher in Innovationsprozessen wie in den meisten strategischen Entscheidungsprozessen strukturell angelegt.* Die Konfrontation von Routine- und Innovationsspielen braucht zwar nicht zwangsläufig auf ein Nullsummenspiel hinauszulaufen. Faktisch sind die Logiken beider Spiele aber gegenläufig, weil die Innovationsspiele darauf zielen, Handlungsspielräume in Routinespielen einzuschränken oder aber die Karten neu zu verteilen. Strategische Entscheidungsprozesse können sowohl Innovationsspiele - siehe das Logistikprojekt - als auch Routinespiele sein - etwa die Wahl einer Marktdurchdringungsstrategie oder auch ein strategischer Entscheidungsprozeß, dessen Folge die explizite Beibehaltung einer bereits verfolgten Strategie ist. Tendenziell gilt aber sicherlich, daß strategische Entscheidungsprozesse eher Innovations- als Routinespiele sind und damit auch eher einer Logik der Innovation (s. u.) folgen.

Normalerweise sind Akteure unterschiedlicher hierarchischer Ebenen in die verschiedenen Spiele involviert. Routinespiele werden schwerpunktmäßig auf den ausführenden Ebenen sowie im mittleren und unteren Management gespielt, Innovationsspiele im oberen Management. Dem mittleren Management kommt dabei in der Regel eine Doppelrolle zu: Sind Abteilungs- oder Gruppenleiter einerseits für die Aufrechterhaltung der Routine verantwortlich, sind sie andererseits häufig in Innovationsprojekte eingebunden. Projekte bilden eigene Spielstrukturen aus, weil sie als *Transmissionsspiele* (Projektspiele) zwischen den Innovations- und Routinespielen stehen (vgl. Abbildung 2.15). Damit sitzen die Vertreter des mittleren Managements häufig quasi zwischen allen Stühlen. Als *pivot players* sehen sie sich divergierenden Handlungs- und Gratifikationslogiken ausgesetzt. Antagonistische Anforderungen von Routine und Innovation, Bestand und Bewegung, Sicherheit und Risiko müssen von ihnen bewältigt werden. Häufig genug müssen sie (wenn sie, was die Regel ist, nicht vollständig für die Projektarbeit freigestellt werden) gleichzeitig Abteilungs- und Projektarbeit leisten. Schließlich sind sie sich der Tatsache bewußt, daß in Projektspielen die Karten neu gemischt werden und hinterher möglicherweise für sie selbst und ihre Abteilung neue Gratifikationsregeln gelten. Sie geraten in einen organisationalen *double bind*,[104] der häufig genug nur schwer auszuhalten ist. In den *pivot players* treffen die unterschiedlichen Logiken von Innovation und Routine in einer Person aufeinander.

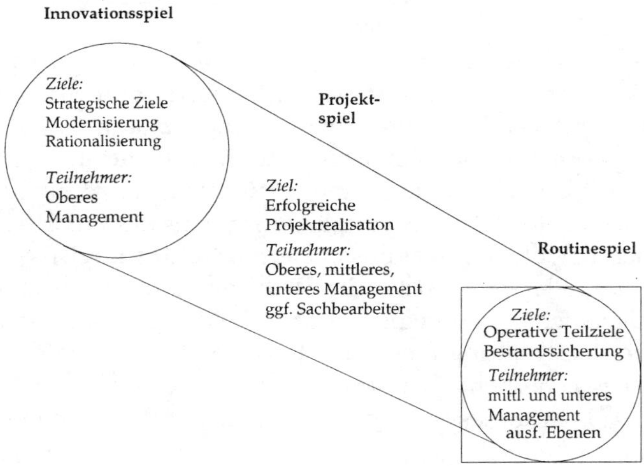

Abbildung 2.15: *Routine-, Innovations- und Projektspiel (Becker & Ortmann 1994)*

Den beiden Typen von Reproduktionskreisläufen entsprechen unterschiedliche Handlungslogiken. Sie lassen sich ableiten aus der Unterscheidung von *design logic* und *operating logic*, die Perrow (1983: 528) in seiner Untersuchung „normaler Katastrophen" von großtechnischen Systemen, also etwa Tankern oder Atomkraftwerken, herausgearbeitet hat

104 Der Begriff des *double bind* wurde von Bateson, Jackson, Haley und Weakland (1956; vgl. auch Watzlawick, Beavin und Jackson 1969) geprägt und bezeichnet ursprünglich einen Zustand, in dem eine Person eine andere mit zwei zeitgleichen einander ausschließenden Forderungen konfrontiert, denen diese sich nicht entziehen kann.

(vgl. a. Perrow 1989). Er erklärt das Versagen solcher Systeme organisationstheoretisch damit, „that machines and equipment are designed so that they reinforce existing structures and reproduce these structures in new settings" (Perrow 1983, 521).[105] Gratifikations- und Sinnstrukturen begünstigen bei der Konstruktion technischer Systeme die Orientierung an der *design logic*, die zu risikoreicheren technischen Lösungen führt.

Die beiden Handlungslogiken lassen sich in ähnlicher Form in Routine- und Innovationsspielen finden. Geht es den Konstrukteuren technischer Systeme um technologische Innovation, um „clean design", um den Einbau modernster Komponenten etc., so folgen Innovationsspiele einer vergleichbaren Logik: Auch hier werden neue technische Lösungen und radikale Brüche mit dem Bisherigen favorisiert. Die *operating logic* und die Logik von Routinespielen sind hingegen durch die Präferenz für bewährte und vertraute Technologien bzw. organisatorische Regelungen, für inkrementale Abweichungen etc. gekennzeichnet. Man kann daher in Anlehnung an Perrow eine Logik der Innovation und eine Logik der Routine unterscheiden (Abbildung 2.16, vgl. a. Becker & Ortmann 1994: 226f.; Ortmann et al. 1990: 409ff.).

LOGIK DER INNOVATION	LOGIK DER ROUTINE
❑ Veränderung bestehender Routinen	❑ Erhaltung von Routinen
❑ Große, umfassende Lösungen	❑ Inkrementale Verbesserungen
❑ Risiko	❑ Sicherheit
❑ Standardisierung	❑ Beachtung von Abteilungsspezifika
❑ Konfliktfreie Implementation	❑ Partizipation der Betroffenen
❑ Control fix	❑ Autonomie der Subsysteme

Abbildung 2.16: *Logiken der Innovation und Routine (Becker & Ortmann 1994: 227, Abbildung 4)*

Die beiden Logiken beziehen sich als Bestandteile des Entscheidungskorridors auf die Strukturdimensionen Signifikation und Kommunikation. In ihnen sind unterschiedliche Perspektiven auf die Welt und un-

105 Man könnte dies als konstruktionslogischen Entscheidungskorridor bezeichnen.

terschiedliche Handlungsnormen repräsentiert. Sie entspringen unterschiedlichen Reproduktionskreisläufen, die sich in organisationalen Entscheidungsprozessen überschneiden und so miteinander in Konflikt geraten können. Versuchen die Vertreter der unterschiedlichen Logiken oder Spiele, in ihrem *strategic conduct* ihre Handlungsspielräume zu erhalten bzw. zu realisieren, kommt es daher fast zwangsläufig zu mikropolitischen Konflikten, weil die Logiken einander widersprechen. Routinelogik zielt auf die Erhaltung der „Prozeßbeherrschung" (Schumann et al. 1982: 180) durch in die Routinespiele involvierte Akteure; Innovationslogik steht für den Versuch der Akteure der Innovationsspiele, Prozeßbeherrschung im Bereich der Routinespiele zu erlangen oder neu zu verteilen. Genau das ist zumeist Gegenstand strategischer Entscheidungsprozesse.

Box 11

Die unterschiedlichen Logiken von Routine- und Innovationsspielen lassen sich im Fall des Pumpenherstellers am Beispiel der Produktionsplanung und -steuerung demonstrieren. Das Geschehen rund um die Produktionsplanung und -steuerung läßt sich als Reihe von mindestens drei unterschiedlichen, aneinander gegliederten Routinespielen oder Reproduktionskreisläufen beschreiben: Produktionsplanungs-, Lagerhaltungs- und Einkaufsspiel. Die Kooperation innerhalb und zwischen diesen Spielen wird in monatlichen Produktionsplanbesprechungen geregelt.

„Die Kooperationsstrategie muß nicht nur innerhalb der Produktionssteuerung, sondern auch gegenüber der Materialwirtschaft und dem Vertrieb eingehalten werden: Dann haben alle zu gewinnen. Preise winken für die Sicherstellung einer reibungslosen Produktion, die Auslastung maschineller und personeller Kapazitäten und die Erfüllung des monatlichen und schließlich jährlichen Produktionssolls. (Dabei) sorgen nicht nur Gratifikationsstrukturen, *sondern auch Identifizierung und Internalisierung für die Etablierung entsprechender* Standards und Normen. *Diskontinuierlicher Produktionsfluß, mäßig ausgelastete Maschinen oder gar Personal, das mangels Arbeit nach Hause geschickt werden muß: das sind Horrorvisionen in den Augen eines Fertigungssteuermanns. Sein ganzer Stolz liegt umgekehrt in der planenden und steuernden Bewältigung schwierigster Anforderungen, ausgelöst etwa durch große und eilige Bestellungen eines wichtigen Kunden. Nicht zu Unrecht drückt sich darin ein Selbstbewußtsein aus, das auf eine oft in Jahrzehnten erworbene Erfahrung und Kompetenz gestützt ist. Fertigungssteuerleute verstehen sich als Manager des Produktionsflusses ... Austarierte Kommunikationsbeziehungen und Aushandlungsmuster zwischen Fertigungssteuerung, Vertrieb und Materialwirtschaft einerseits, zwischen Fertigungssteuerung, Betriebsleitern, Meistern und Vorarbeitern andererseits haben sich* eingespielt, *ohne die eine Gewährleistung der Produktionsaufgaben undenkbar wäre. Darin realisieren alle auch informelle Gewinne. Die Steuerleute verfügen über eine beträchtliche Autonomie, auch in persönlicher Hinsicht (betreffend Arbeitszeit und -ort). Die Meister sind von ihrer Steuerungskompetenz in hohem Maße abhängig, etwa in puncto Materialbereitstellung, rechtzeitiger Vorfertigung etc. Andererseits hängen*

die Steuerleute oft von der Bereitschaft der Meister ab, flexibel auf Anforderungen zu reagieren. Tauschgeschäfte bieten sich an und regulieren diese erforderlichen Feinabstimmungen der Produktion. Subtile Spielstrukturen haben sich zu einem mikropolitischen Netz ausgebildet, das aus feingesponnenen Fäden besteht und gerade deswegen die nötige Elastizität hat, um auch bei rauhem Wind nicht zu zerreißen. (...)

Vertrieb und Materialwirtschaft spielen ihre eigenen Spiele, mit anderen Regeln, Standards, Normen und Gewinnchancen, vor allem auch mit Spielern außerhalb des Unternehmens: Kunden und Lieferanten. In diesen Spielen geht es um die Beobachtung des Weltmarktes für Kupfer, um günstige Einkaufsbedingungen, um Liefermengen und -termine, um die Höhe der Lagerbestände und der Kapitalbindung, um die Einhaltung des reduzierten Einkaufsbudgets, um Kundentreue, Flexibilität bei Kundenanforderungen, um die Erfüllung des Absatzplansolls. Das kompetitive Element kommt dadurch hinein, daß diese Spieler ihre Strategien vor allem unter Beobachtung ihrer Ziele festlegen müssen. Die Interessen decken sich nicht. Alles kommt darauf an, daß die drei Spiele *(Produktionsplanung, Lagerhaltung und Einkauf, A. B.) einigermaßen günstig* aneinander gegliedert *sind. Das geschieht* zum einen *durch organisatorische Regeln und Verfahren und durch Gratifikationsstrukturen. (...) Damit die Spiele ineinandergreifen, bedarf* es zum anderen *auch hier wieder ausbalancierter Verständigungs- und Verhandlungsmuster zwischen den Beteiligten. Die monatliche Produktionsplanbesprechung ist der Austragungsort. Zwischendurch läuft vieles übers Telefon. Für die Verzahnung sind vor allem, aber nicht nur, die Abteilungsleiter oder ihre Vertreter zuständig. Vieles läuft im Alltag auch auf Sachbearbeiterebene." (Ortmann et al. 1990: 464ff.; Hervorh. im Orig.)*

In dieser Situation verfolgen die Akteure der betroffenen Abteilung Strategien, die sich an der Routinelogik *orientieren. Die Promotoren der Reorganisation der Logistik spielen dagegen ein* strategisches Innovationsspiel *und folgen dabei der Logik der Innovation: Durch die Implementation eines PPS-Systems sollen die bestehenden Routinen verändert werden, insbesondere in Hinblick auf zwei Aspekte. Erstens geht es um die Standardisierung des Verfahrens der Produktionsplanung und zweitens - und dazu ist die Standardisierung das Mittel - geht es um die Prozeßbeherrschung in diesem Bereich, also um die Kontrolle der Routine-Akteure. Denn im Grunde basiert der reibungslose Ablauf der Produktion auf persönlichen Kompetenzen, auf Erfahrungswissen der „Steuerleute" und auf persönlichen, weitgehend* face-to-face *ablaufenden Interaktionen. Das ist den Vorgesetzten und der EDV-Abteilung ein Dorn im Auge. Es wird auch deutlich, daß mit diesem Vorhaben ein erhebliches Risiko verbunden ist: Bei einer (Zer-) Störung der Spielstrukturen und dem gleichzeitigen nicht reibungslosen Funktionieren des PPS-Systems droht der Zusammenbruch der Produktion - was dann nach der Implementation des neuen Systems auch tatsächlich mehrfach geschieht.*

Der Bastelkasten des strategischen Bastlers ist, so kann man zusammenfassen, in zweifacher Weise begrenzt (wobei die beiden begrenzenden Aspekte wiederum in einem Verhältnis wechselseitiger Einflußnahme stehen): durch strukturelle Gegebenheiten (Entscheidungskorridor) und durch die *knowledgeability* des Akteurs. Einerseits kann der Akteur in der Regel nicht auf alle Modalitäten (etwa Geld) tatsächlich zurückgreifen.

Andererseits muß er, um bestimmte Mittel einzusetzen, auch wissen, daß und wie er sie einsetzen kann. Durch dieses Wissen werden bestimmte Mittel als Mittel für den Akteur konstituiert und andere ausgeschlossen. Gleichzeitig gilt, daß Mittel und Zwecke in einem rekursiven Verhältnis wechselseitiger Konstitution stehen. Beide, Mittel wie Ziele, Lösungen wie Probleme, strategische Praktiken wie strategische Ziele, sind damit sozial konstruiert. Die Logik der *bricolage* beschreibt den Umgang organisationaler Akteure mit (strategischer und nicht-strategischer) Kontingenz.

2.3 Zwischenergebnis: Die soziale Konstruktion von Unternehmensstrategie

Im Zwischenergebnis am Ende des ersten Kapitels (Kapitel 1.4) hatte ich angemahnt, daß sich eine Theorie der Rationalität nicht abkoppeln dürfe von den menschlichen Möglichkeiten. Der Rationalitätsbegriff zielt stets auf zwei Aspekte. Das ist einerseits der analytische Aspekt, der die Herauspräparierung einer *Logik des Handelns* zum Gegenstand hat, und andererseits der normative Aspekt, der auf die *rationale Gestaltung von Praxis* gerichtet ist. Ich räume hier dem ersten Aspekt deutliche Priorität ein, weil, wie ich im ersten Kapitel gezeigt habe, zunächst eine ganze Reihe Voraussetzungen des Rationalitätsbegriffes geklärt werden müssen und diese Klärung gerade eng mit dem analytischen Aspekt von Rationalität zusammenhängt. Wenn es nämlich so ist, daß Menschen den Anforderungen des klassischen Rationalmodells *prinzipiell* nicht gerecht werden können, so mein Argument, dann scheint dieses Modell auch als normative Handlungstheorie relativ sinnlos zu sein. Daß es dennoch so schwerfällt, sich von diesem Modell zu lösen, dürfte die unterschiedlichsten Gründe haben. Einer der Gründe liegt sicherlich in der westeuropäischen Tradition begründet (Brunsson 1993) und führt zu den insbesondere von Meyer und Rowan (1977, im Anschluß daran Brunsson 1982, 1985, 1989, 1995; vgl. a. Starbuck 1982) beschriebenen gesellschaftlichen Anforderungen an eine rationalistische Selbstdarstellung und Rhetorik von Organisationen. Zudem verspricht das synoptische Rationalitätsmodell eine (fast) unbegrenzte Steuerbarkeit von Organisationen. Das ist für eine Wissenschaft, die sich, wie die Betriebswirtschaftslehre, als praktisch-normativ versteht, sicherlich besonders verlockend, zumal sie sich damit zusätzliche Legitimität verschaffen - und die Ursachen für das Versagen betriebswirtschaftlicher Konzepte in der Praxis als „mangelhafte Umsetzung“ externalisieren kann.[106]

---

106 Einen weiteren Grund kann man beispielsweise darin sehen, daß die klassische Rationalitätsvorstellung eine ausgesprochen übersichtliche Welt präsentiert, deren lebendige Komplexität und Unschärfe zu Zweck/Mittel-Skeletten abgemagert ist (vgl. Becker, Küpper & Ortmann 1988: 93). Ähnlich wie die Routine (vgl. 2.1.3) hat diese Reduktion von Komplexität (und Realitätsnähe!) angstreduzierende Funktion; vgl. dazu z. B. Becker und Brauner (1988), Böhme (Forts.)

Als eine wichtige Voraussetzung einer Theorie der Rationalität hatte ich gefordert, zunächst einmal die Logik menschlichen Handelns in Organisationen genauer zu spezifizieren, um überhaupt die *Möglichkeiten rationalen Handelns* abzustecken. Ich habe in Kapitel 2.2.4 die Logik organisationalen und strategischen Handelns als *bricolage* skizziert. Weiterhin habe ich in Kapitel 2.1 gezeigt, daß die Theorie der Strukturation die fünf im ersten Kapitel formulierten Vorbedingungen einer organisationalen bzw. strategischen Rationalitätstheorie, die ich aus der Kritik der rationalitätskritischen Tradition der Organisationstheorie abgeleitet habe, erfüllen kann.

Das klassische synoptische Rationalitätskonzept geht davon aus, daß die Akteure mit einer unabhängig von ihnen existierenden Welt zu tun haben, über die sich Erkenntnisse gewinnen lassen, die, ebenso subjektunabhängig, diese Realität abbilden oder widerspiegeln. Strategische Probleme sind in dieser Perspektive dann im Sinne der objektivistischen Tradition (Landry 1995) „objective realities".

> „Problems have an autonomous existence that does not depend on any subject's knowledge, although someone must be aware of their existence if they are to be called problems." (ebd.: 321)

Die exemplarische Diskussion der Konzepte Porters, Ansoffs und des *Resource-Based View* hat allerdings gezeigt, daß einerseits offensichtlich Problemdefinitionen und demgemäß die Wahrnehmung der strategischen Situation des Unternehmens durchaus von den unternehmensinternen Bedingungen abhängig ist und daß andererseits das Modell der synoptischen Planungsrationalität diese Rekursivität konzeptionell nicht einholen kann. Das gilt sowohl in deskriptiver als auch in präskriptiver Hinsicht. Die Theorie der Strukturation stellt demgegenüber die Denkfigur der Rekursivität, insbesondere in Form des Konzeptes der Dualität von Struktur, in den Mittelpunkt. Soziale Realität wird im Handeln von Akteuren bzw. Organisationen rekursiv reproduziert; Handlungsfolgen sind (häufig nicht als solche erkannte) Handlungsbedingungen. Ganz in diesem Sinne ist die Strategie einer Organisation bzw. eines Unterneh-

---

und Böhme (1985), Theweleit (1977, 1978) sowie für einen stärker organisationstheoretischen und betriebswirtschaftlichen Bezug Ortmann (1984). Das klassische Rationalmodell produziert somit *ontological security* (Giddens 1984: 49ff., 375).

mens ebenfalls Produkt und Medium strategischen Handelns und damit Produkt und Medium der sozialen Konstruktion von Realität.

Die Theorie der Strukturation beschreibt also, so hatte ich auch bereits mehrfach angedeutet, im Grunde die *soziale Konstruktion von Realität*. Dieser Begriff geht ursprünglich auf Berger und Luckmann (1980, zuerst 1966) zurück. Sie gehen davon aus, daß die gesellschaftliche Wirklichkeit auf doppelte Weise von den Menschen, den Mitgliedern der Gesellschaft selbst, produziert wird. Die gesellschaftliche Wirklichkeit

> „besteht einzig und allein als ein Produkt menschlichen Tuns. (...) Sowohl nach ihrer Genese (Gesellschaftsordnung ist das Resultat vergangenen menschlichen Tuns) als auch in ihrer Präsenz in jedem Augenblick (sie besteht nur und solange menschliche Aktivität nicht davon abläßt, sie zu produzieren) ist Gesellschaftsordnung als solche ein Produkt des Menschen." (Berger & Luckmann 1980: 55)

Einerseits wird Gesellschaft also durch das und im Handeln der Akteure produziert; andererseits geschieht dies gleichzeitig auch in ihrem Denken und Wissen:

> „Wissen über die Gesellschaft ist demnach *Verwirklichung* im doppelten Sinne des Wortes: Erfassen der objektivierten gesellschaftlichen Wirklichkeit und das ständige Produzieren eben dieser Wirklichkeit in einem." (ebd.: 71; Hervorh. im Orig.)

Der objektive, oder besser: objektivierte Charakter der sozialen Welt entspringt der Institutionalisierung. Unter Institutionalisierung verstehen Berger und Luckmann die intersubjektive und wechselseitige Verfestigung von Habitualisierungen. Der Begriff der Habitualisierung meint gewohnheitsmäßig und routinisiert ausgeführte Handlungen. Werden solche Habitualisierungen nach und nach in Interaktionen durch ihre ständige Wiederholung verfestigt, bilden sie Institutionen und „entkommen" den konkreten Personen, die sie einmal ins Leben gerufen haben (etwa durch Weitergabe im Sozalisationsprozeß). Der Berger/Luckmannsche Begriff der Institution entspricht damit dem der sozialen Praktik bei Giddens. Institutionen bestehen unabhängig von konkreten Personen. Dann kann man von einer „gegebenen Wirklichkeit ... sprechen, die dem Menschen wie die Wirklichkeit der natürlichen Welt gegenübersteht" (ebd.: 63). Dieser Prozeß der Konstruktion einer gesellschaftlichen Wirklichkeit läßt sich, wie gezeigt, als Prozeß der Strukturation beschreiben. Soziale Praktiken, Institutionen, Strukturmomente sozialer Systeme werden im Handeln der Akteure reproduziert und wirken dann rekursiv auf die Akteure, bzw. ihr Handeln, zurück. Um aber die Praktiken überhaupt reproduzieren zu können, müssen sie im handlungsleitenden Wissen der Akteure in irgendeiner Weise repräsentiert sein. Berger und Luckmann kommen daher auch zu einer ganz ähnlichen grundlegenden methodologischen Schlußfolgerung wie Giddens (1984: 179, vgl. 2.1.2), daß es nämlich keine Erklärung gesellschaftlicher Strukturen geben kann ohne Rekurs auf intentionales Handeln.

> „Auch glauben wir, ausreichend begründet zu haben, warum wir fest davon überzeugt sind, daß eine ausschließlich strukturtheoretische Soziologie in Gefahr ist, gesellschaftliche Phänomene in nur allzu bekannter Art zu verdinglichen. Auch wenn sie ganz bescheiden damit beginnt, ihren Gerüsten lediglich heuristischen Wert zuzusprechen, endet sie doch nur zu häufig bei der Verwechslung ihrer eigenen Verbegrifflichungen mit den Gesetzen der Weltordnung." (Berger & Luckmann 1980: 198)

Nun scheinen mir die Ausführungen von Berger und Luckmann an einer Stelle unbefriedigend zu sein, nämlich wenn sie davon sprechen, daß die gesellschaftliche Wirklichkeit den Menschen als objektivierte „wie die Wirklichkeit der natürlichen Welt gegenübersteht." (1980: 63) Das läßt sich zumindest so lesen, als würde der „natürlichen", das heißt wohl: der nicht-sozialen Welt, ein größeres Maß an „Objektivität" oder „Wirklichkeit" zukommen als der sozialen. Das ist in keiner Weise einleuchtend. Auch sämtliche Aspekte der nicht-sozialen Welt, also etwa biologische, physikalische, chemische Prozesse existieren *für die Akteure* erst, wenn sie in ihrem Wissen oder ihrer Erfahrung - sei es implizit oder explizit - repräsentiert sind. *Insofern* ist die „natürliche" Welt genauso konstruiert wie die soziale.[107]

Schärfer als von Berger und Luckmann ist das von Weick (1985) herausgestellt worden. Weick spricht vom *enacted environment* (1985: 192), also einer inszenierten Umwelt.[108] Dabei umfaßt das Konzept der Umwelt

---

107 Man denke nur an die Heisenbergsche Unschärferelation (Klüver 1992; Schrödinger 1987). Ich komme in Kapitel 3.1.1 darauf zurück.

108 Auch bei Weicks *Social Psychology of Organizing* (1979) tritt in der deutschen Übersetzung *Der Prozeß des Organisierens* (1985) ein gravierendes Übersetzungsproblem auf. Der Begriff *enactment* (in Szene setzen) wird hier mit "Gestalten" übersetzt. Gestalten, also aktiv in die Umwelt Eingreifen, ist aber (Forts.)

hier sowohl soziale als auch nicht-soziale Aspekte. Die Akteure werden vorgestellt als in einer Situation oder Umwelt agierend, analog dem Giddensschen Konzept des *continuous flow of conduct* (Giddens 1984: 3). Dieses Handeln wird von den Akteuren *im nachhinein* mit Sinn belegt.[109] Auch hier ist die Parallele zu Giddens' Hand*lungs*begriff deutlich (Giddens 1984: 3). Diese nachträgliche Interpretation und ihre Speicherung im Erfolgsfalle wird von Weick in seiner evolutionstheoretischen Terminologie als Selektion und Retention sinnvoller Umwelten bezeichnet.

> „Wir haben das Etikett *gestaltete Umwelt* (*enacted environment*, A. B.) benutzt, um deutlich zu machen, daß sinnvolle Umwelten Outputs des Organisierens sind, nicht Inputs in es. Der Gestaltungsprozeß (*enactment process*, A. B.) selbst sondert mögliche Umwelten aus, die die Organisation klären und ernst nehmen kann; ob sie es tatsächlich tut, entscheidet sich im Selektionsprozeß." (Weick 1985: 192: Hervorh. im Orig.)

Der Prozeß der Selektion von Interpretationen der Umwelt und ihrer Speicherung kann als Aufbau von Wissen beschrieben werden. Er ist allerdings untrennbar mit dem Handeln der Akteure verbunden, da er unmittelbar handlungsleitend ist (vgl. Kieser 1993: 260).

Sowohl die Überlegungen Weicks als auch die Bergers und Luckmanns lassen sich in der Terminologie der Theorie der Strukturation deutlicher formulieren. Der aktive Umgang mit der Welt, das Handeln, wird im Zuge des *reflexive monitoring of action* und *rationalization of action* auf der Basis der *knowledgeability* gesteuert. Das Handlungswissen ist dabei sowohl handlungsleitend als auch Produkt des Handelns. Ebenso bilden die Konsequenzen des Handelns wiederum seine (teilweise erkannten, teilweise nicht erkannten) Handlungsbedingungen. *Handeln und Wissen*

---

nur die eine Seite der Medaille; die andere Seite ist die Interpretation. Dieser Aspekt fällt bei der gewählten Übersetzung fort. Außerdem weckt der Begriff des Gestaltens zu leicht rationalistische Assoziationen. Ich verwende daher den englischen Begriff.

109 Entsprechend definiert Weick "die Tätigkeit des Organisierens ... als *durch Konsens gültig gemachte Grammatik für die Reduktion von Mehrdeutigkeit mittels bewußt ineinandergreifender Handlungen.* Organisieren heißt, fortlaufende unabhängige Handlungen zu vernünftigen Folgen zusammenzufügen, so daß vernünftige Ergebnisse erzielt werden." (1985: 11; Hervorh. im Orig.)

sind rekursiv in die Produktion der Welt, in der der Akteur sich bewegt, eingebettet. Nichts anderes meint der Begriff der sozialen Konstruktion von Wirklichkeit. Strukturation ist soziale Konstruktion von Realität. *Unternehmensstrategie* ist daher sowohl *Teil der sozial konstruierten Wirklichkeit* als auch *Teil ihrer (Re-) Produktion.* Sie existiert nur im Handeln und im Wissen der Akteure und wirkt rekursiv an ihrer eigenen und der Reproduktion der Umwelt, auf die sie sich bezieht, mit.

Und noch etwas läßt sich auf der Basis der Theorie der Strukturation schärfer fassen als mit Weick oder Berger und Luckmann: Der Prozeß der organisationalen Wirklichkeitskonstruktion ist als Aushandlungsprozeß strategisch handelnder Akteure stets auch ein machtförmiger Prozeß. Welche Interpretationen und welche Form des *enactment* sich durchsetzen, das ist eben nicht zuletzt eine Frage, welche Machtpotentiale Akteure mobilisieren können - und damit eine Frage der rekursiven Reproduktion der organisationalen Machtstruktur, verstanden als Prozeß der sozialen Konstruktion von Realität. Das läßt sich unterfüttern mit dem ethnomethodologischen Konzept der *politics of reality* (Patzelt 1987: 115ff.). Die Ethnomethodologie befaßt sich mit dem *intersubjektiven* Prozeß der gesellschaftlichen Konstruktion der Wirklichkeit und versucht, die Methoden, die die Akteure im Zuge der Wirklichkeitskonstruktion anwenden, zu systematisieren (vgl. Garfinkel 1973).

> „Der Grundgedanke ethnomethodologischer Machtanalyse läßt sich so formulieren: die Prozesse der Hervorbringung, Aufrechterhaltung, Veränderung und Zerstörung sozialer und politischer Wirklichkeit sind immer zugleich Prozesse der Hervorbringung, Benutzung und Vernichtung von wirklichkeitskonstruktiven Möglichkeiten angebbarer Personen. Das heißt: im Prozeß der Wirklichkeitskonstruktion wird stets auch jenes Rollengefüge hervorgebracht, innerhalb dessen die 'politics of reality' durchgeführt werden. Dieses Rollengefüge ist hierarchisch strukturiert: nicht jedes Mitglied hat in den 'politics of reality' dieselben Wirkungsmöglichkeiten." (Patzelt 1987: 251)

Die Kontingenz strategischer Prozesse liegt also in dem ungewissen Verlauf und Ausgang der Aushandlungsprozesse, einerseits auf Grund der Dialektik von Kontrolle, andererseits aber auch wegen der notwendigen Interpretationsprozesse: Man sieht es einer Situation nicht an, was sie für den Akteur oder die Organisation bedeutet, sondern sie muß im Weickschen Sinne inszeniert (*enacted*) werden. Der *sozial konstruierte Charakter der Welt,* in der die Organisation und die organisationalen Akteure sich finden, ist also auf der einen Seite eine *maßgebliche Quelle von Kontingenz.*

Im Prozeß der sozialen Konstruktion von Realität - sei es im Zuge organisationalen Handelns oder Entscheidens, sei es in der Interpretation im Zuge der individuellen reflexiven Überwachung und Steuerung des Handelns durch die Akteure - wird gleichzeitig die Kontingenz geschlossen. Die *soziale Konstruktion von Strategie* ist daher auf der anderen Seite *ein Prozeß der Schließung von Kontingenz.* Diese nach und nach sich „schließende" Kontingenz wird repräsentiert im *strategischen Entscheidungskorridor.* Er beschreibt einerseits die stärker restringierenden als ermöglichenden Qualitäten bestehender Strukturen, auf die sich die Akteure im Zuge strategischer Prozesse beziehen, andererseits die im Laufe des strategischen Entscheidungsprozesses eintretenden Präjudizierungen von Nachfolgehandeln. Zwar hat der Entscheidungskorridor, wie alle Strukturmomente, keine determinierende Wirkung, aber er weist ein starkes Beharrungsvermögen auf. *Der strategische Entscheidungskorridor bezeichnet also sowohl die fortexistierende als auch die neu entstehende Bindewirkung organisationaler Strategien im strategischen Entscheidungsprozeß.* Allerdings: Streng genommen ist die Schließung von Kontingenz jeweils ein punktuelles Ereignis, das sofort wieder in prinzipiell offene Kontingenz umschlägt.[110] Insofern sind die Akteure im Zuge des *continuous flow of conduct* in einen ständigen Prozeß der Schließung von Kontingenz involviert. *Daher* ist der Entscheidungskorridor nicht unhintergehbar.

In Anlehnung an Lévi-Strauss (1991) habe ich die Handlungslogik der organisationalen Akteure in strategischen Entscheidungsprozessen als strategische *bricolage* beschrieben. Charakeristisch dafür ist die Akzeptanz begrenzter Mittel, die relativ unspezifisch in ihrem Mittelcharakter sind, und ihre ständige Reorganisation zu neuen Kombinationen. Dabei spielt die *Gelegenheit,* nicht nur der Plan, eine wichtige Rolle. Aus der Perspektive der Akteure ereignet sich die Strukturation als *bricolage.* Das bedeutet, so hatte ich gesagt, daß der Bastelkasten diejenigen Modalitäten umfaßt, die dem Akteur in seiner Perspektive verfügbar sind; sein Inhalt wird durch die *knowledgeability* begrenzt. Das läßt sich nun auf die fünf in 1.3 formulierten Vorbedingungen einer Theorie der Rationalität

110 Ähnlich Luhmann (1984).

beziehen. *Erstens* ist der Bastelkasten Medium und Resultat der *bricolage* und damit in die soziale Konstruktion von Realität rekursiv eingebettet. *Zweitens* lassen sich Ziele als Teil des Mittelbestandes des Bastler-Akteurs betrachten; sie können dann sowohl *ex ante* als auch ex post eingesetzt werden. Daß, *drittens*, das Wissen um die verfügbaren Mittel nicht immer diskursiv verfügbar ist, braucht nicht mehr besonders betont zu werden. *Viertens* sind Interpretationsschemata oder innere Modelle einerseits Bestandteile des Bastelkastens. Andererseits sind sie die Mittel, die es dem strategischen Akteur ermöglichen, die Elemente des strategischen Bastelkastens zu nutzen. Auch die *fünfte* Vorbedingung, die angemessene Berücksichtigung von Macht, läßt sich in das Konzept der *bricolage* integrieren: Die Mittel des Bastlers erlangen ihre Wirkung erst dann, wenn sie den Akteur in die Lage versetzen, in sozialen Beziehungen Macht auszuüben, d. h. autonom zu handeln und die Mittel einzusetzen. Strategie stellt sich damit dar als Resultat und Voraussetzung strategischer *bricolage* in Organisationen und nicht als Resultat im klassischen Sinne rationaler Planung.

Strategie entsteht und wird reproduziert im Zuge sozialer Konstruktion von Realität. Die Wirklichkeitskonstruktion kann prinzipiell in Form der reflexiven Selbstregulation von Reproduktionskreisläufen oder als homöostatische Kausalschleifen organisiert sein. Homöostatische Kausalschleifen sind keine strategischen Entscheidungsprozesse (vgl. 2.2.3). Sie sind *als solche* auch nicht rationalisierungsfähig. Werden sie intentionaler Steuerung unterworfen, dann sind sie definitionsgemäß eben keine homöostatischen Kausalschleifen mehr, sondern reflexiv selbstregulierte Reproduktionskreisläufe. Intentionale Steuerung der Reproduktion von Strategie im Zuge strategischer Entscheidungsprozesse impliziert, daß in ihrem Verlauf von den Akteuren Wissen über die Bedingungen der Reproduktion der Organisation tatsächlich zu diesem Zweck angewandt wird, mit anderen Worten, daß die Akteure bewußt (explizit oder implizit) auf ihre *knowledgeability* zurückgreifen.

Die Reflexion über die Rationalität strategischer Entscheidungsprozesse muß nun gerade bei der *knowledgeability* der Akteure ansetzen, da der Rationalitätsbegriff sich stets auf die adäquate Anwendung adäquaten Wissens bezieht. Der Weg der synoptischen Planungsrationalität ist für mich versperrt durch die Anerkennung des sozial konstruierten Charakters der Welt: Der Gegenstand des Wissens ist von diesem Wissen selbst mitkonstituiert. Das sprengt die lineare Logik der klassischen Rationalitätskonzeption. Eine Reformulierung des Rationalitätsbegriffes muß sich also sowohl an den realen Wissensmöglichkeiten der Akteure als auch an der Rekursivität der sozialen Welt orientieren. Das führt mich im folgenden Kapitel zunächst zu einigen Fragen der Epistemologie, bevor ich mich schließlich dem Problem der Rationalität strategischer Entscheidungsprozesse zuwenden kann.

3 Strategie und Rationalität: Zu einer Konzeption der Rationalität strategischer Entscheidungsprozesse

3.1 Wissen und Strukturation

Das vorangegangene zweite Kapitel hat einerseits eine Organisationstheorie präsentiert, die den im ersten Zwischenergebnis formulierten (Vor-) Bedingungen einer Theorie der Rationalität strategischer Entscheidungsprozesse Rechnung tragen kann, andererseits hat es aber die Problematik von Wissen für die Frage nach der Rationalität erneut in den Vordergrund gerückt. Der Rekurs auf die *Erkenntnistheorie des radikalen Konstruktivismus,* wie sie insbesondere von Ernst von Glasersfeld (1981, 1982, 1986, 1987a-i; Glasersfeld & Cobb 1983; Richards & Glasersfeld 1992), Heinz von Foerster (1986, 1992) und Paul Watzlawick (1986, 1991; Watzlawick & Kreutzer 1991b) formuliert wurde, ist in dieser Hinsicht für meine Fragestellung vielversprechend. Einerseits beinhaltet sie eine Theorie der Entstehung und Anwendung von *Wissen als Wirklichkeitskonstruktion,* die die im Zusammenhang mit dem Rationalitätsbegriff so wichtige Reflexion über die Grenzen dieses Wissens erlaubt; andererseits ist sie aber auch mit der Theorie der Strukturation und der Denkfigur der Rekursivität kompatibel. Ich werde im folgenden zunächst die Grundzüge des radikalen Konstruktivismus darstellen (3.1.1) und dann zeigen, daß dieser und die Theorie der Strukturation sich wechselseitig sinnvoll ergänzen können. Einerseits kann der radikale Konstruktivismus eine erkenntnistheoretische und kognitionswissenschaftliche Untermauerung der Giddensschen Theorie liefern. Diese kann andererseits jenen sozialtheoretisch fundieren. Wissen kann damit nicht nur als eine kognitive, sondern auch als eine soziale Konstruktion betrachtet werden (3.1.2). Damit verfüge ich dann über ein theoretisches Instrumentarium, das es erlaubt, über die Rationalität strategischer Entscheidungsprozesse angemessen zu reflektieren.

3.1.1 Radikaler Konstruktivismus: Wissen als kognitive Konstruktion:

Da Wahrheit eine Eigenschaft von Sätzen ist, da die Existenz von Sätzen abhängig von Vokabularen ist und da Vokabulare von Menschen gemacht werden, gilt dasselbe für Wahrheiten.

R. Rorty (1989: 49)

Der radikale Konstruktivismus ist, so betont Schmidt (1992c: 7), eigentlich keine einheitliche Theorie, sondern eher "ein äußerst dynamischer interdisziplinärer Diskussionszusammenhang", an dem Wissenschaftler unterschiedlichster Disziplinen (z. B. Physik, Biologie, Mathematik, Psychologie, Soziologie, Literaturwissenschaft) beteiligt sind. Der Begriff "radikaler Konstruktivismus" ist wohl von Glasersfeld (1987e, zuerst 1974) geprägt worden. Als Ausgangspunkt dieses Diskurses, der sich in der Tradition des philosophischen Skrptizismus sieht und seine Ursprünge teilweise bis in die vorsokratische Philosophie zurückverfolgt (Glasersfeld 1987c: 123, Fn. 1), gilt gemeinhin der Aufsatz "Biologie der Kognition" des Neurobiologen Maturana (1982a, zuerst 1970). In diesem Aufsatz skizzierte Maturana erstmals seine Theorie der Kognition und des lebendigen Organismus. Später prägte Maturana dann zur Beschreibung der Organisation lebender Systeme den Neologismus *Autopoiesis*, der ja auch in der Organisationstheorie seit den achtziger Jahren zunehmend Beachtung findet (z. B. Hejl 1982, 1992; Kirsch 1992; Kirsch & Knyphausen 1991; Luhmann 1988; Probst & Scheuss 1984). Als kleinster gemeinsamer Nenner des radikalen Konstruktivismus gilt die "Einsicht ..., daß wir nie mit der Wirklichkeit *an sich* umgehen, sondern stets mit unseren Erfahrungswirklichkeiten." (Schmidt 1992c: 7; Hervorh. A. B.). Entsprechend den verschiedenen am "Diskurs des radikalen Konstruktivismus" beteiligten Disziplinen, wird diese zentrale Erkenntnis auf der Basis unterschiedlicher Argumentationslinien und in unterschiedlichen Sprachen ausgedrückt (vgl. die Beiträge in Schmidt 1992a). Ich konzentriere mich in meinen Ausführungen allerdings weitgehend auf Glasersfeld, weil er die erkenntnistheoretischen Aspekte am umfassendsten herausstellt.

Wissen und Handeln stehen in einem rekursiven Verhältnis, das habe ich häufig genug herausgestellt. Ebenso wie Wissen die Basis intentionalen Handelns darstellt, wird Wissen erst durch Handeln, d. h. die aktive Auseinandersetzung von Akteuren mit der Welt erworben (vgl. auch Uexküll & Wesiack 1986: 6). Im Handeln werden Erfahrungen oder Wahrnehmungen gemacht und sie werden wiederum im Handeln geprüft; bewähren bzw. bestätigen sie sich in nachfolgenden Handlungssequenzen, werden sie als Wissen gespeichert.[1] Richards und Glasersfeld (1987: 194) definieren daher *Wissen* als *Invarianten der Erfahrung*. Erkenntnistheorie bezieht sich nun normalerweise auf wissenschaftliches Wissen. Allerdings ist der Unterschied zwischen wissenschaftlichem und nicht-wissenschaftlichem Wissen kein prinzipieller, sondern allenfalls ein gradueller. Insbesondere in der interpretativen Soziologie ist dies spätestens seit den einschlägigen Arbeiten von Schütz (1960; Schütz & Luckmann 1975) klar. Auch Giddens betont dies immer wieder (z. B. 1976: 161). Wissenschaftliches Handeln ist nichts anderes als eine besondere Form des Handelns, an die allerdings bestimmte methodische Anforderungen gestellt werden, die eine besonders sorgfältige und möglichst objektive - "wahre" - Produktion von Wissen garantieren sollen. Ähnlich hohe Ansprüche sollten, mindestens nach der Theorie strategischer Unternehmensführung (Hrebiniak & Joyce 1984: 7), an die Wissensbasis strategischen Handelns und Entscheidens gestellt werden. Aus all dem folgt, daß die grundlegende epistemologische Frage, "wie wir Kenntnis von der Wirklichkeit erlangen und ob diese Kenntnis auch verläßlich und 'wahr' ist" (Glasersfeld 1986: 18), sich nicht nur auf Wissen in Kontexten bezieht, die als wissenschaftlich definiert sind, sondern auch auf alltagsweltliche und organisationale Handlungskontexte. Die Frage nach der Genese und Zuverlässigkeit des Wissens ist damit grundlegend für die Analyse und Beurteilung von Handeln.

Der angeführten Formulierung des epistemologischen Problems ist implizit eine Grundannahme unterlegt, die vom radikalen Konstruktivismus vehement bestritten wird, die Idee nämlich, es sei möglich, eine verläßliche und objektiv wahre subjektunabhängige Kenntnis einer objektiven, außerhalb der wahrnehmenden Individuen liegenden Wirk-

---

1 Das ist unmittelbar kompatibel mit Weicks (1985) Ausführungen über die Evolution von Interpretationen bzw. über *enactment*.

lichkeit zu erlangen. In den Worten Rortys wird dabei Erkennen als "eine Ansammlung von Darstellungen betrachtet", (1992: 154), als "Spiegel der Natur", d. h. eben der objektiven Wirklichkeit, verstanden. Das Verhältnis von Wissen und Wirklichkeit wird "stets als eine mehr oder weniger bildhafte (ikonische) Übereinstimmung oder Korrespondenz betrachtet" (Glasersfeld 1986: 19). Der radikale Konstruktivismus setzt dem ein Verständnis von Erkennen bzw. *Wissen als Konstruktion* entgegen. Nicht nur ist die Wirklichkeit sozial konstruiert, sondern auch alles, was wir über sie wissen, ist eine (kognitive) Konstruktion, die sich im Handeln bzw. als seine Grundlage bewährt hat oder bewähren muß (Foerster 1986: 43ff.; Glasersfeld 1982: 613ff.). Die Erkenntnistheorie des radikalen Konstruktivismus bestreitet also, daß Wissen und Wahrnehmung ein ikonisches Abbild einer objektiven Wirklichkeit liefern könnten. Ich werde dies, weiterhin in Anlehnung an die Argumentation Glasersfelds, in drei Schritten begründen. *Erstens* kann die Ablehnung der ikonischen Konzeption des Wissens auf philosophische und erkenntnistheoretische Argumente, insbesondere von Vico (1858, zuerst 1710) und Kant (1956), zurückbezogen werden. Diese skeptische Tradition des Denkens wird, *zweitens*, durch neuere neurophysiologische Arbeiten (Foerster 1986; Maturana 1982b; Maturana & Varela 1992; Roth 1986, 1992) untermauert. *Drittens* schließlich kann mit Hilfe der genetischen Epistemologie Piagets (1973, 1983; vgl. auch Glasersfeld 1982) beschrieben werden, wie Wissensbestände als Konstruktionen ontogenetisch aufgebaut werden.

(1) In der philosophischen Erkenntnistheorie hat der Skeptizismus eine lange, bis auf die Vorsokratiker zurückgehende Tradition (vgl. für einen Überblick Wild 1980). Das allgemeinste Argument der Skepsis besagt, daß wir nur durch Wahrnehmung Kenntnis von der Wirklichkeit erlangen können. Daraus folgt aber,

> "that whatever messages we may receive through our senses are inherently unreliable because there is no way of checking their veracity, except by further sensory messages." (Glasersfeld 1981: 121)

Um zu überprüfen, ob die Sinnesorgane ein zuverlässiges Abbild der Realität vermitteln, müßten die Wahrnehmungen der Welt verglichen werden mit der Welt, wie sie unabhängig von menschlicher Wahrnehmung existiert. Das ist aber prinzipiell nicht möglich.

> "How, he (Pyrrhon, A. B.) asked, could we ever tell whether or not the pictures our senses 'convey' are accurate and true, if the only way

> they can be checked is again through our senses?" (Glasersfeld & Cobb 1983: 218)

Insofern ist die Vorstellung, daß die "wirkliche" Wirklichkeit erkennbar ist, unsinnig, weil sie nicht überprüfbar ist. Wild (1980: 7ff.) spricht in diesem Zusammenhang von der Pyrrhonischen Skepsis als "Antidogmatismus", weil sie sich gerade gegen eine dogmatische Fixierung einer Wahrheit wendet.

Ähnliches findet sich bei Kant in der Kritik der reinen Vernunft mit der Unterscheidung von den "Erscheinungen für uns", die erkennbar sind, auf der einen Seite und den "Dingen an sich", die unserer Erkenntnis prinzipiell nicht direkt zugänglich sind, auf der anderen Seite.

> "Der Erkennende bleibt vom Erkenntnisgegenstand durch (eine) löchrige Wand getrennt (die keine vollständigen Abbilder der Aussenwelt durchläßt, A. B.). Kants radikale Charakterisierung dieser Erkenntnisweise besteht darin, die Illusion auszuräumen, als sei das Bild, das sich der Erkennende macht, ein Bild der Außenwelt jenseits der Wand." (Böhme & Böhme 1985: 295f.)

Die Vorstellung, "alle unsere Erkenntnis müsse sich nach den Gegenständen richten", wird daher aufgegeben zugunsten der Vorstellung, "die Gegenstände müssen sich nach unserer Erkenntnis richten" (Kant 1956: 19f.). So sind Raum und Zeit nicht außerhalb des Subjekts existierende Größen, sondern Anschauungsweisen, die helfen, die Objekte bzw. Erscheinungen zu kategorisieren. "Wir 'konstituieren' die Objekte unserer Erkenntnis, indem wir sie in Raum und Zeit ansiedeln." (Reese-Schäfer 1991b: 38) Sichere Erkenntnis gibt es daher nur in dem Sinne, daß sich die Erkenntnis eben nicht auf eine Welt der Dinge an sich richtet, sondern auf Erfahrungen, die im menschlichen Erkenntnisvermögen angelegt sind (Albert 1992: 179).

Neben Kant bezieht sich Glasersfeld auch auf Vico und sein Diktum *verum ipsum factum* - das Wahre ist das Gemachte (Vico 1858; zit. n. Glasersfeld 1986: 26). Nur Gott könne die wahre Wirklichkeit erkennen, weil er sie gemacht habe; ebenso könne der Mensch auch nur das Erkennen, was er selbst produziert hat.[2] Modern formuliert heißt das nichts ande-

---

2 Der Begriff Faktum, die Tatsache, leitet sich aus lateinisch *facere* - tun - ab. Eine interessante Parallele findet sich in der methodologischen Diskussion um qualitative Forschungsmethoden in der Organisationstheorie. Hier wird von den (Forts.)

res, als daß er Wissen als Konstruktion des Akteurs betrachtet (Glasersfeld 1986: 27). Die objektive Wirklichkeit ist damit jenseits menschlicher Erfahrung und Erfahrungsmöglichkeit: "So wäre dann menschliches Wissen (Wissenschaft) nichts anderes, als die Dinge in schöne Beziehung zu einander zu bringen." (Vico 1858; zit. n. Glasersfeld 1986: 28). Damit formuliert Vico bereits vor über 250 Jahren grundlegende Vorstellungen, wie sie die radikalen Konstruktivisten heute vertreten. Wissen besteht aus über die Sinne vermittelten Elementen subjektiver Erfahrungswirklichkeiten, die durch kognitive Prozesse interpretiert und geordnet werden. Das verweist unmittelbar auf das in der Erkenntnistheorie insbesondere der Naturwissenschaften diskutierte Beobachterproblem, dessen Konsequenzen Uexküll und Wesiack folgendermaßen resümieren:

> "Eine ... objektive Realität ist uns verschlossen. (...) Wir müssen den Glauben aufgeben, eine Realität aufdecken zu können, die von unserem Beobachtungsvorgang unabhängig ist." (Uexküll & Wesiack 1986: 8)

Glasersfeld formuliert Maturanas Wort, daß alles Gesagte von einem Beobachter gesagt wird (Maturana 1982a: 34), um: "Alles, was *erkannt* wird, wird von einem erfahrenden Subjekt erkannt." (Glasersfeld 1987c: 129) Subjektunabhängige Kenntnis gibt es daher nicht. Aus diesem Grunde verschiebt sich der Akzent der oben zitierten epistemologischen Grundfrage von der Frage danach, wie wir Erkenntnis von der Wirklichkeit erlangen und ob diese verläßlich und wahr ist, hin zur "Untersuchung der Art und Weise, wie der Intellekt operiert, um aus dem Fluß des Erlebens eine einigermaßen dauerhafte, *regelmäßige* Welt zu konstruieren." (Glasersfeld 1986: 30; Hervorh. im Orig.)[3]

Vertretern interpretativer Ansätze vorgeschlagen, nicht mehr von "Daten" (abgeleitet von *dare* - geben: Gegebenes) zu sprechen sondern von "Capta" (von *capere* - fangen: also Eingefangenes) (Gherardi & Turner 1987). Von einem konstruktivistischen Standpunkt ist dies allerdings nicht radikal genug; für einen Konstruktivisten wäre hier natürlich "Fakten" der zutreffende Ausdruck, weil Capta zu stark die Vorstellung konnotiert, es ginge um das Einfangen objektiv gegebener Sachverhalte.

3 Daß diese Formulierung im Grunde auf Kant rückführbar ist, läßt sich in Anlehnung an Wild (1980: 49ff.) zeigen. Zwar ist nicht empirisch feststellbar, "was allen Subjekten tatsächlich gemeinsam und unterschiedslos erscheint. Was nach (Forts.)

Aus dem bisher über das menschliche Erkenntnisvermögen Gesagten läßt sich folgern, daß die Außenwelt, die wahrgenommen werden soll, für die Wahrnehmenden im Grunde einer *black box* gleicht (Glasersfeld 1987d: 151ff.). Eine *black box* versucht man zu erklären (oder: zu durchschauen), indem man Regelmäßigkeiten der Relationen zwischen dem beobachtbaren Input und dem ebenfalls beobachtbaren Output herauszufinden versucht. In Anlehnung an die Kybernetik konstatiert Glasersfeld, daß es dabei darum geht, ein Modell zu konstruieren, das "aus dem gleichen Input stets den gleichen Output wie der schwarze Kasten produziert." (Glasersfeld 1987d: 151) Wissen läßt sich nun genau als solch ein Modell von der Welt verstehen.[4] Wenn wir keinen privilegierten Zugang zur Wirklichkeit jenseits (oder: vor) unserer empirischen Erfahrung haben, kann unser Wissen von der Welt nur ein Modell einer *black box*

Kant allerdings eruierbar ist, sind die *Formen*, in denen alle einzelnen und mithin subjektiven empirischen Wahrnehmungen sich vollziehen." (Wild 1980: 65; Hervorh. A. B.)

4 "Physikalische Konzepte sind freie Schöpfungen des menschlichen Geistes, und, wenn es auch so aussehen mag, nicht eindeutig von der äußeren Welt determiniert. In unserem Bemühen, die Realität zu verstehen, gleichen wir in gewisser Weise einem Menschen, der den Mechanismus einer verschlossenen Uhr zu verstehen sucht. Er sieht das Ziffernblatt und die Bewegungen der Zeiger, er hört ihr Ticken, aber er hat keine Möglichkeit, sie zu öffnen. Wenn er scharfsinnig ist, kann er sich das Bild eines Mechanismus ausdenken, das imstande ist, alles zu erklären, was er beobachten kann. Aber er kann niemals sicher sein, daß sein Bild das einzige ist, das seine Beobachtungen zu erklären vermag. Er wird nie in die Lage kommen, sein Bild mit dem wirklichen Mechanismus zu vergleichen." (Einstein & Inveld 1938; zit. n. Uexküll & Wesiack 1986: 8) - Übertragen auf die Betriebswirtschaftslehre fühlt man sich an Produktionsfunktionen erinnert. Sie betrachten den Produktionsprozeß selbst als *black box*, insbesondere in Hinblick auf seine sozialen und organisatorischen Aspekte. - Gutenberg - daran sei noch einmal erinnert - ist sich des konstruktiven Charakters seiner Bemühungen um eine betriebswirtschaftliche Theorie des Unternehmens im übrigen durchaus bewußt (vgl. Abschnitt 2.2.2, Fn. 31). So verweist Ortmann mit Bezug auf Brewing (1993: 44ff.) darauf, „daß Gutenberg die kapitalistische Unternehmung in seiner berühmten Habilitationsschrift aus dem Jahre 1929 nach Art einer Vaihingerschen 'Als-Ob-Konstruktion' entwirft, aus der das 'psycho-physische Subjekt' als Quelle eigener Probleme eliminiert ist." (Ortmann 1995: 120) Das steht in deutlichem Gegensatz zum heute üblichen wissenschaftstheoretischen Kanon der Betriebswirtschaftslehre (z. B. Raffée 1974; Schanz 1992).

sein, das wir an unseren Handlungen und ihren Wirkungen ständig überprüfen können bzw. müssen. Das läßt sich nun auf der Basis neuerer Arbeiten zur Neurophysiologie der Erkenntnis genauer beschreiben.

(2) Das wichtigste Ergebnis dieser Arbeiten (z. B. Maturana 1982a, c; Maturana, Uribe & Frenk 1982; Maturana & Varela 1992; Roth 1986, 1992; vgl. auch Foerster 1986, 1992) besteht für meine Zwecke darin, daß das menschliche Gehirn ein selbstreferentielles System sei[5] und schon deshalb kein "authentisches" Bild der Umwelt liefern könne. Das kann durch das sogenannte Prinzip der undifferenzierten Kodierung bzw. Plastizität des Nervensystems begründet werden. Das meint, daß die Erregungszustände von Nervenzellen nur die Intensität, nicht aber die Qualität eines Reizes widerspiegeln. "Codiert wird lediglich ein 'wieviel', aber nicht ein 'was'." (Foerster 1986: 43) Sinneszellen nehmen nicht die Qualität von Reizen auf, sondern lediglich Quantitäten. Es werden also beispielsweise vom Auge bzw. von der Retina nicht Farben "wahrgenommen", sondern die entsprechenden Sinneszellen registrieren bestimmte Quantitäten elektromagnetischer Wellen. In der Retina gibt es zwei Arten von Sinneszellen: Zäpfchen und Stäbchen. Während die Zäpfchen jeweils auf unterschiedliche Wellenlängen einfallenden Lichts reagieren, werden von den Stäbchen nur Hell/Dunkel-Unterschiede registriert (Lindsay & Norman 1981: 47). Lediglich die Intensität eines Reizes spiegelt sich in der Frequenz der elektrischen Entladungen in der Nervenzelle. Die Sinneseindrücke von Farbe und Form werden erst durch "Weiterverarbeitung" im Netzwerk von Neuronen des Nervensystems durch eine Art Mustererkennung "errechnet" oder eben: konstruiert. Dabei spielen die internen Zustände des Nervensystems eine bedeutsamere Rolle als der physikalische Input in Form von Reizen (Foerster 1986: 51; Riegas & Vetter 1991: 13). Ein einfaches aber eindrucksvolles Beispiel sind optische Sinnestäuschungen(Metzger 1953). Die physikalischen Reize, die von Sinneszellen aufgenommen werden, sind zunächst Bedeutungs-los; sie werden erst im Nervensystem und im Gehirn in einer Weise weiterverarbeitet, die es dem wahrnehmenden

5 Während Maturana das Nervensystem als autopoietisches System versteht, lehnt Roth (1986: 177) dies ab, weil das Gehirn bzw. Nervensystem nicht selbsterhaltend und selbstproduzierend ist. In Anlehnung an diese Argumentation (vgl. auch Roth 1992) spreche ich hier vom Gehirn bzw. vom Nervensystem als selbstreferentiellem und nicht als autopoietischem System.

Subjekt erlaubt, den Sinneseindrücken Bedeutungen zuzuweisen.[6] Die Nervenzellen selbst spiegeln daher keine objektiv existierende, vom Wahrnehmenden unabhängige Außenwelt wider (Maturana et al. 1982: 136). Roth (1986: 170) faßt dies in allgemeiner Form zusammen:

> "Die Wahrnehmungsinhalte müssen daher vom Gehirn selbst konstituiert werden. Wahrnehmung ist demnach Bedeutungszuweisung zu an sich bedeutungsfreien neuronalen Prozessen, ist Konstruktion und Interpretation. Es ist das elementare Charakteristikum des Gehirns als eines selbstreferentiellen Systems, daß es nur mit den von ihm selbst generierten kognitiven Ereignissen umgeht."

Damit komme ich wieder zum Bild der Umwelt als *black box* zurück. Die Erfahrung der Außenwelt besteht aus der Perspektive des wahrnehmenden Subjekts physiologisch betrachtet aus Signalen oder Nervenimpulsen. Diese Signale können in sensorische bzw. rezeptive und effektorische oder propriozeptive (mit motorischen Aktivitäten verbundene) unterteilt werden. Ein Bild der Außenwelt entsteht für den wahrnehmenden Organismus dann aus Regelmäßigkeiten oder Mustern von rezeptiven und propriozeptiven Signalen.[7]

> "Es gibt keine Möglichkeit, das 'Außen' anders zu untersuchen als so, daß beobachtet wird, welche sensorischen Signale auf bestimmte Effektorsignale, die als 'Handlungen' kategorisiert wurden, folgen. Die Repräsentation der Außenwelt kann daher nur ein Modell eines unzugänglichen schwarzen Kastens sein, dessen Input - die eigenen Effektorsignale - systematisch mit seinem Output - den eigenen Rezeptorsignalen - verknüpft wird." (Glasersfeld 1987d: 152)

Insofern deuten neurophysiologische Forschungen darauf hin, daß bereits auf einer physiologischen Ebene der Reizaufnahme und -verarbeitung es unmöglich ist, ein im abbildtheoretischen Sinne wahres

---

6 Dabei ist darauf hinzuweisen, daß die Bedeutungserteilung nicht im oder durch das Gehirn erfolgt, wie es auch im noch folgenden Zitat von Roth behauptet wird. Bedeutungszuweisung ist ein sozial beeinflußter kognitiver, also *psychischer* und nicht physiologischer, Prozeß (vgl. Uexküll & Wesiack 1986). Ich komme darauf zurück.

7 Genau diesen Effekt scheinen sich - soweit ich es sehe - die Computersimulationen im Bereich der *virtual reality* zunutze zu machen. Es werden Welten vorgespiegelt via Evozierung von Reizen, die mit der Erfahrung entsprechender Welten interpretativ gekoppelt sind.

Bild der Wirklichkeit zu erlangen. Roth (1986) bezeichnet aus diesem Grunde die Konstruktion der Wirklichkeit als eine autonome Leistung des Gehirns.

Nun scheint mir die Rede vom Gehirn als Organ der Bedeutungszuweisung problematisch, mindestens aber weiter erklärungsbedürftig zu sein. Hier stößt man nämlich unweigerlich auf das sogenannte Leib/Seele-Problem, d. h. die Frage, wie der Übergang von der physiologischen Ebene (Reizverarbeitung im Gehirn bzw. Nervensystem) zur psychologischen und zur sozialen Ebene der Bedeutungszuweisung vonstatten geht (vgl. zum folgenden auch Brauner 1994: 46ff.). Uexküll und Wesiack (1986) lösen das Übergangsproblem durch das Konzept der Bedeutungskoppelung. Lebende Systeme sind von nicht-lebenden unterschieden durch das Auftreten von Zeichenprozessen in der System/Umwelt-Beziehung.[8] Auf der einfachsten Ebene der Einzeller und Pflanzen spiegelt sich dies in der Einteilung der Welt für bzw. durch den Organismus mit Hilfe der Kategorien "selbst", "nicht-selbst" und "nicht-existent" (ebd.: 10). Auf der nächsthöheren, der "animalischen Ebene", läßt sich die Konstitution einer bedeutungshaltigen Umwelt, die Objekte enthält, die unabhängig vom Organismus existieren und damit auf der physiologischen Ebene als nicht-existent gegolten hätten, durch den Funktionskreis Jakob von Uexkülls (1980, zuerst 1921) beschreiben. Ein Merkmal der Umwelt wird durch Wahrnehmung *als* bedeutungshaltiges Merkmal vom Organismus *konstituiert* ("Merken", Bedeutungserteilung) und durch die Aktivitäten des Organismus manipuliert ("Wirken", Bedeutungsverwertung). Durch diese Wechselseitigkeit entsteht ein bedeutungshaltiges Bild der Umwelt, in dem zwischen "relevanten" und "nicht relevanten", aber dennoch existierenden, Objekten unterschieden werden kann. (Uexküll & Wesiack 1986: 11ff.). Mit den Aspekten Merken und Wirken sind die beiden Komponenten der sozialen Konstruktion von Realität angesprochen: Denken bzw. kognitive Prozesse und Handeln.

---

[8] Die Bestimmung lebender Systeme durch Uexküll und Wesiack (1986: 10) als durch interne Zustände determinierte Systeme weist weitgehende Parallelen zu der Kennzeichnung lebender Systeme als autopoietische Systeme durch Maturana auf (1982c: 314f.).

Auf der dritten, der "Ebene des Humanen" treten die Phänomene der Reflexion und der Sprache hinzu. Dadurch erlangen die Objekte in der Umwelt eine konstante Existenz. Einerseits sind sie Teil der subjektiven Umwelt, andererseits Teil einer Welt des Wissens, in der sie unabhängig vom Subjekt "fortexistieren". So existieren beispielsweise *für uns* einerseits viele subjektiv wahrgenommene und mit Bedeutung versehene Sonnen, andererseits existiert *in unserem Wissen* eine einzige Sonne, die von verschiedenen Subjekten aus unterschiedlichen Perspektiven wahrgenommen wird (ebd.: 14). Die so entstandene Wirklichkeit auf der Humanebene ist nicht mehr bloß individuell, sondern auch gesellschaftlich konstituiert, wie Uexküll und Wesiack (ebd.: 15) mit Bezug auf Berger und Luckmann (1980) betonen. Auf diese Weise entstehen auf den unterschiedlichen Ebenen vegetativer, animalischer sowie humaner und sozialer Systeme unterschiedliche Umwelten durch unterschiedliche Arten der Bedeutungserteilung. Mit Bezug auf Weick (1985) könnte man hier von ebenenspezifischen *enactment*-Prozessen sprechen. Auf jeder Ebene entstehen so spezifische Zeichensysteme.[9]

Für mich ist hier die Verbindung zwischen dem Zeichensystem der physiologischen Ebene des Nervensystems, also dem "Feuern der Neuronen" (von Foerster) und den anderen beiden Ebenen von Interesse. Uexküll und Wesiack postulieren Übersetzungsprozesse zwischen den unterschiedlichen Zeichensystemen. So liegt dem berühmten Speichelfluß der Pawlowschen Hunde eine Bedeutungskoppelung zwischen Zeichen der animalischen Ebene (dem Klingelzeichen) und der physiologischen Ebene zugrunde.

> "Zeichen, welche im Körper Nachrichten über die Bedeutung einer Organreaktion für andere Organe übertragen, werden mit Zeichen zusammengekoppelt, die den Organismus über die Bedeutung von Vorgängen in seiner Umgebung informieren." (Uexküll & Wesiack 1986: 17)

---

[9] Wenn diese Unterscheidung der Ebenen beachtet wird, kann man auch nicht mehr von "körperlichen Entscheidungen" (Franck 1992) sprechen, weil damit eine unzulässige Vermischung der Ebenen vorgenommen wird. Entscheidungen sind keine physiologischen Vorgänge, sondern geistige, die sich auf der Ebene des Humanen, evtl. auch auf der animalischen Ebene ereignen.

Solche Bedeutungskoppelungen werden in der Ontogenese gelernt. Von primärer Bedeutung ist dabei zunächst die Interaktion zwischen dem Säugling und seiner Umwelt, repräsentiert durch die Mutter (oder andere Erziehungspersonen).[10] Spätere Stufen der Entstehung einer bedeutungshaltigen Umwelt bzw. einer Konstruktion der Wirklichkeit sind insbesondere von Piaget beschrieben worden, auf den sich Glasersfeld in seinen Arbeiten zur konstruktivistischen Erkenntnistheorie immer wieder bezieht.

(3) Auch Piaget geht davon aus, daß Wissen nicht an einer irgendwie vor der Wahrnehmung liegenden Wirklichkeit abstrakt überprüft werden kann. Alles Wissen ist vielmehr an Handeln gebunden; "knowing an object or an event is to use it by assimilating it to an action scheme." (Piaget 1967: 14f.; zit. n. Glasersfeld 1982: 614) Wissen besteht aus Invarianten der Erfahrung, wie sie oben im Zusammenhang mit der Umwelt als *black box* beschrieben wurden (Glasersfeld 1982: 616). Die Konstruktion von Wirklichkeit durch ein Subjekt kann daher analog zum Aufbau kognitiver Strukturen bei Kindern beschrieben werden. Dieser Aufbau geht im Prinzip in vier Schritten vor sich (Glasersfeld 1982: 623f.; vgl. auch Piaget 1983):

1. Den Anfang bildet schlichte Wiederholung von Handlungen, deren vermeintliche Resultate als befriedigend oder interessant erlebt werden. Durch diese Wiederholungen entsteht eine vorläufige Stabilität in der (wahrgenommenen) Beziehung zwischen Handlung und Resultat, also zwischen propriozeptiven (motorischen) und rezeptiven (sensorischen) Signalen. Diese kognitiven Verbindungen können mit der Zeit als Invarianten der Erfahrung identifiziert und wiedererkannt werden. Sie werden schließlich externalisiert, d. h. als außerhalb des Subjektes existierend konstruiert und so zu stabilen Objekten (Objektpermanenz).
2. Die "Realitätshaftigkeit" von Objekten erhöht sich, wenn die Invarianten der Erfahrung aus mehreren Quellen der Wahrnehmung (sehen, hören, berühren etc.) gespeist werden.

---

[10] Vgl. dazu den "symbiotischen Funktionskreis" in Uexküll und Wesiack (1986: 20f.).

3. Mit der Zeit erlangt das Kind die Fähigkeit, die so erlernten Handlungsmuster auf andere Kontexte zu übertragen und sie schließlich zur Voraussage von Ereignissen zu nutzen.

4. Schließlich lernt das Subjekt, sich als Subjekt unter anderen Subjekten zu erfahren. Damit wird es ihm möglich, die Invarianten der eigenen Erfahrung sprachlich mit denen anderer zu vergleichen und damit weiter und effektiver zu validieren.

Das so entstandene Wissen muß nun im Handeln ständig überprüft und verändert werden. Erweist es sich als nicht passend oder unzuverlässig, kommt es zu einer Störung der Regularität der Erfahrung und das Subjekt bemüht sich, ein Gleichgewicht wiederzuerlangen, also einen Zustand, in dem sich die Erfahrung wieder als zuverlässig, d. h. regelmäßig darstellt. Diesen Prozeß nennt Piaget Äquilibration (Glasersfeld 1982a: 194).[11] Im unproblematischen Fall gelingt es dem Individuum, Erfahrungen bzw. Wahrnehmungen an begriffliche (kognitive) Strukturen anzupassen. Im Zuge dieser *Assimilation* werden etwa in den Wahrnehmungen enthaltene Differenzen zu vorhergehenden Erfahrungen erfolgreich unterdrückt. Es werden mit anderen Worten die relevanten Aspekte der Handlungsituation definiert. Gelingt es nicht, die Wahrnehmungen mit begrifflichen Strukturen in Übereinstimmung zu bringen, können die kognitiven Strukturen in einer Weise verändert werden, daß sie mit den Wahrnehmungen vereinbar sind. Dies wird *Akkomodation* genannt. Sie liegt ebenfalls vor, wenn bereits existierende begriffliche Strukturen zu größeren Einheiten integriert werden. Äquilibration kann damit als "Antwort auf einen *internen* Konflikt" verstanden werden (Smock; zit n. Glasersfeld 1987e: 111; Hervorh. im Orig.). Im Zuge der Äquilibration werden also Wahrnehmungen und kognitive Strukturen zu einem Ausgleich gebracht.

Auf diese Weise entsteht Wissen als Invarianten von Erfahrung, als kognitive Strukturen, zunächst beim Kleinkind in der Auseinandersetzung mit der (sozialen und physikalischen) Welt. Dieser Prozeß setzt sich aber das gesamte Leben eines Menschen hindurch fort. Durch die

---

[11] Es deutet sich hier eine Parallele an zwischen dem Piagetschen Konzept der Äqulibration und der Giddensschen Konzeption des Unbewußten als *basic security system*. Auch Giddens unterstellt ja ein Bedürfnis der Akteure nach Regelmäßigkeit, die ihnen Sicherheit gibt (Giddens 1984: 49ff.; vgl. 2.1.3).

Mechanismen der Assimilation und Akkomodation kommt es zu einem ständigen Ausgleich zwischen kognitiven Strukturen und Wahrnehmungen, nicht jedoch zwangsläufig zu einer Annäherung an eine objektive, subjektunabhängig existierende Außenwelt.

Bis hierher habe ich dargestellt, aus welchen Quellen sich Glasersfelds erkenntnistheoretische Behauptung speist, daß wir prinzipiell kein direktes Wissen über die objektive Welt erlangen können. Das beinhaltete erstens die erkenntnistheoretisch-philosophische Argumentation der Skeptiker von den Vorsokratikern bis hin zu Vico und Kant,[12] die sich primär darauf richtet, daß wir die Welt nur mit unseren Sinnen erkennen können und wiederum nur die Sinne zur Verfügung haben, um die Sinneswahrnehmungen zu überprüfen. Zweitens habe ich Erkenntnisse der Neurophysiologie und Neurobiologie herangezogen, die darauf hinauslaufen, daß das Nervensystem als selbstreferentiell und operational geschlossen verstanden wird und folglich auch aus physiologischer Hinsicht klar ist, daß wir kein subjekt- und wahrnehmungsunabhängiges Abbild der Außenwelt erlangen können. Schließlich bezieht sich Glasersfeld drittens auf die Arbeiten Piagets zur genetischen Epistemologie (vgl. Piaget 1973), die darstellen, wie sich trotzdem stabile kognitive Strukturen in der ontogenetischen Entwicklung des Menschen herausbilden können. Damit ist zunächst einmal die epistemologische Grundfrage, wie ich sie oben mit Glasersfeld umformuliert habe, grob beantwortet: nämlich "wie der Intellekt operiert, um aus dem Fluß des Erlebens eine einigermaßen dauerhafte, *regelmäßige* Welt zu konstruieren." (Glasersfeld 1986: 30; Hervorh. im Orig.) Allerdings: Die Zuverlässigkeit und Adäquatheit des Wissens, die für die Frage nach der Rationalität fundamental sind, ist damit noch nicht ausreichend diskutiert worden.

Die von Piaget beschriebene Äquilibration kognitiver Strukturen kann als ein Prozeß der Evolution des Wissens bzw. der Konstruktionen von Wirklichkeit gefaßt werden (Glasersfeld 1987a). Wissen hat als Basis von Handeln nicht die Funktion einer ikonischen Abbildung von Realität (und kann dies, wie gezeigt, auch überhaupt nicht leisten), sondern soll das Überleben eines Organismus ermöglichen. Für Piaget ist das Kriterium der Adäquatheit von Wissen wie auch der biologischen Organisation

---

[12] Und, wie man in Anlehnung an Wild (1980) ergänzen müßte, bis hin insbesondere zum Pragmatismus; vgl. James (1975a, b) und Peirce (1975a, b).

des Organismus das Überleben in bzw. Verstehen einer gegebenen Umwelt. Dabei kann es nicht, wie eine falsche Interpretation der zudem mißverständlichen Formulierung Darwins vom "survival of the fittest" suggeriert, um die "passendste", d. h. optimale Lösung von (Überlebens- oder Wissens-) Problemen gehen (Glasersfeld 1986: 20).[13] Vielmehr geht es einfach darum, ob eine genetische Variation, ein Handeln oder eben ein bestimmtes Wissen „paßt" oder nicht. Überleben im evolutionstheoretischen Sinne ist ein binäres Problem: Eine Art überlebt oder sie überlebt nicht; ein Wissen erweist sich im Handeln als erfolgreich oder nicht (Glasersfeld 1981: 128f.).[14] Die Gemeinsamkeit zwischen der natürlichen Evolution und der Entwicklung von Wissen besteht also darin, daß beide, genetische Variation und Wissen, um erfolgreich zu sein, *passen* müssen (Watzlawick & Kreuzer 1991a: 33f.).

> "From the radical constructivist perspective, 'knowledge' *fits* reality in much the same way that a key fits a lock that it is able to open. The *fit* describes a capacity of the key, not a property of the lock. (...) The 'key' ... might be a paper clip, a bobby pin, a credit card, or a skillfully crafted skeleton key. All that matters is that it fits within the constraints of the particular lock ... Similarly, the problem-solver attempts to conceive a method that will successfully open a path to his or her goal. Any method that does this will serve as well as any other ..." (Glasersfeld & Cobb 1983: 220; Hervorh. im Orig.)

Für das Wissen wie für den Organismus stellt die ("absolute") Wirklichkeit bzw. die Umwelt die Summe der Beschränkungen dar, innerhalb derer ein Akteur bzw. ein Organismus handeln kann. Das Wissen um die Realität an sich ist stets negativ: Wir wissen, was sie *nicht* ist. "Was wir von jener 'absoluten' Wirklichkeit erleben, sind bestenfalls ihre

---

13 Das findet sich so in der Organisationstheorie bespielsweise im *population ecology*-Ansatz von Hannan und Freeman: "From a population ecology perspective, it is the environment which optimizes" (1977: 939). Zur Kritik vgl. Becker et al. (1988).

14 Die Konsequenzen beider unterscheiden sich natürlich: "In der Naturgeschichte ist Unzulänglichkeit ausnahmslos tödlich; Philosophen hingegen sterben nur sehr selten an der Unzulänglichkeit ihrer Ideen." (Glasersfeld 1986: 21)

Schranken" (Glasersfeld 1986: 23), indem wir mit unserem Wissen scheitern.[15]

Das Überleben von Arten im Zuge der Evolution sowie die Angemessenheit kognitiver Strukturen nennt Glasersfeld *Viabilität* (*viability*; Glasersfeld 1987b; Glasersfeld & Cobb 1983). In bezug auf Wissen meint Viabilität, daß sich ein Wissen (bislang) als "lebensfähig" in dem Sinne erwiesen hat, als es nicht mit Beschränkungen aus der nicht erkennbaren absoluten Wirklichkeit in Konflikt gekommen ist. Ganz in diesem Sinne argumentiert auch Rorty mit Bezug auf den philosophischen Pragmatismus, man solle

> "Wahrheit nicht mehr als 'genaue Darstellung der Wirklichkeit', sondern - in einer Formulierung von William James - als dasjenige verstehen, 'was zu glauben für uns besser ist'. Oder weniger provokativ gesagt, Sellars und Quine zeigen uns, daß die Rede von 'genauer Darstellung' nichts als ein leeres automatisches Kompliment ist, das wir solchen Auffassungen machen, die uns erfolgreich zu tun verhelfen, was wir zu tun wünschen." (Rorty 1992: 20f.)

Die Adäquatheit von Wissen in bezug auf die Erfassung einer „absoluten" oder „objektiven" Wirklichkeit kann nur als Viabilität bestimmt werden. In diesem Wissen scheint allenfalls auf, was diese Wirklichkeit *nicht* ist. Wenn eine kognitive Konstruktion sich im Scheitern von Handeln als nicht zutreffend erweist, weiß man nur, wie dieser Aspekt der Wirklichkeit *nicht* ist, aber noch nicht, wie er ist.

Kann man angesichts dieser Situation noch von einer möglichen Objektivität oder Wahrheit der Erkenntnis sprechen, so wie es die ursprüngliche Formulierung des erkenntnistheoretischen Problems fordert? Objektivität kann, so Glasersfeld, im Rahmen der Erkenntnistheorie des radikalen Konstruktivismus intersubjektiv bzw. durch die Einführung einer Fremdperspektive bestimmt werden. Die kognitive Konstruktion eines Akteurs (Ego) von einem anderen (Alter), d. h. das Bild, das sich Ego von Alter macht, besteht im Prinzip darin, daß Ego Alter zunächst ein-

---

15 Der radikale Konstruktivismus Glasersfelds versteht sich als Erkenntnistheorie, nicht als Ontologie. Es wird allerdings nicht die Existenz einer wahrnehmungsunabhängig existierenden Wirklichkeit geleugnet, wie dies der Solipsismus tut; wir können sie nur nicht als solche erkennen. (Glasersfeld 1982: 633) Insofern nimmt der radikale Konstruktivismus natürlich eine ontologische Setzung vor.

mal die Fähigkeit zu eigenem subjektivem Denken und Handeln (in der strukturationstheoretischen Terminologie: intentionalem Handeln) "unterschiebt" (Glasersfeld 1992: 35). Man schreibt dem anderen also im Prinzip die gleichen Fähigkeiten zu, wie sich selbst.[16] Damit bildet ein Akteur nach und nach eine eigene kognitive Konstruktion von der kognitiven Konstruktion, dem Wissen, des anderen. Im Handeln, in der Interaktion mit dem anderen oder in seiner weiteren Beobachtung, wird sich erweisen, ob beide Konstruktionen, die eigene kognitive Konstruktion der Gegenstandswelt, und die eigene kognitive Konstruktion des Wissens des anderen, viabel sind. Es bilden sich im Zuge der Äquilibration der kognitiven Strukturen des Akteurs viable Konstruktionen über die Welt und über die Konstruktion der Welt durch den anderen. Ein Akteur überprüft also sein Wissen an seiner Wahrnehmung und Interpretation des Wissens anderer Akteure (Metaperspektive). Um das bereits erwähnte Beispiel von Uexküll und Wesiack (1986: 14) noch einmal aufzunehmen: Neben der kognitiven Konstruktion einer "individuellen" Sonne baut ein Akteur eine Konstruktion der jeweiligen Konstruktionen "individueller" Sonnen anderer Akteure auf; die Gemeinsamkeiten dieser Konstruktionen bilden dann eine *doppelt viable Konstruktion* des Objektes Sonne. Solche doppelt viablen Konstruktionen bilden die Basis für Objektivität (Glasersfeld 1982: 632).

> "Any concept, event, theory, or model will be considered 'objective' if, and only if, it has proved to be viable not only in one's own organization of the experiential world, but also in the particular area of conceptual organization that proves to be a viable model for the experiential worlds one imputes to others." (Glasersfeld & Cobb 1983: 223)

Die Viabilität der Fremdperspektive ist insbesondere in sprachlichen Interaktionen überprüfbar (Glasersfeld 1992: 37). Die Objektivität gründet dann letztlich in Intersubjektivität (Glasersfeld 1982: 632).[17] Einfache Viabilität des Wissens erweist sich, so kann man prägnant zusammenfassen, im Umgang mit den Dingen, während sich die doppelte Viabilität

---

[16] Kinder neigen in einem bestimmten Alter dazu, vielen Objekten, nicht nur Personen, solche Qualitäten unterzuschieben.

[17] Hier wird eine Nähe zur Konsenstheorie der Wahrheit deutlich (vgl. Habermas 1984; Reese-Schäfer 1991a: 17ff.)

nur in der Interaktion erweisen kann. *Doppelte Viablität des Wissens ist daher ein soziales Phänomen*, ein zentraler Aspekt der sozialen Konstruktion von Realität.

Wissen besteht aus Invarianten von Wahrnehmungen oder Erfahrungen, die kein Abbild der "wirklichen" Wirklichkeit liefern können, sondern bestenfalls viable Konstruktionen sind; die Wirklichkeit, in der wir leben und agieren, ist stets eine Erfahrungswirklichkeit und damit eine mehr oder weniger viable Konstruktion - mit vollständiger Information und dem *one best way* des zweckrationalen *homo oeconomicus* hat das hier gezeichnete Bild so gut wie nichts mehr gemein. Auch Simons *administrative man* hat Federn gelassen. Es geht vor dem Hintergrund des radikalen Konstruktivismus längst nicht mehr nur um Grenzen kognitiver Informationsverarbeitungskapazitäten (die im übrigen durchaus funktional sind, vgl. Roth 1986: 176), sondern um die *prinzipielle Unmöglichkeit subjektunabhängiger Erkenntnis der Realität*. Dieser Gedanke ist eigentlich bereits in Simons Konzept des inneren Modells angelegt, wird von ihm selbst aber nicht konsequent (bzw. nicht in erkenntnistheoretischer Perspektive) weiterverfolgt. Das Wissen eines organisationalen Entscheiders ist damit in dreifacher Hinsicht als begrenzt beschrieben worden: *erstens* durch die prinzipielle Unmöglichkeit objektiver (subjektunabhängiger) Erkenntnis, die *zweitens* durch beschränkte Informationsverarbeitungskapazitäten sozusagen noch verschärft wird, und *drittens*, wie in 2.1.4 dargestellt, durch die Struktur sozialer Systeme.

3.1.2 Radikaler Konstruktivismus und die Strukturationstheorie der Organisation

In diesem Abschnitt möchte ich zeigen, daß der radikale Konstruktivismus und die Strukturationstheorie nicht nur miteinander kompatibel sind, sondern einander wechselseitig sinnvoll ergänzen: Während die Erkenntnistheorie des radikalen Konstruktivismus das strukturationstheoretische Konzept intentionalen Handelns fundieren kann, erlaubt die Theorie der Strukturation, die Blindheit (oder Gleichgültigkeit) des radikalen Konstruktivismus gegenüber dem Sozialen als einem zentralen Einflußfaktor auf die Bildung von Wissen zu korrigieren.

Die Intentionalität von Handeln wird im Rahmen der Theorie der Strukturation als "the subject's purposive application of ... knowledge" betrachtet (Cohen 1989: 50).[18] Diese Anwendung von Wissen im Zuge der reflexiven Handlungssteuerung erfolgt in den allermeisten Fällen routinisiert, d. h. auf der Ebene des *practical consciousness*, nur in Ausnahmefällen diskursiv. Intentionalität im Giddensschen Sinne läßt sich recht gut mit Hilfe des Piagetschen Begriffs der Aktions- und Operationsschemata beschreiben, auf den sich ja auch Glasersfeld bezieht.[19] "Schemata sind grundlegende Ereignisfolgen, die aus drei Teilen bestehen" (Glasersfeld 1987a: 192): (1) einem sensomotorischen Muster, das eine Art Initiierungsfunktion hat; (2) entweder einer Aktion oder einer (internen) Operation, worunter Glasersfeld eine begriffliche oder internalisierte Aktivität versteht ; sowie (3) einem Handlungs- bzw. Operationsergebnis. Die Kopplung von initiierender Situation und Handlung (oder Operation) kann einerseits, wie z. B. im Falle des Saugreflexes beim Säugling, angeboren, andererseits erworben sein. Das Ergebnis der Handlung fungiert quasi als Kontrollgröße: Wird das Handlungsergebnis als erwünscht und positiv interpretiert, wird das Schema unverändert beibehalten (Assimilation), wird es als unerwünscht und negativ klassifiziert, wird das Schema verändert (Akkomodation).[20] In bezug auf intentionales Handeln scheint es mir allerdings sinnvoll zu sein, nicht von einem sensomotorischen Muster mit Stimulusfunktion zu sprechen. Streng genommen und neurophysiologisch betrachtet mag das eine kor-

---

18 Im Original lautet das Zitat: "the subject's purposive application of *mutual* knowledge". Cohen wie auch Giddens geht es in ihren Arbeiten ja insbesondere um die Produktion und Reproduktion von sozialen Systemen, insbesondere Gesellschaften. Daher ist die Betonung bei ihnen sehr stark auf das gegenseitige Wissen gelegt. Für die Analyse organisationaler Entscheidungsprozesse scheint es mir aber sinnvoll zu sein, gerade auch die individuellen Wissensunterschiede hervorzuheben.

19 Piaget (1968) spricht von *schème* und grenzt diesen Begriff explizit vom Begriff *schéma* ab (Piaget 1983: 60, 90, Anm. 2). Die englischen und deutschen Übersetzer (Piaget 1970; 1983) wählen für den ersten Begriff die Übersetzung „Plan", für den zweiten „Schema". Letzteres entspricht dem Begriff des Schemas in der kognitiven Psychologie (vgl. etwa Anderson 1989: 103, 128). Die Übersetzung von *schème* als Plan hat allerdings zu rationalistische Konnotationen. Ich benutze in lockerer Anlehnung an Glasersfeld (1987a, e, f) hier die Begriffe Aktions- und Operationsschema.

20 Das bedeutet, daß auch bei angeborenen Schemata im Falle des Mißerfolges nachträgliche Korrekturen bzw. Veränderungen stattfinden können.

rekte Beschreibung sein, ich bewege mich hier allerdings auf der "Ebene des Humanen" (Uexküll & Wesiack 1986), so daß eine andere Terminologie angemessener ist. Ich spreche daher hier von einer Ausgangssituation, die vom Handelnden in bestimmter Weise wahrgenommen und interpretiert, kurz: sozial konstruiert wird.[21]

Will man das Giddenssche Konzept intentionalen Handelns mit der konstruktivistischen Erkenntnistheorie fundieren, so muß man eine Differenzierung herausstellen, die Glasersfeld vernachlässigt (nicht etwa: übersieht), weil sie für seine erkenntnistheoretischen Überlegungen nicht im Zentrum steht: die Unterscheidung von Aktions- und Operationsschemata. Aktionen sind Handlungen, während der Begriff der Operation Denkprozesse bezeichnet. *Handlungsschemata* sind mithin das, was in der Terminologie der Theorie der Strukturation als routinisierte Aktivitäten oder die Anwendung sozialer Praktiken bezeichnet wird. *Operationsschemata* sind hingegen die kognitive oder mentale Repräsentation von Aktionsschemata. Sie bilden die „Invarianten der Erfahrung", als die Richards und Glasersfeld Wissen definieren (1987: 194), und das die Grundlage intentionalen Handelns bildet. Operationsschemata bilden sich im Zuge des Ausführens von Aktionsschemata heraus und beeinflussen diese wiederum: Handeln ist begleitet von mentalen Operationen, die die Auswahl von adäquaten Aktionen steuern.

Intentionales Handeln, also der Prozeß des *reflexive monitoring* und *rationalization of action*, kann daher als komplexes Ineinander von Operations- und Aktionsschemata im Sinne Piagets beschrieben werden: Im Zuge des *reflexive monitoring of action* wird die Situation beobachtet und interpretiert, es wird (1) eine Situationsdefinition vorgenommen (Operationsschema), auf Grund derer (2) ein als adäquat definiertes Handeln ausgewählt und vollzogen wird (Aktionsschema). Die (3) Interpretation des Handlungsergebnisses entspricht wiederum der sich unmittelbar anschließenden Situationsdefinition im Kontext der Ausführung eines neuen Aktionsschemas (1'). Das *rationalization of action* beschreibt den rationalisierten *account* über den Vollzug eines solchen Aktionsschemas, also ein Operationsschema.

---

21 *Sozial* konstruiert deshalb, weil die Konstruktion sich stets vor einem sozialen bzw. gesellschaftlichen Hintergrund ereignet; sie ist wie der Akteur in die (Re-) Produktion sozialer Systeme eingebettet.

Die Definition der Situation im Zuge des *reflexive monitoring of action* beinhaltet die Interpretation der raum-zeitlichen und sozialen Umstände des Handelns. Dabei greifen die Akteure auf ihre Wissensbestände zurück, d. h. auf Normen, Interpretationsschemata und ihr Wissen um Ressourcen. Das bedeutet, daß sich die Akteure im Zuge der Überwachung der Handlungssituation auf die Modalitäten der Strukturation beziehen. Bei der Auswahl einer als der Situationsdefinition adäquat geltenden Handlungsweise beziehen sich die Akteure ebenfalls auf ihre *knowledgeability*, diesmal insbesondere auf ihr Wissen um soziale Praktiken. Diese sind nichts anderes als institutionalisierte Aktionen im Rahmen institutionalisierter Aktionsschemata (und bilden, wie ich in 2.2.4 ausgeführt habe, den Mittelvorrat der Bastler-Akteure). In als Routine definierten Situationen werden die Akteure in aller Regel auf ihnen bekannte soziale Praktiken zurückgreifen und diese in ihrem Handeln realisieren; in Nicht-Routinesituationen werden sie diese ggf. modifizieren.

Da sowohl Situationsdefinition, als auch Auswahl der adäquaten Praktik mit Bezug auf den gleichen Wissensvorrat durchgeführt werden, beeinflussen beide Stufen im Vollzug des Aktionsschemas einander wechselseitig: Das heißt, nicht nur werden Praktiken im Lichte der Situationsdefinition ausgewählt, sondern es wird auch die Situation im Lichte verfügbarer Praktiken interpretiert werden. Das gleiche gilt für die dritte Stufe, die Interpretation des Handlungsergebnisses als Konsequenz des eigenen Handelns. Auch dieses Handlungsergebnis wird im Lichte der *knowledgeability* der Akteure interpretiert, d. h. retrospektiv vor allem in Hinblick auf verfügbare Ziele gedeutet.

Operationsschemata sind mentale Schemata, die im sozialen Handeln rekursiv reproduziert werden. Das Wissen um soziale Praktiken ist ebenso Voraussetzung zu ihrer Reproduktion, wie diese die Voraussetzung des Aufbaus und der Reproduktion des entsprechenden Wissens sind.[22] Weicks (1985) *enactment* und Watzlawicks (1991) Rede von "sich

---

[22] Es scheint mir an dieser Stelle sinnvoll, ein *caveat* einzufügen. Diese drei Stufen des Piagetschen Aktionsschemas sind vor dem Hintergrund des strukturationstheoretischen Begriffes des Handeln als *continuous flow of conduct* nicht als drei empirisch tatsächlich zuverlässig abgrenzbare Phänomene zu verstehen. Faktisch ereignen sie sich fast simultan und auf der Ebene des handlungspraktischen Bewußtseins. Die drei Stufen repräsentieren daher eher eine logische als empirische Reihenfolge. Gibt ein Akteur allerdings einen *account* über sein (Forts.)

selbst erfüllenden Prophezeiungen" im Prozeß der Konstruktion von Wirklichkeit zielen auf diese rekursive Reproduktion von Wissen: Stets wird die konkrete Erfahrung vor dem Hintergrund von Wissensbeständen oder -strukturen interpretiert, indem Konstruktionen der Situation, mentale Modelle, Operationsschemata, gebildet werden, die dann handlungsleitend sind[23] und die Welt in einer Weise gestalten helfen, die sie im Lichte eben dieser kognitiven Schemata interpretierbar erscheinen läßt. Insofern wirkt Wissen rekursiv auf Wissen zurück (vgl. Abbildung 3.1).

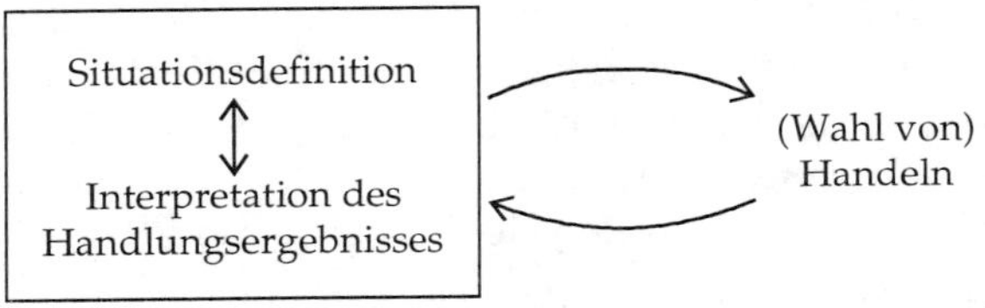

Abbildung 3.1: *Rekursivität von Situationsdefinition und sozialen Praktiken*

Zweck des Aufbaus von *knowledgeability* im Handeln ist nach Glasersfeld die Reproduktion eines kognitiven Gleichgewichtes des Akteurs. Daher spricht er von "Äquilibration als Ziel".

> "Ich sehe keinen Grund, warum man ... Äquilibration nicht als ein 'Ziel' bezeichnen sollte, auf welches hin das System handelt. (...) Das bedeutet, daß Operationen oder Aktivitäten aufgrund der Ergebnisse, die mit ihnen in der früheren Erfahrung des Systems erzielt worden sind, in Gebrauch kommen und bleiben. (...) Immer dann, wenn sie ausgeführt werden, werden sie ausgeführt, *um* eine Störeinwirkung zu eliminieren, und diese Art der Zielorientierung ergibt

---

Handeln, reflektiert er es also diskursiv, dann wird er es auf Basis dieser drei Stufen tun. Sie sind ein retrospektives Artefakt, eine Konstruktion. - Zudem sind Aktions- und Operationsschemata, das kann hier aber nicht weiter diskutiert werden, häufig unbewußt.

23 Vgl. dazu das auf dem symbolischen Interaktionismus und dem Situationskreis von Uexküll und Wesiack (1986) basierende Modell der mentalen Handlungskontrolle von Brauner (1994: 103) sowie die zusammenfassende Übersicht über die Theorien der Wissensrepräsentation und mentaler Modelle in der Kognitionspsychologie (ebd.: 93ff.).

sich ausschließlich aus der Erfahrungs'tatsache', daß sie bislang eben genau dies geleistet haben und eben deshalb auch 'selektiert' worden sind." (Glasersfeld 1987a: 189f.; Hervorh. im Orig.)

Die Verwendung des Begriffes *Äquilibration als Ziel* ist hier allerdings zumindest mißverständlich. Äquilibration meint ja den Prozeß der (Wieder-) Herstellung eines Gleichgewichtes. Ich halte es nicht für plausibel, diesen Prozeß als Ziel zu bezeichnen; viel eher bezieht er sich auf eine Aktion (oder Operation), um das eigentliche Ziel, das *Äquilibrium*, zu erreichen. Was Glasersfeld als Zielorientierung bezeichnet, bedeutet demnach die Orientierung eines Akteurs an seinem kognitiven Gleichgewicht, dessen Entstehung und Produktion die Piagetsche konstruktivistische Kognitionstheorie beschreibt.[24] Der Begriff des kognitiven Äquilibriums bezeichnet die ständig (re-) produzierten Erfahrungen, die mit der kognitven Struktur des Akteurs kompatibel sind.

"Wird Gleichgewicht nicht bloß als ein stabiler Zustand aufgefaßt, sondern dynamisch als die *Regularität rekursiver Prozesse,* dann wird jede Irregularität eine Störung darstellen, und jede Handlung, die eine solche Störung ausschalten soll, ist ein Akt (oder zumindest ein Versuch) der Äquilibration." (Glasersfeld 1987a: 194; Hervorh. A. B.)

Interessant ist, daß die hier von Glasersfeld verwandte Formulierung, daß das Gleichgewicht die Regularität rekursiver Prozesse bezeichne, stark an die Terminologie der Strukturationstheorie erinnert. Strukturationstheoretisch formuliert meint die Produktion von Erfahrungsqualitäten, die der kognitiven Struktur des Akteurs assimiliert werden können, nichts anderes als die kognitiven Aspekte des Routinehandelns. In seinem Rahmen werden ja gerade stets identische Erfahrungen (re-) produziert. Dem liegt das Phänomen zu Grunde, das Giddens als generalisierte Motivation für die Ausübung von Routinen identifiziert: ein unbewußtes Streben nach der ständigen und angstreduzierenden Wiederherstellung von identischen Erlebnisqualitäten. Es ist das bereits angesprochene Verständnis des Unbewußten als *basic security system*, das das Fundament der ontologischen Sicherheit der Akteure bildet (vgl. Giddens 1984: 49ff.; vgl. 2.1.3). Das Streben nach kognitiver Äquilibration repräsentiert daher ein unbewußtes Sicherheitsbedürfnis der Akteure

---

24 In der Sozialpsychologie ist das Gegenstand der Dissonanz- (Frey & Benning 1987) und Konsistenztheorien (Stahlberg & Frey 1987).

und erklärt ihre Bereitschaft zum und ihr Bedürfnis nach Vollzug organisationaler Routinen.[25] Es bildet damit die motivationale Basis der Reproduktion von Organisationen und anderen sozialen Systemen.

Auf diese Weise läßt sich das strukturationstheoretische Konzept intentionalen Handelns mit Hilfe von Glasersfelds an Piaget orientierten Überlegungen wesentlich differenzierter formulieren und die bedeutende Rolle von Routinehandeln für die Reproduktion sozialer Systeme begründen. Außerdem kann man die Strukturation als Prozeß der sozialen Konstruktion von Wirklichkeit in Hinblick auf die Rolle von Wissen genauer fassen. Als soziale Konstruktion von Wirklichkeit vollzieht sich die Strukturation von Organisationen bzw. sozialen Systemen im Handeln und Denken. "Structure exists only as memory traces ... and as instantiated in action." (Giddens 1984: 377) Oder in der Terminologie von Piaget und Glasersfeld: Struktur existiert nur in Form von tatsächlich handlungsrelevanten Operations- und Aktionsschemata. Dabei gilt, daß auf der einen Seite der Aufbau von Wissen als Invarianten der Erfahrung erst vor dem Hintergrund von Strukturen möglich wird: Nur dadurch, daß Strukturen existieren, kommt es zu Regelmäßigkeiten im Handeln, d. h. es bilden sich soziale Praktiken heraus, die den Aufbau von Wissen aus Erfahrungen ermöglichen. Diese Regelmäßigkeiten betreffen nicht nur das Handeln des Akteurs selbst, sondern auch das derjenigen Akteure, mit denen er interagiert. Nur durch die Regelmäßigkeiten in deren Handeln kann der Akteur selbst regelhaft und routinisiert agieren, weil er relativ sichere Erwartungen über ihr Handeln und damit über die vermutlichen Konsequenzen seines Handelns bilden kann. So wird im Rahmen der Theorie der Strukturation die Möglichkeit des Wissenserwerbs an Struktur und soziale Systeme zurückgebunden. Auf der anderen Seite ermöglicht erst das Wissen der Akteure, daß diese erstens überhaupt intentional handeln können und daß zweitens dieses Han-

---

[25] Allerdings: Das schließt keineswegs aus, daß Akteure auch nach unsicheren oder riskanten Situationen streben. Häufig ist das aber gerade eine Inszenierung der Überwindung des Ungewissen und Gefährlichen, und die angestrebte Erlebnisqualität ist die Ruhe und Sicherheit *nach* der Gefahr. Diese Überlegungen lehnen sich an den Begriff der "freundlichen Weite" von Balint (o.J.) an. Vgl. dazu z. B. für den Bereich Computerfaszination Becker und Brauner (1988), Huebner, Krafft und Ortmann (1988) und Ortmann (1988), für eine Faschismustheorie Theweleit (1977, 1978).

deln mit dem Handeln anderer Akteure - vermittelt über Strukturen - vereinbar ist. Denn im Zuge der reflexiven Überwachung und Steuerung des Handelns wird genau das Handlungswissen angewandt, das im Zuge der Strukturation erst erworben wird. Wissen ist rekursiv in den Prozeß der Strukturation eingebettet. Das läßt sich in Form der Abbildung 3.2 darstellen.

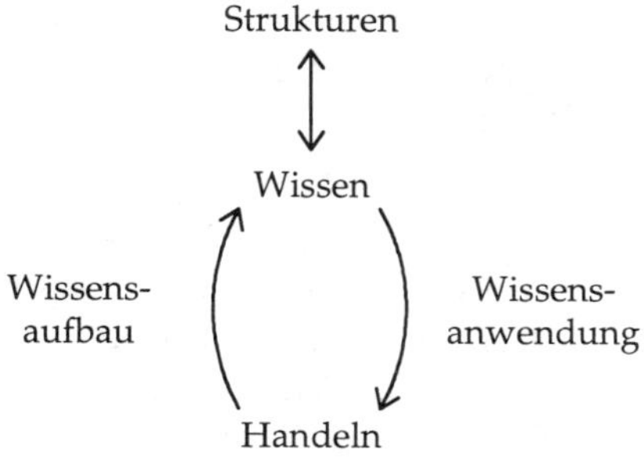

Abbildung 3.2: *Aufbau und Anwendung von Wissen im Zuge der Strukturation sozialer Systeme*

Wird die Theorie der Strukturation durch die Wissenstheorie des radikalen Konstruktivismus unterfüttert, kann diese wiederum durch jene in ihrer „Gesellschafts-" oder „Organisationslosigkeit" korrigiert werden. Wissenserwerb ist durch die Strukturen des sozialen Systems, in dem er stattfindet, restringiert (strukturell begrenztes Wissen). Gleichzeitig ermöglichen diese Strukturen aber erst den Aufbau des Wissens. Strukturen haben also einschränkende und ermöglichende Qualitäten nicht nur in Hinblick auf Handeln, sondern auch bezüglich seiner Grundlage: des Wissens. Wenn die Strukturation von Organisationen auf dem intentionalen und stets strategischen Handeln der Akteure beruht, dann bedeutet das, daß Macht, Mikropolitik und die *politics of reality* auch in den Aufbau von Wissensstrukturen involviert sind. Daß "die Prozesse der Hervorbringung ... sozialer ... Wirklichkeit ... immer zugleich Prozesse der Hervorbringung, Benutzung und Vernichtung von wirklichkeitskonstruktiven Möglichkeiten" sind (Patzelt 1987: 251), bedeutet hier, daß im Zuge der *politics of reality* auch die *Wissens*möglichkeiten der Akteure verteilt werden. Strukturell beschränktes Wissen meint auch: machtstrukturell beschränktes Wissen. Kann man in bezug auf Handeln sagen, daß sich im Zuge mikropolitischer Prozesse entscheidet, welches bzw. wessen Wissen in der Organisation zum Zuge kommt, so kann man in bezug auf Wissen sagen, daß sich im mikropolitischen Handeln entscheidet, welches Wissen wem zugänglich ist bzw. welche Akteure welche Chancen zum Wissenserwerb haben. Insofern muß auch die Formulierung "Wissen ist (ermöglicht) Macht" strukturationstheoretisch in rekursive Form überführt werden; *gleichzeitig* gilt: "Macht ist (ermöglicht) Wissen". Der oben eingeführte Begriff des *Entscheidungskorridors* kann in diesem Zusammenhang verstanden werden als Beschreibung des allmählichen Zustellens bzw. Eröffnens von Wissens- und Erfahrungsmöglichkeiten von Akteuren im Zuge organisationaler Entscheidungsprozesse.

Die Reproduktion von Strukturen sozialer Systeme bzw. Organisationen ist immer über Handeln und Wissen *zugleich* vermittelt. Möglichen Veränderungen von Strukturen müssen Veränderungen im Wissen und Handeln einer relevanten Anzahl von Akteuren logisch vorausgehen. Der Prozeß der veränderten oder unveränderten Reproduktion von Strukturen kann nun ebenfalls unter Rückgriff auf die vorgestellte Theorie des Wissens genauer gefaßt werden, als dies auf der Basis der Theorie der Strukturation allein möglich wäre. Strukturen, Strukturaspekte, Modalitäten der Strukturation sind im Handlungswissen der Akteure repräsentiert. Sie wirken via reflexiver Überwachung und Steuerung auf das Handeln, in dessen Zuge wiederum sowohl die Modalitäten und Strukturaspekte des sozialen Systems als auch das Wissen um diese reproduziert werden. Eine Veränderung oder Perpetuierung von Strukturen kann sich nur in diesem rekursiven Prozeß ereignen.

Dies läßt sich wiederum mit Hilfe der Begriffe Assimilation und Akkomodation beschreiben. Assimilation besteht in der Integration von Erfahrungen in bestehende Wissensstrukturen. Insofern kann man den *Prozeß der unveränderten Reproduktion von Strukturen* eines sozialen Systems bzw. einer Organisation in bezug auf einen einzelnen Akteurs als *Assimilationsprozeß* beschreiben: Viables Wissen wird im Zuge der reflexiven Überwachung und Steuerung des Handelns angewandt und es werden damit als Konsequenzen des regelhaften Handelns identische Erfahrungen des Akteurs produziert, die wiederum zu einer Bestätigung des Wissens führen und - vermittelt über soziales Handeln bzw. die Anwendung sozialer Praktiken - dann zu einer Bestätigung von Strukturen (vgl. Abbildung 3.3a). Voraussetzung ist dabei, daß das Handeln sich als viabel erweist.

Abbildung 3.3: *Viabilität, Assimilation und Akkomodation von Wissen im Prozeß der Strukturation*

Im Prozeß der Akkomodation kommt es demgegenüber zu einer Angleichung von Wissensstrukturen an veränderte bzw. nicht mit den bisherigen Wissensstrukturen kompatible Erfahrungen. Dem *Prozeß der Veränderung von Strukturen* eines Systems kann auf der Ebene des Akteurs ein Prozeß der kognitiven *Akkomodation* korrespondieren. Erweist sich das vorhandene Wissen und das darauf basierende Handeln als nicht viabel, so wird das Handlungsergebnis, also die Erfahrungen, die im Handeln gemacht werden, von den bisherigen Erfahrungen in entsprechenden Situationen abweichen. Dadurch wird eine Akkomodation der kognitiven Strukturen notwendig (vgl. Abbildung 3.3b). Zu einer Veränderung von (System-) Strukturen kommt es allerdings erst, wenn sich im Wissen und Handeln einer größeren Anzahl von Akteuren wenn nicht gleiche, so doch kompatible Veränderungen ergeben. Nicht jede Akkomodation von Wissensstrukturen führt also zu Strukturänderungen; vielmehr kann das veränderte Wissen des betreffenden Akteurs eine Korrektur nicht-viablen Wissens von Strukturen zu viablem Wissen beinhalten. Da Strukturen sozialer Systeme Produkt des Handelns einer großen Zahl von Akteuren sind, bestehen in aller Regel erhebliche Spielräume bis es zu einer gravierenden Änderung von Strukturen kommt. So umfaßt etwa das organisationstypische Vokabular eines Unternehmens eine ganze Bandbreite von Artikulationsmöglichkeiten, in dem der Bereich des "noch Erlaubten" sehr breit sein kann; innerhalb dieses Bereiches sind dann beispielsweise individuelle Akkomodationsprozesse an der Tagesordnung, ohne daß Strukturen verändert werden. Diese „Offenheit" von Strukturen habe ich mit Hilfe des ethnomethodologischen Konzeptes der Indexikalität charakterisiert (Patzelt 1987: 61ff.; vgl. 2.1.2): Sie sind durchaus auf der Basis unterschiedlicher Wissenbestände interpretierbar.

Damit kann auf der Basis des radikalen Konstruktivismus die Theorie der Strukturation mit einer Theorie des Wissen unterfüttert werden, die es erlaubt, die Beschreibung der Strukturation von Organisationen auszudifferenzieren. Umgekehrt kann eine Rekonstruktion des Konzeptes der Dualität von Struktur unter der Perspektive von Wissen, genauer als das Glasersfeld in seinen Arbeiten tut, erhellen, wieso der Aufbau von Wissensstrukturen bei verschiedenen Akteuren starke Parallelen aufweist, so daß eine intersubjektive Verständigung trotz der im radikalen Konstruktivismus behaupteten Unmöglichkeit subjektunabhängiger Erkenntnis möglich ist. Wenn die unterschiedlichen Akteure nämlich innerhalb des gleichen sozialen Systems, oder zumindest in sehr ähnlichen Systemen, agieren, sind sie in die (Re-) Produktion ähnlicher sozialer Praktiken involviert und werden auch vergleichbare Erfahrungen machen, auf deren Basis sich dann vergleichbares Wissen konstituiert.[26] Akteure innerhalb eines sozialen Systems bauen damit den gemeinsam geteilten Wissensbestand auf, den Giddens (1976: 88ff.; 1984: 4) gegenseitiges Wissen (*mutual knowledge*) genannt hat. An dieser Stelle ist es vielleicht sinnvoll, noch einmal daran zu erinnern, daß Giddens in seinen Arbeiten mit dem Begriff des sozialen Systems zumeist auf ganze Gesellschaften zielt. Auf dieser Ebene bildet sich ein großer Bestand gegenseitigen Wissens heraus, "unterhalb" dessen es dann zu Ausdifferenzierungen kommt, die sich in modernen Gesellschaften zu einem großen Teil auf Organsationen bzw. organisationsspezifische Wissensbestände beziehen, die dann wiederum in subsystemspezifische und persönliche Wissensbestände zerfallen. Das ist ein Grund, weshalb der ganz über-

26 Hier kann noch einmal an die *social cognition*-Forschung in der Psychologie erinnert werden, die soziale Ursachen für *unterschiedliche* mentale Modelle verantwortlich macht (Brauner 1990; Graumann 1955). Brauner (1994) zeigt, daß dies auch im umgekehrten Sinne gilt: Ähnliche soziale Identitäten resultieren in ähnlichen mentalen Modellen.

wiegende Teil des insbesondere alltäglichen Wissens zwischen den Akteuren nicht umstritten ist.[27]

So kann man zusammenfassend von einer Kompatibilität und wechselseitigen Ergänzung der Strukturationstheorie und der Erkenntnistheorie des radikalen Konstruktivismus sprechen. Während der radikale Konstruktivismus Glasersfeldscher Prägung die Konzeption intentionalen Handelns bezüglich einer Theorie des Wissens unterfüttern kann, kann das Konzept der Dualität von Struktur die radikal konstruktivistische Erkenntnistheorie sozialtheoretisch absichern. Damit ist die Forderung erfüllt, die ich im Zwischenergebnis des zweiten Kapitels aufgestellt hatte. Es liegt mit der Theorie der Strukturation nicht nur eine Theorie vor, die die wechselseitige Konstitution von Akteur und Organisation und die Machtförmigkeit organisationaler Prozesse einholt, sondern auch eine Theorie intentionalen Handelns, die durch ihre Ergänzung mit radikal konstruktivistischen Elementen der besonderen Rolle von Wissen im Prozeß der sozialen Konstruktion von organisationaler Wirklichkeit Rechnung tragen kann.

---

27 Hier scheint sich eine Parallele zu Simon (1981: 257ff.) zu zeigen. Er geht ja davon aus, daß die Organisationsstruktur es den Akteuren ermöglicht, kompatible begrenzte Rationalitäten auf der Basis eines organisationsweit geteilten "inneren Modells" , d. h. via *mutual knowledge*, auszubilden und so zu einer höheren Form der Rationalität, nämlich der organisationalen, zu gelangen. Allerdings wird man mit Giddens ebensowenig von einer höheren Form der Rationalität sprechen können, wie sich bei Simon ein der Dualität von Struktur vergleichbares Konzept der wechselseitigen Konstitution von Akteur und Organisation findet. - Im übrigen findet sich, wie erwähnt, in der Tradition der Ethnomethodologie sehr viel Material darüber, wie die Akteure eine gemeinsame Interpretation der Welt zustandebringen und aufrechterhalten (vgl. für einen Überblick Garfinkel 1973; Patzelt 1987).

3.2 Begrenzte Rationalität revidiert

Bevor ich in diesem Kapitel eine Redefinition des Rationalitätsbegriffes vornehme, soll noch einmal der Rahmen zusammengefaßt werden, in dem sich diese begrifflichen Bemühungen bewegen können. Im programmatischen Zwischenergebnis am Ende des ersten Kapitels und in den folgenden Abschnitten hatte ich Simons Theorie der begrenzten Rationalität zwar immer wieder kritisiert, allerdings auch argumentiert, daß sie einen Ausgangspunkt bilden müsse für das erneute Nachdenken über den Rationalitätsbegriff. Simons grundlegende Einsicht in die Begrenztheit der menschlichen Rationalität, besser: in die begrenzte Fähigkeit der Menschen, den Anforderungen des synoptischen Rationalitätskonzeptes gerecht zu werden, ist für die Diskussion von Rationalität nicht hintergehbar. Das Konzept der *bounded rationality* habe ich in den vorangegangenen Kapiteln auf zweierlei Weise untermauert und gleichzeitig modifiziert: (1) Der Diskurs des *radikalen Konstruktivismus* baut einerseits auf kognitionspsychologischen und -biologischen Erkenntnissen auf, die denen Simons kompatibel sind, und diese noch dahingehend radikalisieren, daß sie eine Fähigkeit zur vollständigen Erfassung aller Informationen für dysfunktional erklären (Roth 1986). Andererseits wird die Erkenntnis der begrenzten Informationsverarbeitungs- und damit auch Rationalitätsfähigkeit zum Ausgangspunkt erkenntnistheoretischer Reflexion. (2) Die *Theorie der Strukturation* ist in der Lage, die sozialtheoretischen Defizite sowohl des radikalen Konstruktivismus als auch der Simonschen Rationalitätstheorie zu überwinden, indem sie das Instrumentarium zur Verfügung stellt, *soziale* Grenzen und Möglichkeiten des Wissens zu beschreiben.

Über diese Untermauerung und Ausdifferenzierung der Simonschen Theorie hinaus, sind zwei zentrale Aspekte für eine Reflexion über die Rationalität organisationaler und strategischer Entscheidungsprozesse hervorzuheben. Einerseits ist die Erkenntnis Hirschmans (1967), daß sich im Zuge solcher Entscheidungsprozesse die Zwecke mit den Mitteln ändern können (und daß dies sinnvoll ist), mit Hilfe der der Strukturationstheorie und dem radikalen Konstruktivismus entlehnten Denkfigur der Rekursivität exakter zu fassen: *Mittel und Zwecke stehen in einem rekursiven Verhältnis*. Das geht weit über Simons Vorstellungen hinaus, der von einer zwar nicht perfekten, aber prinzipiell ungebrochenen

Zweck/Mittel-Hierarchie ausgeht. Andererseits lehrt die Erkenntnistheorie des radikalen Konstruktivismus, *daß alles Wissen beobachterabhängig ist.*[29] Bevor ich mich dem Rationalitätsbegriff selbst zuwenden kann (3.2.2), muß ich die Konsequenzen dieser Erkenntnis für eine Theorie der Rationalität von Entscheidungsprozessen diskutieren: Die Beurteilung der Rationalität ist selbst abhängig davon, wer diese Beurteilung vornimmt (3.2.1).

3.2.1 Rationalitätsurteil und Beobachter

Nach meiner Diskussion der rationalitätskritischen Organisationstheorie (1.3 und 1.4) brauche ich hier nicht noch einmal begründen, daß zuverlässige Urteile über die Rationalität von Handeln und Entscheiden erst *ex post* gefällt werden können. Ebenso wichtig scheint mir allerdings die Einsicht zu sein, daß aus der These, daß alle - und damit auch wissenschaftliche - Aussagen über die Realität Konstruktionen sind, zunächst einmal folgt, daß natürlich auch das Rationalitätsurteil über einen Entscheidungsprozeß oder eine Handlung selbst eine soziale Konstruktion ist, die keinen Absolutheitsanspruch erheben darf.

Mit der Rede vom Rationalitätsurteil als Konstruktion sind zwei Aspekte einer Rationalitätstheorie angesprochen, die, soweit ich sehe, in der organisationstheoretischen und betriebswirtschaftlichen Literatur in dieser Weise bislang (fast)[30] keine Beachtung gefunden haben. Das betrifft erstens die Frage, wer denn Aussagen über die Rationalität von beobachteten organisationalen Prozessen macht. Die Rolle des *Beobachters* wird in aller Regel nicht weiter thematisiert. In Anlehnung an das Wort Maturanas, daß alles Gesagte von einem Beobachter gesagt wird (1982c: 34), läßt sich formulieren: Alles, was über Rationalität gesagt wird, wird von einem Beobachter gesagt. Ich unterscheide dabei einen externen, nicht in die beobachteten Prozesse involvierten Beobachter, beispielsweise einen Wissenschaftler oder einen nicht beteiligten Akteur aus der beobachteten

---

[29] Auch Luhmanns Leitidee von der beobachterkonstituierten Differenz ist vom radikalen Konstruktivismus inspiriert (Luhmann 1990; vgl. auch Fuchs 1993).

[30] Eine Ausnahme bildet Schreyögg (1984: 251), der dies zumindest als Problem sieht; allerdings wird auch bei ihm die Problematik nicht weiter diskutiert.

Organisation, von dem sich selbst beobachtenden Handelnden: Jeder kompetente, d. h. also reflexionsfähige, Akteur ist selbst ein Beobachter seiner eigenen Handlungen im Zuge von *reflexive monitoring* und *rationalization of action*. Um die sprachliche Verwirrung in diesem Zusammenhang auf ein Mindestmaß zu beschränken, spreche ich von "Beobachter", wenn ich mich auf einen externen Beobachter beziehe, von "dem Akteur" oder dem "fokalen Akteur", wenn ich den sich selbst beobachtenden Akteur meine.

Zweitens muß die Frage der *Zuverlässigkeit des Rationalitätsurteils* des Beobachters selbst thematisiert werden. Da das Rationalitätsurteil, sei es des Akteurs selbst oder des externen Beobachters, als eine mentale Konstruktion von Realität betrachtet werden muß, kann und muß es wiederum auf seine Rationalität hin überprüft werden. Damit führt die Vorstellung der sozialen Konstruktion von Realität in bezug auf das Rationalitätsproblem in einen prinzipiell infiniten Regreß, weil auf der Ebene der Beurteilung der Rationalität des Rationalitätsurteils wiederum das Problem der Rationalität dieser Konstruktion von Realität auftritt - etc. *ad infinitum*. Dieser Regreß kann nur pragmatisch abgebrochen werden. Das scheint mir nun allerdings nicht so dramatisch zu sein, wie es klingt. Zunächst einmal: *Wir haben keine andere Wahl*. Der radikale Konstruktivismus lehrt ja gerade, daß wir mit absoluten Wahrheiten weder umgehen können noch umgehen müssen. Und im Gegensatz zu dem von Winter (1964) und Elster (1981) konstatierten infiniten Regreß des *maximizing* (vgl. 1.2.4) kann und soll hier auf der Basis der Theorie der Strukturation und des radikalen Konstruktivismus *kein Optimalitäts- oder absoluter Richtigkeitsanspruch* erhoben werden. Ebenso wie alles Wissen und Handeln kann natürlich auch die Bestimmung der Rationalität von Entscheiden und Handeln als soziale Konstruktion selbst nur *viabel* sein.[31]

Auf der Basis des radikalen Konstruktivismus läßt sich somit argumentieren, daß die *Bestimmung der Rationalität von Entscheiden und Handeln*

---

[31] Dazu ist zweierlei anzumerken: Erstens heißt das natürlich nicht, daß ich hier keine Geltungsansprüche im Sinne von Habermas (1981a, b) erheben würde. Zweitens gilt das gleiche für die in Entscheidungsprozesse involvierten Akteure: Auch sie erheben solche Geltungsansprüche und sind überzeugt, *richtig* zu handeln. Über die Viabilität solcher Geltungsansprüche - das will ich hier ausdrücken - kann allerdings nur in einem diskursiven Prozeß entschieden werden; sie ist gerade nicht offensichtlich und unstrittig konstatierbar.

nur ein intersubjektiver Prozeß sein kann. Wenn es keine Möglichkeit gibt, die Welt "an sich" zu erkennen, besteht die einzige praktikable Möglichkeit, zu einem gemeinsamen Bild der Welt zu gelangen, darin, sich intersubjektiv über das zu verständigen, was als Interpretation der Welt gelten soll.[32] Gegen den naheliegenden Einwand der Beliebigkeit eines solchen Vorgehens läßt sich in Anlehnung an Wild (1980) zunächst einwenden, daß auch die klassische Rationalitätskonzeption, die eine "objektive" Erkenntnismöglichkeit unterstellt, letztlich nicht anders vorgehen kann. Sie läßt sich nämlich als Regel zur Herstellung von Konsens via Wahrheit interpretieren.

> "Der Dogmatismus (der die philosophische Grundlage der klassischen Rationalitätskonzeption bildet, A. B.) besteht also primär in einer bestimmten Pragmatik der Konsensbildung; er stellt die Regel auf, Übereinstimmung durch die Erkenntnis der Wahrheit und ihre adäqute Darstellung herzustellen. Die pragmatische Verpflichtung der Konsensbildung auf Wahrheit und die Annahme, daß Wahrheit per se konsensbildend sei, das ist der Kern des Dogmatismus." (Wild 1980: 99)

Eine konstruktivistisch und sozialkonstruktiv informierte Theorie der Rationalität kann diesen Weg nicht mehr gehen, sondern ist auf die praktische Bewährung, d. h. die Viabilität der Rationalitätsurteile selbst verwiesen. Da nun aber bei der Beurteilung von Handeln nicht nur die Definition der (Ausgangs-) Situation, sondern auch die Definition des Handlungsergebnisses und seine Bewertung als erfolgreich/nicht erfolgreich sowie erwünscht/nicht erwünscht, die Abgrenzung dessen, was als beobachtetes Handeln zu gelten habe,[33] und die vermeintlichen In-

---

[32] Das hat durchaus Parallelen zur sogenannten Konsenstheorie der Wahrheit, wie sie von Habermas (1984; vgl. auch Reese-Schäfer 1991a: 17ff.) vertreten wird. Der Kern dieser Wahrheitstheorie, die auf Peirce (1975a, b) zurückgeht, besteht darin, daß die Erkenntnis der Wahrheit als zukünftig möglicher fiktiver Konsens aller, der "indefinite community" bzw. etwas bescheidener auf die Wissenschaft bezogen, der "community of investigators" vorgestellt wird. "D. h. keineswegs, daß dem Konsens der Rang eines Wahrheitskriteriums zugesprochen würde. Das Entscheidende an der 'Konsenstheorie der Wahrheit' ... besteht nämlich darin, daß sie an die Stelle einer (unmöglichen) Theorie des Wahrheitskriteriums eine Theorie der regulativen Ideen des rationalen Diskurses setzt." (Wild 1980: 115, Fn. 5)

[33] Vgl. dazu Kirsch (1988: 162ff.) und meine Ausführungen in 2.2.2.

tentionen des beobachteten Akteurs Konstruktionen von Beobachtern (und nicht objektiv gegeben) sind, ist die Einschätzung der praktischen Bewährung des beobachteten Handelns und damit das Rationalitätsurteil aushandlungsbedürftig. Der Abbruch des sich daraus ergebenden infiniten Regresses kann nur pragmatisch legitimiert werden. Dies geschieht im Zuge intersubjektiver Verständigung über das Rationalitätsurteil. Das bedeutet im übrigen auch, daß es (vermutlich sogar häufig) Fälle gibt, in denen es nicht zu einer Verständigung kommt. Dann existieren zwei oder mehrere Rationalitäten nebeneinander. "Beliebig" sind sie allerdings keineswegs.

3.2.2 Die Rationalität von Entscheidungsprozessen

Rationalität ist eine Eigenschaft von Entscheidungsprozessen bzw. von entscheidungsgesteuertem Handeln. Sie setzt damit ein Mindestmaß an Diskursivität des *reflexive monitoring* und *rationalization of action* voraus. Das ist zunächst einmal eine Setzung, die allerdings im Kontext der Betriebswirtschaftslehre unmittelbar einleuchten dürfte, ist das betriebswirtschaftliche Denken doch stets stillschweigend von der Diskursivität allen betrieblichen Handelns ausgegangen.[34] Aber auch im Kontext der Theorie der Strukturation wird die Kompetenz von Akteuren (u. a.) an ihrer Fähigkeit zur Rationalisierung des Handelns gemessen, also daran, ob sie fähig sind, ihr Handeln diskursiv zu reflektieren und an seine Gründe rückzubinden. Rationalität erfordert allerdings keineswegs, daß ein Entscheidungsprozeß vollständig diskursiv kontrolliert ist, sondern die Minimalbedingung der Diskursivität für einen Entscheidungsprozeß besteht ja in meiner Definition in der diskursiven Bewußtheit einer Wahlmöglichkeit. Rationalität ist damit unmittelbar mit der Reflexion auf Kontingenz verbunden. Diese Minimalbedingung der Diskursivität ermöglicht es nun gerade scheinbar paradoxerweise - und im Gegensatz zu allen anderen Fassungen des Rationalitätskonzeptes - auch routinisiertes Handeln und Entscheiden in den Bereich der Rationalität "hereinzuholen". Denn ich spreche ja auch dann von Entscheidungen und entscheidungsgesteuertem Handeln, wenn sich die Diskursivität

---

[34] Vgl. meine Anmerkungen in 2.2.2 über die betriebswirtschaftliche Entscheidungstheorie.

des Prozesses auf das Bewußtsein der Wahlmöglichkeit beschränkt und die Auswahl adäquater Aktionen routinisiert erfolgt. Rationales Handeln und Entscheiden erfordert in diesem Falle "lediglich" die diskursive Reflexion über die Anwendungsbedingungen von Routinen.

Anders als der sogenannte anti-traditionalistische Rationalitätsbegriff (Cohen 1980: 532ff.) nehme ich damit die Abgrenzung nicht zwischen „rationalitätsfähigem" Handeln und *per se* irrationalem, reflexhaften Verhalten vor, sondern ich kann zwischen *rationalem* und *nicht-rationalem Handeln* unterscheiden, die beide wiederum von *Verhalten* zu unterscheiden sind. In einer groben Vereinfachung kann man in Anlehnung an das Giddenssche Konzept des *rationalization of action* (1984: 29) sagen, daß im Falle rationalen Handelns die Rückbindung des Handelns an die Handlungsgründe gelingt, während sie im Falle nicht-rationalen Handelns nicht gelingt; sie dürfte hier allenfalls an unbewußte Motive vorzunehmen sein. Im Falle reflexhaften Verhaltens ist eine solche Rückbindung nicht möglich. Ich komme auf den anti-traditionalistischen Rationalitätsbegriff noch zurück.

Die Bestimmung der Rationalität von Entscheidungsprozessen läßt sich dekomponieren in zwei Teilprobleme: *erstens* die Frage nach einem angemessenen Verhältnis von Zwecken und Mitteln und *zweitens* das Problem der Viabilität des zu Grunde liegenden Wissens. Entscheidungsprozesse können dann als rationale gelten, wenn in ihnen eine Balancierung von Zwecken und Mitteln gelingt und wenn diese wiederum auf doppelt viablem Wissen beruht. Aus beiden Aspekten müssen Kriterien formuliert werden, die es erlauben, die Rationalität von Entscheidungsprozessen zu beurteilen. Ich entwickele und diskutiere diese Kriterien zunächst in Hinblick auf individuelle Entscheidungsprozesse. Dies wird die Basis bilden für die Diskussion der Rationalität organisationaler Entscheidungsprozesse, der ich mich in einem zweiten Schritt zuwenden werde. Abschließend möchte ich in diesem Kapitel zeigen, daß diese beiden Rationalitäten nicht unabhängig voneinander sind.

Rationalität individueller Entscheidungsprozesse. Die Frage nach einem angemessenen Verhältnis von Zwecken und Mitteln wird nicht nur dadurch zu einem Problem, daß man nur über unvollständige Information verfügen kann, sondern gleichzeitig auch dadurch, daß Zwecke und Mittel in einem rekursiven Verhältnis stehen. Das ist m. E. der bedeutende Beitrag Hirschmans (1967) zur Organisationstheorie. Zwecke erfordern bzw. ermöglichen den Einsatz bestimmter Mittel, während gleichzeitig die Existenz von Mitteln die Formulierung bestimmter Zwecke ermöglicht.[35] Angesichts dieses rekursiven Verhältnisses von Mitteln und Zwecken kann sich Rationalität nicht mehr allein auf die adäquate Auswahl von Mitteln für vorgegebene Zwecke beziehen. Rationalität in individuellen Entscheidungsprozessen erfordert eine als adäquat interpretierte wechselseitig aufeinander bezogene Auswahl von Zwecken und Mitteln. Ich spreche hier von einer *Balancierung von Zwekken und Mitteln*. Rationales Handeln und Entscheiden bedeutet dann, daß die gewählten Mittel in bezug auf die Zwecke adäquat sind und daß zugleich die Zwecke in Hinblick auf die zur Verfügung stehenden bzw. verfügbar zu machenden Mittel adäquat gesetzt werden. Die Mittel müssen zur Zweckerreichung und die Zwecke zur "Wertneutralisierung der Mittel" (Luhmann 1973: 44ff.) geeignet sein. Die Abgrenzung zwischen Rationalität und Rationalisierung im Freudschen Sinne (vgl. Laplanche & Pontalis 1980: 418) kann dort gezogen werden, wo Zwecke nicht mehr im Rahmen einer Entscheidungsepisode formuliert werden, sondern *ex post*. Ich spreche also nur dann von rationalem Handeln und Entscheiden, wenn die Wahl der Zwecke spätestens zu Beginn und/oder während eines Entscheidungsprozesses stattfindet. Damit wird auch noch einmal die große Bedeutung der (beobachterabhängigen) Abgrenzung der zu betrachtenden Episode deutlich.

Den Horizont der Beurteilung der Rationalität sowohl durch den fokalen Akteur als auch durch einen externen Beobachter bildet dabei die - ggf. antizipierte - Erhaltung der Handlungsfähigkeit des Akteurs. Handeln bedeutet die Fähigkeit "to make a difference" (Giddens 1984: 14). Rationales Handeln bedeutet also einerseits, daß sich der Akteur diskursiv darüber bewußt ist, *daß* er diese implizierte Wahlmöglichkeit hat (daß er also entscheidungsgesteuert handelt), allerdings nicht zwangsläufig, *wie* er diese Wahlmöglichkeit ausfüllt. Andererseits spreche ich nur dann von rationalem Handeln, wenn es nicht auf die Preisgabe von Kontrollmöglichkeiten abzielt - wie minimal diese faktisch auch sein mögen. Wenn der Begriff der Rationalität für entscheidungsgesteuertes Handeln

---

35 Am deutlichsten wird das natürlich am Beispiel der Computertechnik. Vgl. für Personalinformationssysteme Ortmann (1984), für eine allgemeine Diskussion Ortmann (1995i) mit Bezug auf Rohbeck (1993) sowie Ortmann et al. (1990: 391ff.).

reserviert werden soll, dann bildet die rationale Entscheidung für die Preisgabe von Handlungsfähigkeit den Grenzfall: die Entscheidung für die Preisgabe der Möglichkeit von Rationalität - ebenso wie die völlige Machtlosigkeit eines Akteurs einen solchen Grenzfall bildet (Giddens 1984: 175). Die Formulierung dieser Randbedingung für die Rationalität von Handeln läßt sich in zweifacher Weise begründen: (1) Das Konzept des Unbewußten als *basic security system* (Giddens 1984: 49ff.) geht davon aus, daß es ein zentrales Kontrollbedürfnis von Menschen gibt; mit diesem Kontrollmotiv ist die bewußte Aufgabe von Kontrollmöglichkeiten nicht vereinbar. Die durch das Kontrollbedürfnis nahegelegte Neigung zu routinisiertem Handeln bedeutet ja gerade *nicht*, daß dieses per se nicht-rational sei. (2) Die Vorstellung der bewußten Aufgabe von Handeln zugunsten von Verhalten ist außerdem nicht gut vereinbar mit dem Konzept von Handeln als *flow of conduct*, das ja die stete Fortsetzung des Stroms von Aktivitäten impliziert, die bei der Preisgabe von Kontrollmöglichkeiten natürlich gefährdet wäre.

Balancierung von Mitteln und Zwecken vor dem Horizont der Erhaltung individueller Handlungsfähigkeit bedeutet, daß die gewählte Zweck/Mittel-Kombination viabel sein muß. Die *Viabilität* von Zweck/Mittel-Kombinationen wird damit zur *Minimalbedingung von Rationalität*. Diese Viabilität ist zuverlässig natürlich erst *ex post* festzustellen. Rationalitätsurteile, die *ex ante* oder im Zuge eines Entscheidungsprozesses gefällt werden, können natürlich nur auf vom jeweiligen Beobachter antizipierte Viabilitäten, also auf Viabilitätsvermutungen oder -unterstellungen basieren.

Wird der Begriff der Rationalität für im weitesten Sinne diskursiv reflektiertes Handeln reserviert, so impliziert dies, daß nur intentionales Handeln als rational bezeichnet werden kann. Dabei muß klar sein, daß das Handlungsergebnis vom Akteur nie vollständig kontrollierbar ist, weil er erstens nicht über vollständige Kenntnis der Handlungsbedingungen und -wirkungen verfügt und zweitens Handeln in aller Regel in einem sozialen Kontext stattfindet, also soziales Handeln ist. Andere Akteure beeinflussen das Handlungsergebnis in vergleichbarer Weise.

Um von rationalem Handeln sprechen zu können, müssen allerdings besonders hohe Anforderungen an das zu Grunde liegende Wissen gestellt werden. Diese Zuverlässigkeit von Wissen habe ich mit Glasersfeld (1982; vgl. 3.1.1) als doppelte Viabilität kognitiver Konstruktionen bezeichnet. Das meint, daß

> "cognitive structures ... prove viable not only in the subject's organizing and ordering of its own experience but also as the means of organizing ascribed to the models the subject constructs of Others and *their* effort to organize and order their experience" (Glasersfeld 1982: 632; Hervorh. im Orig.).

Rationalität von Handeln und Entscheiden erfordert damit den Abgleich des Handlungswissens des fokalen Akteurs mit dem entsprechenden Wissen eines oder mehrerer anderer Akteure.[36] Das kann in radikal-konstruktivistischer Perspektive jedoch nur bedeuten, daß der Akteur seine kognitive Konstruktion, sein Wissen über das Handlungsfeld, vergleicht mit seinem Wissen, das er über das (vermeintliche) Wissen Dritter über dieses Handlungsfeld hat.

Es geht also um eine intersubjektive Validierung von Handlungswissen. Dazu brauchen die kognitiven Konstruktionen des fokalen Akteurs und seine Konstruktionen über das Wissen anderer allerdings keineswegs identisch zu sein. Beispielsweise kann das Bild des fokalen Akteurs vom anderen umfassen, daß dieser den eigenen Interessen widerstreitende Interessen verfolgt und deshalb zu charakteristischen anderen Einschätzungen bestimmter Aspekte kommt; das ist dann aber mit Bezug auf die unterstellte Kompatibilität der kognitiven Strukturen begründbar. So wird sich möglicherweise ein Akteur aus einer Forschungs- und Entwicklungsabteilung eine gegensätzliche Interpretation der Kostensituation seiner Abteilung durch einen Controller damit plausibel erklären können, daß dieser den seinen entgegengesetzte Interessen verfolgt oder verfolgen muß. Der Aufbau solcher Konstruktionen der Konstruktionen anderer Akteure geschieht routinemäßig im Zuge der Beobachtung und der Interaktion. Doppelte Viabilität läßt sich aber auch explizit im Diskurs produzieren und überprüfen, gerade im Rahmen der Rezeption wissenschaftlicher Erkenntnisse. Da man eine solche explizite Produktion doppelter Viabilität insbesondere von organisationalen Akteuren erwartet, impliziert die Forderung nach doppelter Viabilität des Handlungswissens des fokalen Akteurs in Organisationen ein relativ hohes Maß an Reflexion und damit an Diskursivität.

---

36 Das umfaßt auch etwa das Wissen von Experten und das in Fachliteratur gespeicherte Wissen.

Da die Beurteilung des Gelingens von Zweck/Mittel-Balancierungen und der doppelten Viabilität des Handlungswissens beobachterabhängig und begründungsbedürftig ist, ist es weiterhin sinnvoll, zwischen zwei Typen von Rationalitätsurteilen zu differenzieren. Die kognitive Konstruktion des beobachteten Entscheidungsprozesses durch einen *externen Beobachter* beinhaltet ein (implizites oder explizites) Rationalitätsurteil über das Handeln und Entscheiden des beobachteten Akteurs. Die entsprechende kognitive Konstruktion durch den *fokalen Akteur* beinhaltet darüber hinaus die kognitive Handlungssteuerung, d. h. das Wissen, auf dessen Basis das Handeln und Entscheiden gesteuert wird. Die reflexive Handlungssteuerung umfaßt damit ein implizites Rationalitätsurteil des fokalen Akteurs über sein eigenes Handeln. Die Beurteilung der Zuverlässigkeit bzw. Viabilität dieses Wissens des fokalen Akteurs wiederum muß in das Rationalitätsurteil sowohl des internen wie des externen Beobachters einbezogen werden. Daß die Forderung nach doppelter Viabilität sich dann selbstverständlich auch auf das Rationalitätsurteil selbst beziehen muß, habe ich bereits herausgestellt.

Die Unterscheidung von zwei Typen von Rationalitätsurteilen macht im folgenden einige auf den ersten Blick möglicherweise verwirrende Differenzierungen unterschiedlicher Perspektiven auf angemessene Zweck/Mittel-Balancierungen notwendig. Um die Transparenz meiner Ausführungen zu erhöhen, werde ich die verbale Darstellung ergänzen um eine von Vertretern des Symbolischen Interaktionismus zur Darstellung der Sozialperspektivität verwandte formalisierte Darstellungsweise unterschiedlicher sozialer Perspektiven (Abbildung 3.4 - 3.6; vgl. Faßheber et al. 1990).

Rationalität in interner Perspektive, also in der Perspektive des fokalen Akteurs, läßt sich dann wie folgt bestimmen: Im Zuge des Handelns und Entscheidens reflektiert der fokale Akteur sein Handlungswissen vor dem Hintergrund des Wissens, das er über das Wissen anderer Akteure im Laufe der Zeit herausgebildet hat. Seine Bestimmung der doppelten Viabilität seines eigenen Wissens ist damit sowohl ein Prozeß der Selbstbeobachtung als auch ein Prozeß der Beobachtung anderer Akteure. Im Zuge dieses Reflexionprozesses kann es zur Modifikation des eigenen Handlungswissens des fokalen Akteurs kommen.[37] Dieser Reflexions-

[37] Vgl. für eine entsprechende sozialpsychologische Untersuchung Brauner (1994).

prozeß entspricht einem *reflexive monitoring* und *rationalization of action* mit einem hohen diskursiven Anteil. Ein fokaler Akteur wird sein eigenes Handeln dann als rational beurteilen, wenn

- ihm in seiner Perspektive, d. h. vor dem Hintergrund seines Wissens, eine adäquate Balancierung von Zwecken und Mitteln gelingt, und
- seine Reflexion ihn zu dem Ergebnis kommen läßt, daß dies auf der Basis doppelt viablen Wissen geschieht (vgl. Abbildung 3.4).

Die doppelte Viabilität des Wissens des fokalen Akteurs und damit das interne Rationalitätsurteil lassen sich in Anlehnung an symbolisch-interaktionistische Überlegungen zur Sozialperspektivität in der folgenden Weise schematisch darstellen (vgl. Faßheber et al. 1990):

$$fA\ (ZMB) = fA\ (C\ (ZMB)\ )$$

Legende:
fA = *fokaler Akteur;* **ZMB** = *Zweck/Mittel-Balancierung;* **fA (ZMB)** = *Wissen des fokalen Akteurs über (in der Situation angemessene und nicht angemessene) Zweck/Mittel-Balancierungen;* **C** = *andere Akteure bzw. Quellen von Wissen;* **C (ZMB)** = *Wissen anderer Akteure oder Wissensquellen über (in der Situation angemessene und nicht angemessene) Zweck/Mittel-Balancierungen;* **fA (C (ZMB))** = *Wissen des fokalen Akteurs über das Wissen anderer Akteure oder Wissensquellen über (in der Situation angemessene und nicht angemessene) Zweck/Mittel-Balancierungen*

Abbildung 3.4: *Internes Urteil über die Balancierung von Zwecken und Mitteln*

Der gleiche Prozeß des Beurteilens der Rationalität eines Entscheidungsprozesses durch einen externen Beobachter, die *Rationaliät in externer Perspektive,* unterscheidet sich vom internen Rationalitätsurteil zunächst einmal durch die andere Beobachterperspektive. Rationalität wird durch Fremdbeobachtung ermittelt. Ein externer Beobachter wird einen individuellen Entscheidungsprozeß dann als rational beurteilen, wenn

- dem fokalen Akteur in seiner (des Beobachters) Perspektive und vor dem Hintergrund seines Wissens eine adäquate Balancierung von Zwecken und Mitteln gelingt, und
- er zu dem Schluß kommt, daß der fokale Akteur auf der Basis doppelt viablen Wissen handelt.

Die Beurteilung der doppelten Viabilität des Wissens des fokalen Akteurs geschieht in diesem Falle naturgemäß in anderer Weise, als im Falle des internen Rationalitätsurteils. Das Rationalitätsurteil eines externen Beobachters basiert aber nicht nur in dieser Hinsicht auf anderen kognitiven Konstruktionen, sondern auch in bezug auf die Beurteilung einer gelungenen Zweck/Mittel-Balancierung. Ein externes Rationalitätsurteil erfordert die Kompatibilität von drei Paaren kognitiver Konstruktionen des Beobachters (vgl. Abbildung 3.5):

1. Kompatibilität des Wissens des Beobachters über das Handlungswissen des fokalen Akteurs und des Wissens des Beobachters über das Wissen des fokalen Akteurs über das Wissen anderer Akteure (über entsprechende Zweck/Mittel-Balancierungen), also das Urteil des Beobachters über die doppelte Viabilität des Wissens des fokalen Akteurs;
2. Kompatibilität des Wissens des Beobachters über situationsadäquate Zweck/Mittel-Balancierungen und seines Wissens über das entsprechende Handlungswissen des fokalen Akteurs; sowie
3. Kompatibilität des Wissens des Beobachters über das relevante Wissen dritter Akteure mit dem Wissen des Beobachters über das entsprechende Wissen des fokalen Akteurs.

Die Bedingungen des externen Rationalitätsurteils lassen sich in Anlehnung an symbolisch-interaktionistische Überlegungen zur Sozialperspektivität in der folgenden Weise schematisch darstellen (vgl. Faßheber et al. 1990):

(1) $B\ (fA\ (ZMB)\ ) = B\ (fA\ (C\ (ZMB)\ )\ )$

(2) $B\ (ZMB) = B\ (fA\ (ZMB)\ )$

(3) $B\ (C\ (ZMB)\ ) = B\ (fA\ (C\ (ZMB)\ )\ )$

Legende:
B = *Beobachter;* **B (ZMB)** = *Wissen des Beobachters über (in der Situation angemessene und nicht angemessene) Zweck/Mittel-Balancierungen;* andere Ausdrücke sind anlog Abbildung 3.4 gebildet.

Abbildung 3.5: *Externes Urteil über die Balancierung von Zwecken und Mitteln*

Es ist dabei genauer zu bestimmen, was "kompatibel" in diesem Zusammenhang meint. Kompatibel meint nicht: identisch. Das wäre erstens in radikal-konstruktivistischer Perspektive eine nicht erfüllbare Forderung und zweitens in bezug auf Handeln und Entscheiden auch nicht sinnvoll. *Kompatibilität der kognitiven Konstruktionen* (des Wissens) meint hier, *daß der externe Beobachter zu dem Schluß kommt, daß der fokale Akteur gemessen an seinen Wissensmöglichkeiten über ein adäquates Wissen verfügt.* Das erfordert vom externen Beobachter eine Reflexion auf die dem fokalen Akteur qua seiner Position im relevanten sozialen System auferlegten strukturinduzierten Wissensschranken (vgl. 2.1.2 und 2.1.3).

Nur wenn die drei genannten Bedingungen erfüllt sind, kann man aus der Perspektive eines externen Beobachters von der Rationalität eines Handlungs- oder Entscheidungsprozesses sprechen.

Der hier formulierte Rationalitätsbegriff ist damit enger definiert als der sogenannte anti-traditionalistische Rationalitätsbegriff, der auch der Arbeit von Crozier und Friedberg (1979) zu Grunde liegt (vgl. zum folgenden Cohen 1980). In anti-traditionalistischer Perspektive

> "sind Handlungen rational: 1) wenn sie den Umständen des Handelnden angemessen sind, wobei die Umstände das sind, wofür sie der Handelnde hält; 2) wo das, was der Handelnde über seine Umstände denkt, was er außerdem über die Welt annimmt, und was er unter bestimmten Umständen will, alles zusammen seine Gründe ausmachen; 3) wenn (k)eine Form reflexhaften Verhaltens vorliegt" (Cohen 1980: 532).[38]

Gegen diesen Rationalitätsbegriff lassen sich drei gravierende Einwände formulieren. *Erstens* hebt er ausschließlich auf die interne Konsistenz des Handelns und Entscheidens ab, auf die Konsistenz des "inneren Modells der Welt" (Simon). Das heißt, daß als Rationalität definiert wird, was ich als Rationalitätsurteil in interner Perspektive bezeichne. Die Konsequenz dieser Definition sehen Crozier und Friedberg sehr deutlich: "Letztlich gibt es in dieser Betrachtungsweise kein irrationales Verhalten (in meiner Terminologie ist Handeln gemeint, A. B.) mehr", schreiben sie (1979: 34). Als Grenzfall handele auch der Schizophrene rational, weil bzw. insoweit eine interne Konsistenz seines Handelns zu entdecken sei. In der Tat entspricht ja die angeführte Definition des anti-traditionalistischen Rationalitätsbegriffes der Giddensschen Definition des Begriffes Handeln. Die Konsequenz dieses Sprachgebrauches müßte die Aufgabe des

---

38 In der Originalquelle steht: "wenn *eine* Form reflexhaften Verhaltens vorliegt". Aus dem Kontext wird aber deutlich, daß es sich nur um einen Druckfehler handeln kann, da als charakteristischer Gegenbegriff zu rationalem Handeln das reflexhafte Verhalten, und nur dieses, angeführt wird.

Begriffes der Rationalität sein. Wenn Handeln qua Definition als rational angesehen wird und sein Gegenteil das reflexhafte Verhalten ist, dann ist der Begriff Rationalität überflüssig; die Unterscheidung zwischen Handeln und Verhalten würde ausreichen. Ohne seinen Gegenbegriff wird der Rationalitätsbegriff überflüssig. Es reicht aber m. E. eben nicht aus, daß ein Akteur für sich individuelle Gründe für sein Tun hat, um es berechtigterweise als rational klassifizieren zu können. Vielmehr ist es auch in diesem Falle notwendig, dieses interne Rationalitätsurteil intersubjektiv zu validieren, also die Handlungsgründe im sozialen Kontext zu reflektieren.

Entsprechend ist weiter zu kritisieren, daß das Beobachterproblem durch die Vertreter des anti-traditionalistischen Rationalitätsbegriffes in doppelter Weise falsch gefaßt wird. Zwar wird, *zweitens*, zu Recht am synoptischen Rationalitätsmodell der Imperialismus der Beobachterperspektive kritisiert, aber sie wird ersetzt durch einen "Imperialismus der Perspektive des Beobachteten", dessen Perspektive und Wissen als unkritisierbar hingestellt wird. Statt dessen wäre die notwendige Differenz beider Perspektiven zu akzeptieren und zum Ausgangspunkt der Reflexion über Rationalität zu nehmen. *Beide* Perspektiven haben ihre eigene Berechtigung und in ihrem Spannungsverhältnis liegt die Möglichkeit zur Kritik von Praxis. Der hier entwickelte Rationalitätsbegriff weist daher gegenüber dem anti-traditionalistischen Rationalitätsbegriff gerade den Vorteil auf, daß auf seiner Basis das Handeln und Entscheiden des fokalen Akteurs kritisierbar wird.

Drittens liegt der Fokussierung auf die Perspektive des Akteurs eine mangelnde Reflexion des Beobachterproblems in der Hinsicht zu Grunde, daß nicht zwischen der Perspektive bzw. der kognitiven Konstruktion des fokalen Akteurs und der Perspektive des externen Beobachters auf das vermutete Wissen des fokalen Akteurs differenziert wird. Rationalität im anti-traditionalistischen Sinne als interne Konsistenz des Handelns läßt unberücksichtigt, daß ein externer Beobachter natürlich auch nur mit seinen eigenen kognitiven Konstruktionen arbeiten kann. Rationalität in diesem Sinne reduziert sich dann auf den Ausdruck (1) in der Abbildung 3.5. Das hat wohl auch Acham (1984: 52ff.) im Sinn, wenn er am anti-traditionalistischen Rationalitätsbegriff kritisiert, daß er letztlich

> „das forschungstechnische Prinzip des 'Als ob', das der Sicherstellung der Einsehbarkeit dient, mit substantiellen Aussagen über den

realen Charakter von Verhaltensweisen (vermengt, A. B.). Dies alles führt im Effekt dazu, daß der rationale Deutungsentwurf des Beobachters dem Akteur als Handlungsentwurf zugerechnet wird. Mit anderen Worten: Die der Handlungsrekonstruktion immanente Rationalität wird als Eigenschaft dem Akteur zugeschrieben, die Rationalität der Handlungsrekonstruktion mit der Handlungsrationalität konfundiert." (ebd.: 55).

Rationalität organisationaler Entscheidungsprozesse. Die Rationalität organisationaler Entscheidungsprozesse muß sorgfältig von der Rationalität des Handelns der beteiligten Akteure unterschieden werden. Organisationale Entscheidungsprozesse sind nicht auf das Handeln von Akteuren reduzierbar; dennoch gilt, daß letztlich natürlich nur Akteure handeln. Dieses Handeln ist aber wiederum in organisationale Prozesse und Strukturen integriert und die Kriterien der individuellen Rationalität (in interner Perspektive) leiten sich zu einem Teil aus den *reproduction circuits* oder Spielen ab, in die der Akteur jeweils involviert ist.[39] Für organisationale Entscheidungsprozesse gilt zusätzlich, daß in ihm mehrere Akteure mit ihren häufig differierenden Zweck/Mittel-Kombinationen und Handlungslogiken aufeinandertreffen. Die Rationalität organisationaler Entscheidungsprozesse geht auch daher nicht in der Rationalität des individuellen Handelns und Entscheidens der organisationalen Akteure auf, sondern kann sich nur aus dem Ausgang der Strukturationsprozesse ergeben, als die sich organisationale Entscheidungsprozesse darstellen.

Organisationale Entscheidungsprozesse sind gleichzeitig Medium und Ergebnis von Interaktionsprozessen von Akteuren und Gruppen von Akteuren. Für die Beurteilung ihrer Rationalität stellen die im Prozeß sich herausbildenden organisationalen Kombinationen bzw. Balancierungen von Mitteln und Zwecken sowie die Qualität des Prozesses ihrer Genese - als organisationales Analogon der doppelten Viabilität der Wissensbasis des Akteurs bei der Beurteilung individueller Rationalität - die beiden Bezugspunkte dar. Beide Aspekte repräsentieren die beiden Betrachtungsweisen organisationalen Handelns, die ich oben (in 2.2.2) unterschieden habe. Die Beurteilung der Adäquatheit der Zweck/Mittel-

39 Insoweit - und nur insoweit - kann man Simons (1981) Ausführungen zur Integration von Akteuren und Organisation folgen.

Kombinationen legt die Konstruktion des Kollektivakteurs Organisation zu Grunde. Bei der Beurteilung der Genese dieser Zweck/Mittel-Kombination - also der Analyse des Entscheidungs*prozesses* - wird organisationales Handeln verstanden als das Handeln von Akteuren als Medium der Reproduktion der Organisation. Das bedeutet, daß für die Beurteilung der Rationalität organisationaler Entscheidungsprozesse beide in Kapitel 2.2.2 entwickelten Perspektiven auf organisationales Handeln bzw. Entscheiden zu Grunde gelegt werden müssen.

Die Betrachtung der (Adäquatheit der) Zweck/Mittel-Kombination, die einem organisationalen Entscheidungsprozeß zu Grunde liegt bzw. sich in ihm herausbildet, bezieht sich letztlich auf das *Ergebnis* eines organisationalen Entscheidungsprozesses. Die Organisation als Kollektivakteur wendet eine bestimmte Zweck/Mittel-Kombination in ihrem Handeln an. Das bedeutet: Es hat sich eine Zweck/Mittel-Kombination im Prozeß faktisch durchgesetzt bzw. herausgebildet; Zwecke sind als Strukturaspekte (der Dimensionen Signifikation und Legitimation) institutionalisiert worden und die Akteure beziehen sich in ihrem Handeln auf sie.

Das Urteil über das Gelingen bzw. die antizipierte Viabilität der Balancierung von Zwecken und Mitteln ist wiederum - wie im Falle der individuellen Entscheidungsprozesse - beobachterabhängig. Man kann dabei drei Typen von Beobachtern unterscheiden: an der Entscheidung beteiligte Akteure, nicht beteiligte organisationsexterne Beobachter (also auch Wissenschaftler) sowie ggf. nicht beteiligte organisationsinterne Akteure.[40] Für alle drei Beobachtertypen gilt, daß sie die Rationalität bzw.

[40] Die Abgrenzung zwischen beteiligten und nicht beteiligten organisationsinternen Akteuren ist nicht immer einfach vorzunehmen. In Kapitel 2.2.2 hatte ich als Entscheidungsbeteiligte alle diejenigen organisationalen Akteure definiert, deren soziale Praktiken von der Entscheidung betroffen sind. Bei strategischen Entscheidungsprozessen können somit fast alle Organisationsmitglieder als potentielle Entscheidungsbeteiligte betrachtet werden, bei operativen Entscheidungen ist der Kreis zumeist wesentlich eingeschränkter. Zudem gilt, daß nicht beteiligte organisationale Akteure in aller Regel auch kein Interesse an der Beurteilung der Rationalität eines Entscheidungsprozesses haben werden - eben weil ihre Interessen und Handlungsmöglichkeiten nicht tangiert sind. Einen Grenzfall stellt etwa eine Unternehmensführung dar, die die Entscheidungen in Fachabteilungen oder Zentralbereichen evaluiert. Ihre Handlungsfähigkeit ist häufig mittelbar von der Qualität dieser Entscheidungen berührt, dennoch sollte man sie hier m. E. nicht als Beteiligte betrachten (mit Ausnahme natürlich (Forts.)

die Angemessenheit der Zweck/Mittel-Balancierung aus externer Perspektive beurteilen, weil sie zwar ggf. in den Prozeß involviert sind, aber hier die Organisation selbst als (im Grunde fiktive) Handelnde gelten muß. *Rationalitätsurteile über organisationale Entscheidungsprozesse werden also stets aus externer Perspektive gefällt*, weil es hier keine echte Entsprechung für den intentional handelnden Akteur auf der Ebene der Organisation gibt. Die Entscheidungsbeteiligten bleiben extern.[41]

Die Rationalität eines organisationalen Entscheidungsprozesses erfordert zunächst also ein positives Urteil eines Beobachters über eine gelungene situationsadäquate Balancierung von Zwecken und Mitteln. In Analogie zum Urteil über die individuelle Zweck/Mittel-Balancierung müssen hier wiederum zwei kognitive Konstruktionen miteinander kompatibel sein (vgl. Abbildung 3.6):

- das Wissen des Beobachters über situationsadäquate Zweck/Mittel-Balancierungen sowie
- das Wissen des Beobachters über das Wissenspotential der Organisation über situationsadäquate Zweck/Mittel-Balancierungen.

Dazu sind unmittelbar zwei Anmerkungen notwendig. Erstens ist der Ausdruck "Wissenspotential der Organisation" hier in der Weise zu verstehen, daß natürlich nur Akteure über Wissen verfügen. Mit diesem Begriff ist eine doppelte Konstruktion gemeint: Zum einen ist er eine Konstruktion des Beobachters im Sinne des radikalen Konstruktivismus und zum anderen ein Modell, das aus der Fiktion des Kollektivakteurs Organisation abgeleitet ist. Aus dem so konstruierten Bild organisationalen Handelns wird eine organisationale Wissensbasis erschlossen.[42] Zweitens meint der Ausdruck Kompatibilität hier wieder nicht Identität, sondern Vereinbarkeit, konkret: Einschätzung der Adäquatheit von Zweck/Mittel-Balancierungen angesichts von (attribuierten) Wissens-

von Mitgliedern der Geschäftsführung, die gleichzeitig entsprechende Linienverantwortung tragen).

41 Das reflektiert die Tatsache, daß die Akteure nicht Element des sozialen Systems Organisation sind, sondern durch ihr Handeln dieses lediglich produzieren und reproduzieren (vgl. oben Kapitel 2.1).

42 Das Konzept von Wissen in und von Organisationen wird jetzt ausführlich diskutiert in Wiegands Arbeit über "Prozesse organisationalen Lernens" (1996).

möglichkeiten inklusive der Erklärung von beobachteten Abweichungen zwischen den beiden Konstruktionen.

Das externe Urteil über die organisationale Zweck/Mittel-Balancierung läßt sich in Anlehnung an symbolisch-interaktionistische Überlegungen zur Sozialperspektivität in der folgenden Weise schematisch darstellen (vgl. Faßheber et al. 1990):   ***B (ZMB) = B (ORG (ZMB))***   Legende: **B** = *externer Beobachter;* **B (ZMB)** = *Wissen des Beobachters über situationsadäquate Zweck/Mittel-Balancierungen;* **ORG (ZMB)** = *"Wissen der Organisation" über situationsadäquate Zweck/Mittel-Balancierungen;* **B (ORG (ZMB))** = *Wissen des Beobachters über das "Wissen der Organisation" über situationsadäquate Zweck/Mittel-Balancierungen*

Abbildung 3.6: *Externes Urteil über die Balancierung von organisationalen Zwecken und Mitteln*

Das dem organisationalen Entscheidungsprozeß zu Grunde liegende Wissen kann allerdings nicht einfach analog dem Urteil über indviduelle Entscheidungsprozesse auf seine doppelte Viabiliät hin überprüft werden. Eine Entsprechung für die doppelte Viabilität von Wissen besteht hier in der *Genese organisationaler Zweck/Mittel-Kombinationen,* d. h. im *Prozeß* der Aushandlung von Zielen und Lösungen. Es geht dabei um die Berücksichtigung bzw. Nichtberücksichtigung relevanter Perspektiven, Interessen und relevanten Wissens von organisationalen Akteuren. Das ist letztlich der Grund für die Notwendigkeit einer viablen Theorie der Organisation und organisationaler Prozesse als *Voraussetzung eines viablen Rationalitätskonzeptes.*

Organisationale Entscheidungsprozesse sind Prozesse der sozialen Konstruktion von Wirklichkeit, in denen organisationale Akteure mit unterschiedlichen Interessen, Perspektiven und Wissenbeständen miteinander agieren. Im Zuge dieses Prozesses setzen sich bestimmte Interpretationen, Normen und Ressourcenallokationen durch; es ist ein mikropolitischer Prozeß (vgl. 2.1.4). Das Handeln der einzelnen Akteure ist dabei über unterschiedliche Ebenen von Reproduktionskreisläufen in den Strukturationsprozeß der Organisation, ihre Reproduktion, integriert (vgl. 2.2.2, insbes. Abbildung 2.13). Die Qualität bzw. die Angemessenheit der sich im organisationalen Entscheidungsprozeß herausbildenden Zweck/Mittel-Kombination ist daher abhängig davon, welche Akteure sich mit ihren Vorstellungen in diesem Prozeß der sozialen Konstruktion von Realität durchsetzen können. Sie üben dabei Einfluß sowohl auf die Mittelwahl als auch auf die Zwecksetzung aus. Allerdings: Nur im analytischen Grenzfall setzt sich ein Akteur oder eine Gruppe von Akteuren vollständig durch. Da insbesondere die Implementation ausgewählter Lösungen von so vielen, letztlich von den Promotoren nicht vollständig kontrollierbaren Akteuren und ihrem Handeln abhängt, wird auf Grund der *dialectic of control* die organisationale Zweck/Mittel-Kombination stets von den Intentionen auch der dominanten Akteure abweichen. Dennoch werden bestimmte Akteure ihre Vorstellungen in größerem Maße durchsetzen können als andere. Das folgt aus der mikropolitischen Logik sozialer Prozesse (vgl. Becker & Ortmann 1994).

Wenn nun die Theorie der begrenzten Rationalität und der radikale Konstruktivismus lehren, daß die Akteure ihres Wissens nie vollständig sicher sein können und daß das einzig praktikable Ersatzkriterium für objektive Richtigkeit des Wissens in seiner doppelten Viabilität, also in intersubjektiver Validierung liegt, dann muß man in bezug auf die Rationalität organisationaler Entscheidungsprozesse nach der Genese der gewählten Zweck/Mittel-Kombination fragen. Die intersubjektive Validierung des Wissens und der gewählten Zweck/Mittel-Kombination muß die Abgleichung unterschiedlicher Perspektiven von Entscheidungsbeteiligten beinhalten. Als Analogon zur doppelten Viabilität des Wissens des individuellen Entscheiders kann daher die *Chance der relevanten organisationalen Akteure* gelten, *ihren Perspektiven, Interessen und ihrem Wissen im organisationalen Entscheidungsprozeß angemessen Geltung zu verschaffen*. Damit ist offensichtlich das Problem der Bestimmung der Relevanz von Wissensbeständen, Perspektiven und Interessen verbunden. Denn die Forderung nach Beteiligung aller Akteure ist erkennbar unpraktikabel.

Relevanz und Angemessenheit können natürlich wiederum nur aus der Perspektive der unterschiedlichen Beobachter beurteilt werden: *Es gibt wiederum keine universellen und subjektunabhängigen Maßstäbe*. Ein Beobachter kommt auf Grund seiner Kenntnis der Organisation, der Entscheidungssituation und der beteiligten Akteure und ihrer Perspektiven und Interessen zu einem - begründungspflichtigen! - Bild des Entscheidungsprozesses und der Viabilitätsbedingungen, denen die Organisation unterworfen ist. Das bedeutet, daß sich das Urteil über die Angemessenheit von Zweck/Mittel-Balancierungen und über ihre angemessene Genese wechselseitig bedingen. Das Bild von einer angemessenen Zweck/Mittel-Kombination beeinflußt das Urteil über die relevanten Interessen, Wissensbestände und Akteure, das wiederum ersteres beeinflußt. Das ist ein zweiter logischer Zirkel, der neben den bereits im vorangegangenen Kapitel 3.2.1 diskutierten tritt. Wie diesen kann man jenen nicht auflösen, aber man kann ihn begründet abschneiden durch intersubjektive Validierung, d. h. durch den Aufbau doppelter Viabilität des Rationalitätsurteils.

Die Beurteilung der Relevanz von Interessen und Perspektiven ist ein substantielles Problem, während die Frage nach der Chance aller relevanten Akteure zur Partizipation ein formales Problem darstellt. Die Relevanz von Interessen und Perspektiven kann sich nur dann erweisen, wenn diese auch die Chance zur Artikulation im Entscheidungsprozeß haben. Ihre Artikulation ist also die Voraussetzung dafür, daß sie als relevant interpretiert werden. Gleichzeitig steigt aber mit ihrer - von den Beteiligten attestierten - Relevanz ihre Chance zur Artikulation. Formale und substantielle Aspekte des Rationalitätsurteils stehen also nicht unvermittelt nebeneinander.[43]

Organisationale Entscheidungsprozesse, so kann man jetzt resümieren, können dann als *rational* gelten, wenn ein Beobachter zu dem Schluß kommt, daß

- die organisationale Zweck/Mittel-Balancierung gelungen, d. h. viabilitätsfähig ist; und
- diese Balancierung auf der angemessenen Berücksichtigung aller relevanten Perspektiven, Interessen und Wissenbestände beruht.

Die Urteile über die Rationalität eines organisationalen Entscheidungsprozesses und über die Rationalität des Handelns und Entscheidens der beteiligten Akteure sind natürlich nicht unabhängig voneinander. Organisationale Entscheidungsprozesse sind Medium und Ergebnis des individuellen Handelns, das sie konstituiert. Die Rationalität organisa-

---

43 Ganz in diesem Sinne argumentiert Rohbeck (1993: 280ff.) in bezug auf die Reflexivität einer Ethik der Technik. - Natürlich „sorgt" schon die konstatierte Rekursivität von Zwecken und Mitteln für eine Vermischung substantieller (Wert-) Rationalität und formaler (Zweck-) Rationalität.

tionaler Entscheidungsprozesse ist nur vor dem Hintergrund der Rationalität individueller Entscheidungsprozesse zu beurteilen, da die individuellen Rationalitätskriterien als relevante Interessen und Perspektiven die Kriterien organisationaler Rationalität mitkonstituieren. Gleichzeitig kann die Rationalität individuellen Handelns organisationaler Akteure in organisationalen Entscheidungsprozessen nur vor dem Hintergrund dieser Prozesse bestimmt werden. Als Medium und Produkt des Handelns der Akteure konstituieren sie seine Rahmenbedingungen. Insbesondere wird durch die Position des Akteurs in der Organisation ein *"Wissenskorridor"* für den Akteur konstituiert. Das bedeutet, daß die organisationale Position - die *position practices* (vgl. 2.2.1) - Interessen und Wissensmöglichkeiten beeinflußt. Analog zum Konzept des Entscheidungskorridors (Ortmann 1984) ist hier nicht von einer Determination auszugehen, aber mit der Einnahme anderer Perspektiven und der Akquisition anderen Wissens ist wesentlich mehr Aufwand verbunden (etwa in Hinblick auf die Erschließung von Wissensquellen). Die Bestimmung individueller Rationalität organisationaler Akteure und der Rationalität organisationaler Entscheidungsprozesse sind damit wechselseitig aufeinander bezogen.

Rationalität der Organisation. Von der Rationalität *der* Organisation kann man in zweierlei Hinsicht sprechen: zum einen in Hinblick auf die Rationalität formaler Strukturen der Organisation und zum anderen in Hinblick auf organisationale Entscheidungsprozesse. Beides ist nicht unproblematisch.

Von der Rationalität der Organisation als Rationalität organisationaler Entscheidungsprozesse könnte man sprechen, wenn man auf den Grenzfall eines von allen Beobachtern geteilten positiven Rationalitätsurteils abhebt. Normalerweise ist eine Organisation aber gerade von konkurrierenden Rationalitäten gekennzeichnet, und ich habe argumentiert, daß diese Differenzen keineswegs der Irrationalität einzelner Akteure geschuldet sind, sondern strukturell angelegt sind (vgl. 2.1.4; vgl. auch Becker & Ortmann 1994; Ortmann 1995; Ortmann et al. 1990). Crozier und Friedberg (1979) sprechen hier ja sehr zu recht und sehr treffend vom "Kampf der Rationalitäten". Allerdings scheint mir das Problem weniger darin zu liegen, daß wir "nicht das Rationale vom Nicht-Rationalen unterscheiden können" (ebd.: 228), als daß wir wissen, daß *die Rationalitätsurteile divergieren können und müssen.* Insofern hält nicht eine gemeinsam geteilte Rationalität die Organisation zusammen, sondern ein aufeinander bezogenes soziales Handeln (Giddens 1984). Ob dieses Handeln rational ist, ist erstens im Einzelfall (und eigentlich zuverlässig erst *ex post*) zu überprüfen und zweitens nicht allein ausschlaggebend für das Überleben der Organisation, für die Viabilität ihrer Problemlösungsstrategien. Allerdings: Die Rationalität organisationaler Entscheidungsprozesse dürfte die Überlebenschancen der Organisation durchaus erhöhen - daher ist sie ja nicht nur für die betriebswirtschaftliche Theorie, sondern auch für die Praxis so interessant. Rationalität erhöht die Chance, auf der Basis doppelt viablen Wissen zu agieren. Sie ist aber weder Garant noch Synonym für organisationalen Erfolg und organisationales Überleben.

Meint man mit Rationalität der Organisation die rationale Gestaltung formaler Strukturen, so ist zunächst anzumerken, daß dies wiederum Ergebnis organisationaler Entscheidungsprozesse ist. Insofern gelten *formal* hier die diskutierten Bedingungen der Rationalität. *Inhaltlich* kann man in allgemeiner Weise formulieren, daß rational gestaltete organisationale Formalstrukturen die Rationalität organisationaler Entscheidungsprozesse ermöglichen sollen. Das bedeutet die Sicherung des adäquaten Einflusses jeweils relevanter Akteure oder Gruppen von Akteuren, also die Bereitstellung adäquater Partizipationschancen Entscheidungsbeteiligter. Was das konkret bedeutet, wird im folgenden Kapitel noch in Hinblick auf strategische Planungs- und Entscheidungsprozesse zu diskutieren sein.

Die bisherige Argumentation läßt sich folgendermaßen zusammenfassen: Die Rationalität von Entscheidungsprozessen definiere ich als das Vorliegen von zwei Merkmalen: einer gelungenen Balancierung von Zwecken und Mitteln im Entscheidungsprozeß und der Handlungssteuerung durch doppelt viables Wissen. Beide Merkmale können nicht beobachterunabhängig konstatiert werden, sondern die Bestimmung von Rationalität besteht im Urteil von einem oder mehreren Beobachtern. Das Rationalitätsurteil selbst ist wiederum auf seine doppelte Viabilität hin prüfbar.

3.3 Strategie, Strategische Planung und Rationalität

Im vorangegangen Kapitel habe ich eine - notwendigerweise - sehr formale und abstrakte Definition der Rationalität von Entscheidungsprozessen gegeben. Sie muß nun auf den Gegenstandsbereich strategische Entscheidungsprozesse hin konkretisiert werden (3.3.1). Anschließend werde ich einige Folgerungen für die Praxis strategischer Planung diskutieren (3.3.2).

3.3.1 Strategische Entscheidungsprozesse und Rationalität

Die Rationalität strategischer Entscheidungsprozesse bestimmt sich in formaler Hinsicht einerseits als (in der Perspektive eines Beobachters) gelungene Balancierung von strategischen Zielen und strategischem Handeln der Organisation bzw. des Unternehmens. Andererseits erfordert das Prädikat rational, daß in den strategischen Entscheidungsprozeß die entscheidungsrelevanten Perspektiven und Interessen der beteiligten bzw. betroffenen Akteure integriert werden. Im ersten Kapitel hatte ich eine Reihe präskriptiver und deskriptiver Theorien strategischer Entscheidungen vorgestellt und kritisiert. An dieser Stelle ist es nun sinnvoll, wieder auf diese Ansätze zurückzukommen und in Hinblick auf die neue Definition von Rationalität zu prüfen, in welcher Hinsicht sich mögliche Übereinstimmungen und damit Anknüpfungspunkte zur Strategietheorie ergeben. Ich diskutiere zunächst das Problem der Rekursivität von Zwecken und Mitteln und anschließend die Frage der Integration von Perspektiven und Interessen.

Die am Rationalmodell orientierten präskriptiven Ansätze, so habe ich im ersten Kapitel am Beispiel von Porter und Ansoff demonstriert, können die *Rekursivität von Zwecken und Mitteln* nicht anders denn als Pathologie thematisieren. *Porters* (1991) Reaktion auf die Kritik des *resource-based view* (z. B. Barney 1991; Collis 1991; Grant 1991; vgl. Knyphausen 1993) zeigt dies deutlich. Obwohl er die herausragende Bedeutung von Ressourcen (und damit Mitteln strategischen Handelns) für die Möglichkeit der Formulierung von strategischen Plänen (und damit strategischen Zielen) anerkennen muß, gelingt es ihm nicht, diese hier angelegte Rekursivität tatsächlich als solche zu integrieren. Vielmehr versucht er, die Kausalkette strategischen Erfolges so zu konstruieren, daß schließlich die tangiblen und intangiblen Ressourcen nurmehr aus der Branchensituation und den standardisierten strategischen Zielen Kostenführerschaft oder Differenzierung abgeleitet seien. Daß er sich damit in nicht auflösbare Widersprüche in seiner Argumentation manövriert, habe ich im Abschnitt 1.2.2 gezeigt. Implizit erkennt Porter (1991) in seiner Argumentation an, daß Ressourcen Resultat und Voraussetzung strategischen Handelns zugleich sind; die *explizite* Anerkennung dieses Sachverhaltes ist ihm auf Grund seines Festhaltens an der linearen Logik des *one-best-way*-Denkens im Rahmen des Mason/Bain-Paradigmas verbaut.

Die Bedeutung strategischer Ressourcen als strategische Mittel kann von *Ansoff* (1984; Ansoff & McDonnell 1990) sehr viel schärfer herausgestellt werden, weil diese unter dem Etikett der *strategic* bzw. *general management capability* konstitutiv sind für seine Konzeption strategischen Managements (Ansoff, Declerck & Hayes 1976). Sein Konzept des *weak signal issue management* basiert geradezu auf der Rekursivität von Strategieformulierung und strategischer Kompetenz: strategische Kompetenz ist Voraussetzung der Diagnose strategischer Situationen, aus der gerade die Notwendigkeit der Entwicklung dieser strategischen Kompetenz abgeleitet werden soll. Dieselbe Paradoxie tritt in bezug auf die schwachen Signale auf: Das Warten auf starke Signale führt dazu, daß die Gefahr der strategischen Überraschung für das Unternehmen steigt; eine spezifische strategische Reaktion auf schwache Signale ist nicht möglich, weil die schwachen Signale nicht spezifisch genug sind. Ansoff geht dann sogar so weit, eine im Grunde radikale Abkehr vom klassischen Rationalmodell zu fordern, wenn er empfiehlt, danach zu fragen, „welche Reaktionen auf der Grundlage der vorhandenen Informationen *realisiserbar* sind." (Ansoff 1981: 237; Hervorh. im Orig.) Letztlich versucht Ansoff jedoch, auch diese Rekursivitäten in eine lineare Planungslogik zu transformieren. Das gelingt jedoch nur um den Preis von Inkonsistenzen und unscharfen Begriffen (vgl. auch Schreyögg 1991).

Im Rahmen *der deskriptiven Theorie strategischer Entscheidungen* sind die Rekursivitäten von Zwecken und Mitteln in vielfacher Weise thematisiert, jedoch nicht auf befriedigende Weise konzeptualisiert worden. Erste Anhaltspunkte für eine adäquatere Thematisierung solcher Rekursivitäten finden sich in *empirischen Studien* strategischer Prozesse. So konstatiert Aharoni (1966), daß in den von ihm untersuchten strategischen Entscheidungsprozessen nicht Probleme, sondern Gelegenheiten am

Beginn standen. Bower (1970), Pascale (1984) und Quinn (1980, 1988) weisen übereinstimmend darauf hin, daß zumindest die klassischen Zuständigkeiten für strategische Planungen und Entscheidungen in der Praxis vielfach umgangen werden: Strategische Initiative entwickeln häufig Akteure auf ausführenden Ebenen, die, so ist zu vermuten, zumindest keine offiziellen Formulierungen strategischer Ziele vornehmen können, sondern für den Einsatz strategischer Mittel zuständig sein dürften. Auch das spricht dafür, daß die von den präskriptiven Theorien geforderte Zweck/Mittel-Hierarchie in der Praxis häufig durchbrochen wird.

Für die rationalitätskritische Tradition der Organisationstheorie habe ich konstatiert, daß es in der Tendenz zu einem Verschwinden der Vorstellung einer Zweck/Mittel-Rationalität kommt (vgl. 1.3). Geht Simon (1981) noch von einer zwar durch kognitive Kapazitäten begrenzten Rationalität der Akteure bei Aufrechterhaltung der Zweck/Mittel-Hierarchie aus, so finden sich bereits bei Lindblom (1959) die ersten Anfänge ihrer Auflösung: Zwecke und Mittel werden im Entscheidungsprozeß simultan ausgewählt. Cohen, March und Olsen (1972) sowie Brunsson (1982, 1985, 1989, 1993, 1995) nehmen endgültig Abschied von der Vorstellung, daß die Zwecke die Mittel determinierten. Im *garbage can model* und im Falle der scheinheiligen Organisation erscheinen Zwecke und Mittel als vollkommen entkoppelt; Zwecke erfüllen im Grunde nur noch die Funktion der (*ex post*-) Legitimation der Mittel. Obwohl dies scheinbar die radikalste Abkehr vom Modell der Zweck/Mittel-Rationalität darstellt, scheint sie mir doch noch sehr stark der Ideologie der Rationalität verhaftet, weil sie im Grunde (nur) deren Negation darstellt. Als wesentlich radikaler und anschlußfähiger erweist sich das Konzept der *hiding hand* von Hirschman (1967). Hier ist nämlich genau die Rekursivität von Zwecken und Mitteln angelegt. Zwecke werden genauso im Lichte von Mitteln formuliert wie umgekehrt Mittel aus Zwecken abgeleitet werden. Crozier und Friedberg (1979) schließlich konzentrieren sich schwerpunktmäßig auf den zweiten Aspekt meiner Rationalitätsdefinition, die Frage der Integration von unterschiedlichen Interessen; sie halten mit ihrer Orientierung am antitraditionalistischen Rationalitätsbegriff (vgl. 3.2.2) gerade an der methodischen Fiktion des zweckrationalen Akteurs fest.

Mein kurzer Überblick über ausgewählte Ansätze präskriptiver und deskriptiver Strategietheorien zeigt also, daß in beiden Fällen Ansätze vorhanden sind, die Zweck/Mittel-Rekursivität zu thematisieren, daß sie aber nicht in der Lage sind (mit Ausnahme von Hirschman 1967), sie in die entsprechenden Theoriegebäude zu integrieren. Die Strategien des Umgangs mit dieser vermeintlichen Pathologie unterscheiden sich allerdings. Die präskriptiven Theorien scheinen sich um so stärker an die klassische Planungslogik zu klammern, je stärker sich die Zweck/Mittel-Kette unter ihren Fingern auflöst. Die deskriptiven Theorien tendieren hingegen dazu, die Frage nach der Rationalität zu verabschieden und durch die Frage zu ersetzen, wie es den Akteuren gelingt, trotz der Beschränkungen der Rationalität einen *Sinn* für ihr Handeln zu konstruieren.

Die Balancierung unternehmensstrategischer Zwecke und Mittel läßt sich konkreter darstellen unter Rückgriff auf die Denkfigur der „Logik der Ergänzung". Ortmann (1995l) hat diese ursprünglich von Derrida (1988) stammende und von Dupuy und Varela (1991) auf evolutionsbiologische und erkenntnistheoretische Probleme übertragene Idee auf organisationstheoretische und betriebswirtschaftliche Fragestellungen - insbesondere die Frage der Konstitution von Produktivität und Wirtschaftlichkeit - angewandt. Die Grundidee der Logik der Ergänzung besagt, daß ein Begriff oder ein Sachverhalt, für den beansprucht wird, daß er autonom sei, im Grunde gerade nicht autonom existieren kann. Stets ist er *sowohl* der Ursprung abgeleiteter Begriffe oder Phänomene *als auch* durch diese Ableitungen oder Ergänzungen erst konstituiert.[45] Genau in dieser Logik der Ergänzung läßt sich das rekursive Verhältnis von

---

[45] Dupuy und Varela illustrieren die Logik der Ergänzung u. a. mit dem Beispiel des genetischen Codes: Der genetische Code als zellulare Programmierung liegt vermeintlich der Entwicklung eines Organismus zu Grunde, ist sein Ursprung. "Nach einer anfänglichen Phase der Begeisterung wurde jedoch klar ..., daß man, nimmt man den Begriff eines genetischen Programms wörtlich, in eine merkwürdige Schleife fällt: es handelt sich um den Fall eines Programms, das seine eigene Herstellung erfordert, um durchgeführt zu werden. In der Tat wird jeder Schritt der Aufrechterhaltung und Transkription der DNA durch Proteine geleistet, die genau das sind, was codiert ist. Um das Programm durchzuführen, muß es schon durchgeführt sein!" (1991: 251) Proteine sind aus dem genetischen Programm abgeleitet und bilden das Medium seiner Codierung *zugleich*. Die Parallele zum Konzept der Dualität von Struktur fällt sofort ins Auge: Struktur ist *gleichzeitig* Medium und Produkt des Handelns (Giddens 1984: 374).

Zwecken und Mitteln beschreiben (vgl. Abbildung 3.7). Im Rahmen des klassischen Rationalmodells gilt der Zweck als der Ursprung allen Handelns, also der aus ihm abgeleiteten Mittel. In strukturationstheoretisch-konstruktivistischer Perspektive stellt sich das Verhältnis anders dar: Ein Zweck bleibt ohne Bezug auf Mittel, also seine „Ergänzungen“, leer; erst die Mittel können zu einer hinreichenden Konkretisierung von Zwecken führen. Zudem ermöglicht erst das Vorhandensein von Mitteln die Formulierung neuer Zwecke. Gleichzeitig werden aber die Mittel *als Mittel* erst durch den Zweck konstituiert. Mittel und Zwecke stehen in einer rekursiven Beziehung (Ortmann 1995l: 115ff.).[46]

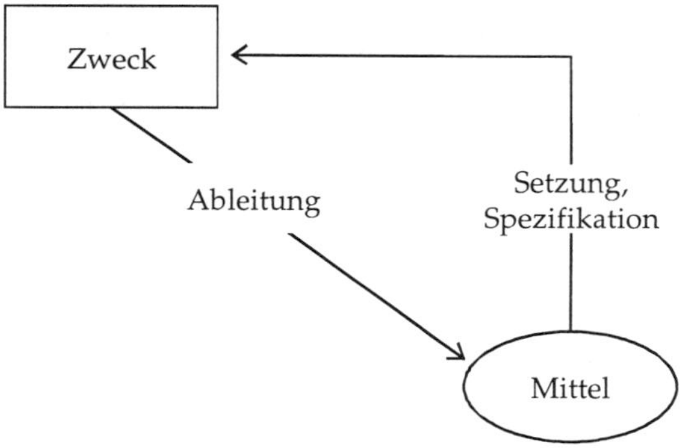

Abbildung 3.7: *Logik der Ergänzung des Zwecks durch das Mittel (Ortmann 1995l: 116, Abbildung 6)*

Mit Hilfe dieser Denkfigur läßt sich nun auch das Verhältnis strategischer Ziele und strategischer Ressourcen erfassen. Die Sprengkraft des *resource-based view* für die orthodoxe Strategietheorie lag ja gerade darin, daß er den Primat der Ressourcen, also der strategischen Mittel, über die strategischen Planungen und Zielsetzungen behauptet. Damit wurde die

---

46 Rohbeck spricht in bezug auf Technik von einem "Überschuß" der Mittel. "*Die gegenständlichen Mittel der Technik enthalten und offenbaren während ihres Gebrauchs immer mehr und andere Möglichkeiten, als zur Zeit ihrer Planung und Herstellung bezweckt waren.*" (1993: 219; Hervorh. im Orig.). Die "Instrumentalität" technischer Mittel drückt sich danach gerade in dieser Potenz zur Ermöglichung neuer Zwecksetzungen aus.

bekannte Zweck/Mittel-Hierarchie auf den Kopf gestellt.[47] Ansoff versuchte demgegenüber, trotz des auch von ihm teilweise attestierten Vorrangs der strategischen Kompetenz vor der Strategieformulierung, den Primat der Planung aufrecht zu erhalten. Strategische. Zielsetzungen und strategisches Handeln stehen - wie Zweck und Mittel in allgemeiner Weise - in einem Verhältnis der Ergänzung bzw. in einem rekursiven Verhältnis (vgl. Abbildung 3.8).

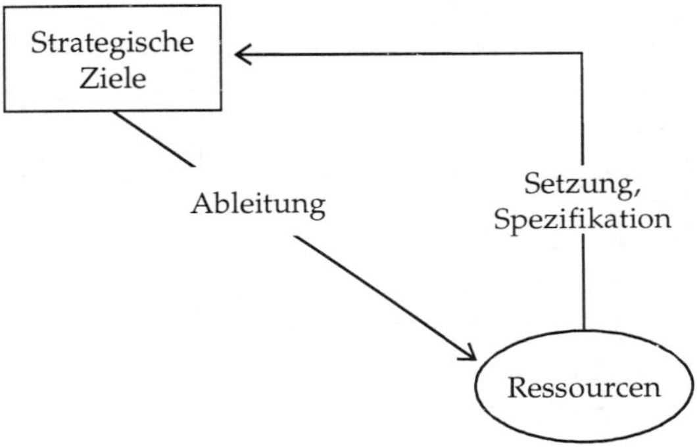

Abbildung 3.8: *Logik der Ergänzung von strategischen Zielen und strategischen Ressourcen*

In einem *rationalen strategischen Entscheidungsprozeß* gelingt es den Akteuren (im Urteil eines Beobachters), diesen Zirkel der wechselseitigen Ergänzung von strategischen Plänen und strategischem Handeln so auszubalancieren, daß die *wechselseitige Anschlußfähigkeit* von Plänen und Zielen auf der einen sowie Handeln auf der anderen Seite erhalten bleibt bzw. hergestellt wird. *Konkreteres kann an dieser Stelle dazu nicht gesagt werden.* Die Beurteilung eines strategischen Entscheidungsprozesses in Hinblick auf seine Rationalität ist für die hier formulierte Fassung des Rationalitätskonzeptes letztendlich genauso eine empirische Frage, wie die Beurteilung der Optimalität des Mitteleinsatzes im Rahmen des klassischen Rationalitätsmodells.

47 Oder eben auf die Füße, je nach Standpunkt.

Box 12

Die Genese des Logistikprojektes ist ein gutes - wenn auch in seinen Einzelheiten etwas ungewöhnliches - Beispiel für die Logik der Ergänzung des Zweckes durch die Mittel. Ausgangspunkt der strategischen Überlegungen der beiden zunächst entscheidenden strategischen Akteure, des Werksleiters und des Leiters der Abteilung Fertigungsplanung und Rationalisierung, ist die Überzeugung, daß die „Vorzeigepumpe" der Fixpunkt strategischer Planungen sein müsse (vgl. Box 9). Dafür werden insbesondere zwei Gründe angeführt. Erstens bildet die Pumpe auf Grund ihrer Qualität einen echten Wettbewerbsvorteil und bietet so Möglichkeiten zur Umsatzsteigerung durch die Ausweitung der Produktion. Zweitens bildet sie das stärkste Produkt im Konzernbereich, dem das betrachtete Unternehmen angehört, so daß vom zuständigen Konzernvorstand Unterstützung erwartet werden kann.

Eine Ausweitung dieser Produktionslinie erfordert auf Grund der räumlichen Begrenzungen entweder die Einstellung anderer Produktionslinien oder eine Ausweitung der Fertigungshallen. Beide Handlungsmöglichkeiten gelten allerdings als nicht realisierbar: die Einstellung einzelner Produktlinien wegen deren weiterhin bestehender Bedeutung für den Unternehmenserfolg und der Neubau von Fertigungshallen auf Grund finanzieller Restriktionen. Die strategischen Überlegungen zielen im folgenden auf die Schaffung von Raum innerhalb der bestehenden Gebäude: „Zwang zur Fläche". Lösungsideen bringt der Abteilungsleiter von einem Symposion mit, auf dem ein automatisiertes Hochregallager vorgestellt wird. Damit eröffnet sich eine neue Perspektive: Durch die Beseitigung der wilden Läger im Produktionsbereich und die räumliche Konzentration der Lagerhaltung könnte Raum geschaffen werden. Das ist zunächst aber nur eine eher vage Idee, die noch nicht in konkrete Überlegungen und Zielformulierungen eingeht.

„Die entscheidende Sitzung, auf der die Grundsatzentscheidung (für das gesamte Logistikprojekt, A. B.) fällt, läßt sich rekonstruieren. Im Juli 1984 kommt der Konzernbereichsvorstand nach X. Er beklagt sich über die Ergebnissituation und signalisiert: Das Werk X ist aufgrund seiner Ergebnissituation im Fortbestand gefährdet. Er befragt den Werksleiter: 'Was habt ihr jetzt vor?' - man müßte ergänzen: nachdem die (zwischen 1980 und 1984, A. B.) gewährten Investitionsmittel zur Fixkostenreduktion die Ergebnissituation nicht verbessern konnten. Der Werksleiter und der Abteilungsleiter Fertigungsplanung stellen kleinere Projekte vor. Der Konzernbereichsvorstand vermißt ein großes Projekt, das die Ergebnissituation entscheidend verbessert. 'Wir brauchen etwas größeres.' Der Werksleiter muß in dieser Situation reagieren. Er 'lehnt sich weit aus dem Fenster', wie es mehrere Akteure beschreiben, und präsentiert 'aus dem Stand' die bisher nur im kleinsten Kreis besprochenen, eher vagen Vorstellungen über die Automatisierung von Produktion und Lagerhaltung. Das fällt beim Bereichsvorstand auf fruchtbaren Boden: 'Das machen Sie mal genauer', lautet die Antwort. Mittel für externe Unterstützungen der Ausarbeitungen gesteht der Bereichsvorstand sofort zu." (Ortmann et al. 1990: 102f.)

So ist man unversehens vom „Zwang zur Fläche" zu einem umfassenden Logistikprojekt gekommen. Denn man kann sich nicht auf das Hochregallager beschränken. Zu dessen effizientem Funktionieren werden mindestens eine funktionierende Betriebsdatenerfassung

(BDE) und ein Produktionsplanungs- und -steuerungssystem benötigt. Außerdem bietet sich unmittelbar die Möglichkeit der Automatisierung des innerbetrieblichen Transports an. Die Zielsetzungen des Logistikprojektes sehen schließlich wie folgt aus:

„1. Das Projekt hat folgende Hauptaufgaben:
- *Neuordnung des Materialflusses*
- *Neuordnung des Informationsflusses*
- *Neuordnung des Fabriklayouts*

2. Zielsetzung:
- *Reduzierung der Werkstattbestände*
- *Reduzierung der Durchlaufzeiten*
- *Reduzierung der Logistikkosten*
- *Erhöhung der Transparenz*
- *Erhöhung der Lieferbereitschaft*
- *Verbesserung der Flächennutzung bzw. der Flächenproduktivität*
- *Reduzierung von Betriebsunfällen*
- *Konzentration des Fertigungs-Know-hows*
- *Reduzierung von Planabweichungen im Lohn- und Materialbereich*
- *Umsatzausweitung durch zusätzliche Fertigungsflächen"(Ortmann et al. 1990: 78).*

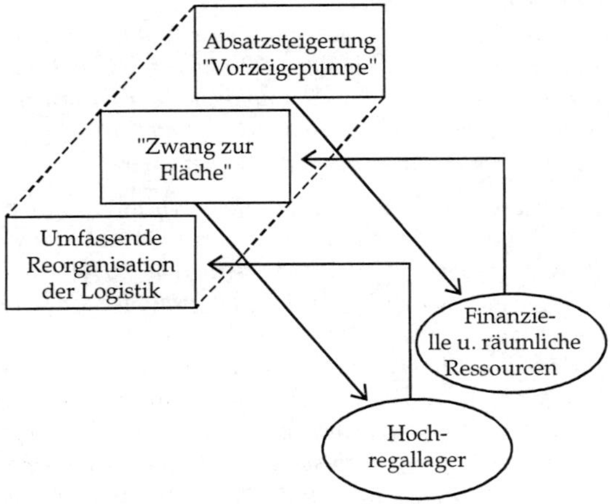

Abbildung 3.9: *Genese der Zielsetzungen des Logistikprojektes im Lichte der Logik der Ergänzung*

Ursprüngliche Überlegungen kreisten eigentlich nur um zwei der genannten Zielsetzungen: Neuordnung des Fabriklayouts und Umsatzausweitung durch zusätzliche Fertigungsflächen; das beinhaltete das Schlagwort vom „Zwang zur Fläche". Das aus diesen Zielen abgeleitete Mittel, die „Ergänzung", führt nun zur Eröffnung ganz neuer Möglichkeiten zur Setzung umfassenderer Ziele: Logik der Ergänzung (vgl. Abbildung 3.9).

Im folgenden Implementationsprozeß werden die strategischen Planungen „kleingearbeitet". Das Logistikprojekt wird aufgesplittet in die Teilprojekte PPS-System, BDE-System und Hochregallager. Auch hier lassen sich die rekursiven Zirkel von Zweck/Mittel-Beziehungen finden, die mit der Denkfigur der Logik der Ergänzung gefaßt werden können. Als Illustration mag das Beispiel des Handelns der (Akteure der) Abteilung Materialwirtschaft dienen. Die Abteilung Materialwirtschaft hatte im Projektteam zur Einführung des PPS-Systems noch das Ziel der Verhinderung der Systemeinführung verfolgt. Das verändert sich im Zuge der erzwungenen Einführung des Systems. Zunächst hatte man versucht, die Systemeinführung mit allen Mitteln zu torpedieren, insbesondere durch eine mangelhafte personelle Unterstützung und durch Verzögerungstaktiken. Angesichts der Machtverhältnisse und der offiziellen Beschlußlage war man aber zu einer, wenn auch widerwilligen, minimalen Unterstützung des Projektes gezwungen.

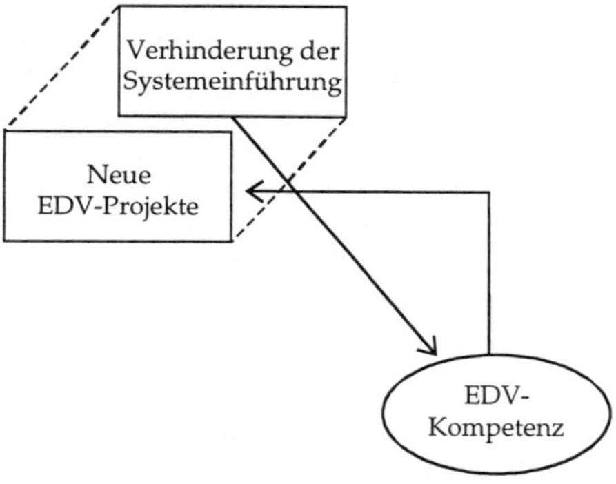

Abbildung 3.10: *Zielsetzungen der Abteilung Materialwirtschaft im Lichte der Logik der Ergänzung*

Die Einstellung von Mitarbeitern mit einschlägigen EDV-Kompetenzen eröffnet dann aber neue Horizonte: „Die Abteilung Materialwirtschaft, der im PPS-Projekt eher die Rolle des Bremsers zugewiesen wurde, übernimmt nun in ihrem Zuständigkeitsbereich eine Vorreiterrolle und weitet das Logistikprojekt sogar noch aus. Wesentlich dabei ist der Zugang zweier neuer Mitarbeiter mit EDV-Kenntnissen. Die Abteilung ist nun in der Lage, eigenständig EDV-Konzepte zu entwickeln, sich von der Abhängigkeit der EDV-Abteilung ein Stück weit zu lösen - etwas, was sie nach den Schmähungen im PPS-Projekt (gemeint ist der Vorwurf der Inkompetenz von Seiten der EDV-Abteilung, A. B.) nicht ohne Stolz vermerkt. So entstehen neue, dem Hochregallager-Konzept angepaßte EDV-Lösungen für den Wareneingang *und den* Versand. *Letzteres ist durch das PPS-System nicht mehr abgedeckt." (Ortmann et al. 1990: 159; Hervorh. im Orig.) In diesem Falle führen durch die mikropolitische Situation aufgezwungene Praktiken bzw. Mittel - das Arbeiten mit dem PPS-System und die Schaffung von EDV-Kompetenz - dazu, daß neue Möglichkeiten der Mittel erkannt werden und auf dieser Basis neue Ziele gesetzt werden können, die hier den ursprünglichen sogar diametral entgegengesetzt sind (vgl. Abbildung 3.10).*

Was läßt sich nun in diesen beiden Fällen über das Gelingen der Zweck/Mittel-Balancierung *sagen? In bezug auf das Gesamtprojekt erscheint zunächst eine gewisse Skepsis angebracht. Charakteristisch für die Genese des Logistikprojektes ist die Tatsache, daß die Situation 1984 offensichtlich von den beteiligten Akteuren aus dem betrachteten Unternehmen so interpretiert wurde, daß die Formulierung einer umfassenden und visionären Zielsetzung notwendig sei, um die Unterstützung des Konzernbereichsvorstandes und damit die Fortexistenz des Unternehmens zu sichern. Das erscheint aus der Perspektive des wissenschaftlichen Beobachters plausibel und deckt sich mit der retrospektiven Einschätzung wichtiger Promotoren, die 1988 - nachdem die Einführung des PPS-Systems nur mit erheblichen Problemen halbwegs gelungen ist - das Gesamtprojekt äußerst skeptisch beurteilen. Angesichts der problematischen Situation von Konzern und Konzernbetrieb war eine bedeutsame symbolische Geste notwendig. Ein Akteur formuliert es wie folgt: „Damals war es jedoch so, daß die kleine Lösung (Reorganisation ohne Investition in neue Technologien, A. B.) schon atmospärisch überhaupt keine Chance hatte. Der Konzernbereichsvorstand wollte eine große Nummer." (Ortmann et al. 1990: 158) Auf diese Weise entsteht eine Zielsetzung, die dann in der Implementation der Planungen und Systeme nicht in angemessener Weise bewältigt werden kann. Es wurde, so kann man aus der Perspektive des Beobachters urteilen, eine Zielsetzung formuliert, die sowohl den vorhandenen Mittel als auch den Anforderungen der Praxis des Produktionsprozesses nicht angemessen war. Die 1990 existierenden Praktiken der Produktionssteuerung stimmen mit den ursprünglichen offiziellen Zielsetzungen nicht überein. Auch umgekehrt gelingt es nicht, die Zielsetzung in einer Weise zu modifizieren, die den Mitteln, also den Handlungsmöglichkeiten in der Produktionsplanung, angemessen ist.*

Aber: *Betrachtet man das, was ich als Kleinarbeitung des Projektes bezeichnet habe, so bietet sich ein differenzierteres Bild. Im Rahmen des Produktionsplanungsspiels beispielsweise gelingt offensichtlich eine den Umständen angemessene Balancierung von Zwecken und Mitteln im Rahmen der Praktiken der Arbeit „mit dem System am System vorbei". Auch das zitierte Beispiel der Materialwirtschaft deutet auf eine gelungene Zweck/Mittel-Balancierung hin. Als nicht gelungen kann man sicherlich das Teilprojekt Hochregallager bezeichnen: Die Erfassung von Materialflüssen und -werten gelingt nicht; es kann deshalb beispielsweise 1990 zunächst keine testatfähige Bilanz erstellt werden. Das wiederum hängt u. a. mit der* gelungenen *Zweck/Mittel-Balancierung im Bereich der Produktionssteuerung zusammen: Sie basiert weiterhin auf wilden Lägern im Produktionsbereich und informell abgestimmten und vom Lagerverwaltungsrechner nicht erfaßten Materialflüssen.*

Zusammenfassend kann man für den Fall in bezug auf das Rationalitätskriterium Zweck/Mittel-Balancierung sagen, daß lokal - d. h. im Rahmen von einzelnen untergeordneten Reproduktionskreisläufen - diese Balancierung durchaus gelungen ist. Allerdings: Die Kopplung der lokalen Reproduktionskreisläufe funktioniert offensichtlich nicht angemessen, wie der Konflikt zwischen Lagerhaltung und Produktionssteuerung zeigt. Im Gesamturteil kommt der externe Beobachter daher zu der Einschätzung, daß die Balancierung von Zwecken und Mitteln in diesem Falle nicht gelungen ist.

Die Frage nach der *Integration unterschiedlicher Perspektiven und Interessen* in strategischen Entscheidungsprozessen wird von der einschlägigen Literatur wesentlich weniger bearbeitet als die Frage nach dem Verhältnis von Zwecken und Mitteln. Das erscheint schon deshalb einleuchtend und konsequent, weil der klassischen Vorstellung von Rationalität, auf die sich die präskriptiv orientierten Autoren in positiver, die meisten der diskutierten Organisationstheoretiker in negativer Weise beziehen, die Vorstellung unterschiedlicher Perspektiven fremd ist. Da das klassische Rationalmodell von einer objektiv erkennbaren Wirklichkeit ausgeht - sonst könnte man ja nicht von einem *one best way* (und sei es einem situativen) sprechen - spielen unterschiedliche Perspektiven allenfalls als Pathologien eine Rolle, als unvollständige Erkenntnis und begrenzte Rationalität. Daß unterschiedliche Interessen und damit Zielsetzungen existieren, ist in der Perspektive der Zweckrationalität unproblematisch. Da sich das klassische Zweck/Mittel-Modell als rein formales versteht und die Reflexion auf Zwecke als außerhalb seiner Reichweite liegend definiert, spielt die Frage von Zielkonflikten hier praktisch keine Rolle.

Entsprechend wenig Material findet sich auch in den präskriptiven Ansätzen der Strategietheorie zur Frage der Integration unterschiedlicher Interessen. Bei *Porter* (1991,1992a, b) findet sich dazu buchstäblich nichts. Im Zuge des *ressourcenorientierten Ansatzes* findet sich ebenfalls wenig explizites über unterschiedliche Perspektiven und Interessen. Am ehesten noch ließen sich Reflexionen über personengebundenes *tacit knowledge* im Zusammenhang mit der Nicht-Imitierbarkeit von Ressourcen (Winter 1987) für die Thematisierung unterschiedlicher Interessen fruchtbar machen. Allein bei *Ansoff* (1984: 385ff.; Ansoff & McDonnell 1990: 403ff.) findet sich explizit eine Problematisierung unterschiedlicher Interessen von Akteuren in strategischen Entscheidungsprozessen. Aber auch Ansoff ist weit davon entfernt, vom Topmanagement divergierenden Perspektiven ein eigenständiges Existenzrecht zu attestieren. Sein *management of resistance* dient einzig der Beseitigung einer weiteren Pathologie im strategischen Managementprozeß.

In der *rationalitätskritischen Organisationstheorie* wird das Thema unterschiedlicher Perspektiven und Interessen in doppelter Weise angesprochen. Unterschiedliche Perspektiven werden explizit in der gemeinsamen Basis aller dieser Theorien thematisiert, in Simons Konzeption der begrenzten Rationalität (Simon 1981). Simon spricht davon, daß jeder Akteur auf der Basis eines individuellen Modells der Situation agiert. Bei

Lindblom (1959) und stärker noch bei Cyert und March (1963) werden unterschiedliche Interessen thematisiert. Allen diesen Theorien ist jedoch gemeinsam, daß sie zwar zunächst unterschiedliche Perspektiven und Interessen konstatieren, aber nur um die angelegten Konflikte sofort wieder durch Identifikation jeweils unterschiedlicher Mechanismen der problemlosen Integration des Individuums in die Organisation harmonistisch aufzulösen (vgl. 1.3; Becker, Küpper & Ortmann 1988; Ortmann 1976; Ortmann et al. 1990). Sowohl hier wie auch in den präskriptiven Ansätzen ist das Problem der Integration von Akteur und Organisation, das habe ich bereits in 1.4 deutlich gemacht, vernachlässigt bzw. bagatellisiert worden. Als Konsequenz konnte auch das Problem der unterschiedlichen Perspektiven nicht als zentrales Problem für die Konzeption von Rationalität erkannt werden. Die einzige Ausnahme bilden hier Crozier und Friedberg (1979), deren Theorie eine weitgehende Kompatibilität mit der Theorie der Strukturation auszeichnet.

Die bei Simon implizierte Idee der unterschiedlichen Perspektiven ist von Perrow (1983; 1989) aufgenommen und weiterentwickelt worden. Perrow diskutiert die Ursachen von Unfällen in großtechnischen Systemen und führt sie auf das Vorherrschen einer *design logic* zurück (vgl. 2.2.4). In diesem Zusammenhang setzt er der von ihm so genannten „absoluten Rationalität" des Ingenieurs eine „soziale Rationalität" entgegen. Soziale Rationalität meint auf einer inhaltlichen Ebene zunächst die Einbeziehung sozialer Kosten und sozialen Nutzens in die Entscheidungsprozesse über risikobehaftete Technologien. Auf einer formalen Ebene meint soziale Rationalität eine Rationalität, die auf der Einbeziehung unterschiedlicher Perspektiven und Interessen beruht. Ein die unterschiedlichen Perspektiven einbeziehender Entscheidungsprozeß sei angemessener, denn „unsere gemeinsame Welt wird unermeßlich reicher, weil jeder von uns seine eigenen Fähigkeiten und Wahrnehmungen hat. (Das gilt natürlich nur, wenn jeder von uns die Vorzüge der Sichtweise des anderen anerkennt.)" (Perrow 1989: 377) Bezogen auf großtechnische Systeme zielt Perrow dabei insbesondere auf unterschiedliche Zielsetzungen bezüglich ihrer Sicherheit; erfahrungsgemäß haben die beteiligten Ingenieure und Promotoren hier andere Präferenzen und Einschätzungen als die betroffenen Laien.

Diese Argumentation Perrows läßt sich mit meiner Diskussion über die Zuverlässigkeit des in organisationalen bzw. strategischen Entscheidungsprozessen angewandten Wissens vereinbaren. In strukturationstheoretisch-konstruktivistischer Perspektive muß und kann man den von Perrow angesprochenen Sachverhalt allerdings schärfer fassen. Bei seiner Diskussion der Pluralität von Perspektiven herrscht eher eine moralische Konnotation vor, die nicht zuletzt in dem etwas hilflos wirkenden Einschub in Klammern in dem angeführten Zitat zum Ausdruck kommt. Auf der Basis des radikalen Konstruktivismus kann man hingegen formulieren, daß eine Pluralität von Perspektiven eine notwendige Bedingung für die doppelte Viabilität und damit Zuverlässigkeit von Wissen ist. Ihre Anerkennung wird damit zur Bedingung der Rationalität strategischer Entscheidungsprozesse. Für strategische Entscheidungsprozesse ist hier besonders auf die Bedeutung der Perspektiven der Routineakteure abzuheben. Sie sind in aller Regel sowohl diejenigen, die bei diesen Prozessen, häufig bewußt, ausgeschlossen werden, als auch die, deren Wissen in der Implementationsphase von besonderer Relevanz ist.

Mit Hilfe der Strukturationstheorie der Organisation hingegen läßt sich einerseits erklären, warum sich in konkreten Entscheidungsprozessen welche Perspektiven durchsetzen konnten. Strukturationstheoretisch betrachtet ist die Unterdrückung relevanter Perspektiven mikropolitisch logisch und wahrscheinlich. Andererseits erklärt die Theorie der Strukturation mit Hilfe des Konzeptes der *dialectic of control* auch, in welcher Weise das so ausgegrenzte Wissen und die unterdrückten Interessen sich dennoch im strategischen Entscheidungsprozeß artikulieren können. Das geschieht dann aber häufig nicht mehr in einer reflektierten, sondern in einer schwer kontrollierbaren Art und Weise. Insbesondere Routineakteuren gilt oft als einzige ihnen verbliebene Möglichkeit der Durchsetzung ihrer (aus der Perspektive des externen Beobachters häufig relevanten) Interessen eine mehr oder minder verdeckte Obstruktionspolitik. Analog zum aus der Psychoanalyse bekannten Phänomen der „Wiederkehr des Verdrängten" (vgl. Laplanche & Pontalis 1980: 631f.) kann man für organisationale Entscheidungsprozesse eine Tendenz der „Wiederkehr der verdrängten Perspektiven und Interessen" konstatieren. Gerade das kann in der Kleinarbeitung von großen Projekten im *day-to-day-bargaining* durchaus zur *Etablierung von Rationalität* führen - siehe die entstehenden lokalen Rationalitäten im Falle des Pumpenherstellers (vgl. Box 12). Mikropolitisches Agieren kann somit sowohl zur Verhinderung als auch zur Produktion von Rationalität führen. Was von beidem geschieht, das ist letztlich eine empirische Frage. Die *dialectic of control* kann damit erklären, warum die Rationalität nicht nur strategischer Entscheidungsprozesse stets prekär ist. Deutlich wird hier aber auch noch einmal, warum Rationalität von so großer Relevanz für den Unternehmenserfolg ist: Rationale Entscheidungsprozesse zeichnen sich dadurch aus, daß ihre Wissensbasis zwar nicht vollständig oder objektiv „richtig" ist, aber doch zumindest doppelt viabel.[48]

Box 13

Beispiele für die nicht gelungene Integration von relevanten Perspektiven lassen sich im Fall des Pumpenproduzenten allenthalben dokumentieren. Das prägnanteste Beispiel ist sicherlich der beschriebene circulus vitiosus *des Handelns von EDV- und Fachabteilungen (vgl. Box 2). Hier stehen sich die divergierenden Perspektiven der Akteure bzw. Gruppen diametral entgegen. Aus der Beobachterperspektive ist überdeutlich, daß die gegenseitige Akzeptanz der Perspektiven und des jeweiligen Fachwissens notwendige Bedingung für ein Gelingen des Projektes ist. Deutlich ist außerdem in dieser Perspektive, daß das Wissen der Fachabteilungen in diesem Fall das zutreffendere ist - zumindest, was die Praxis der Produktionsplanung und -steuerung angeht, die ja Gegenstand des Projektes ist. Dieses Wissen erweist sich in der Perspektive des externen Beobachters als doppelt viabel.*

Hier läßt sich allerdings auch zeigen, wie die unterschiedlichen Beobachterperspektiven das Urteil beeinflussen. Aus ihrer jeweils eigenen Perspektive handeln die fokalen Akteure jeweils auf der Basis doppelt viablen Wissens. Sie wissen, daß die jeweils andere Gruppe über ein anderes Wissen und eine andere Perspektive auf das gleiche Geschehen verfügt. Das ist jedoch konsistent erklärbar mit den zugeschriebenen jeweils unterschiedlichen Interessen und Motiven: Aus der Perspektive der Fachabteilungen erscheint die EDV-Abteilung als machtgierig, inkompentent in bezug auf die Arbeitsgebiete der Fachabteilungen und auf die „Firma A" fixiert. Daraus ist konsistent zu erklären, wieso hier unterschiedliche Sichtweisen vorliegen; das eigene Wissen kann als doppelt viabel gelten, weil es an der kognitiven Konstruktion des Wissens der anderen Gruppe überprüft wurde. Für die Akteure aus der EDV-Abteilung gilt das entsprechende. Verstärkt wird diese doppelte Viabilisierung des jeweils eigenen Wissens durch gruppen- bzw. abteilungsinterne wechselseitige Bestätigung.

Aus der Perspektive des externen Beobachters wird verständlich, wieso die Akteure nicht in der Lage sind, die jeweils andere Perspektive überhaupt als berechtigte wahrzunehmen; die Strukturen des circulus vitiosus *sind Ergebnis jahrelanger Strukturationsprozesse (*bounded knowledgeability, *vgl. 2.1.3). Es kann den Perspektiven der Akteure daher*

48 Dabei darf natürlich auch eine mikropolitische Implikation nicht unterschlagen werden. Die Anerkennung unterschiedlicher Perspektiven enthält ein großes Konsens- und Identifikationspotential und kann damit entscheidend zur Produktion von *commitment* beitragen.

durchaus eine interne Konsistenz attestiert werden. Allerdings scheint es m. E. nicht prinzipiell außerhalb ihrer Möglichkeiten zu liegen, die jeweils andere Perspektive etwa in bezug auf ihre Konsistenz zu dritten Positionen - etwa die einschlägige Fachliteratur oder andere Experten - zu überprüfen. Das gilt im übrigen aus der Perspektive des externen wissenschaftlichen Beobachters wesentlich stärker für die Akteure der EDV-Abteilung als für die der Fachabteilungen. Hier kommen also der externe Beobachter und die fokalen Akteure zu unterschiedlichen Rationalitätsurteilen.

Gerade an den Interaktionen und mikropolitischen Prozessen im Projektteam für die Implementation des PPS-Systems läßt sich auch zeigen, daß via dialectic of control *die Akteure gezwungen werden können, sich mit der Perspektive anderer auseinanderzusetzen. Unterdrückte relevante Perspektiven verschaffen sich auf diesem Wege Geltung (vgl. z. B. die in Box 7 dargestellte Auseinandersetzung um die Durchlaufzeitformel). Im Prozeß der Implementation des PPS-Systems sorgen mikropolitische Mechanismen dafür, daß sich die Chance auf zumindest eine lokale Rationalität erhöht.*

Das alles bedeutet allerdings keinesfalls, daß die Rationalität von strategischen Entscheidungsprozessen auch den Unternehmenserfolg garantiert. Die doppelte Viabilität des Wissens muß deutlich unterschieden werden von der („einfachen") Viabilität organisationaler Strategien bzw. strategischen Handelns des Unternehmens. Viabilität meint ja nichts anderes als Lebensfähigkeit; sie resultiert aus einem Passen eines Organismus oder eben einer Organisation in ihre Umwelt (vgl. 3.1.1).[49] Beschreibt der Begriff der Strategie das Muster jener organisationalen Praktiken, die den Aufbau, die Sicherung und den Ausbau organisationaler Handlungsmöglichkeiten betreffen, so bedeutet die *Viabilität von Unternehmensstrategie* nicht mehr als daß die Strategie bisher offensichtlich genau das geleistet hat: Das Unternehmen ist handlungsfähig geblieben. Genauer müßte man sagen: Ein unternehmensinterner oder -externer Beobachter kommt zu dem Schluß, daß das Unternehmen weiterhin handlungsfähig ist. Die Zurechnung der Handlungsfähigkeit auf bestimmte Entscheidungsprozesse ist dabei allerdings nicht objektiv und

---

[49] Insofern kann man von der Viabilität einer organisationalen Strategie in begrenzter Weise auf die einfache Viabilität des Wissenspotentials schließen: Das Wissen war bis zum Betrachtungszeitpunkt offensichtlich viabel, d. h. so angemessen, daß viable Strategien auf ihm aufbauen konnten. Nicht beachtet ist bei diesem Schluß allerdings die Frage der Zurechenbarkeit des Erfolges auf das strategische Handeln des Unternehmens. Im strengen Sinne des Konzeptes der Viabilität ist das aber auch eine zweitrangige, wenn nicht gänzlich uninteressante Frage.

eindeutig möglich. Hier gelten natürlich alle Einschränkungen der Erkenntnismöglichkeiten, denen sich die organisationalen Akteure ausgesetzt sehen. Solange aber diese Zurechnung als viable Interpretation des Geschehens aufrecht erhalten werden kann, kann man sagen, daß strategische Entscheidungsprozesse hier offensichtlich dazu geführt haben, daß das Handeln des Unternehmens viabel ist. Ob diese Entscheidungsprozesse allerdings rational gewesen sind, ist dann ein zweites Problem, da die Resultate des Handelns nicht nur vom Handeln des Unternehmens selbst abhängig sind. Die Interaktion mit anderen Organisationen und der Zufall spielen hier ebenfalls eine Rolle. Gleichwohl ist es natürlich plausibel anzunehmen, daß die Rationalität eines Entscheidungsprozesses seine Erfolgswahrscheinlichkeit erhöht. Sie ist nur keine Erfolgs*garantie*, wie es das klassische Rationalmodell suggeriert.

Es gibt allerdings durchaus spezifische Viabilitätsanforderungen für Unternehmen im kapitalistisch-marktwirtschaftlichen System (das folgende nach Ortmann 1995l; vgl. auch 2.2.2). Sie sind in ihren Grundzügen im erwerbswirtschaftlichen oder Wirtschaftlichkeitsprinzip formuliert. Dies stellt ein „zentrales Regulativ gesamtwirtschaftlichen wie einzelwirtschaftlichen Geschehens in marktwirtschaftlichen Wettbewerbssystemen“ dar und ist „in der Konstruktion dieser Systeme begründet.“ (Gutenberg 1984: 5) Das erwerbswirtschaftliche Prinzip ist also ein Strukturmoment oder eine Institution im Sinne von Giddens. Es kann als solches nicht beliebig hintergangen werden.

> „Das aber bedeutet, daß das Glasersfeldsche 'Durchkommen', daß Viabilität innerhalb der kapitalistischen Ökonomie einen spezifischen Sinn erhält. Nicht, daß hier nur der 'durchkäme', der 'mit allen Mitteln' und 'um jeden Preis' auf rastloser Jagd nach Profit wäre; wohl aber gehört die Orientierung am erwerbswirtschaftlichen Prinzip und an den darin implizierten Geboten der Steigerung, der Überbietung, der Rationalisierung … zu den Überlebenserfordernissen der Unternehmung … in einem solchen System.“ (Ortmann 1995: 121f.)

Allerdings, und darum dreht sich der zitierte Aufsatz von Ortmann in seinem Kern, ist das Wirtschaftlichkeitsprinzip nicht der autonome Urgrund, aus dem alle wirtschaftlichen und strategischen Handlungen bloß abgeleitet sind. Es unterliegt ebenfalls der bereits dargestellten Logik der Ergänzung. Es ist zunächst einmal eine Leerformel, die durch das aus ihm abgeleitete Agieren der Unternehmen und Akteure erst spezifiziert und inhaltlich gefüllt wird (ebd.: 108f.). So ist die Bestimmung der Produktivität oder der Wirtschaftlichkeit etwa eines Produktionsprozesses ein sozialer und interpretativer Prozeß, der sich über alle Dimensionen der Dualität von Struktur erstreckt. Ortmann demonstriert am Beispiel der Produktion des Pflanzenschutzmittels Lindan, daß die Bestimmung von Input und Output und ihre ökonomische Bewertung keineswegs problemlos und objektiv erfolgen kann, sondern vom interpretierenden und sanktionierenden Handeln von Akteuren und Organisationen abhängig sind. Außerdem weist Ortmann auf die Bedeutung des institutionellen Rahmens, etwa gesetzlicher Vorschriften, für die Wirtschaftlichkeitsbestimmung hin (ebd.: 98ff.). Er spricht daher in Anlehnung an Fligstein (1990) von der sozialen Konstruktion von Effizienz.[50] Die Theorie der Strukturation lehrt, daß solche Strukturmomente zwar nicht unhintergehbar sind, doch ein relativ großes raum-zeitliches Beharrungsvermögen aufweisen.

Rationales Handeln im Rahmen strategischer Entscheidungsprozesse muß daher also diese Viabilitätserfordernisse in Rechnung stellen. Das bedeutet aber, das sei noch einmal betont, weder, daß die Rationalität von strategischen Entscheidungsprozessen am Erfolg der Strategie bzw. des Unternehmens gemessen, noch daß eine eindeutige Bestimmung ökonomisch optimaler Strategien vorgenommen werden könnte.

Rationalität ist zunächst einmal ein formales Konzept. Konkrete inhaltliche Aussagen darüber, unter welchen Umständen ein strategischer Entscheidungsprozeß rational ist, können hier naturgemäß nicht getroffen werden. Das ist Aufgabe der empirischen Untersuchung konkreter Fälle. In allgemeiner Hinsicht kann nur noch einmal resümiert werden, daß die

---

50 Instruktiv ist in diesem Zusammenhang auch der Fall der Durchsetzung der uns heute vertrauten Schreibmaschinentastatur. Sie setzt sich durch, obwohl sie im Vergleich zu anderen Tastaturen (mit anderen Buchstabenanordnungen) technisch wesentlich ineffizienter ist. Ein anfänglich eher zufällig entstandenes Übergewicht entwickelt sich in einem rekursiven Zirkel zum Industriestandard: Arbeitskräfte werden an dieser Tastatur ausgebildet und die Unternehmen beschaffen entsprechende Schreibmaschinen; das führt dazu, daß folgende Generationen von Schreibkräften wiederum an der Tastatur ausgebildet werden usw. Relativ schnell verhindern die mit der Investition in eine bestimmte Technologie verbundenen *sunk costs* die Durchsetzung einer technisch effizienteren Technologie: institutionelles *lock-in* (Ortmann 1994 mit Bezug auf David 1986).

Rationalität strategischer Entscheidungsprozesse stets durch ein Beobachterurteil attestiert wird, das sich auf zwei Aspekte erstreckt: die Balancierung strategischer Zielsetzungen und strategischen Handelns sowie die Einbeziehung der relevanten Pespektiven als Indikator für die doppelte Viabilität des angewandten Wissens.

Box 14

Versucht man eine Gesamtwürdigung des Falles vorzunehmen, überwiegt zunächst der Gesamteindruck, daß das Logistikprojekt ein Desaster war: Am Ende der Untersuchungen, die sich auf eine Periode von ca. 5 Jahren erstrecken, existiert bzw. läuft - gemessen an den Zielsetzungen (Box 12) - nur wenig. Ist der Prozeß also als nicht-rational zu beurteilen? Das Rationalitätsurteil sollte sich auf zwei Ebenen beziehen: die Gesamtprojektebene und die Ebene von Teilprojekten.

Die etwas eigenwillige Genese der ursprünglichen Zielsetzungen und damit des Gesamtlogistikprojektes kann zunächst - entgegen des ersten Eindruckes - durchaus als rational beurteilt werden. Unter der Zielsetzung der Erhaltung des Unternehmens erscheint zunächst das „Aus-dem-Fenster-lehnen" als ein angemessenes Mittel. Es basiert auf einer auch aus der Perspektive des externen Beobachters doppelt viablen Definition der Situation. Die sich anschließende Ausarbeitung der Planungen muß allerdings mit mehr Skepsis beurteilt werden. Es dominiert hier ein nicht weiter reflektierter technological *und* control fix, *der für die Managementlogik charakteristisch ist (vgl. Becker & Ortmann 1994; Ortmann et al. 1990: 438ff.). Auch der mit der Ausarbeitung der Konzeption des Projektes befaßte Unternehmensberater deutet an, daß die sogenannte „kleine Lösung" vermutlich die sinnvollere Alternative gewesen sei. Sie hatte allerdings auf Grund der herrschenden Leitbilder und der Einschätzung der Position des Konzernbereichsvorstandes bei den Promotoren keine Chance. Angesichts des bekannten Interesses des Konzernbereichsvorstandes an der Erhaltung des Unternehmens wäre eine Nachverhandlung mit dem Ziel der nachträglichen Verkleinerung des Projektes in der Einschätzung des externen Beobachters mindestens einen Versuch Wert gewesen. Hier erscheint die Zweck/Mittel-Balancierung nicht gelungen. Die Integration relevanter Perspektiven ist ebenfalls nicht ausreichend; insbesondere die mangelnde Fachkompetenz in bezug auf die Anforderungen von Produktionsplanung und -steuerung macht sich negativ bemerkbar.*

In bezug auf die Teilprojekte kommt man zu einem widersprüchlichen Rationalitätsurteil. Hier gelingt die Zweck/Mittel-Balancierung offensichtlich in Teilen wesentlich besser und die ausgegrenzten Perspektiven machen sich bei der Kleinarbeitung der Projekte aus mikropolitischen Gründen geltend. Daß das aber noch keine Garantie für die Viabilität der erarbeiteten Lösungen ist, zeigt die Handhabung der weiterhin bestehenden strukturellen Widersprüche zwischen den einzelnen Spielen der Fertigungssteuerung, Lagerhaltung und Materialwirtschaft. Nachdem der ursprüngliche eher informelle Regelungsmechanismus zerstört ist, gelingt es zumindest bis 1990 nicht, einen neuen auf der Basis der EDV-Systeme funktionierenden zu etablieren. In der Tendenz scheint sich aber 1990 eine Reduktion der ehrgeizigen Ziele des Projektes anzudeuten: Die Ziele werden den Problemen der Mittelebene angepaßt. Für die Produktionsplanung und -steuerung bedeutet das etwa die - mindestens vorläufige - Akzeptanz der zentralen Rolle der Fertigungssteuerleute und des Instrumentes der Zwangsfreigaben.

Insgesamt kann man in diesem Falle wohl kein einheitliches Rationalitätsurteil fällen. Eher hat man es zu tun mit einer Mischung von rationalen und nicht-rationalen Elementen, Phasen und Sequenzen zu tun. Wie jeder strategische Entscheidungsprozeß, so ist auch dieser ein Prozeß der ständigen Handhabung unvorhergesehener Handlungsfolgen; die Logik der bricolage *ist auch hier gültig. Ein Gesamturteil kann also nicht lauten: Der Prozeß war rational oder nicht-rational. Vielmehr wird eine ausführliche Analyse der Rationalität eines strategischen Entscheidungsprozesses darin bestehen, rationale und nicht-rationale Aspekte des Prozesses aufzuweisen. Dazu fehlt an dieser Stelle allerdings der Raum. Der Gesamteindruck des skizzierten Falles ist jedenfalls für den externen Beobachter der, daß nicht-rationale Aspekte insgesamt überwiegen.*

3.3.2 Planungsphilosophie und Rationalität strategischer Planung

Strategische Planung ist eine institutionalisierte Technik (Meyer & Rowan 1977: 344). Als Sonderfall strategischer Entscheidungsprozesse zeichnen sich strategische Planungsprozesse insbesondere durch hohe Grade an Formalisierung und Diskursivität aus, wobei die Formalisierung zu einer Erhöhung der Diskursivität beiträgt. Sie zwingt nämlich zur expliziten Formulierung beispielsweise von Wirtschaftlichkeitsabschätzungen, Phasenplänen, Zwischenergebnissen etc. Die verschiedenen Konzeptionen des strategischen Managements stellen eine Vielzahl von formalisierten Instrumenten zur Verfügung, auf die die Planer sich im Zuge ihres Handelns beziehen können. Diese Instrumente und Methoden der strategischen Planung sind Versuche der Operationalisierung des synoptischen Rationalmodells. An dieser Stelle soll es darum gehen, den strategischen Planungsprozeß im Lichte der strukturationstheoretisch-konstruktivistischen Rationalitätskonzeption zu diskutieren.

Das hier entwickelte Rationalitätskonzept ist *deskriptiv*. Die Rationalität strategischer Planung wie jeglichen Handelns kann nur retrospektiv zuverlässig beurteilt werden. Da es im Sinne der Strukturationstheorie der Organisation keine strukturelle Determination organisationaler Prozesse im strengen Sinne geben kann, also der Verlauf von Entscheidungsprozessen stets kontingent sein muß, *kann Rationalität niemals ex ante zuverlässig diagnostiziert oder garantiert werden*. Das bedeutet, daß sich aus dem strukturationstheoretisch-konstruktivistischen Rationalitätskonzept kein allgemeingültiges präskriptives Konzept strategischer Planung bzw. strategischen Managements ableiten läßt. Handlungsempfehlungen müssen sich auf die grundlegende Haltung der planenden Akteure beschränken. Ich werde mich daher im folgenden auf das konzentrieren, was man in Anlehnung an den Begriff der Managementphilosophie (Staehle & Sydow 1992) am ehesten die *Planungsphilosophie* nennen kann. Schreyögg (1984: 138) verwendet dafür den Begriff der Planungsrationalität im Sinne einer „*Grundhaltung* ... des Herangehens an Planungsaufgaben" (Hervorh. im Orig.). Wie für die Strukturationstheorie der Organisation im allgemeinen (Becker & Ortmann 1994: 230), gilt somit auch für das Konzept der Rationalität strategischer Planungs- und Entscheidungsprozesse, daß es kein Rezeptwissen zur Verfügung stellen kann. Ich sehe also die Praxisrelevanz des Rationalitätskonzeptes nicht darin, daß auf seiner Basis neue Planungsinstrumente entwickelt werden könnten oder müßten. Vielmehr bildet es die Basis für die *systematische Reflexion der Anwendungsbedingungen* der strategischen Planung. Dies kann an dieser Stelle allerdings nur grob skizziert werden.

Die Anerkennung der Rekursivität von Zwecken und Mitteln verweist auf die grundsätzliche Kontingenz des Planungsprozesses. Instrumente und Methoden des strategischen Managements stellen - in klassisch präskriptiver Perspektive - die Mittel der Zielverwirklichung in doppelter Hinsicht dar. Sie sind nicht nur in einem unmittelbaren Sinne strategische Mittel, sondern zugleich in einem mittelbaren: Sie dienen zugleich der Auswahl der instrumentellen Handlungen und Strategien zur Erreichung der strategischen Ziele; sie sind also auch Mittel der Mittelwahl. In strukturationstheoretischer Perspektive werden nun auch die strategischen Ziele disponibel; sie können nicht mehr als unhinterfragbare Fixpunkte des strategischen Planungsprozesses gelten. Daß das Handeln des Unternehmens in einem rekursiven Verhältnis zur Strategie als Handlungsmuster und damit auch zu strategischen Zielen steht, habe ich häufig genug betont. Das gleiche gilt nun auch für den Einsatz von Planungsinstrumenten. Er bildet ja einen konstitutiven Bestandteil vieler strategischer Entscheidungsprozesse. So wird beispielsweise an der Portfolio-Methode kritisiert, daß sie sich zu einseitig auf finanzielle Parameter beziehe und Branchenspezifika außer acht lasse (Porter 1987b). Entsprechend werden rein finanzielle Zielsetzungen durch diese Methode rekursiv verstärkt bzw. induziert, indem die Aufmerksamkeit der Planer auf finanzielle Größen konzentriert wird. Strategische Planungsinstrumente dienen als Interpretationshilfen; sie selegieren bestimmte Phänomene und vernachlässigen andere. Ist diese Selektivität zunächst in aller Regel durchaus gewollt, so wirkt sie dann aber rekursiv zurück auf die Möglichkeiten der Zielformulierung, eröffnet bestimmte Möglichkeiten und schließt andere aus.

Eine strukturationstheoretische Perspektive erhellt also das rekursive Verhältnis von strategischen Zielsetzungen, Planungen und Handlungen. Die damit implizierte Kontingenz strategischer Problemlösungen muß reflektiert werden. Diese Reflexion bildet auf der einen Seite das Gegengift gegen vermeintliche Sachzwanglogiken und *one best ways*. Sie kann das Mittel bilden, um Betriebsblindheit, das unreflektierte „weiter so" zu vermeiden. Auf der anderen Seite kann die Reflexion von rekursiven Zirkeln und Kontingenzen lähmen. Brunsson (1982) weist ja im Zusammenhang mit der Diskussion der Handlungsrationalität darauf hin, daß die ausführliche Reflexion im Rahmen der Entscheidungsrationalität die Gefahr der Handlungsunfähigkeit in sich birgt. „Paralyse durch Analyse" hat beispielsweise Ansoff das genannt (Ansoff & McDonnell 1990: 18). Außerdem kann eine nicht endende Reflexion strategischer Planer mit erheblichen Transaktions- und - angesichts immer kürzerer Innovations- und Produktlebenszyklen - insbesondere Opportunitätskosten verbunden sein. *Handlungsrational* ist dann ein „Stillstellen der Rekursivitäten", d. h. zu handeln *als ob* Zwecke fixiert und Mittel eindeutig aus ihnen abzuleiten seien. Damit können die Planungstechniken in ihr Recht gesetzt werden: nicht als universelle und stets angemessene Optimierungstechniken, sondern als *Instrumente, um zeitweise die rekursiven Schleifen und Kontingenzen zu suspensieren*, um gezieltes strategisches Agieren vieler zu ermöglichen. Handhabung der Rekursivität von Zwecken und Mitteln bedeutet auch, im rechten Moment diese Rekursivität zu ignorieren.

Zu einer vergleichbaren Schlußfolgerung kommt man in bezug auf die Pluralität von Perspektiven und die doppelte Viabilität des strategischen Planungswissens. Aus der Theorie des radikalen Konstruktivismus habe ich die Forderung nach der doppelten Viabilität des Wissens der strategischen Planer abgeleitet. In strategischen Planungs- und Entscheidungsprozessen kann diese nur durch die Beachtung der unterschiedlichen relevanten Perspektiven sichergestellt werden. Das läuft darauf hinaus, daß von den Planern eine kritische Distanz zu ihrer eigenen Perspektive und zu ihren Planungen gefordert werden muß. Die Selbstreflexion geschieht durch Prüfung der Perspektiven und des Wissens anderer Akteure.

Diese Forderung muß in der Perspektive der Handlungsrationalität allerdings gleich wieder relativiert werden. Ich hatte bereits im Zusammenhang mit der Diskussion der Möglichkeit von Rationalitätsurteilen (in 3.2.1) auf einen infiniten Regreß hingewiesen, der auch für die Praxis strategischer Planungs- und Entscheidungsprozesse relevant ist: Man kann die Prüfung der doppelten Viabilität von Wissen prinzipiell unendlich weiterführen und die Viabilität der Viabilität der Viabilität etc. prüfen. Abgesehen davon, daß man niemals Sicherheit erlangen wird, entsteht hier sehr schnell das bereits erwähnte Kosten- und Zeitproblem. Der organisations-, abteilungs- oder projektteamweite Abgleich von Perspektiven ist sowohl zeitintensiv als auch kostenträchtig. Das kollidiert insbesondere damit, daß es in bestimmten Situationen geboten sein kann, schnell und ohne den Anschein eines Selbstzweifels zu entscheiden. Dies muß die pauschale Forderung nach Berücksichtigung möglichst vieler Perspektiven einschränken. Auch hier geht es im Lichte der strategischen Handlungsfähigkeit darum, einen rekursiven Zirkel (diesmal der Viabilitätsprüfung) stillzustellen. Die Anwendung von Techniken der strategischen Analyse kann nun wiederum genau diese Funktion erfüllen: Die Daten, die die Instrumente liefern, werden als doppelt viables Wissen behandelt. Dies gelingt u. a. deshalb, weil bzw. in dem Maße, wie sie unternehmensinterne Legitimität genießen.

Die Forderung nach Rationalität strategischer Planung steht, so läßt sich resümieren, vor dem gleichen Problem, das bereits Brunsson (1982, 1985) konstatiert hatte. Brunsson hatte diagnostiziert, daß die Entscheidungsrationalität als Richtschnur des Handelns deswegen versagt, weil die von ihr geforderte Analyse von Problem und Handlungsalternativen in bezug auf die Initiierung von Handeln kontraproduktiv wirkt; sie verunsichert die Akteure und führt nur zu einem geringen Ausmaß an kognitiver Teilung, *commitment* und Handlungsmotivation. Auch die hier reformulierte Rationalitätskonzeption ist gegen diese Kritik nicht gefeit. Die ausführliche Reflexion der Zweck/Mittel-Balancierung und der doppelten Viabilität des Wissens können, wie ich eben gezeigt habe, die gleiche negative Wirkung haben. Nun kann das Ziel aber nicht darin liegen, irgendetwas möglichst problemlos zu tun, sondern gerade im Bereich des strategischen Managements muß es natürlich darum gehen, „das richtige" (das viable) zu tun. Eine sinnvolle Handhabung von strategischer Planung muß daher einen Weg zwischen der Scylla des infiniten Regresses der Viabilitätsprüfung und der Carybdis der unangemessenen Routine finden. Es geht mit anderen Worten darum, den rekursiven Zirkel von Zwecken und Mitteln und den in der Viabilitätsprüfung angelegten Regreß an der „richtigen" Stelle abzubrechen.

Entscheidende Bedeutung kommt dabei der kognitiven Konstruktion der Entscheidungssituation durch die Akteure zu. Im Rahmen der strategischen Analyse entsteht ein Bild der Situation des Unternehmens. Wird die Situation als stabil bzw. als Routinesituation interpretiert, dann können organisationale Routinen fortgeschrieben werden. Der Reflexionsprozeß kann (und sollte) dann relativ schnell abgebrochen werden. Erst im Falle der Diagnose einer Nicht-Routinesituation muß es zu umfangreicheren Reflexionen über Zweck und Mittel und über die Angemessenheit des zur Verfügung stehenden Wissens kommen. Hier ist eine Parallele gegeben zu den Ausführungen Giddens' (z. B. 1984) über die Rationalisierung des Handelns und über die Differenzierung von *practical* und *discursive consciousness*: In den allermeisten Fällen kann ein rationaler Akteur routinisiert auf der Basis des handlungspraktischen Bewußtseins agieren, nur in Krisensituationen und auf Nachfrage greift er auf das diskursive Bewußtsein zu (vgl. 2.1.3). Ein rationaler strategischer Planungsprozeß zeichnet sich entsprechend nicht automatisch durch einen hohen Anteil von diskursiver Reflexion über die Wissensbasis oder über Zweck/Mittel-Beziehungen aus, sondern dadurch, daß dieser diskursive Anteil *dem routinehaften bzw. nicht-routinehaften Charakter der Situation angemessen* ist. Anders als im Rahmen des entscheidungsrationalen Modells können in strukturationstheoretisch-konstruktivistischer Perspektive routinisierte Planungs- und Entscheidungsprozesse durchaus rational sein.

Eine strukturationstheoretisch und radikal-konstruktivistisch orientierte Philosophie der strategischen Planung betont sowohl die Rolle der strukturellen Zwänge, denen die Planer unterworfen sind, als auch die Rolle der Planer selbst. Im Sinne der Theorie der Strukturation sind sie prinzipiell als *knowledgeable agents*, als kompetente Akteure zu betrachten.[51]

[51] Das ist natürlich ebenso eine methodische Fiktion, wie die Crozier/Friedbergsche Konzeption des rationalen Akteurs. Es wird den Beobachteten zunächst einmal unterstellt, daß sie wissen, was sie tun.

Damit läßt sich insbesondere wieder an Ansoff anknüpfen. Sein Konzept der *general management capability* (Ansoff & McDonnell 1990: 16ff.), mit dessen Einbau in strategische Konzeptionen er in seiner Historie der Managementsysteme den Übergang von der Phase der strategischen Planung zum strategischen Manangement kennzeichnet, stellt nämlich stark auf konkrete Personen ab. Neben der Macht- und der formalen Organisationsstruktur umfaßt sie: „qualifications and mentality of the key managers", „social climate (culture) within the firm" und die „capacity of general management to do managerial work" (ebd.:18), also eher „weiche" und gerade personengebundene Fähigkeiten und Qualitäten. Die Entwicklung der strategischen Managementkompetenz ist ein bedeutsamer strategischer Erfolgsfaktor. Auch Schreyögg (1987) weist ja darauf hin, daß den Planern ein erheblicher Einfluß auf die Strategieentwicklung eines Unternehmens zukommt, daß mithin die Personalfunktion im strategischen Management nicht einfach als nachgeordnete betrachtet werden dürfe.

Menschliche Kompetenz ist für den Prozeß der strategischen Planung damit in doppelter Hinsicht von zentraler Bedeutung. Einerseits sind es die Akteure, die die Instrumente der strategischen Planung konstruieren, also etwa Informationssysteme, Planungsmethodiken etc. entwickeln und einführen. Andererseits sind es aber auch Akteure, die die Informationen, die diese Instrumente liefern, wahrnehmen und interpretieren und auf der Basis dieser Interpretationen Entscheidungen fällen (vgl. auch Smircich & Stubbart 1985). Instrumente strategischer Planung sind Modalitäten der Strukturation, die im Zuge sozialer Praktiken angewandt werden. Dabei kommt der Kompetenz der Akteure für die angemessene Definition von Situationen eine Schlüsselrolle zu. Erfahrungswissen kann dabei zuverlässiger sein als hochformalisierte Informationssysteme, wie der Fall des Logistikprojektes zeigt. Das sollte vor dem hier zu Grunde gelegten theoretischen Hintergrund nicht mehr verwundern. Erfahrungswissen, Intuition,[52] ist Wissen, das sich in langjähriger Erfahrung als im großen und ganzen viables Wissen aufgebaut hat. Formali-

52 Perrow (1989: 372) versteht unter Intuition "eine unserem Bewußtsein verborgene Begründung dafür, daß bestimmte Dinge, die scheinbar nichts miteinander zu tun haben, kausal miteinander verknüpft sind." Im Sinne der Differenzierung des Bewußtsein im Rahmen der Theorie der Strukturation ist hier zu ergänzen: "unserem *diskursiven* Bewußtsein verborgen".

sierte Planungssysteme bilden nicht den einzigen Weg zu strategischen Entscheidungen auf der Basis doppelt viablen Wissens. Die personengebundenen Kompetenzen von Akteuren können das gleiche leisten. Genau das betont der *resource-based view* mit seiner Hervorhebung von *tacit knowledge* als strategischer Ressource (Nelson 1991; Winter 1987).

Damit stellt sich umso schärfer das Problem der Integration der Akteure, insbesondere der strategischen Planer, in das Unternehmen. In diesem Zusammenhang wird das Konzept der Organisationskultur (vgl. Dülfer 1988; Ebers 1985; Smircich 1983) für die Autoren der Lehrbücher zum strategischen Management interessant (so explizit Hinterhuber 1989b: 219ff.; vgl. stellvertretend für den St. Galler Ansatz Bleicher 1992: 153ff.). Organisationskultur soll, bewußt gestaltet, ein organisationsweit geteiltes „inneres Modell" (Simon 1981) produzieren und dadurch eine Integration der Perspektiven der Akteure herbeiführen. In diesem Zusammenhang steht auch die folgende Forderung von Smircich und Stubbart, die sie aus ihrer Anwendung des Weickschen Konzeptes des *enacted environment* ableiten (Weick 1985):

> „This appeal to strategic managers asks that they begin to think of themselves as playwrights more than as heroes, as creators rather than as co-aligners. (...) In addition, strategic managers may find that their most enduring strategic contributions rest with their unique roles as background-generators and context-composers, not on their direct roles as decision makers and commanders." (Smircich & Stubbart 1985: 734)

„Management of meaning" heißt das. Durch das Schaffen von Kontexten, Symbolen und Deutungsmustern sollen innerorganisatorische Perspektiven insbesondere hierarchisch nachgeordneter Akteure im Sinne des Managements vereinheitlicht werden. Dabei treten allerdings mindestens zwei entscheidende Probleme auf. Einerseits kann man kaum davon ausgehen, daß gerade in den Hierarchieebenen eines Unternehmens, an die hier offensichtlich gedacht wird, das obere und mittlere Management, die Übereinstimmung hinsichtlich der Perspektiven auf die Welt größer sei als anderswo (vgl. etwa die Fälle in Ortmann et al. 1990). *Management of meaning* in diesem Sinne setzt eine einheitliche Perspektive höherer Hierarchieebenen in Unternehmen voraus, die so selbstverständlich sicherlich nicht gegeben ist. Andererseits ist die bewußte Steuerung der Organisationskultur problematisch (vgl. kritisch dazu Greipel 1988; Krell 1991; Schreyögg 1988; Ulrich 1984). Werte und

Normen lassen nicht einfach verordnen. Und durch die Komplexität der Handlungssituation und die *dialectic of control* ist der Ausgang solcher Beeinflussungsversuche wiederum kontingent.

Nun existieren in Unternehmen trotz aller Kontingenz durchaus *geteilte Perspektiven und Interpretationen*. Der Grund dafür liegt in der Dualität von Struktur und in der strukturellen Begrenztheit des Wissens (vgl. 2.1). Von besonderer Relevanz im Rahmen strategischer Entscheidungsprozesse sind allerdings die unterschiedlichen Perspektiven von Akteuren unterschiedlicher Unternehmensbereiche, Abteilungen etc. Eine strukturationstheoretisch angeleitete Analyse deckt auf, daß es sich häufig um strukturell angelegte Konflikte zwischen unterschiedlichen Logiken handelt, nach denen etwa verschiedene Abteilungen arbeiten (vgl. Becker & Ortmann 1994; Ortmann et al. 1990). Konflikte zwischen Innovation und Routine sind nur ein Beispiel, der klassische Widerspruch zwischen Ansprüchen an die Kostensenkung im Bereich der Lagerhaltung und an die Flexibilität im Absatzbereich sind ein anderes. Das läßt sich zwar im Zuge von *just-in-time* und *lean management* unterlaufen, aber nur um den Preis neuer Widersprüche, etwa zwischen Kostensenkung und Autonomie.

Die Forderung nach Berücksichtigung der Pluralität von Perspektiven im Planungsprozeß hat hier eine zweite Wurzel neben dem radikalen Konstruktivismus. So verlockend (und einfach) es erscheint, die unterschiedlichen Perspektiven mit dem Hinweis auf den radikalen Konstruktivismus zu personalisieren, so falsch ist diese Strategie auch. Die Piagetsche Theorie der Wissensentstehung lehrt ja gerade, daß Wissen in der Auseinandersetzung mit der Welt entsteht - und eben nicht beliebig. Das habe ich mit Hilfe der Strukturationstheorie der Organisation dahingehend präzisiert, daß die Strukturen der Organisation und ihrer Subsysteme hier eine besondere Rolle spielen. Die Forderung nach Beachtung relevanter Perspektiven verweist daher auf die Notwendigkeit sorgfältiger Strukturanalyse. Personalisierung greift zu kurz.

So bleibt schließlich ein ambivalentes Bild. *Einerseits* ist es sinnvoll, unterschiedliche Perspektiven im Rahmen strategischer Planungsprozesse zum Zuge kommen zu lassen und diskursiv doppelte Viabilität der eigenen Konstruktionen von Wirklichkeit anzustreben; *andererseits* stehen dem möglicherweise erhebliche (Transaktions-) Kosten gegenüber und es werden gegebenenfalls erforderliche schnelle Entscheidungen unvertretbar verzögert. *Einerseits* mag es sinnvoll sein, die eigene Perspektive offenzuhalten; *andererseits* kann aber gerade dies verhindern, daß man in Routinesituationen auch routinisiert und damit effizient handelt. Was der radikale Konstruktivismus aber *auch* lehrt: Akteure lernen durch Erfahrungen. „Crafting Strategy", das Erkennen von „emerging patterns" (Mintzberg 1987), Erfahrungswissen (Böhle 1989; Böhle & Milkau 1988; Manwaring & Wood 1985), die „irrationale Wurzel" echter Führungsentscheidungen im Sinne Gutenbergs (1983: 7, 131), Heuristiken (Perrow 1989) - sie alle verweisen darauf, daß auch in Organisationen die Akteure *knowledgeable agents* (Giddens 1984) sind, die häufig genug wissen, was sie tun. Und:

> „Diese Heuristiken bewähren sich anscheinend deshalb, weil unsere Welt tatsächlich sehr lose gekoppelt ist und zahlreiche Spielräume und Puffer aufweist, die keine exakten Lösungen erfordern, sondern auch Näherungen zulassen." (Perrow 1989: 371)

Das läßt sich mit gleichem Recht auch umdrehen: „Die Welt ist so beschaffen, daß sie häufig keine exakten Lösungen *zuläßt*, sondern Näherungen *erfordert*." (Ortmann et al. 1990: 590; Hervorh. im Orig.)[53] Das Beispiel struktureller Widersprüche innerhalb von Unternehmen belegt dies. Daß die Welt tatsächlich Näherungslösungen und insbesondere nicht nur *eine* Lösung zuläßt, hat Sydow (1985; 1987) mit dem Konzept des Organisationsspielraumes deutlich herausgearbeitet. Und für den Bereich des strategischen Management weist Schreyögg (1984: 7) darauf hin, daß strategisches Handeln „notwendig Kontingenz, also Indeterminiertheit und somit die Existenz eines hinreichend großen Entscheidungs- und Aktionsspielraums der jeweiligen Firma" voraussetzt. Kontingenz ist damit eine Bedingung von strategischem Handeln. Die Rationalität strategischer Entscheidungsprozesse bezeichnet nichts anderes als eine besondere Qualität der konkreten Handhabung dieser Kontingenz. Weder gibt es dabei einen *one best way* strategischen Entscheidens, noch beinhaltet das Prädikat „rational" eine Erfolgsgarantie. Der Zusammenhang von Rationalität und Unternehmenserfolg ist - kontingent.

---

[53] Genau diese Idee liegt dem Konzept der losen Kopplungen in sozialen Systemen zu Grunde; vgl. z. B: Granovetter 1973; Orton & Weick 1990; Staehle 1991b; Weick 1976.

4 SCHLUSS: DIE SOZIALE KONSTRUKTION VON RATIONALITÄT

Je planmäßiger die Menschen vorgehen, desto wirksamer vermag sie der Zufall zu treffen.

F. Dürrenmatt (1962: 78)

Die präskriptiv orientierten Konzepte der Unternehmensstrategie reagieren, so habe ich im ersten Kapitel gezeigt, auf die Krise der klassischen Zweckrationalität mit einem „jetzt erst recht": Immer mehr, immer detailliertere, immer sensiblere Planungssysteme sollen dem strategischen Planer noch vollständigere und zuverlässigere Informationen noch früher zur Verfügung stellen. Als Symptome der Krise des Rationalitätskonzeptes hatte ich vier Probleme angeführt:

- In der Praxis des strategischen Managements ist man stets mit dem sogenannten *Implementationsproblem* konfrontiert: Strategische Planungen werden nur zu einem kleinen Teil in der intendierten Weise verwirklicht (Schreyögg 1984).
- Der empirische Nachweis, daß strategische Planung den Unternehmenserfolg positiv beeinflußt, konnte bislang nicht erbracht werden (Bresser & Bishop 1983; Mintzberg 1994; Starbuck 1985).
- Die Fähigkeit der Akteure zur Informationsverarbeitung ist - insbesondere gemessen an den Anforderungen der klassischen Zweckrationalität - eng begrenzt (*bounded rationality*, Simon 1981).
- Der Versuch, das Postulat *vollständiger* Information durch das Postulat *optimaler* Information zu ersetzen, führt in einen infiniten Regreß der Bestimmung der optimalen Information (Elster 1981; 1987).

Schon die beiden letztgenannten prinzipiellen Einwände gegen die klassische Rationalitätskonzeption machen deutlich, daß der von der präskriptiven Strategietheorie eingeschlagene Weg nicht eben sehr überzeugend ist. Aber auch ihr Gegenstück, die verhaltenswissenschaftliche Organisationstheorie, kommt in bezug auf das Rationalitätsproblem in Schwierigkeiten. An ihr habe ich insbesondere zwei Aspekte kritisiert:

- Mit dem immer radikaleren Abschied von der Vorstellung vollständig rationaler Entscheidungsprozesse, dem *Verschwinden der Rationalität in der Organisationstheorie*, geht dieser Richtung der Organisationstheorie auch die Möglichkeit verloren, angesichts der vielfach beschränkten Rationalität der Akteure die Fortexistenz von Organisationen zu erklären (Cohen, March & Olsen 1972).
- Die Rede von der begrenzten Rationalität (Simon 1981), der organisierten Anarchie (Cohen, March & Olsen 1972) oder der irrationalen Organisation (Brunsson 1985) zeigt, daß diese Theorietradition im Grunde genauso am klassischen Rationalitätsbegriff festhält, wie dies die präskriptive Theorie tut, mit dem Unterschied allerdings, daß sie sich negativ auf diesen Rationalitätsbegriff bezieht. *Eine positive Konzeption von Rationalität fehlt ihr.*

Ziel meiner Ausführungen war es, einen Begriff von Rationalität zu erarbeiten, der die Befunde der *behavioral theory* über die Grenzen der menschlichen Informationsverarbeitungskapazität als unhintergehbaren Teil der *conditio humana* akzeptiert. Ein für die Theorie wie für die Praxis des strategischen Managements brauchbares Konzept der Rationalität muß sich gerade an diesen empirisch gegebenen menschlichen Möglichkeiten positiv orientieren und sie als Ausgangspunkt nehmen, will es sich nicht von vornherein - als prinzipiell nicht realisierbar - dem nicht unberechtigten Vorwurf der Irrelevanz aussetzen.

Als Vorbedingung für die Neuformulierung des Rationalitätsbegriffes erwies es sich als notwendig, eine Reihe theoretischer Klärungen vorzunehmen (1.4). Insbesondere muß ein solcher neuformulierter Rationalitätsbegriff auf drei Theoriebausteinen aufbauen: einer *Theorie der Organisation*, die die Rekursivität von Handeln und Struktur konzeptionell klären kann, einer *Theorie intentionalen Handelns*, die Auskunft geben kann über die Rolle von Wissen und Zielen für das Handeln der strategischen Akteure sowie schließlich eine *Theorie der Macht* in Organisationen. Als brauchbar erwies sich dafür die Strukturationstheorie der Organisation (Becker & Ortmann 1994; Giddens 1984; Ortmann 1995b), die allerdings mit der Erkenntnistheorie des radikalen Konstruktivismus (Glasersfeld 1987i) verbunden werden mußte.

Im Zentrum des strukturationstheoretisch-konstruktivistischen Rationalitätsbegriffes stehen zunächst einmal die beiden fundamentalen Rationalitätskriterien, die Bedingungen, die erfüllt sein müssen, damit ein Handeln oder ein (strategischer) Entscheidungsprozeß als rational bezeichnet werden kann. Im Handeln bzw. im Entscheidungsprozeß muß erstens eine *Balancierung von Zwecken und Mitteln* gelingen. Ich spreche hier von Balancierung, weil Zwecke und Mittel in einer rekursiven Beziehung stehen. Zweitens muß das individuelle Handeln auf *doppelt viablem Wissen* bzw. der organisationale (kollektive) Entscheidungsprozeß auf der *angemessenen Berücksichtigung der relevanten Perspektiven, Interessen und Wissenbestände* basieren. Die beiden letzten Aspekte, die doppelte Viabilität des Wissens bei individuellen Entscheidungsprozessen sowie die Berücksichtigung relevanten Wissens, relevanter Interessen und Perspektiven, sind im Grunde strukturationstheoretisch und radikal-konstruktivistisch "aufgeklärte" Versionen des Konzeptes der begrenzten Rationalität. Die Idee der Rekursivität von Zwecken und Mitteln wurde in der hier verwandten Weise zuerst von Ortmann (1995h) in Anlehnung an das konstruktivistische Konzept der Logik der Ergänzung von Dupuy und Varela (1991) formuliert. Als einen organisationstheoretischen Vorläufer kann man sicherlich Hirschman (1967) bezeichnen.

Neben die substantielle Definition von Rationalität tritt aber noch die radikal-konstruktivistisch inspirierte Reflexion der Rolle des Beobachters bzw. des die Rationalität bestimmenden Akteurs. Die Zuschreibung von Rationalität ist ein Urteil eines Beobachters, sei es des fokalen Akteurs selbst oder eines Außenstehenden. Diese Einsicht ermöglicht es erstens, Rationalität nicht als objektiv feststellbare und unzweifelhafte Eigenschaft von Handeln oder Entscheidungsprozessen, sondern als Zuschreibung und damit als Konstruktion eines Beobachters zu betrachten. Das meint allerdings keineswegs, daß über ein Rationalitätsurteil nicht gestritten werden könnte. Im Gegenteil steht ein Beobachter in der Pflicht, sein Urteil zu begründen und abzusichern, d. h. es auf doppelt viables Wissen zu gründen. Daß man sich damit wiederum einen infiniten Regreß einhandelt - diesmal nicht einen der Bestimmung des optimalen Ausmaßes der Informationssuche, sondern einen der Bestimmung der doppelten Viabilität der Viabilität des Wissens - habe ich bereits dargestellt (3.2.1). Dieser Regreß erscheint allerdings deshalb besser zu handhaben, weil er nicht mit dem Anspruch auf Objektivität oder Optimalität belastet ist. Er kann „guten Gewissens" pragmatisch abgebrochen werden.

Andererseits erfordert die Reflexion der Rolle des Beobachters die Differenzierung in zwei Klassen von Rationalitätsurteilen: interne Rationalität, d. h. Rationalität in der Perspektive des fokalen Akteurs, und externe Rationalität, d. h. Rationalität in der Perspektive eines beobachtenden Dritten. Interne und externe Rationalität - genauer: Zuschreibung von Rationalität - können sich durchaus unterscheiden; keinesfalls stellt die externe die "eigentliche" Rationalität dar.

Die Rationalität strategischer Entscheidungsprozesse ist, wie jede Rationalität, eine soziale Konstruktion. Das beinhaltet drei Aspekte. Zunächst einmal ist Rationalität eine soziale Konstruktion in dem soeben beschriebenen Sinne: Sie wird im Urteil von Beobachtern attestiert. Daß verschiedene Beobachter zu dem gleichen Rationalitätsurteil kommen ist zwar möglich, häufig sogar wahrscheinlich; sicher und objektiv zwingend ist es allerdings nicht. Die Zuschreibung von Rationalität ist somit eine kognitive Konstruktion eines oder mehrer Beobachter.

Rationalität als soziale Konstruktion bedeutet aber noch mehr. Rationalität ist ein Interpretationsmuster und eine Norm. Im Sinne der Strukturationstheorie der Organisation stellt Zweckrationalität damit ein Strukturmoment des sozialen Systems Organisation dar. Als solches ist Rationalität rekursiv in die Reproduktion der Organisation und in das Handeln der Organisationsmitglieder eingebettet. Das gilt ganz offensichtlich für das klassische Rationalmodell, wie der *institutionalized organizations*-Ansatz (Meyer & Rowan 1977; Meyer & Scott 1983) und Brunsson (1993) dargelegt haben. Ich hatte oben (2.2.1) mit Bezug auf Frank (1992) sowie Frank, Gilovich und Regan (1993) darauf hingewiesen, daß Betriebswirtschaftslehre bzw. Ökonomie als akademische Institutionen offensichtlich recht erfolgreich darin sind, dieses Leitbild bei ihrer Klientel, den Studierenden, zu implementieren. Das ist aber nur die eine Seite der Medaille. Die andere ist die Tatsache, daß in der Praxis regelmäßig und notwendigerweise gegen dieses Leitbild verstoßen wird. Tatsächlich orientieren sich die strategischen Entscheider viel eher an der Logik der strategischen *bricolage* und beziehen sich auf „offizielle" Rationalitätsnormen eher in strategischer, legitimierender, Absicht. Ganz in diesem Sinne zitiert Weick (1987: 221) „DeBono's (1984: 143) statement that 'strategy (as rational plan, A. B.) is good luck rationalized in hindsight'". So bleibt die Idee der klassischen Zweckrationalität erhalten und wird gleichzeitig untergraben - soziale Konstruktion einer janusköpfigen Rationalität.

Soziale Konstruktion von Rationalität meint schließlich noch ein Drittes. Unternehmen produzieren die Umwelt, auf die sich ihre Strategien beziehen, und die Bedingungen strategischen Handelns, indem sie strategisch handeln (*enactment*, Weick 1985).[1] Ein strategischer Plan ist weder einfach *ex ante* rational oder nicht-rational, noch kann er beliebig *ex post* als rational oder nicht-rational klassifiziert werden, unabhängig davon, in welcher Weise das strategische Handeln die Handlungssituation beeinflußt. Strategische Pläne oder Intentionen funktionieren in dieser Hinsicht als selbsterfüllende Prophezeiungen.

> „The generic process involved is that meaning is produced because the leader treats a vague map or a plan as if it had some meaning, even though he knows full well that the real meaning will come only *when people respond to the map and do something*. The secret of leading (not only, A. B.) with a bad map is to create a self-fulfilling prophecy." (Weick 1987: 223; Hervorh. A. B.)

Der Sinn und die Rationalität strategischer Pläne und strategischen Handelns werden im strategischen Handeln selbst erst produziert. Die Akteure produzieren durch ihr Handeln die Voraussetzungen dafür, daß ihr Handeln als rational beurteilt werden kann. Ob und inwieweit dies jeweils gelingt, ist eine empirische Frage. Beliebig wird Rationalität damit allerdings nicht. Das verhindern zum einen die anderen beteiligten Akteure, Gruppen von Akteuren und Organisationen, die in die soziale Konstruktion von Unternehmensstrategie ebenfalls involviert sind. Zum anderen sind auch die Wissensbestände, auf die sich die Rationalitätsurteile stützen, zwar kontingent, aber eben keineswegs beliebig, weil sie rekursiv in den Prozeß der Strukturation des Unternehmens eingebettet sind.

Definiert man die Rationalität strategischer Entscheidungsprozesse in der vorgeschlagenen Weise, so hat man damit das Implementationsproblem, das ja einer der Anlässe der vorliegenden Arbeit war, natürlich nicht gelöst oder beseitigt. Wohl aber läßt es sich redefinieren und damit in seiner Bedeutung, wie ich meine, relativieren. In strukturationstheoretischer Perspektive ist das Implementationsproblem nichts anderes als die alltägliche Kleinarbeitung strategischer Pläne im strategischen Pro-

---

[1] Das ist jetzt von Ortmann und Zimmer mit Bezug auf den Institutionalismus thematisiert worden (Ortmann & Zmmer 1996; Zimmer 1996).

zeß. Nicht die Strategie scheitert, sondern allenfalls ein Plan. Die Strategie eines Unternehmens kann sogar gerade durch das Scheitern eines strategischen Planes erfolgreich werden. Was in synoptischer Perspektive Implementationsproblem heißt, heißt in strukturationstheoretischer Terminologie strategische *bricolage*, soziale Konstruktion von Unternehmensstrategie. Rationalität bestimmt sich ja gerade nicht durch die buchstabengetreue Umsetzung eines Planes, der alle Eventualitäten einkalkuliert. Rationalität wird in diesem Prozeß erst produziert, indem auf der Basis doppelt viablen Wissens tragfähige Problemhandhabungen, Zweck/Mittel-Balancierungen, geschaffen werden. Das kann durchaus befreiend wirken, wenn die Einsicht, daß strategische Pläne stets vorläufig sind, nicht damit verwechselt wird, daß Planung dann ja sowieso überflüssig sei. Ganz im Gegenteil sind strategische Pläne wichtige Instrumente der reflexiven Selbstregulation jeder Organisation, zumal von Unternehmen. Sie müssen aber *enacted,* in Szene gesetzt werden, und dieser Prozeß läßt eben die Pläne nicht ungeschoren. Genauso wie für die Beziehung von Rationalität und Überleben bzw. Unternehmenserfolg gilt für die Relation von Planung und Überleben bzw. Erfolg, daß sie lose gekoppelt sind. Der Zusammenhang zwischen Planung und Erfolg bleibt kontingent und damit, wie man so schön sagt, eine empirische Frage.

Literatur

Abell, D. F. (1980): *Defining the Business. The Starting Point of Strategic Planning*, Englewood Cliffs

Acham, K. (1984): Über einige Rationalitätskonzeptionen in den Sozialwissenschaften, in: Schnädelbach, H. (Hrsg.): *Rationalität. Philosophische Beiträge,* Frankfurt a. M.: 32-69

Aharoni, Y. (1966): *The Foreign Investment Decision Process*, Boston

Albert, H. (1992): Kritischer Rationalismus, in: Seiffert, H. & Radnitzky, G. (Hrsg.): *Handlexikon zur Wissenschaftstheorie*, München: 177-182

Amburgey, T. L. & Dacin, T. (1994): As the Left Foot Follows the Right? The Dynamics of Strategic and Structural Change, *Academy of Management Journal 37*: 1427-1452

Amit, R. & Shoemaker, P. J. H. (1993): Strategic Assets and Organizational Rent, *Strategic Management Journal* 14: 33-46

Anderson, J. R. (1989): *Kognitive Psychologie. Eine Einführung,* 2. Aufl., Heidelberg

Anderson, J. R. (1983): *The Architecture of Cognition*, Cambridge, Mass.

Andrews, R. A. (1987): *The Concept of Corporate Strategy,* 3rd Ed., Homewood, Ill.

Ansoff, H. I. (1965): *Corporate Strategy*, New York

Ansoff, H. I. (1976): Shortcomings of Strategic Planning, *International Management*, Sept. 1976: 45-47

Ansoff, H. I. (1977): The State of Practice in Planning Systems, *Sloan Management Review*, Winter 1977: 1-24

Ansoff, H. I. (1979a): The Changing Shape of the Strategic Problem, in: Schendel, D. & Hofer, C. W. (Eds.): *Strategic Management. A New View of Business Policy and Planning,* Boston: 30-44

Ansoff, H. I. (1979b): *Strategic Management*, London

Ansoff, H. I. (1981): Die Bewältigung von Überraschungen und Diskontinuitäten durch die Unternehmensführung - Strategische Reaktionen auf schwache Signale, in: Steinmann, H. (Hrsg): *Planung und Kontrolle. Probleme der strategischen Unternehmensführung,* München: 233-264

Ansoff, H. I. (1984): *Implanting Strategic Management*, Englewood Cliffs, N. J.

Ansoff, H. I. (1988): *The New Corporate Strategy*, Rev. Ed., New York

Ansoff, H. I., Declerck, R. P. & Hayes, R. L. (1976): From Strategic Planning to Strategic Management, in: Ansoff, H. I., Declerck, R. P. & Hayes, R. L. (Hrsg.): *From Strategic Planning to Strategic Management*, London: 39-78

Ansoff, H. I. & McDonnell, E.: (1990): *Implanting Strategic Management*, 2nd Ed., Herfordshire

Arbeitskreis "Langfristige Unternehmensplanung" der Schmalenbach-Gesellschaft (1981): Strategische Planung, in: Steinmann, H. (Hrsg.): *Planung und Kontrolle. Probleme der strategischen Unternehmensführung*, München: 23-45

Bachrach, P. & Baratz, M. S. (1962): The Two Faces of Power, *American Political Science Review 56*: 947-952

Bain, J. S. (1968): *Industrial Organization*, 2nd Ed., New York

Balint, M. (o.J.): *Angstlust und Regression. Beitrag zur psychologischen Typenlehre*, Stuttgart

Bamberg, G. & Coenenberg, A. G. (1974): *Betriebswirtschaftliche Entscheidungslehre*, München

Barley, S. (1986): Technology as an Occasion for Structuring. Evidence from Observations of CT Scanners and the Social Order of Radiology Departments, *Administrative Science Quarterly 31*: 78-108

Barnard, C. I. (1938): *The Functions of the Executive*, Cambridge, Mass.

Barney, J. (1991): Firm Resources and Sustained Competitive Advantage, *Journal of Management 17*: 99-120

Bateson, G.; Jackson, D. D.; Haley, J. & Weakland, J. (1956): Toward a Theory of Schizophrenia, *Behavioral Science 1*

Bea, F. X., Dichtl, E. & Schweitzer, M. (Hrsg.) (1992): *Allgemeine Betriebswirtschaftslehre, Bd. 1: Grundfragen*, 6. Aufl., Stuttgart

Bechmann, A. (1981): *Grundlagen der Planungstheorie und Planungsmethodik. Eine Darstellung mit Beispielen aus dem Arbeitsfeld der Landschaftsplanung*, Bern

Becker, A. (1994): *Strategie und Rationalität. Ein strukturationstheoretisches Konzept der Rationalität strategischer Planung*, Dissertation, Freie Universität Berlin

Becker, A. & Brauner, E. (1988): "... als gelte es, eine Linie an den Rand des Universums zu ziehen". Computerfaszination und Individuation, in: Krafft, A. & Ortmann, G. (Hrsg.): *Computer und Psyche. Angstlust am Computer*, Frankfurt a. M.: 237-254

Becker, A., Küpper, W. & Ortmann, G. (1988): Revisionen der Rationalität, in: Küpper, W. & Ortmann, G. (Hrsg.): *Mikropolitik. Rationalität, Macht und Spiele in Organisationen*, Opladen: 89-114

Becker, A. & Ortmann, G. (1994): Management und Mikropolitik. Ein strukturationstheoretischer Ansatz, in: Hofmann, M. & Al-Ani, A. (Hrsg.): *Neue Entwicklungen im Management*, Heidelberg: 201-253

Becker, F. G. (1985): *Anreizsysteme für Führungskräfte im Strategischen Management*, Bergisch Gladbach

Berger, P. L. & Luckmann, T. (1980): *Die gesellschaftliche Konstruktion der Wirklichkeit. Eine Theorie der Wissenssoziologie*, Frankfurt a. M.

Berger, U. (1988): *Rationalität, Macht und Mythen*, in: Küpper, W. & Ortmann, G. (Hrsg.): *Mikropolitik. Rationalität, Macht und Spiele in Organisationen*, Opladen: 115-130

Bidlingmaier, J. (1964): *Unternehmerziele und Unternehmerstrategien*, Wiesbaden

Bleicher, K. (1992): *Das Konzept Integriertes Management*, 2. Aufl., Frankfurt a. M.

Böhle, F. (1989): "Wissen ist Macht". Wissenschaftliche Erkenntnisse in der Interessenauseinandersetzung, in: Ortmann, G. & Windeler, A. (Hrsg.): *Umkämpftes Terrain. Managementperspektiven und Betriebsratspolitik bei der Einführung von EDV-Systemen*, Opladen: 226-247

Böhle, F. & Milkau, B. (1988): *Vom Handrad zum Bildschirm. Eine Untersuchung zur sinnlichen Erfahrung im Arbeitsprozeß*, Frankfurt a. M.

Böhme, H. & Böhme, G. (1985): *Das Andere der Vernunft. Zur Entwicklung von Rationalitätsstrukturen am Beispiel Kants*, Frankfurt a. M.

Bosetzky, H. (1972): Die instrumentelle Funktion der Beförderung, *Verwaltungsarchiv 63*

Bosetzky, H. & Heinrich, P. (1980): *Mensch und Organisation. Aspekte bürokratischer Sozialisation. Eine praxisorientierte Einführung in die Soziologie und Sozialpsychologie der Verwaltung*, Köln

Bouchikhi, H. (1993): A Constructivist Framework for Understanding Entrepreneurship Performance, *Organization Studies 14*: 549-570

Bower, J. L. (1970): *Managing the Resource Allocation Process. A Study of corporate Planning and Investment*, Boston

Bracker, J. (1980): The Historical Development of the Strategic Management Concept, *Academy of Management Review 5*: 219-224

Brauner, E. (1990): *Soziale Akzentuierung und Psychophysik. Eine empirische Untersuchung mit Herstellungsmethode und adaptivem Verfahren am Computer*, unveröff. Diplomarbeit, Carl-von-Ossietzky-Universität Oldenburg

Brauner, E. (1994): *Soziale Interaktion und mentale Modelle. Planungs- und Entscheidungsprozesse in Planspielgruppen*, Münster

Braybrooke, D. & Lindblom, C. E. (1963): *A Strategy of Decision. Policy Evaluation as a Social Process*, New York

Bresser, R. K. & Bishop, R. C. (1983): Dyfunctional Effects of Formal Planning. Two Theoretical Explanations, *Academy of Management Review 8*: 588-599

Brewing, J. (1995): *Kritik der Unternehmensethik. An den Grenzen der konsensual-kommunikativ orientierten Unternehmensethik*, Bern

Brunsson, N. (1982): The Irrationality of Action and Action Rationality: Decisions, Ideologies and Organizational Actions, *Journal of Management Studies 19*: 29-44

Brunsson, N. (1985): *The Irrational Organization. Irrationality as a Basis for Organizational Change*, Chichester

Brunsson, N. (1989): *The Organization of Hypocrisy*, Chichester

Brunsson, N. (1993): Ideas and Actions. Justification and Hypocrisy as Alternatives to Control, *Accounting, Organizations and Society 18*: 489-506

Bryant, C. G. A. & Jary, D. (Eds.) (1991): *Giddens' Theory of Structuration. A Critical Appreciation*, London

Bühner, R. (1989): Strategie und Organisation. Neuere Entwicklungen, *Zeitschrift Führung + Organisation 58*: 223-232

Burawoy, M. (1979): *Manufacturing Consent. Changes in the Labor Process Under Monopoly Capitalism*, Chicago

Burgelman, R. A. (1983): A Model of the Interaction of Strategic Behavior, Corporate Context, and the Concept of Strategy, *Academy of Management Review 8*: 61-70

Burns, T. (1961): Micropolitics: Mechanism of Institutional Change, *Administrative Science Quarterly 6*: 257-281

Burrell, G. & Morgan, G. (1979): *Sociological Paradigms and Organisational Analysis. Elements of the Sociology of Corporate Life*, Aldershot

Callinicos, A. (1985): Anthony Giddens: A Contemporary Critique, *Theory & Society 14*: 133-166

Ceynowa, K. (1993): *Zwischen Pragmatismus und Fiktionalismus. Hans Vaihingers „Philosophie des Als Ob"*, Würzburg

Chaffee, E. E. (1985): Three Models of Strategy, *Academy of Management Review 10*: 89-98

Chandler, A. D. Jr. (1962): *Strategy and Structure. Chapters in the History of the American Industrial Enterprise*, Cambridge, Mass.

Chandler, A. D. Jr. (1977): *The Visible Hand. The Management Revolution in American Business*, Cambridge, Mass.

Chandler, A. D. Jr. (1980): The United States: Seedbed of Managerial Capitalism, in: Chandler, A. D: Jr. & Daems, H. (Eds.): *Managerial Hierarchies*, Cambridge, Mass.: 9-40

Chandler, A. D: Jr. & Daems, H. (Eds.) (1980): *Managerial Hierarchies*, Cambridge, Mass.

Christensen, C. R., Andrews, K. R. & Bower, J. L. (1973): *Business Policy. Text and Cases*, 3rd Ed., Homewood, Ill.

Claessens, D. (1965): Rationalität revidiert, *Kölner Zeitschrift für Soziologie und Sozialpsychologie 17*: 465-476

Clark, J., Modgil, C. & Modgil, S. (Eds.) (1990): *Anthony Giddens. Consensus and Controversy*, London

Cohen, I. J. (1989): *Structuration Theory. Anthony Giddens and the Constitution of Social Life*, Houndsmills

Cohen, M. D., March, J. G. & Olsen J. P. (1972): A Garbage Can Model of Organizational Choice, *Administrative Science Quarterly 17*: 1-25

Cohen, P. S. (1980): Rationalität, in: Speck, J. (Hrsg.): *Handbuch wissenschaftstheoretischer Begriffe, Bd. 3 (R-Z)*, Göttingen: 531-537

Collis, D. J. (1991): A Resource-Based Analysis of Global Competition: The Case of the Bearings Industry, *Strategic Management Journal 12*: 49-68

Conner, K. R. (1991): A Historical Comparison of Resource-Based Theory and Five Schools of Thought within Industrial Organization Economics: Do We Have a New Theory of the Firm?, *Journal of Management 17*: 121-154

Cooper, D. J., Hayes, D. & Wolf, F. (1981): *Accounting in Organized Anarchies. Understanding and Designing Accounting Systems in Ambiguous Situations*, Arbeitspapier, EAA-Jahreskongreß, Barcelona

Crow, G. (1989): The Use of the Concept of „Strategy" in Recent Sociological Literature, *Sociology 23*: 1-24

Crozier, M. & Friedberg, E. (1979): *Macht und Organisation. Die Zwänge kollektiven Handelns*, Königstein

Cummings, T. G. & Srivastva, S. (1977): *Management of Work. A Socio-Technical Systems Approach*, Kent

Cyert, R. M. & March, J. G. (1959): A Behavioral Theory of Organizational Objectives, In: Haire, M. (Ed.): *Modern Organization Theory. A Symposium of the Foundation for Research on Human Behavior*, London

Cyert, R. M. & March, J. G. (1963): *A Behavioral Theory of the Firm*, Englewood Cliffs

Czarniawsky-Joerges, B. & Jacobsson, B. (1988): *Budget in a Cold Climate*, The Study of Power and Democracy in Sweden, English Series, Report No. 17, Uppsala

Daft, R. (1983): *Organization Theory and Design*, New York

David, P. A. (1986): Understanding the Economics of QWERTY: The Necessitiy of History, in: Parker,W. N. (Ed.): *Economic History and the Modern Economist*, Oxford

DeBono, E. (1984): *Tactics: The Art and Science of Success*, Boston

Derrida, J. (1988): *Grammatologie*, Frankfurt a. M.

Dohse, K., Jürgens, U. & Malsch, T. (1984): Vom „Fordismus" zum „Toyotismus"? Die Organisation der industriellen Arbeit in der japanischen Automobilindustrie, *Leviathan 12*

Dörenbach, W. (1982): *Bounded Rationality. Problemlösung bei kognitiven Beschränkungen und Komplexität der Umwelt*, Frankfurt a. M.

Dörner, D. (1993): *Die Logik des Mißlingens. Strategisches Denken in komplexen Situationen*, Reinbek

Dörner, D., Kreuzig, H. W., Reither, F. & Stäudel, T. (Hrsg.) (1993): *Lohhausen. Vom Umgang mit Unbestimmtheit und Komplexität*, Nachdruck, Bern

Drucker, P. F. (1969): *The Age of Discontinuity*, New York

Dülfer, E. (Hrsg.) (1988): *Organisationskultur*, Stuttgart

Dunst, K. H. (1979): *Portfolio Management. Konzeption für die Strategische Unternehmensplanung*, Berlin

Dupuy, J.-P. & Varela, F. (1991): Kreative Zirkelschlüsse: Zum Verständnis der Ursprünge, in: Watzlwick, P. & Krieg, P. (Hrsg.): *Das Auge des Betrachters. Beiträge zum Konstruktivismus. Festschrift für Heinz von Foerster*, München: 247-276

Dürrenmatt, F. (1962): *Die Physiker. Eine Komödie in zwei Akten*, Zürich

Ebers, M. (1985): *Organisationskultur - Ein neues Forschungsprogramm?* Wiesbaden

Einstein, A. & Infeld, L. (1938): *The Evolution of Physics*, New York

Elster, J. (1981): *Logik und Gesellschaft*, Frankfurt a. M.

Elster, J. (1987): *Subversion der Rationalität*, Frankfurt a. M.

Erikson E. H. (1963): *Childhood and Society*, New York

Erikson E. H. (1967): *Identity and the Life Cycle*, New York

Erikson E. H. (1968) *Identity, Youth and Crisis*, London

Evered, R. (1983): So What *Is* Strategy?, *Long Range Planning 16, No. 3*: 57-72

Fahey, L. (1989): Review of Ansoff, H. I. (1988): The New Corporate Strategy, New York, *Academy of Management Review 14*: 459-460

Faßheber, P., Niemeyer, H.-G. & Kordowski, C. (1990): *Methoden und Befunde der Interaktionsforschung mit dem Symlog-Konzept am Institut für Wirtschafts- und Sozialpsychologie Göttingen*, 18. Bericht aus dem Institut für Wirtschafts- und Sozialpsychologie der Georg-August-Universität Göttingen, Göttingen

Feldman, M. S. & March, J. G. (1981): Information in Organizations as Signal and Symbol, *Administrative Science Quarterly 26:* 171-186

Fligstein, N. (1990): *The Transformation of Corporate Control*, Cambridge, Mass.

Foerster, H. von (1986): Das Konstruieren von Wirklichkeit, in: Watzlawick, P. (Hrsg.): *Die erfundene Wirklichkeit. Wie wir wissen, was wir zu wissen glauben. Beiträge zum Konstruktivismus*, 4. Aufl., München: 39-60

Foerster, H. von (1992): Entdecken oder Erfinden. Wie läßt sich Verstehen verstehen, in: Gumin, H. & Meier, H. (Hrsg.): *Einführung in den Konstruktivismus*, München: 41-88

Fouraker, L. E. & Stopford, J. M. (1968): Organization Structure and the Multinational Strategy, *Administrative Science Quarterly 13*: 47-64

Franck, E. (1992): Körperliche Entscheidungen und ihre Konsequenzen für die Entscheidungstheorie, *Die Betriebswirtschaft 52:* 631-647

Frank, R. H. (1992): *Die Strategie der Emotionen*, München

Frank, R. H., Gilovich, T. & Regan, D. T. (1993): Does Studying Economics Inhibit Cooperation?, *Journal of Economic Perspectives 7*: 159-171

Fredrickson, J. W. (Ed.) (1990): *Perspectives on Strategic Management*, New York

Frese, E. (Hrsg.) (1992): *Handwörterbuch der Organisation, Enzyklopädie der Betriebswirtschaftslehre, Band II*, 3. Aufl., Stuttgart

Friedberg, E. (1988): Zur Politologie von Organisationen, in: Küpper, W. & Ortmann, G. (Hrsg.): *Mikropolitik. Rationalität, Macht und Spiele in Organisationen*, Opladen: 39-52

Frey, D. & Benning, E. (1987): Dissonanz, in: Frey, D. & Greif, S. (Hrsg.): *Sozialpsychologie*, 2. Aufl., München: 147-153

Frey, D. & Greif, S. (Hrsg.) (1987): *Sozialpsychologie*, 2. Aufl., München

Frey, D. & Irle, M. (Hrsg.) (1985): *Theorien der Sozialpsychologie. Bd III: Motivations- und Informationsverarbeitungstheorien*, Bern

Fuchs, P. (1993): *Niklas Luhmann beobachtet. Eine Einführung in die Systemtheorie*, 2. Aufl., Opladen

Gäfgen, G. (1974): *Theorie der wirtschaftlichen Entscheidung*, 3. Aufl. Tübingen

Galbraith, J. R. & Nathanson, D. A. (1978): *Strategy Implementation. The Role of Structure and Process*, St. Paul

Gälweiler, A. (1987): *Strategische Unternehmensführung*, Frankfurt a. M.

Garfinkel, H. (1967): *Studies in Ethnomethodology*, Englewood Cliffs

Garfinkel, H. (1973): Das Alltagswissen über soziale und innerhalb sozialer Strukturen, in: Arbeitsgruppe Bielefelder Soziologen (Hrsg.): *Alltagswissen, Interaktion und gesellschaftliche Wirklichkeit 1 + 2*, 5. Aufl., Opladen: 189-262

Gherardi, S. & Turner, B. (1987): *Real Men Don't Collect Soft Data*, Quaderno 13, Dipartimento di Politica Sociale, Università di Trento

Giddens, A. (1976): *New Rules of Sociological Method: A Positive Critique of Interpretative Sociologies*, New York

Giddens, A. (1979): *Central Problems in Social Theory. Action, Structure and Contradiction in Social Analysis*, Berkeley

Giddens, A. (1982): Commentary on the Debate, *Theory and Society 11*: 527-539

Giddens, A. (1984): *The Constitution of Society. Outline of the Theory of Structuration*, Cambridge

Giddens, A. (1987a): *The Nation-State and Violence. Volume Two of A Contemporary Critique of Historical Materialsm*, Berkeley

Giddens, A. (1987b): Time and Social Organization, in: Giddens, A.: *Social Theory and Modern Sociology*, Cambridge: 140-165

Giddens, A. (1988): *Die Konstitution der Gesellschaft. Grundzüge einer Theorie der Strukturierung*, Frankfurt

Glasersfeld, E. von (1981): An Epistemology for Cognitive Systems, in: Roth, G. & Schwegler, H. (Eds.): *Self-organizing Systems. An Interdisciplinary Approach*, Frankfurt a. M.: 121-131

Glasersfeld, E. von (1982): An Interpretation of Piaget's Constructivism, *Revue Internationale de Philosophie, No. 142-143*: 612-635

Glasersfeld, E. von (1986): Einführung in den radikalen Konstruktivismus, in: Watzlawick, P. (Hrsg.): *Die erfundene Wirklichkeit. Wie wir wissen, was wir zu wissen glauben. Beiträge zum Konstruktivismus*, 4. Aufl., München: 16-38

Glasersfeld, E. von (1987a): Der Begriff der Äquilibration in einer konstruktivistischen Erkenntnistheorie, in: Glasersfeld, E. von: *Wissen, Sprache und Wirklichkeit. Arbeiten zum radikalen Konstruktivismus*, Braunschweig: 186-197

Glasersfeld, E. von (1987b): Die Begriffe der Anpassung und Viabilität in einer radikal konstruktivistischen Erkenntnistheorie, in: Glasersfeld, E. von: *Wissen, Sprache und Wirklichkeit. Arbeiten zum radikalen Konstruktivismus*, Braunschweig

Glasersfeld, E. von (1987c): Bemerkungen zur epistemologischen Revolution, in: Glasersfeld, E. von: *Wissen, Sprache und Wirklichkeit. Arbeiten zum radikalen Konstruktivismus*, Braunschweig: 122-130

Glasersfeld, E. von (1987d): Kybernetik, Erfahrung und der Begriff des Ich, in: Glasersfeld, E. von: *Wissen, Sprache und Wirklichkeit. Arbeiten zum radikalen Konstruktivismus*, Braunschweig: 144-175

Glasersfeld, E. von (1987e): Piagets Konstruktivismus - eine Interpretation, in: Glasersfeld, E. von: *Wissen, Sprache und Wirklichkeit. Arbeiten zum radikalen Konstruktivismus*, Braunschweig: 221-240

Glasersfeld, E. von (1987f): Piaget und die Erkenntnistheorie des radikalen Konstruktivismus, in: Glasersfeld, E. von: *Wissen, Sprache und Wirklichkeit. Arbeiten zum radikalen Konstruktivismus*, Braunschweig: 99-112

Glasersfeld, E. von (1987g): Rückkopplung, Induktion und Erkenntnistheorie, in: Glasersfeld, E. von: *Wissen, Sprache und Wirklichkeit. Arbeiten zum radikalen Konstruktivismus*, Braunschweig: 213-220

Glasersfeld, E. von (1987h): Über den Begriff der Interpretation, in: Glasersfeld, E. von: *Wissen, Sprache und Wirklichkeit. Arbeiten zum radikalen Konstruktivismus*, Braunschweig: 86-96

Glasersfeld, E. von (1987i): *Wissen, Sprache und Wirklichkeit. Arbeiten zum radikalen Konstruktivismus*, Braunschweig

Glasersfeld, E. von (1992): Konstruktion der Wirklichkeit und des Begriffs der Objektivität, in: Gumin, H. & Meier, H. (Hrsg.): *Einführung in den Konstruktivismus*, München: 9-40

Glasersfeld, E. von & Cobb, P. (1983): Knowledge as Environmental Fit, *Man-Environment Systems 13*: 216-224

Glassman, R. B. (1973): Persistence and Loose Coupling in Living Systems, *Behavioral Science 18*: 83-98

Granovetter, M. S. (1973): The Strength of Weak Ties, *American Journal of Sociology*: 1360-1380

Grant, R. M. (1991): The Resource-Based Theory of Competitive Advantage: Implications for Strategy Formulation, *California Management Review 33*: 114-135

Graumann, C. F. (1955): "Social Perception". Die Motivation der Wahrnehmung in neueren amerikanischen Untersuchungen, *Zeitschrift für experimentelle und angewandte Psychologie 3*: 605-661

Greiner, T. (1989): Unternehmensberatung und Managementstrategien am Beispiel der Einführung von Produktionsplanungs- und -steuerungssystemen. in: Ortmann, G. & Windeler, A. (Hrsg.): *Umkämpftes Terrain. Managementperspektiven und Betriebsratspolitik bei der Einführung von EDV-Systemen*, Opladen: 121-128

Greipel, P. (1988): *Strategie und Kultur. Grundlagen und mögliche Handlungsfelder kulturbewussten strategischen Managements*, Bern

Gumin, H. & Meier, H. (Hrsg.) (1992): *Einführung in den Konstruktivismus*, München

Gutenberg, E. (1967): *Die Unternehmung als Gegenstand betriebswirtschaftlicher Theorie*, Frankfurt a. M.

Gutenberg, E. (1983): *Grundlagen der Betriebswirtschaftslehre, Band 1: Die Produktion*, Berlin

Gutenberg, E. (1989): *Zur Theorie der Unternehmung. Schriften und Reden von Erich Gutenberg, aus dem Nachlaß herausgegeben von H. Albach*, Berlin

Habermas, J. (1981a): *Theorie des kommunikativen Handelns, Bd. 1: Handlungsrationalität und gesellschaftliche Rationalisierung*, Frankfurt a. M.

Habermas, J. (1981b): *Theorie des kommunikativen Handelns, Bd. 2: Zur Kritik der funktionalistischen Vernunft*, Frankfurt a. M.

Habermas, J. (1984): Wahrheitstheorien, in: Habermas, J.: *Vorstudien und Ergänzungen zur Theorie des kommunikativen Handelns*, Frankfurt a. M.: 127-183

Hack, L. (1988): *Vor Vollendung der Tatsachen. Die Rolle von Wissenschaft und Technologie in der dritten Phase der industriellen Revolution*, Frankfurt a. M.

Hahn, D. (1992): Stand und Entwicklungstendenzen der strategischen Planung, in: Hahn, D. & Taylor, B. (Hrsg.): *Strategische Unternehmensplanung. Strategische Unternehmensführung. Stand und Entwicklungstendenzen*, 6. Aufl., Heidelberg: 3-30

Hahn, D., Hölter, E. & Steinmetz, D. (1992): Gesamtunternehmungsmodelle als Entscheidungshilfe im Rahmen der Zielplanung, strategischen und operativen Planung, in: Hahn, D. & Taylor, B. (Hrsg.):

Strategische Unternehmensplanung. Strategische Unternehmensführung. Stand und Entwicklungstendenzen, 6. Aufl., Heidelberg: 687-717

Hahn, D. & Klausmann, W. (1986): Frühwarnsyteme und strategische Unternehmensplanung, in: Hahn, D. & Taylor, B (Hrsg.): *Strategische Unternehmensplanung. Stand und Entwicklungstendenzen*, 4. Aufl., Heidelberg: 264-280

Hahn, D. & Taylor, B. (Hrsg.) (1992): *Strategische Unternehmensplanung. Strategische Unternehmensführung. Stand und Entwicklungstendenzen*, 6. Aufl., Heidelberg

Hall, R. (1992): The Strategic Analysis of Intangible Resources, *Strategic Management Journal 13*: 135-144

Hamel, G. (1991): Competition for Competence and Interpartner Learning within International Strategic Alliances, *Strategic Management Journal 12, Special Issue Summer*: 83-103

Hamel, W. (1992): Zielsysteme, in: Frese, E. (Hrsg.): *Handwörterbuch der Organisation, Enzyklopädie der Betriebswirtschaftslehre, Band II*, 3. Aufl., Stuttgart: 2634-2652

Hammer, R.M. (1991): *Unternehmensplanung. Lehrbuch der Planung und strategischen Unternehmensführung*, 4. Aufl., München

Hannan, M. T. & Freeman, J. (1977): The Population Ecology of Organizations, *American Journal of Sociology 82*

Hayek, F. A. von (1967): *Studies in Philosophy, Politics and Economics*, London

Hayek, F. A. von (1972): *Die Theorie komplexer Phänomene*, Tübingen

Heinen, E. (1966): *Das Zielsystem der Unternehmung*, Wiesbaden

Heinen, E. (1978): *Betriebswirtschaftliche Führungslehre. Ein entscheidungsorientierter Ansatz*, Wiesbaden

Heinen, E. (1982): *Einführung in die Betriebswirtschaftslehre*, 8. Aufl., Wiesbaden

Hejl, P. M. (1982): *Sozialwissenschaft als Theorie selbstreferentieller Systeme*, Frankfurt a. M.

Hejl, P. M. (1992): Konstruktion der sozialen Konstruktion: Grundlinien einer konstruktivistischen Sozialtheorie, in: Schmidt, S. J. (Hrsg.): *Der Diskurs des Radikalen Konstruktivismus*, 5. Aufl., Frankfurt a. M.: 303-339

Held, D. & Thompson, J. B. (Eds.) (1989): *Social Theory of Modern Societies. Anthony Giddens and his Critics*, Cambridge

Henderson, B. D. (1974): *Die Erfahrungskurve in der Unternehmensplanung*, Frankfurt a. M.

Hinterhuber, H. H. (1989a): *Strategische Unternehmensführung, Band I Strategisches Denken*, 4. Aufl., Berlin

Hinterhuber, H. H. (1989b): *Strategische Unternehmensführung. Band II Strategisches Handeln*, 4. Aufl., Berlin

Hirschman, A. O. (1967): *Development Projects Observed*, Washington

Hobbes, T. (1928): *Leviathan*, London

Hofer, C. W. & Schendel, D. (1978): *Strategy Formulation. Analytical Concepts*, St. Paul

Höffe, O. (1984): Sittlichkeit als Rationalität des Handelns?, in: Schnädelbach, H. (Hrsg.): *Rationalität. Philosophische Beiträge*, Frankfurt a. M.: 141-174

Honko, J. (1981): Entwicklungstendenzen und Neubewertung der Unternehmensplanung, in: Brockhoff, K. & Krelle, W. (Hrsg.): *Unternehmensplanung*, Berlin: 3-16

Horváth, P (1982): Controlling in der "organisierten Anarchie". Zur Gestaltung von Budgetierungssystemen, in *Zeitschrift für Betriebswirtschaft 52*: 250-260

Hrebiniak, L. G. & Joyce, W. F. (1984): *Implementing Strategy*, New York

Huebner, M.; Krafft, A. & Ortmann, G. (1988): Auf dem Rücken fliegen. Thrills am Computer, in: Krafft, A. & Ortmann, G. (Hrsg.): *Computer und Psyche. Angstlust am Computer*, Frankfurt a. M.: 99-146

Irle, M. (1971): *Macht und Entscheidung in Organisationen. Studie gegen das LInie-Stab-Prinzip*, Frankfurt a. M.

James, W. (1975a): Der Wahrheitsbegriff des Pragmatismus, in: Martens, E. (Hrsg.): *Texte der Philosophie des Pragmatismus*, Stuttgart: 161-187

James, W. (1975b): Der Wille zum Glauben, in : Martens, E. (Hrsg.): *Texte der Philosophie des Pragmatismus*, Stuttgart: 128-160

Jansson, D. (1989): *The Pragmatic Uses of What Is Taken for Granted. Applications of Economic Calculations in Municipal Investments*, unveröff. Manuskript, Stockholm School of Economics

Jansson, D. (1993): *The Use of Techniques for Investment Appraisal as a Game*, Paper presented at the European Institute for Advanced Studies in Management's „Workshop on Rationality and Organization“, Brussels

Jauch, L. R. & Glueck, W. F. (1988): *Strategic Management and Business Policy*, 3rd Ed., New York

Johnson, G. (1987): *Strategic Change and the Management Process*, New York

Johnson, G. (1988): Rethinking Incrementalism, *Strategic Management Journal 9*: 75-91

Johnson, G. & Scholes, K. (1988): *Exploring Corporate Strategy*, 2nd Ed., New York

Kahle. E. (1990): *Betriebliche Entscheidungen. Lehrbuch zur Einführung in die betriebswirtschaftliche Entscheidungstheorie*, 2. Aufl., München

Kant, I. (1956): *Kritk der reinen Vernunft*, Hamburg

Karpik, L. (1978): Organizations, Institutions, and History, in: Karpik, L. (Ed.): *Organization and Environment. Theory, Issues, and Reality*, London: 15-67

Katona, G. (1964): Rational Behavior and Economic Behavior, in: Gore, W. & Dyson, J. (Eds.): *The Making of Decisions*, Glencoe

Kieser, A. (1984): Wie "rational" kann man strategische Planung betreiben?, in: Gaugler, E., Jacobs, O. H. & Kieser, A. (Hrsg.): *Strategische Unternehmensführung und Rechnungslegung*, Stuttgart: 31-44

Kieser, A. (1993): Evolutionstheoretische Ansätze, in: Kieser, A. (Hrsg.): *Organisationstheorien*, Stuttgart: 243-276

Kieser, A. (1994): Fremdorganisation, Selbstorganisation und evolutionäres Management, *Zeitschrift für betriebswirtschaftliche Forschung 46*: 199-228

Kiessling, B. (1988): *Kritik der Giddensschen Sozialtheorie: Ein Beitrag zur theoretisch-methodischen Grundlegung der Sozialwissenschaften*, Frankfurt a. M.

Kirchgässner, G. (1991): *Homo Oeconomicus. Das ökonomische Modell individuellen Verhaltens und seine Anwendung in den Wirtschafts- und Sozialwissenschaften*, Tübingen

Kirsch, W. (1969): Die Unternehmungsziele aus organisationstheoretischer Sicht, *Schmalenbachs Zeitschrift für betriebswirtschaftliche Forschung 21*: 665-675

Kirsch, W. (1988): *Die Handhabung von Entscheidungsproblemen. Einführung in die Theorie der Entscheidungsprozesse*, 3. Aufl., München

Kirsch, W. (1992): *Kommunikatives Handeln, Autopoiese, Rationalität. Sondierungen zu einer evolutionären Führungslehre*, München

Kirsch, W. & Knyphausen, D. zu (1991): Unternehmungen als "autopoietische" Systeme? in: Staehle, W. H. & Sydow, J. (Hrsg.): *Managementforschung 1*, Berlin: 75-102

Klaus, P. (1987): Durch den Strategie-Theorien-Dschungel ... Zu einem Strategischen Management-Paradigma?, *Die Betriebswirtschaft 47*: 50-68

Kluwe, R. H. (1989): Problemlösen, Entscheiden und Denkfehler, in: Hoyos, C. & Zimolong, B. (Hrsg.): *Ingenieurpsychologie. Enzyklopädie der Psychologie, Themenbereich D: Praxisgebiete, Serie III: Wirtschafts-, Organisations- und Arbeitspsychologie, Bd.2*, Göttingen: 121-147

Klüver, J. (1992): Operationalismus, in: Seiffert, H. & Radnitzky, G. (Hrsg.): *Handlexikon zur Wissenschaftstheorie*, München: 236-239

Knights, D. & Morgan, G. (1990): The Concept of Strategy in Sociology: A Note of Dissent, *Sociology* 24: 475-484

Knights, D. & Morgan, G. (1991): Corporate Strategy, Organizations, and Subjectivity: A Critique, *Organization Studies* 12: 251-273

Knyphausen, D. zu (1993): „Why Are Firms Different?" Der „Ressourcenorientierte Ansatz" im Mittelpunkt einer aktuellen Kontroverse im Strategischen Management, *Die Betriebswirtschaft* 53: 771-792

Koch, H. (1982): *Integrierte Unternehmensplanung*, Wiesbaden

Koontz, H. (1961): The Management Theory Jungle, *Journal of the Academy of Management* 4: 174-188

Koontz, H. (1980): The Management Theory Jungle Revisited, *Academy of Management Review* 5: 175-187

Koontz, H., O'Donnell, C. & Weihrich, H. (1984): *Management*, 8th Ed., New York

Krafft, A. & Ortmann, G. (Hrsg.) (1988): *Computer und Psyche. Angstlust am Computer*, Frankfurt a. M.

Kreikebaum, H. (1987): *Strategische Unternehmensplanung*, 2.Aufl., Stuttgart

Kreilkamp, E. (1987): *Strategisches Management und Marketing. Markt- und Wettbewerbsanalyse, Strategische Frühaufklärung, Portfolio-Management*, Berlin

Krell, G. (1988): Organisationskultur - Renaissance der Betriebsgemeinschaft?, in: Dülfer, E. (Hrsg.): *Organisationskultur*, Stuttgart: 113-126

Krell, G. (1994): *Vergemeinschaftende Personalpolitik. Normative Personallehren, Werksgemeinschaft, NS-Betriebsgemeinschaft, Betriebliche Partnerschaft, Japan, Unternehmenskultur*, München

Küpper, W. & Ortmann, G. (1986): Mikropolitik in Organisationen, *Die Betriebswirtschaft* 46: 590- 602

Küpper, W. & Ortmann, G. (Hrsg.) (1988): *Mikropolitik. Rationalität, Macht und Spiele in Organisationen*, Opladen

Landry, M. (1995): A Note on the Concept of „Problem", *Organization Studies* 16: 315-343

Laplanche, J. & Pontalis, J.-B. (1980): *Das Vokabular der Psychoanalyse, Zwei Bände*, 4. Aufl., Frankfurt a. M.

Lawrence, P. R. & Lorsch, J. W. (1967): *Organization and Environment*, Cambridge, Mass.

Learned, E. P., Christensen, C. K., Andrews, K. R. & Guth, W. D. (1965): *Business Policy. Text and Cases*, Homewood, Ill.

Lévi-Strauss, C. (1991): *Das wilde Denken*, 8. Aufl., Frankfurt a. M.

Levitt, T. (1960): Marketing Myopia, *Harvard Business Review 38*, No. 4: 45-56

Lindblom, C. E. (1959): The Science of "Muddling Through", *Public Administration Review 19*: 79-88

Lindblom, C. E. (1965): *The Intelligence of Democracy*, New York

Lindsay, P. H. & Norman, D. A. (1981): *Einführung in die Psychologie. Informationsaufnahme und -verarbeitung beim Menschen*, Berlin

Lippe, R. zur (1974): Objektiver Faktor Subjektivität, *Kursbuch 35*, Berlin

Lockwood, D. (1964): Social Integration and System Integration, in: Zollschan, G. K. & Hirsch, W. (Eds.): *Exploitations in Social Change*, London

Loose, A. & Sydow, J. (1994): Vertrauen und Ökonomie in Netzwerkbeziehungen - Strukturationstheoretische Betrachtungen, in: Sydow, J. & Windeler, A. (Hrsg.): *Management interorganisationaler Beziehungen*, Opladen: 160-193

Luhmann, N. (1973): *Zweckbegriff und Systemrationalität*, Frankfurt a. M.

Luhmann, N. (1984): Soziologische Aspekte des Entscheidungsverhaltens, *Die Betriebswirtschaft 44*: 591-603

Luhmann, N. (1985): *Soziale Systeme. Grundriß einer allgemeinen Theorie*, 2. Aufl., Frankfurt a. M.

Luhmann, N. (1986): *Ökologische Kommunikation. Kann die moderne Gesellschaft sich auf ökologische Gefährdungen einlassen?* Opladen

Luhmann, N. (1988): Organisation, in: Küpper, W. & Ortmann, G. (Hrsg.): *Mikropolitik. Rationalität, Macht und Spiele in Organisationen*, Opladen: 165-185

Luhmann, N. (1990): Das Erkenntnisprogramm des Konstruktivismus und die unerkannt bleibende Realität, in: Luhmann, N.: *Soziologische Aufklärung 5. Konstruktivistische Perspektiven*, Opladen: 31-58

Luhmann, N. (1992): Kontingenz als Eigenwert der Moderne, in: Luhmann, N.: *Beobachtungen der Moderne*, Opladen: 93-128

Lyons, J. (1968): *Introduction to Theoretical Linguistics*, Cambridge

Macintosh, N. B. & Scapens, R. W. (1990): Structuration Theory in Management Accounting, *Accounting, Organizations and Society 15*: 455-477

Mannheim, K. (1958): *Mensch und Gesellschaft im Zeitalter des Umbaus*, Darmstadt

Manwaring, T. & Wood, S. (1985): The Ghost in the Labour Process, in: Knights, D., Willmott, H. & Collinson, D. (Eds.): *Job Redesign*, Aldershot

March, J. G. (1966): The Power of Power, in: Easton, D. (Ed.): *Varieties of Political Theory*, Englewodd Cliffs: 39-70

March, J. G. (1977): The Technology of Foolishness, in: Levitt, H., Pinfield, L. & Webb, E. (Eds.): *Organizations of the Future. Interaction with the External Environment*, New York: 131-142

March, J. G. & Simon H. A. (1958): *Organizations*, New York

Martens, E. (Hrsg.) (1975): *Texte der Philosophie des Pragmatismus*, Stuttgart

Mason, E. S. (1939): Price and Production Policies of Large-Scale Enterprises, *American Economic Review 29*: 61-74

Matenaar, D. (1983): Vorwelt und Organisationskultur, *Zeitschrift Führung + Organisation 52*

Maturana, H. R. (1982a): Biologie der Kognition, in: Maturana, H. R.: *Erkennen: Die Organisation und Verkörperung von Wirklichkeit. Ausgewählte Arbeiten zur biologischen Epistemologie*, Braunschweig: 32-80

Maturana, H. R. (1982b): *Erkennen: Die Organisation und Verkörperung von Wirklichkeit. Ausgewählte Arbeiten zur biologischen Epistemologie*, Braunschweig

Maturana, H. R. (1982c): Kognitive Strategien, in: Maturana, H. R.: *Erkennen: Die Organisation und Verkörperung von Wirklichkeit. Ausgewählte Arbeiten zur biologischen Epistemologie*, Braunschweig: 297-318

Maturana, H. R., Uribe, G. & Frenk, S. G. (1982): Eine biologische Theorie der Farbkodierung in der Primatenretina, in: Maturana, H. R.: *Erkennen: Die Organisation und Verkörperung von Wirklichkeit. Ausgewählte Arbeiten zur biologischen Epistemologie*, Braunschweig: 88-137

Maturana, H. R. & Varela, F. J. (1982): Autopoietische Systeme: Eine Bestimmung der lebendigen Organisation, in: Maturana, H. R.: *Erkennen: Die Organisation und Verkörperung von Wirklichkeit. Ausgewählte Arbeiten zur biologischen Epistemologie*, Braunschweig: 170-235

Maturana, H. R. & Varela, F. J. (1992): *Der Baum der Erkenntnis. Die Biologischen Wurzeln des menschlichen Erkennens*, 4. Aufl., Bern

Mauthe, K. D. (1984): *Strategische Analyse*, München

Merton, R. K. (1963): *Social Theory and Social Structure*, Glencoe

Metzger, W. (1953): *Gesetze des Sehens. Die Lehre vom Sehen der Formen und Dinge des Raumes und der Bewegung*, 2. Aufl., Frankfurt a. M.

Meyer, J. W. (1983): Conclusion: Institutionalization and the Rationality of Formal Organizational Structure, in: Meyer, J. W. & Scott, R.W. (Eds.): *Organizational Environments: Ritual and Reality*, Beverly Hills: 261-302

Meyer, J. W. & Rowan, B. (1977): Institutionalized Organizations: Formal Structure as Myth and Ceremony, *American Journal of Sociology 83:* 340-363

Meyer, J. W. & Scott, R.W. (Eds.) (1983): *Organizational Environments: Ritual and Reality*, Beverly Hills

Miller, C. C. & Cardinal, L. B. (1994): Strategic Planning and Firm Performance: A Synthesis of More than Two Decades of Research, *Academy of Management Journal 37*: 1649-1665

Mintzberg, H. (1976): Planning on the Left Side and Managing on the Right, *Harvard Business Review July/August*: 49-58

Mintzberg, H. (1978): Patterns in Strategy Formation, *Management Science, 24:* 934-949

Mintzberg, H. (1981): What Is Planning Anyway?, *Strategic Management Journal 2*:319-324

Mintzberg, H. (1987a): Crafting Strategy, *Harvard Business Review 4*: 66-75

Mintzberg, H. (1987b): The Strategy Concept I: Five Ps for Strategy, *California Management Review, Fall 1987:* 11-24

Mintzberg, H. (1987c): The Strategy Concept II: Another Look at Why Organizations Need Strategies, *California Management Review, Fall 1987*: 25-32

Mintzberg, H. (1990a): The Design School: Reconsidering the Basic Premises of Strategic Management, *Strategic Management Journal 11*: 171-195

Mintzberg, H. (1990b): Strategy Formation: Ten Schools of Thought, in: Fredrickson, J. W. (Ed.): *Perspectives on Strategic Management*, New York: 105-236

Mintzberg, H. (1991): Learning 1, Planning 0. Reply to Igor Ansoff, *Strategic Management Journal 12*: 463-466

Mintzberg, H. (1994): *The Rise and Fall of Strategic Planning. Reconceiving Roles for Planning, Plans, Planners*, New York

Mintzberg, H. & McHugh, A. (1985): Strategy Formation in an Adhocracy, *Administrative Science Quarterly 30*: 160-197

Mintzberg, H. & Waters, J. A. (1982): Tracking Strategy in an Entrepreneurial Firm, *Academy of Management Journal 25*: 465-499

Mintzberg, H. & Waters, J. A. (1990): Does Decision Get in the Way?, in: Mintzberg, H.; Waters, J. A.; Pettigrew, A. M. & Butler, R.: Studying Deciding. An Exchange of Views Between Mintzberg and Waters, Pettigrew, Butler, *Organization Studies 11*: 1-16

Morgan, D. H. J. (1989): Strategy and Sociologists: A Comment on Crow, *Sociology 23*: 25-29

Morgan, G. (1980): Paradigms, Metaphors and Puzzle Solving in Organization Theory, *Administrative Science Quarterly 25*: 605-622

Morgan, G. (1986): *Images of Organization*, Newbury Park

Narayanan, V. K. & Fahey, L. (1982): The Micropolitics of Strategy Formulation, *Academy of Management Review 7*: 25-34

Nelson, R. R. (1991): Why Do Firms Differ, and How Does it Matter?, in *Strategic Management Journal 12*: 61-74

Nelson, R. R. & Winter, S. G. (1982): *An Evolutionary Theory of Economic Change*, Cambridge, Mass.

Neuberger, O. (1995): *Mikropolitik. Der alltägliche Aufbau und Einsatz von Macht in Organisationen*, Stuttgart

Newman, W. H. & Logan, J. P. (1981): *Strategy, Policy and Central Management*, 8th Ed., Cincinnati

Ortmann, G. (1976): *Unternehmungsziele als Ideologie. Zur Kritik betriebswirtschaftlicher und organisationstheoretischer Entwürfe einer Theorie der Unternehmungsziele*, Köln

Ortmann, G. (1984): *Der zwingende Blick. Personalinformationssysteme - Architektur der Disziplin*, Frankfurt a. M.

Ortmann, G. (1987): Mikropolitik im Entscheidungskorridor. Zur Entwicklung betrieblicher Informationssysteme, *Zeitschrift Führung + Organisation 56*: 369-374

Ortmann, G. (1988): Prothesengötter, Gottesanbeter - Computer und das Andere der Vernunft, in: Krafft, A. & Ortmann, G. (Hrsg.): *Computer und Psyche. Angstlust am Computer*, Frankfurt a. M.: 9-26

Ortmann, G. (1994): Dark Stars. Institutionelles Vergessen in der Industriesoziologie, in: Beckenbach, N. & Treeck, W. van (Hrsg.): *Umbrüche gesellschaftlicher Arbeit, Soziale Welt, Sonderband 9*, Göttingen

Ortmann, G. (1995a): Das Alte und das Neue, in: Ortmann, G.: *Formen der Produktion. Organisation und Rekursivität*, Opladen: 393-409

Ortmann, G. (1995b): *Formen der Produktion. Organisation und Rekursivität*, Opladen

Ortmann, G. (1995c): Im Namen der Ökonomie. Der Computer, das Produktivitätsparadox und die Theorie des Lock In, in: Ortmann, G.: *Formen der Produktion. Organisation und Rekursivität*, Opladen: 151-174

Ortmann, G. (1995d): „Lean" als Form - Genesis und Viabilität, in: Ortmann, G.: *Formen der Produktion. Organisation und Rekursivität*, Opladen: 355-392

Ortmann, G. (1995e): „Lean" als Konstruktion. Notizen zum innerwissenschaftlichen Diskurs, in: Ortmann, G.: *Formen der Produktion. Organisation und Rekursivität*, Opladen: 338-354

Ortmann, G. (1995f): „Lean". Zur rekursiven Stabilisierung von Kooperation, in: Ortmann, G.: *Formen der Produktion. Organisation und Rekursivität*, Opladen: 291-337

Ortmann, G. (1995g): Rekursive Rotationen. Über Strukturation und Rekursivität, in: Ortmann, G.: *Formen der Produktion. Organisation und Rekursivität*, Opladen: 81-97

Ortmann, G. (1995h): Rekursivität, Produktivität, Viabilität, in: Ortmann, G.: *Formen der Produktion. Organisation und Rekursivität*, Opladen: 98-124

Ortmann, G.; Sydow, J. & Windeler, A. (1996): *Organisation als reflexive Strukturation*, Beitrag zum 13. Wuppertaler Wirtschaftswissenschaftliches Kolloquium (WWK), 15.-16. Februar 1996

Ortmann, G. & Windeler, A. (Hrsg.) (1989): *Umkämpftes Terrain. Managementperspektiven und Betriebsratspolitik bei der Einführung von EDV-Systemen*, Opladen

Ortmann, G.; Windeler, A.; Becker, A. & Schulz, H.-J. (1990): *Computer und Macht in Organisationen. Mikropolitische Analysen*, Opladen

Ortmann, G. & Zimmer, M. (1996): Strategische Institutionalisierung und rekursive Regulation. Strategisches Management, Recht und Politik, Unveröff. Manuskript, Wuppertal

Orton, J. D. & Weick, K. E. (1990): Loosely Coupled Systems: A Reconceptualization, *Academy of Management-Review 15*: 203-223

Osterloh, M. & Grand, S (1994): Modelling oder Mapping? Von Rede- und Schweigeinstrumenten in der betriebswirtschaftlichen Theoriebildung, *Die Unternehmung 48*: 277-294

Parsons, T. (1949): *The Structure of Social Action. A Study in Social Theory with Special Reference to a Group of Recent European Writers*, New York

Parsons, T. (1968): Interaction: Social Interaction, *International Encyclopedia of the Social Sciences, Vol. 7,* New York: 429-441

Pascale, R. T. (1984): Perspectives on Strategy: The Real Story Behind Honda's Success, *California Management Review 26*: 47-72

Patzelt, W. J. (1987): *Grundlagen der Ethnomethodologie. Theorie, Empirie und politikwissenschaftlicher Nutzen einer Soziologie des Alltags,* München

Peirce, C. S. (1975a): Die Festlegung einer Überzeugung, in: Martens, E. (Hrsg.): *Texte der Philosophie des Pragmatismus,* Stuttgart: 61-98

Peirce, C. S. (1975b): Was heißt Pragmatismus?, in: Martens, E. (Hrsg.): *Texte der Philosophie des Pragmatismus,* Stuttgart: 99-127

Peters, T. J. & Waterman, R. H. (1984): *Auf der Suche nach Spitzenleistungen,* Landsberg a. L.

Perrow, C. (1983): The Organizational Context of Human Factors Engineering, *Administrative Science Quarterly 28:* 521-541

Perrow, C. (1989). *Normale Katastrophen. Die unvermeidbaren Risiken der Großtechnik,* Frankfurt a. M.

Petzing, F. (1993): *Untersuchung des Wissenserwerbs bei einem Unternehmensplanspiel mit Verfahren des Operations Research,* Heidelberg

Pfohl, H.-Chr. & Braun, G. E.: *Entscheidungstheorie. Normative und deskriptive Grundlagen des Entscheidens,* Landsberg am Lech

Piaget, J. (1967): *Biologie et connaissance,* Paris

Piaget, J. (1973): *Einführung in die genetische Erkenntnistheorie,* Frankfurt a. M.

Piaget, J. (1983): *Meine Theorie der geistigen Entwicklung,* München

Polanyi, M. (1985): *Implizites Wissen,* Frankfurt a. M.

Popper, K. R. (1958): *Die offene Gesellschaft und ihre Feinde, Bd.1: Der Zauber Platons,* Bern

Popper, K. R. (1969): *Das Elend des Historismus,* 2. Aufl., Tübingen

Porter, M. E. (1980): *Competitive Strategy. Techniques for Analyzing Industries and Competitors,* New York

Porter, M. E. (1981): The Contributions of Industrial Organization to Strategic Management, *Academy of Management Review 6,* 609-620

Porter, M. E. (1985): *Competitive Advantage. Creating and Sustaining Superior Performance,* New York

Porter, M. E. (1987a): Corporate Strategy. The State of Strategic Thinking, *The Economist,* May 23, 1987: 21-28

Porter, M. E. (1987b): From Competitive Advantage to Corporate Strategy, *Harvard Business Review,* May/June 1987: 43-59

Porter, M. E. (1989): Der Wettbewerb auf globalen Märkten: Ein Rahmenkonzept, in: Porter, M. E. (Hrsg.): *Globaler Wettbewerb. Strategien der neuen Internationalisierung*, Wiesbaden: 17-68

Porter, M. E. (1990): *The Competitive Advantage of Nations*, New York

Porter, M. E. (1991): Towards a Dynamic Theory of Strategy, *Strategic Management Journal* 12: 95-117

Porter, M. E. (1992a): *Wettbewerbsstrategie. Methoden zur Analyse von Branchen und Konkurrenten*, 7. Aufl. Frankfurt, a. M.

Porter, M. E. (1992b): *Wettbewerbsvorteile. Spitzenleistungen erreichen und behaupten*, 3. Aufl., Frankfurt a. M.

Prahalad, C. K. & Hamel, G. (1990): The Core Competence of the Corporation, *Harvard Business Review*, May/June 1990: 79-91

Prescott, J. E.; Ganesh, U. & Gibbons, P. (1993): Structuration of Strategy, Working Paper, The Joseph M. Katz Graduate School of Business, University of Pittsburgh

Pressman, J & Wildavsky, A. (1973): *Implementation*, Berkeley

Prewo, R., Ritsert, J. & Stracke, E. (1973): *Systemtheoretische Ansätze in der Soziologie. Eine kritische Analyse*, Reinbek

Prinz, W. (1983): *Wahrnehmung und Tätigkeitssteuerung*, Berlin

Probst, G. J. B. (1987): *Selbstorganisation. Ordnungsprozesse in sozialen Sytemen in ganzheitlicher Sicht*, Berlin

Probst, G. J. B. & Scheuss, R. (1984): Die Ordnung von sozialen Systemen: Resultat von Organisieren und Selbstorganisation, *Zeitschrift Führung + Organisation* 53: 480-488

Quinn, J. B. (1980): *Strategies for Change. Logical Incrementalism*, Homewood

Quinn, J. B. (1988): Strategic Change: "Logical Incrementalism", in: Mintzberg, H. & Quinn, J. B. (Eds.): *The Strategy Process. Concepts, Contexts, Cases*, Englewood Cliffs: 96-104

Raffée, H. (1974): *Grundprobleme der Betriebswirtschaftslehre*, Göttingen

Ranson, S.; Hinings, G. & Greenwood, R. (1980): The Structuring of Organizational Structures, in *Administrative Science Quarterly* 15: 1-17

Reber, A. S. (1989): Implicit Learning and Tacit Knowledge, *Journal of Experimental Psychology, General*, *118*: 219-235

Reese-Schäfer, W. (1991a): *Jürgen Habermas*, Frankfurt a. M.

Reese-Schäfer, W. (1991b): *Richard Rorty*, Frankfurt a. M.

Reilly, E. W. (1955): Planning the Strategy of the Business, *Advanced Management*, December 1955: 8-12

Richards, J. & Glasersfeld, E. von (1992): Die Kontrolle von Wahrnehmung und die Konstruktion von Realität. Erkenntnistheoretische Aspekte des Rückkoppelungs-Kontroll-Systems, in: Schmidt, S. J. (Hrsg.): *Der Diskurs des Radikalen Konstruktivismus*, 5. Aufl., Frankfurt a. M.: 192-228

Richards, M. D. (1988): *Setting Strategic Goals and Objectives*, 2nd Ed., St. Paul

Riegas, V. & Vetter, C. (1991): Gespräch mit Humberto R. Maturana, in: Riegas, V. & Vetter, C. (Hrsg.): *Zur Biologie der Kognition. Ein Gespräch mit Humberto R. Maturana und Beiträge zur Diskussion seines Werks*, 2. Aufl., Frankfurt a. M.: 11-90

Rohbeck, J. (1993): *Technologische Urteilskraft. Zu einer Ethik technischen Handelns*, Frankfurt a. M.

Rorty, R. (1989): *Kontingenz, Ironie und Solidarität*, Frankfurt a. M.

Rorty, R. (1992): *Der Spiegel der Natur. Eine Kritik der Philosophie*, 2. Aufl., Frankfurt a. M.

Roth, G. (1986): Selbstorganisation - Selbsterhaltung - Selbstreferentialität: Prinzipien der Organisation der Lebewesen und ihre Folgen für die Beziehung zwischen Organismus und Umwelt, in: Dress, A.; Hendrichs, H. & Küppers, G. (Hrsg.): *Selbstorganisation. Die Entstehung von Ordnung in Natur und Gesellschaft*, München: 149-180

Roth, G. (1992): Erkenntnis und Realität. Das reale Gehirn und seine Wirklichkeit, in: Schmidt, S. J. (Hrsg.): *Der Diskurs des Radikalen Konstruktivismus*, 5. Aufl., Frankfurt a. M.: 229-255

Ruijter, A. de (1991): *Claude Lévi-Strauss*, Frankfurt a. M.

Rumelt, R. P.; Schendel, D. & Teece D. J. (1991): Strategic Management and Economics, *Strategic Management Journal 12*: 5-29

Ryle, G. (1969): *Der Begriff des Geistes*, Stuttgart

Sachs, S. (1995): Strategie und Ökonomie, *Die Unternehmung 5*: 245-257

Saussure, F. de (1916): *Cours de linguistique générale*, Paris

Schanz, G. (1992): Wissenschaftsprogramme der Betriebswirtschaftslehre, in: Bea, F. X., Dichtl, E. & Schweitzer, M. (Hrsg.): *Allgemeine Betriebswirtschaftslehre, Bd. 1: Grundfragen*, 6. Aufl., Stuttgart: 57-142

Schendel, D. & Hofer, C. W. (Eds.) (1979): *Strategic Management. A New View of Business Policy and Planning*, Boston

Schildbach, T (1993): Entscheidung, in: Bitz, M.; Dellmann, K.; Domsch, M. & Egner, H. (Hrsg.): *Vahens Kompendium der Betriebswirtschaftslehre, Bd. 2*, 3. Aufl., München: 59-99

Schirmer, F. (1992): *Arbeitsverhalten von Managern*, Wiesbaden

Schmalensee, R. (1988): Industrial Economics: An Overview, *Economic Journal 98*: 643-681

Schmidt, H. (1982): *Philosophisches Wörterbuch*, 21. Aufl., neu bearb. von G. Schischkoff, Stuttgart

Schmidt, R.-B. (1967): Die Instrumentalfunktion der Unternehmung - Methodische Perspektiven zur betriebswirtschaftlichen Forschung, *Schmalenbachs Zeitschrift für betriebswirtschaftliche Forschung 19*

Schmidt, S. J. (Hrsg.) (1992a): *Der Diskurs des Radikalen Konstruktivismus*, 5. Aufl., Frankfurt a. M.

Schmidt, S. J. (1992b): Der Radikale Konstruktivismus: Ein neues Paradigma im interdisziplinären Diskurs, in: Schmidt, S. J. (Hrsg.): *Der Diskurs des Radikalen Konstruktivismus*, 5. Aufl., Frankfurt a. M.: 11-88

Schmidt, S. J. (1992c): Vorbemerkung, in: Schmidt, S. J. (Hrsg.): *Der Diskurs des Radikalen Konstruktivismus*, 5. Aufl., Frankfurt a. M.: 7-9

Schnädelbach, H. (Hrsg.) (1984): *Rationalität. Philosophische Beiträge*, Frankfurt a. M.

Schneider, D. (1993): *Betriebswirtschaftslehre, Band 1: Grundlagen*, München

Schreyögg, G. (1984): *Unternehmensstrategie. Grundfragen einer Theorie strategischer Unternehmensführung*, Berlin

Schreyögg, G. (1987): Verschlüsselte Botschaften. Neue Perspektiven einer strategischen Personalführung, *Zeitschrift Führung + Organisation 56*: 151-158

Schreyögg, G. (1988): Kann und darf man Unternehmenskulturen ändern?, in: Dülfer, E. (Hrsg.): *Organisationskultur*, Stuttgart: 155-168

Schreyögg, G. (1991): Der Managementprozeß - neu gesehen, in Staehle, W. H. & Sydow, J. (Hrsg.): *Managementforschung 1*, Berlin: 255-289

Schreyögg, G. & Steinmann, H. (1985): Strategische Kontrolle, in *Schmalenbachs Zeitschrift für betriebswirtschaftliche Forschung 37*: 391-410

Schrödinger, E. (1987): Unsere Vorstellung von der Materie, in: Schrödinger, E.: *Was ist ein Naturgesetz? Beiträge zum naturwissenschaftlichen Weltbild*, 4. Aufl., München: 102-120

Schumann, W.; Einemann, E.; Siebel-Rebell, C. & Wittemann, K.-P. (1982): *Rationalisierung, Krise, Arbeit. Eine empirische Untersuchung der Industrialisierung auf der Werft*, Frankfurt a. M.

Schütz, A. (1960): *Der sinnhafte Aufbau der Sozialen Welt. Eine Einleitung in die verstehende Soziologie* , 2. Aufl., Wien

Schütz, A. & Luckmann, T. (1975): *Strukturen der Lebenswelt, 2 Bde.*, Frankfurt a. M.

Scott, W. R. (1986): *Grundlagen der Organisationstheorie*, Frankfurt a. M.

Seiffert, H. & Radnitzky, G. (Hrsg.) (1992): *Handlexikon zur Wissenschaftstheorie*, München

Selznick, P. (1957): *Leadership in Administration. A Sociological Interpretation*, New York

Shaw, M. (1990): Strategy and Social Process: Military Context and Sociological Analysis, *Sociology 24*: 465-474

Simmel, G. (1922): *Philosophie des Geldes*, 4.Aufl., München

Simon, H. A. (1964): On the Concept of Organizational Goal, *Administrative Science Quarterly, 9*: 1-22

Simon, H. A. (1979): Rational Decision Making in Business Organizations, *The American Economic Review 69:* 493-513

Simon, H. A. (1981): *Entscheidungsverhalten in Organisationen. Eine Untersuchung von Entscheidungsprozessen in Management und Verwaltung*, 3. Aufl., Landsberg a. Lech

Simon, H. A. (1990): Invariants of Human Behaviour, *Annual Review of Psychology 41*: 1-19

Simon, H. A. (1993): Strategy and Organizational Evolution, *Strategic Management Journal 14*: 131-142

Simon, H. A.; Smithburg, D. W. & Thompson, V. A. (1974): *Public Administration*, New York

Six, B. (1987): Attribution, in: Frey, D. & Greif, S. (Hrsg.): *Sozialpsychologie*, 2. Aufl., München: 123-235

Skinner, B. F. (1938): *The Behavior of Organisms*, New York

Skinner, B. F. (1953): *Science and Human Behavior*, New York

Smircich, L. (1983): Concepts of Culture and Organizational Analysis, *Administrative Science Quarterly 28*: 339-358

Smircich, L. & Stubbart, C. (1985): Strategic Management In an Enacted World, *Academy of Management Review 10:* 724-736

Staehle, W. H. (1991a): *Management. Eine verhaltenswissenschaftliche Perspektive*, 6. Aufl., München

Staehle, W. H. (1991b): Redundanz, Slack und lose Kopplung in Organisationen: Eine Verschwendung von Ressourcen? in: Staehle, W. H. & Sydow, J. (Hrsg.): *Managementforschung 1*, Berlin: 313-345

Staehle, W. H. & Sydow, J. (Hrsg.) (1991): *Managementforschung 1*, Berlin

Staehle, W. H. & Sydow, J. (1992): Management-Philosophie, in: Frese, E. (Hrsg.): *Handwörterbuch der Organisation, Enzyklopädie der Betriebswirtschaftslehre, Band II*, 3. Aufl., Stuttgart: 1286-1302

Stahlberg, D. & Frey, D. (1987): Konsistenztheorien, in: Frey, D. & Greif, S. (Hrsg.): *Sozialpsychologie*, 2. Aufl., München: 214-221

Starbuck, W. H. (1982): Congealing Oil: Inventing Ideologies to Justify Acting Ideologies Out, *Journal of Management Studies 19*: 3-27

Starbuck, W. H. (1985): Acting First and Thinking Later: Theory Versus Reality in Strategic Change, in: Pennings, J. M. (Ed.): *Organizational Strategy and Change*, San Francisco: 336-373

Staudt, E.; Kröll, M. & Hören, M. von (1993): Potentialorientierung der strategischen Unternehmensplanung: Unternehmens- und Personalentwicklung als iterativer Prozeß, *Die Betriebswirtschaft 53*: 57-75

Steiner, G. A. (1969): *Top Management Planning*, London

Steinmann, H. (Hrsg.) (1981): *Planung und Kontrolle. Probleme der strategischen Unternehmensführung*, München

Steinmann, H. & Gerum, E. (1978): *Reform der Unternehmensverfassung*, Köln

Steinmann, H. & Schreyögg, G. (1991): *Management. Grundlagen der Unternehmensführung. Konzepte, Funktionen, Praxisfälle*, 2. Aufl., Wiesbaden

Stevenson, H. H. (1976): Defining Corporate Strengths and Weaknesses, *Sloan Management Review 17*: 51-68

Stitzel, M. (1991): Ökologische Ethik und wirtschaftliches Handeln, in: Schauenberg, B. (Hrsg.): *Wirtschaftsethik. Schnittstellen von Ökonomie und Wissenschaftstheorie*, Wiesbaden: 101-116

Sydow, J. (1985): *Organisationsspielraum und Büroautomation. Zur Bedeutung von Spielräumen bei der Organisation automatisierter Büroarbeit*, Berlin

Sydow, J. & Windeler, A. (1993): *Managing Corporate Networks: A Structurationist Perspective*, unveröff. Manuskript, Wuppertal

Sydow, J.; Windeler, A.; Krebs, M.; Loose, A. & Well, B. van (1995): *Organisation von Netzwerken. Strukturationstheoretische Analysen der Vermittlungspraxis in Versicherungsnetzwerken*, Opladen

Tajfel, H. (1978): The Achievement of Group Differentiation, in: Tajfel, H. (Ed.): *Differentiation Between Social Groups. Studies in the Social Psychology of Intergroup Relations*, London: 77-98

Tajfel, H. (1982): *Social Identity and Intergroup Relations*, Cambridge, Mass.

Teece, D. J. (1984): Economic Analysis and Strategic Management, in: Carroll, G. & Vogel, D. (Eds.): *Strategy and Organization. A West Coast Perspective*, Boston: 78-101

Teece, D. J. (Ed.) (1987): *The Competitive Challenge*, Cambridge, Mass.

Theweleit, K. (1977): *Männerphantasien, Band 1: Frauen, Fluten, Körper, Geschichte*, Frankfurt a. M.

Theweleit, K. (1978): *Männerphantasien, Band 2: Zur Psychoanalyse des weißen Terrors*, Frankfurt a. M.

Touraine, A. (1977): *The Self Production of Society*, Chicago

Uexküll, J. von (1980): Der Funktionskreis, in: Uexküll, J. von: *Kompositionslehre der Natur. Biologie als undogmatische Wissenschaft. Ausgewählte Schriften*,Frankfurt a. M.: 274-278

Uexküll, T. von & Wesiack, W. (1986): Wissenschaftstheorie und psychosomatische Medizin, ein bio-psycho-soziales Modell, in: Uexküll, T. von (Hrsg.): *Psychosomatische Medizin*, 3. Aufl., München: 1-30

Ulrich, H. & Probst, G. J. B. (1990): *Anleitung zum ganzheitlichen Denken und Handeln. Ein Brevier für Führungskräfte*, 2. Aufl., Bern

Ulrich, P. (1984): Systemsteuerung und Kulturentwicklung, *Die Unternehmung 4*: 303-325

Vaihinger, H. (1927): *Die Philosophie des Als Ob. System der theoretischen, praktischen und religiösen Fiktionen der Menschheit auf Grund eines idealistischen Positivismus*, 9. und 10. Aufl., 1927

Vico, G. (1858): *De antiquissima Italorum sapientia*, Neapel

Wächter, H. (1987): Soziale Verantwortung der Unternehmen. Eine Literaturanalyse, in: Dierkes, M. & Wenkebach, H. H. (Hrsg.): *Macht und Verantwortung*, Stuttgart: 141-186

Waldenfels, B. (1985): *In den Netzen der Lebenswelt*, Frankfurt a. M.

Walgenbach, P. (1995): Die Theorie der Strukturierung, *Die Betriebswirtschaft 55*: 761-782

Watson, J. B. (1919): *Psychology from the Standpoint of the Behaviorist*, Philadelphia

Watson, J. B. (1985): Das Utopia des Behavioristen, *Gruppendynamik 16*: 119-219

Watson, W. (1990): Strategy, Rationality, and Inference: The Possibility of Symbolic Performances, *Sociology 24*: 485-498

Watzlawick, P. (Hrsg.) (1986): *Die erfundene Wirklichkeit. Wie wir wissen, was wir zu wissen glauben. Beiträge zum Konstruktivismus*, 4. Aufl., München

Watzlawick, P. (1991): Sich selbst erfüllende Prophezeiungen, in: Watzlawick, P. & Kreuzer, F.: *Die Unsicherheit unserer Wirklichkeit. Ein Gespräch über den Konstruktivismus*, 3. Aufl., München: 52-76

Watzlawick, P.; Beavin, J. H. & Jackson, D. D. (1990): *Menschliche Kommunikation. Formen, Störungen, Paradoxien*, 8. Aufl., Bern

Watzlawick, P. & Kreuzer, F. (1991a): Gespräch zwischen Paul Watzlawick und Franz Kreuzer, in: Watzlawick, P. & Kreuzer, F.: *Die Unsicherheit unserer Wirklichkeit. Ein Gespräch über den Konstruktivismus*, 3. Aufl., München: 7-51

Watzlawick, P. & Kreuzer, F. (1991b): *Die Unsicherheit unserer Wirklichkeit. Ein Gespräch über den Konstruktivismus*, 3. Aufl., München

Weber, M. (1980): *Wirtschaft und Gesellschaft. Grundriss der verstehenden Soziologie*, Studienausgabe, 5. Aufl., Tübingen

Weick, K. E. (1976): Educational Organizations as Loosely Coupled Systems, *Administrative Science Quarterly 21:* 1-19

Weick, K. E. (1979): *The Social Psychology of Organizing*, 2nd Ed., New York

Weick, K. E. (1985): *Der Prozeß des Organisierens*, Frankfurt a. M.

Weick. K. E. (1987): Substitutes for Strategy, in: Teece, D. J. (Ed.) : *The Competitive Challenge*, Cambridge, Mass.: 221-233)

Wernerfeldt, B. (1984): A Resource-Based View of the Firm, *Strategic Management Journal 5*: 171-180

Whittington, R. (1992): Putting Giddens into Action: Social Systems and Managerial Action, *Journal of Management Studies 29*: 693-712

Whittington, R. (1993): *What Is Strategy - and Does It Matter?*, London

Wiegand, M. (1996): *Prozesse Organisationalen Lernens*, Wiesbaden

Wild, C. (1980): *Philosophische Skepsis*, Königstein

Wild, J. (1981): *Grundlagen der Unternehmensplanung*, 3. Aufl., Opladen

Williamson O. E. (1980): Emergence of the Visible Hand. Implications for Industrial Organizations, in: Chandler, A. D: Jr. & Daems, H. (Eds.): *Managerial Hierarchies*, Cambridge, Mass.: 182-202

Willmott, H. (1981): The Structuring of Organizational Structure: A Note, *Administrative Science Quarterly 26*: 470-474

Winter, S. G. (1964): Economic „Natural Selction" and the Theory of the Firm, *Yale Economic Essays 4*: 225-272

Winter, S. G. (1975): Optimization and Evolution, in: Day, R. H. & Groves, T. (Eds.): *Adaptive Economic Models*, New York

Winter, S. G. (1987): Knowledge and Competence as Strategic Assets, in: Teece, D. J. (Ed.) : *The Competitive Challenge*, Cambridge, Mass.: 159-184

Winter, S. G. (1991): On Coase, Competence, and the Corporation, in: Williamson, O. E. & Winter, S. G. (Eds.): *The Nature of the Firm. Origins, Evolution, and Development*, New York: 179-195

Witte, E. (1992): Entscheidungsprozesse, in: Frese, E. (Hrsg.): *Handwörterbuch der Organisation, Enzyklopädie der Betriebswirtschaftslehre, Band II*, 3. Aufl., Stuttgart: 552-565

Witte, E.; Hauschidt, J. & Grün, O. (1988): *Innovative Entscheidungsprozesse. Die Ergebnisse des Projektes "Columbus"*, Tübingen

Wittgenstein, L. (1972): *The Blue and Brown Books*, Oxford

Womack, J. P.; Jones, D. T. & Roos, D. (1992): *Die zweite Revolution in der Automobilindustrie. Konsequenzen aus der weltweiten Studie des Massachusetts Institute of Technology*, Frankfurt a. M.

Zahn, E. (1979): *Strategische Planung zur Steuerung der langfristigen Unternehmensentwicklung. Grundlagen einer Theorie der Unternehmensplanung*, Berlin

Zimmer, M. (1996): Wege strategischer Institutionalisierung, unveröff. Manuskript, Wuppertal

Zimmer, M. & Ortmann, G. (1996): Strategisches Management, strukturationstheoretisch betrachtet, erscheint in: Hinterhuber, H. H.; Al-Ani, A. & Handlbauer, G. (Hrsg.): *Das neue strategische Management*, Wiesbaden